유공소호 有孔小壺

고대인의 바람과 다짐이 깃든 성스러운 토기

有孔小壺

초판 인쇄일 : 2011년 11월 25일
초판 발행일 : 2011년 11월 30일

엮은이 · 국립광주박물관·(재)대한문화유산연구센터
발행인 · 김영진
발행처 · 진인진
등   록 · 제25100-2005-000003호
표지디자인 · 정하연
본문 편집 · 배원일
주   소 · 경기도 과천시 별양동 1-14 과천오피스텔 614호
전   화 · 02-507-3077
팩   스 · 02-507-3079
홈페이지 · http://www.zininzin.co.kr
이메일 · pub@zininzin.co.kr

* 이 책 내용의 전부 또는 일부를 다시 사용하려면 반드시 자료 제공 협조기관과 출판사 모두의 동의를 얻어야 합니다.
* 책값은 표지 뒷면에 표시되어 있습니다.

유공소호

有孔小壺

고대인의 바람과 다짐이 깃든 성스러운 토기

엮음
국립광주박물관
대한문화유산연구센터

진인진

출간에 즈음하여

2011년 봄. 국립광주박물관과 대한문화유산연구센터가 공동 개최하는 테마전 협의를 위하여 신상효 연구관을 만나러 박물관을 방문하였다. 박물관으로 향하는 차 속에서 우리 기관에서 개최하는 전시를 어떻게 꾸며보는 것이 좋을까하는 생각을 하며 운전대를 서서히 돌렸다. 뭔가 참신한 아이디어를 가지고 주제를 찾고 싶었다.

출범 3년째를 맞이한 센터 입장에서는 전시와 관련된 특별한 유적을 물색하기가 쉽지 않아 고민되었다. 국립광주박물관에서 이미 화순 사창유적과 구례 봉북리유적을 주제로 전시회를 했기 때문에 광주 시민들에게 보여줄 수 있는 유적이 마땅치 않았다. 그래서 유적보다 유물을 다루어보는 것이 좋겠다는 생각을 하였다. 마침 우리 센터가 추진한 최초의 학술발굴조사인 무안 덕암고분군을 마무리한 시점이라 몇 가지 생각들이 머리 속을 어지럽게 스쳐갔다.

주차장에 도착했을 즈음, 유독 무안 덕암고분군에서 눈에 띄었던 유공광구소호를 주제로 삼는 것이 좋겠다는 생각을 하였다. 그래, 이야기해보자! 생뚱맞을지 모르겠지만, 우리 지역에서는 그래도 특화될 수 있는 유물이 아니던가! 신상효 연구관과 차 한 잔을 마시면서 조심스레 말을 꺼내 보았다. 우리 센터에 주어진 시대가 삼국시대이니 지역적 색채가 무엇보다도 강한 유공광구소호 관련 전시를 기획해보는 것이 어떻겠느냐고 제의를 해보았다. 잠시 고민하던 신상효 연구관께서 흔쾌히 동의해 주셨다. 그 이전의 전시를 유적 중심으로 하였으니 이번에는 유물로 기획해보는 것도 좋을 것 같다는 말씀이셨다. 유적 중심의 전시를 고수하면 어쩌나 하고 염려했던 나로서는 내심 다행이었다. 그런데 이것도 잠시, 다시 머리가 멍해졌다. 구체적인 기획을 어떻게 해야 할 지가 문제였다. 시간을 좀 달라는 말을 남기고 다시 주차장으로 발걸음을 옮기면서 괜한 일을 벌린 건 아닌지 싶었다. 그냥, 우리도 유적을 할 걸 그랬나 싶었다. 센터로 돌아와 몇 점의 유공광구소호를 다시 만져 보며 벌린 밥상을 어떻게 채울지 고민했다.

그리고 자판에 손을 얹었다. 특정 유물을 모듬 전시하는 기획인 만큼 기존의 두 차례의 유적 중심 전시와는 달리 차별화되어야 한다는 문구를 첫 줄에 두드렸다. 그리고 모을 수 있는 만큼의 유물은 모두 모아보자는 두 번째 줄을 이어갔다. 대충 잡아도 우리 지역 출토품이 200점이 족히 될 것이라는 생각이 들었다. 그리고 이왕 유물을 모으는 김에 녀석들의 실체를 한번 밝혀보는 마당도 함께 펼쳐보는 것도 좋을 듯 했다.

'전시와 학술세미나'라는 것만으로도 세 번째 기획전은 차별화라는 목적을 달성할 수 있지 않나 싶었다. 전시는 국립광주박물관에서 주도하고 세미나는 우리 센터에서 준비하는 것으로 논의되었다. 그리고 학술세미나 발표주제와 발표자, 토론자 등을 구상해 보았다. 그런데 이 작업이 결코 만만치 않았다. 분명 세미나 주제는 유공광구소호인데, 그렇다면 발표주제를 어떻게 구분하고 그 적임자는 누가 적합하겠는가의 문제였다.

유공광구소호는 1980년대 서서히 숫자가 늘어나기 시작해 금세기에 들어와서야 세간의 관심이 증폭된 유물이다. 다만 우리나라 전역에 걸쳐 고르게 출토되기보다는 과거의 백제, 영산강, 가야, 일본열도에 한정된 지역성을 가지는 기종이었다. 유물에 부여된 한자를 그대로 풀어보면 '구멍이 뚫리고 아가리가 넓게 벌어진 작은 단지'라는 뜻으로 풀이된다. 그러나 이 토기에 대한 명칭은 유공광구소호 이외에도 유공소호, 유공광구호, 하소우 등으로 연구자에 따라 제각기 부여되고 있었다. 각자 나름의 이유가 모두 이해되긴 하였지만, 어떻게 합의를 모으는 것이 좋을지가 문제였다. 그래도 가장 일반화되고 오랜 기간 동안 사용된 용어는 유공광구소호인지라 또 다른 용어를 만들어내는 것은 무리라 생각되었다. 결국 유공이라는 속성에 대해서는 공통 분모였기에 아가리가 넓은 작은 단지인가, 그냥 작은 단지인가, 아가리가 넓은 단지인가의 문제는 이를 가장 포괄하는 첫 번째 경우를 채택하는 것이 유물의 특징을 가장 잘 풀어낸 용어가 아닌가 싶었다.

각 기관에 소장되어 있는 유물이 모이기 시작했다. 전시기간까지는 채 두 달도 남지 않았기 때문에 유물이 도착하는 대로 관찰과 촬영 전시기획을 준비하자는 논의를 하고 계획된 순으로 작업을 진행해갔다. 더불어 학술세미나에 선정된 선생님들에게도 어려운 부탁을 드렸다. 발표 논고를 작성하는데 두 달 정도 밖에 시간을 줄 수 없었기에 혹 거절하면 어쩌나 하는 염려도 있었지만, 다행히도 모두가 적극적인 협조와 발표, 토론 수락을 해 주었다.

2011년 8월 30일 국립광주박물관 1층 한 켠에 준비된 기획전시실에서 새롭게 옷단장을 마친 유공광구소호들은 다소 긴장된 모습으로 개막식을 무사히 치렀다. 유물 수에 비해 다소 좁은 듯한 전시 공간은 나름대로 오붓한 분위기를 자아냈다. 영산강 처자들과 함께 나란히 서있는 가야와 고창 출신들은 수줍은 모습으로 손님들을 기다리고 있었다. '고대인의 바람과 다짐이 깃든 성스러운 토기'라는 전시테마에 걸맞게…

그리고 학술세미나에 대한 발표원고와 토론문 수합이 진행되면서 9월 23일 학술세미나 개최일이 서서히 다가오고 있었다. 청명한 가을 하늘이다. 분주한 연구원들의 준비 속에 참가자들이 한 명씩 대회장소로 모여 들었다. 여러 개의 학술행사가 겹친 날이라 객석 채움이 걱정되기도 했다. 조현종 국립광주박물관장님께서도 일정이 겹쳐 당일 행사에 참석하지 못해 최선주 학예연구실장이 개회사를 하였다. 그리고 발표가 순차적으로 진행되었다. 다소 엄숙한 분위기에서 객석을 메운 방청석은 매우 진지한 모습으로 열중해 주었다. 다행이다. 염려와는 달리 성공적인 학술세미나가 진행되었다. 점심시간을 이용해 참가자들은 본관 전시실을 열람하였다. 그리고 오후에는 2시간 50분에 걸쳐 논쟁이 예정된 종합토론이 시작되었다. 발표자와 토론자가 모두 젊은 연구자들인지라 열띤 토론이 진행되었다. 멋지다. 활기가 느껴졌다. 일본에서도 가시하라고고학연구소의 기노시타 와타루 선생이 동참해 폭넓은 논의에 도움을 주었다. 폐회시간인 5시 40분 토론좌장을 맡아준 전북대학교 김낙중 교수는 1분의 오차도 없이 장시간의 토론에 마침표를 찍어 주었다. 대단하다는 생각이 들었다.

학술세미나 기념촬영을 마친 후, 밖을 나서니 해가 저물어가는지 붉은 노을이 몰려오고 있었다. 그리고 뒤풀이 장소. 우린 소주 한잔에 오늘의 성과를 자축해보았다. 이 자리 역시 못다한 의견을 교환하면서 즐거움을 배가 시켰다. 그리고 조심스레 말을 꺼냈다. 오늘 학술세미나와 관련된 단행본 책자 출간을 제안했다. 모두들 다소 부담스러움을 보이긴 했지만, 즐거운 자리였는지 흔쾌히 동의해 주었다. 또 하나의 일이 늘어났지만 우리 센터 입장에서도 좋은 일인지라 멋진 작품을 마무리하겠다는 말로 고마움을 표했다. 이왕이면 전시기간 내에 책자를 출간하는 것이 좋겠다는 생각에 다시 관계자들을 독려하고 바로 작업에 착수했다. 그리고 한 달이 지난 오늘 진인진 출판 관계자들의 참여와 희생으로 작품이 세상에 출간되었다. 짧은 기간에 참 많은 일들이 벌어졌지만, 두드리면 열린다고 결과물을 완성하게 되었다. 다소 미진한 부분과 욕심을 다 부리지 못한 면도 없진 않지만 최선을 다했다. 이 책자를 출간하기 까지는 많은 분들의 도움이 있었다. 특히 국립광주박물관 조현종 관장님과 신상효 연구관, 김동완 선생의 배려는 지면으로 다할 수 없는 감사함을 표하고 싶다. 이밖에 유물을 협조해준 국립광주박물관, 국립진주박물관, 국립전주박물관, 목포대학교박물관, 동신대학교박물관, 호남문화재연구원, 전남문화재연구원 등에도 고마움을 드린다. 또한 유물 사진촬영에 최선을 다해준 cul-ps 이충현 작가와 옥고를 보내주신 일본 가시하라연구소의 기노시타 와타루 선생, 바쁘신 와중에도 일문 번역과 감수를 맡아주신 김무중 중부고고학연구소 소장님, 짧은 시간에 좋은 작품을 완성해 준 진인진 출판사의 김영진 선생에게도 감사드린다.

　　끝으로 이 책자를 읽는 독자분들께 내용에 있어 다소 부족함이 드러나더라도 이해와 응원을 부탁하면서 유공광구소호에 대한 긴 여정을 마친다.

2011년 10월

대한문화유산연구센터 원장 이영철

목 차

고대인의 바람과 다짐이 깃든 성스러운 토기, 有孔小壺

국립광주박물관 테마전 기념 학술 세미나

종합토론

사 회 ● 김낙중(전북대학교)

발 표 ● 서현주(한국전통문화학교)
박형렬(대한문화유산연구센터)
노미선(호남문화재연구원)
이유진(부산박물관)

토 론 ● 서현주(한국전통문화학교)
정 일(전남문화재연구원)
전상학(전주문화유산연구원)
이정근(국립광주박물관)

"유공소호" 속에 숨은 의미와 지역성 논의

사 회 ● **김낙중**(전북대학교)

발 표 ● **서현주**(한국전통문화학교)　**박형렬**(대한문화유산연구센터)　**노미선**(호남문화재연구원)　**이유진**(부산박물관)

토 론 ● **서현주**(한국전통문화학교)　**정 일**(전남문화재연구원)　**전상학**(전주문화유산연구원)　**이정근**(국립광주박물관)

정 리 ● **박형렬**

김낙중　청중석에 계신 분들이 많이 줄어들었는데, 토론 시간이 생각보다 긴 편입니다. 2시간 40분 정도인데, 오늘 할 수 있는 얘기는 이 자리에서 다 하고 가는 자리가 되도록 했으면 좋겠습니다. 우선 인사드리겠습니다. 저는 전북대학교 김낙중이라고 합니다. 아 그리고 아까 발표 하신 분들은 다 소개를 했기 때문에 우선 토론하실 분들 소개를 드리겠습니다. 저의 왼쪽에 계신 정일 선생님, 전남문화재연구원에 계시고, 이정근 선생님은 광주박물관에 계십니다. 그 다음에 전상학 선생님이 전주문화유산연구원에 계십니다.

　　그럼 일단 오전과 오후의 발표에 대해서 지정 토론을 먼저 하도록 하겠습니다. 첫 번째로 '전남 지역 유공광구소호'를 박형렬 선생님이 발표하셨는데 이에 대해 정일 선생님께서 토론을 해 주시죠.

정일　네. 방금 소개 받은 전남문화재연구원 정일입니다. 첫 발표 광주지역 유공광구소호에 대해 잘 들었습니다. 제가 토기를 전공해서 아주 잘 아는 것은 아닌데, 꼼꼼하게 분류를 많이 하셔서 토론문 작성하고 이해하는데 어려움이 많이 있었습니다. 큰 맥락은 이해하지만 몇 가지 부분에 있어서, 본문내용을 중심으로 해서 질문을 드리도록 하겠습니다. 첫 번째 유물 속성에 대한 부분입니다. 읽도록 하겠습니다. 구경부 형태는 다섯 가지의 속성을 검토 하면서 일곱 개 형태로 구분하고 시간성을 반영하고 있다고 설명하고 있는데, 이중 Ⅳ형에서 Ⅶ형은 구연부 단의 형태에 따라 제작자의 의도나 집단의 차이로 설명하고 있습니다. 이 형태가 시간성을 반영하면서 형태에 따라 계통의 차이도 있다는 것인지 추가적인 설명을 부탁을 드리고요, 그리고 저부 형태에서 발표할 때도 4개의 형태로 구분했지만 시간성을 할 때는 동체부와 같이 이야기 하고 있습니다. 발표자께서는 지역성 교류 혹은 제작 집단의 성격에 관련한 계통성으로 인식 하면서 저부의 속성변화를 설정하지 않고 있는지, 저부 형태는 시간성을 반영 하지 않는지에 대해서 궁금합니다. 두 번째는 유공광구소호의 형식이 구분 가능한 13개의 형식, 아류 형식까지 해서 총 15개 형식으로 나누면서 각각의 특징을 설명하고 계십니다. 그런데 그림 7에서 13에 제시된 형식은 단계 설정이나 편년에 어떠한 설

그리고 세 번째 질문은 공반 유물을 통해 유공광구소호의 변화 단계의 타당성을 설명 하면서 주로 6~11단계까지는 그러한 공반 유물 변화상을 제시하고 있는데 1~5단계의 공반 유물에 대해서 부족하다는 것에 대해 추가적인 설명을 부탁 한다고 하셨는데, 이점은 저도 이 유공광구소호를 정리하면서 보니.(주요문 발췌)

정 일(전남문화재연구원)

명도 되어 있지 않는 것 같습니다. 그래서 도면에 제시된 형식 분류가 어떤 것을 의미하는지 궁금합니다. 그리고 아류로 분류한 Ⅳb1식과 Ⅳd1식, Ⅴd2식 같은 경우는 다른 연구자에 의하면 초기 형식으로 구분하는데, 발표자의 상대 서열에서는 차이를 보이고 있습니다. 이에 대한 부연 설명을 부탁드립니다.

그리고 세 번째입니다. 공반유물을 통해 유공광구소호의 변화단계의 타당성을 설명하면서 주로 6단계부터 11단계 까지는 단경호나 개배를 통해 변화상을 제시하고 있지만 1단계부터 5단계까지는 공반 유물의 변화 과정은 설명이 거의 없었던 것 같습니다. 초기단계의 유물 등장시기와 관련되어 있으므로 추가적인 설명을 부탁을 드립니다. 네 번째로는 유공광구소호 편년을 하는데 있어서 4/4 분기로 편년을 지금 하고 있습니다. 그러나 가장 이른 시기로 했던 광주 하남동100호, 동림동 같은 그런 유물과 백제 석실분 등장에 의해 6세기중엽 경에 사라지는 상대 편년을 제외하면 각 분기별 기준 편년에 대한 설명이 부족한 것 같습니다. 그리고 같은 유적에서 출토된 덕암 남분1호 옹관에서 45번과 48번 유물이 같은 공간에서 출토되었는데 시기적으로는 두 단계의 차이를 보이고 있습니다. 이런 것이 어떤 이유인지 설명을 부탁드립니다. 마지막은 질문이기보다는 지역권 설정을 하면서 여러 가지 형태를 설명을 하고 있는데 단순히 형태 변화만을 지역권으로 설명하고, 시기에 따른 서로 각 지역별 간의 변화라든지 확산 등의 설명이 조금 부족 했던 것 같습니다. 그래서 앞으로 이런 부분에 대한 보완적인 것을 부탁드리는 의미에서 마지막은 정리를 해보았습니다. 이상입니다.

김낙중　네, 감사 합니다. 박형렬 선생님 발표와 관련해서 첫 번째로 형식 분류 기준이나 의미, 그리고 분기에 대한 설명, 이런 것들에 대한 보완 설명을 부탁드린 것 같습니다. 하나씩 설명을 해주시죠.

박형렬　네. 답변이 좀 길어질지도 모르겠는데요.

김낙중　길게 해주세요.

박형렬　　제가 정일 선생님께서 이야기 하신 부분에 대해서 생각을 해보면서, 정리한 내용으로 답변을 해보도록 하겠습니다.

첫 번째 질문에 대한 속성검토에 관한 내용은 처음에 구경부를 분리하면서 Ⅳ형에서 Ⅶ형까지의 구연단의 형태에 따라 제가 발표문에 제작자의 의도나 집단의 차이로 설명하고 있습니다. 이 내용을 왜 그렇게 생각을 했냐면, 우선 구경부 형태에 대해서 답변을 하자면 토론자께서 이해 하신대로 시간성을 반영하면서 형태에 따라 계통의 차이도 있는 것으로 생각을 합니다. 그것은 공통된 요소인 구경부가 길어지는 점이 관찰되는 가운데 구연과 경부 경계인 단에서 내만하거나 혹은 단의 형성이 약하거나 강한 것, 이런 것들의 차이점이 관찰되고 있어서, 이 부분은 다르게 만들어 졌을 가능성에 대해 언급 한 것입니다. 물론 이 차이가 시기적으로 이어지는 것이 보이지 않는 다면 제작 과정상 예외의 물품일 수도 있다고 봅니다. 그래서 그런 특징적인 것들을 계통의 차이가 있을 수 있다고 이야기를 한 것이고요, 두 번째 저부 형태에서 왜 저부형태의 속성 변화한 것을 직접적으로 대입을 하지 않았냐는 질문 이신 것 같은데, 그것은 직접 적으로 대입을 하지 않았지만 저 또한 여러 선생님들의 의견에 크게 벗어나지 않게 하나의 속성으로 생각 하고 있습니다. 하지만 이 유공광구소호에서 그것이 시간성을 반영하는 것 보다는 이 것 또한 공간적인 계통성을 반영하는 것이 크다고 생각되어, 큰 속성의 변화로 구분하지 않고 있는 것입니다. 그러나 이 저부 속성이 동체부의 상태를 파악 하는 것에는 속성을 추출하는 과정에서 필요 하다고 개인적으로 생각 합니다. 물론 제가 그렇게 생각 한 이유는 제가 시간상 변화 하는 그런 형식 변화상에서 같이 평저와 원저의 형태가 같이 공존하고 있는 시기가 있기 때문에 그런 생각을 하게 되었습니다.

두 번째 질문 같은 경우에는 형식 분류 과정상에서 제가 제시한 Ⅰ~Ⅴ형식으로 구분한 것을 볼 수 있습니다. 그 형식 같은 경우에는 본고의 편년과 관련하여 각 단계별로 나타나는 특징을 가지고 분리 한 것인데요, 제가 발표문에는 설명하지 않았지만 이 형식은 각 시기를 대표하는 어느 정도의 형식으로 이해가 되어 표로 만들어서 발표문을 읽으시는 분들이 쉽게 이해하실 수 있게 제시를

동림동 82호구와 4단계에 나타는 동림동 102호 구에서 확인되는 신부가 높고 신부가 원형인 각각 백제식 개라고 하
는 것이 확인되는데 이것은 오동선 선생님이 설정한 것에 따르면 가장 빠른 형식보다도 더 이른 것으로 생각되어
개인적으로 5세기 중반보다 더 이른 것으로 생각됩니다.(주요문 발췌)

박형렬(대한문화유산연구센터)

한 것인데 이 점을 설명하지 못해서 이해하시는데 오히려 어려움이 되셨다면 이 점 죄송하게 생각합니다. 그리고 아류로 분류한 Ⅳb1식과 Ⅳd1식, Ⅴd2식 같은 경우 다른 연구자 선생님들께서는 초기형식으로 분류하는 것과 달리 제가 중간 형식으로 분류 한 것에 대해 질문 하신 내용은 제가 이 발표문을 쓰면서 생각 한 것은 유공광구소호 단계는 각 형식이 시간성을 가진다고 가정을 하고 그 시간의 흐름에 따라 속성이 변화한다는 것을 전제 하고 있습니다. 따라서 상대 서열상 에서 Ⅳb1식과 Ⅳd1식, Ⅴd2식은 각 유공광구소호의 중간단계에 해당하고 저는 이러한 형태가 나타나는 것이 구경부 같은 경우에는 단이 없는 형태가 가장 빠 르다고 생각하고 동체 같은 경우에도 편구형의 형태가 가장 빠르다고 생각하기 때문에 이러한 차이가 있다고 생각 합니다.

그리고 세 번째 질문은 공반 유물을 통해 유공광구소호의 변화 단계의 타당 성을 설명 하면서 주로 6~11단계까지는 그러한 공반 유물 변화상을 제시하고 있 는데 1~5단계의 공반 유물에 대해서 부족하다는 것에 대해 추가적인 설명을 부 탁 한다고 하셨는데, 이점은 저도 이 유공광구소호를 정리하면서 보니까 1~5단 계 까지 나타나는 것 중에서 공통된 공반 유물이 적은 것이 사실입니다. 또한 공 반 되는 유물 자체도 적고, 유공광구소호가 부장된 혹은 거기에 매납 된 유구 자 체에 같이 공통적으로 나타나는 것이 개배와 단경호이였기 때문에 그것을 중점 적으로 했고요, 그런 점이 1~5단계 까지는 적은데 그 이유는 1~5단계 해당 하는 것들이 구나 주거지에 출토되는 것들이 많습니다. 그래서 구 같은 경우에는 같 이 유물이 많이 나오지만 같이 공반 되었다고 보기가 힘들 것 같아서 저 같은 경 우는 구를 크게 신경 쓰지 않았지만 지금 여기서 답변하면서 간단히 설명 드리 도록 하겠습니다. 여기서 그런 공반 관계를 설명 하자면 전용 옹관과 철기류를 들 수 있습니다. 전용 옹관은 만수리 4호분 2호 옹관과 나주 다시들 8호 옹관, 그 리고 무안 덕암 고분 남분 1호 옹관에서 확인 됩니다. 이것은 각 각 2단계와 4단 계에 해당되는데 이 옹관들은 'U'자형 전용 옹관이 영산강 유역에 나타나는 초 기 형태를 가지고 있으며 2단계에 해당하는 만수리 4호분 2호 옹관과 나주 다시 들 8호 옹관은 아직 전형적인 'U'자형 옹관이 아닌 동체 최대경이 중위와 중하위에 위치하고 있고 4단계에 해당되는 무안 덕암 고분 남분 1호 옹관은 동최대경이 동체 하위에 위치하고 있어서 전형적인 'U'자형 옹관에 가깝다고 볼 수 있습니다. 따라서 만수리 4호분 2호 옹관과, 나주 다시들 8호 옹관이 선행한다고 할 수 있을 것 같습니다. 그리고 철기류 경우 5단계 해당하는 만수리 4호분 1호 목관에서 철겸과 소형 철부가 확인됩니다. 철겸의 형태상 김상민 선생님은 b2식으로 분류 하셨는데 그 형태가 신부 중앙에서 선단부로 이어지는 각이 곡선화 되며 기부의 단이 형성되어 완만한 호형의 인부가 형성 됩니다. 그리고 선단부의 폭이 최대를 이루는 형태인데 이러한 형태는 5세기전·중엽 경으로 추정되고 있고 7단계에 해당되는 영광 학정리 대천 4호 출토 철겸은 c2식으로 신부 중앙에서 선단부로 급격히 내만하며 곡선화 되어 기부 단은 사라지지만 선단부 곡선부가 커지면서 호형의 인부가 형성 됩니다. 선단부 폭은 좁아지면서 신부 중앙부나 기부에서 최대고가 형성되는 것이 특징입니다. 이러한 철겸은 5세기후반으로 추정되어 만수리 4호분 1호 목관 출토 철겸이 더 이르다고 할 수 있을 것 같습니다. 그

무안 덕암고분 출토

리고 추가로 구에서 확인되는 유물이 함께 공반 되었다고 보기는 어렵지만 1단 계에서 나타나는 동림동 82호구와 4단계에 나타는 동림동 102호 구에서 확인되 는 신부가 높고 신부가 원형인 각각 백제식 개라고 하는 것이 확인 되는데 이것 은 오동선 선생님이 설정 한 것에 따르면 가장 빠른 형식보다도 더 이른 것으로 생각 되어 개인적으로 5세기중반보다 더 이른 것으로 생각 됩니다. 그래서 5세기 전반 경으로 추정되기 때문에 저는 공통되는 공반 유물이 적지만 이런 것도 하 나의 시기적으로 판단 할 수 있는 자료가 되지 않을까 해서 답변 내용으로 준비 를 해 보았습니다. 물론 공반 유물이 적어서 충분한 답변이 되었는지 모르겠지 만 추후 이 부분을 조금 더 보충하도록 하겠습니다. 네 번째 질문에는 유공광구 소호 편년에 대한 시기를 구분하는데 있어서 편년자료가 부족하다는 질문에는 조금 답변이 길어질 거 같은데 답변해보도록 하겠습니다. 제가 생각하기에는 Ⅰ 기에 유공광구소호의 2단계에 해당하는 만수리 4호분 2호 옹관 같은 경우 앞서 답변 하였듯이 전용 옹관이 등장하는 시기의 옹관은 5세기전엽 경으로 편년 할 수 있을 것 같습니다. 그리고 만수리 4호분의 경우 중심 매장 주체부인 10호와 11 호에서 철정이 확인 되는데 이 철정이 가야나 신라에서는 4세기말에서 5세기중 이나 초로 편년되는 것으로 알고 있습니다. 하지만 이 보고자는 이것을 4세기말 을 크게 벗어나지 않을 것이라고 설명하고 있어서 이것을 중심으로 생각 했을 때 매장 주체부인 10호, 11호, 7호가 4세기말로, 5호, 8호, 12호가 5세기 초 그리고 가장 늦은 시기에 조성되었다고 하는 3호, 2호, 1호가 5세기 전이나 1/4 분기 정도 로 설정 하는데 큰 무리가 없을 것 같습니다. 따라서 지금 말하는 4호분 2호 옹관 같은 경우는 가장 늦은 시기로 편년 되고 있어서 이런 편년 양상은 비슷할 것 같 고요. 그리고 같은 단계의 나주 다시들 8호 옹관의 경우 공반되는 유물은 없지만 옹관이 공반한다고 할 수 있습니다. 이 8호 옹관은 개인적인 생각일지 모르겠지 만 앞서 답한 것처럼 5세기 전반 경으로 편년 할 수 있을 것 같고, 전용 옹관이 등 장하는 시기의 옹관으로 5세기전엽으로 설정하는데 크게 무리가 없을 것 같습 니다.

그리고 Ⅱ기에 해당하는 3단계에서는 만수리 4호분 1호 목관에서 확인된 철겸과 소형 철부 이것 또한 앞서 설명한 것과 같이 5세기전반 경에 해당되는 것으로 생각 되어 2기를 5세기 2/4분기로 정도로 설정하는 것은 어느 정도 타당하다고 생각 하고요. 여기서 이야기하지만 3,4,5단계는 시간 폭이 길지 않을 것으로 생각 됩니다. 그래서 그 변화는 빠르게 진행되었다고 이야기 할 수 있고요.

Ⅲ기에 해당하는 6,7 단계 중 6단계에 해당 하는 복암리 3호분 성토층 출토품은 공반 된 유물이 일시에 매장 되었다고 보기 어려우나, 층위 상 성토층이 나주 복암리 3호분 2호석실분 보다 선행하므로 5세기후반으로 편년 되는 2호 석실분 보다 이르다고 생각 됩니다. 그리고 7단계 영광 학정리 대천 4호분에서 확인 되는 개배는 오동선 선생님이 복암리 식으로 설정하고 있는데 이것도 5세기중엽에서 후엽 경으로 편년 하고 있어서 3기를 5세기 3/4분기로 설정 할 수 있다고 생각 합니다.

그리고 Ⅳ기의 나주 복암리 2호 석실과 복암리 3호분 96석실 1호 옹관, 나주 복암리 3호분 9옹관에서 확인되는 개배의 경우 5세기 후반으로 편년되고 늦으면 6세기 전이나 중반으로 이야기 되고 있어서 Ⅳ기를 5세기 4/4 분기로 설정 하는 것도 가능하다고 생각 합니다.

그다음 Ⅴ기에 출토된 해남 월송리 조산과 나주 복암리 3호분 96석실 4호 옹관에서 출토된 개배가 5세기 후반에서 6세기 중엽으로 편년되고 있어서 6세기 1/4 분기에 해당한다고 개인적으로 생각 됩니다. 두 번째 질문은 각 하나의 유구에 서로 다른 단계를 가지는 유공광구소호가 같이 매납이나 부장될 수가 있는것에 대해 설명해 달라고 하시는 것 같은데 그에 대해 짧게 이야기 하자면 여기서 말하는 시기는 제가 임의로 나누었긴 하지만 단계가 시기를 나타내는 것은 아니고요 4단계의 늦은 시기인 458년과 6단계 이른 시기인 452년에 존재하였다면 두 개체의 시간적 차이는 거의 없었을 것으로 생각 할 수도 있습니다. 즉 동일 시간대에 함께 사용 되었을 수도 있다는 것입니다. 왜냐면은 이 단계라고 것이 여기서 말하는 단계에서 하나의 단계 차이가 있다는 것은 한번 변화를 했다는 것입니다. 구경부 Ⅰ형이 Ⅱ형으로 변화를 했다는 것은 1단계에서 2단계로 변화를 했다는 의미로 생각 하시면 쉽게 받아들이실 수 있을 것 같습니다. 그리고 마지막으로 다섯 번째 질문에 여러 가지 이야기를 해 주셨는데 제가 개인적으로 생각하는 시기적인 각 지역의 차이가 있지만 이것은 아직 유공광구소호만을 보고 생각 한 것이라서 아직은 여러 지역에 대해서 설명할 수 있는 단계는 아닌 것 같습니다. 이점은 추후에 제가 더 열심히 공부해서 기회가 된다면 좀더 분발 하여 답변 할 수 있도록 하겠습니다. 부족하지만 답변이 됐는지 모르겠습니다. 이것으로 답변을 마치도록 하겠습니다.

김낙중 　네, 답변 감사드립니다. 혹시 토론자 답변이 미흡하거나 추가로 질문할 게 있으면 해 주시지요. 나중에 하시겠습니까? 혹시 다른 발표자나 토론자께서도 이 발표에 대해서 사실 관계나 확인할 게 있으십니까? 네, 그럼 없으신 걸로 알고, 그럼 사회자가 질문을 하는 것은 모양이 안 좋을 수도 있는데, 제가 궁금한 것이 있어서 한두 가지 질문을 하도록 하겠습니다. 박형렬 선생님, 형식을 18개로 나누었습니다. 근데 이 형식이 너무 많지 않나 하는 생각이 듭니다. 형식이 많이 나오게 되는 이유는 아마도 영산강 유역의 유공광구소호의 형태적 변이가 커서 그렇게 될 수밖에 없는 것이 아닐까 그렇게 생각이 드는데, 그 애기는 통계적으로 이런 형식 설정이 의미가 없을 수도 있고, 아니면 영산강 유역의 유공광구소호 토기가 어떤 표준화나 정형화가 덜 되었기 때문이 아닌가, 그것이 꼭 시간성을 반영하는 것이 아니고 제작의 어떤 표준화가 덜 되어서 나타나는 것이 아닌가, 그렇게 볼 수 있지도 않나요, 혹시?.

박형렬 　제 생각도 그런 생각에서 크게 벗어나지는 않습니다. 근데 저는 이것을 하면서 어떠한 공통된 것이 있을 것이라고 생각을 하고 접근을 해보았는데, 어떻게 통계적으로도 그런 양상이 조금이나마 확인이 되어서 이런 형태 분류를 시도 하였습니다. 물론 김낙중 선생님이 말 하신대로 형식이 많이 나온다는 것은 그만큼 많이 변화를 한다는 그런 의미가 될 수 있을 것으로 생각 됩니다. 따라서 그러한 형태가 형태로 변화 하는 것에서 어떠한 것을 중점을 두고 바라 봤을 때 그게 하나의 형식에서 하나의 형식으로 영향을 주었느냐 라는 것에 저는 조금 더 주안점을 두고 살폈던 것 같습니다 따라서 저 같은 경우는 이렇게 했을 때 물론 표준화 되지 않았다고 할 수도 있지만 개인적으로는 Ⅳc형에서 정형화되는 안정 단계가 있었던 것으로 생각이 돼서 중심이 되는 변화 양상이 있었을 것으로 생각이 되고요. 기타 적으로 제가 발표를 할 때 설명 하였듯이 지역성은 다변화에 변수로 작용 했던 것으로 생각이 되어 형태를 하나의 기준으로 이야기하기엔 물론 쉽지 않지만 어느 정도 가닥이 잡히지 않았을까 이렇게 개인적으로 생각 합니다.

김낙중   네, 어쨌든 이 문제는 개별토론이 끝나고, 다른 지역을 포함해서 같이 논의해보도록 하고요, 한 가지만 더 여쭤보겠습니다. 지금 영산강 유역뿐만 아니라 소가야 지역에서도 나타나는 유공광구소호 중에는 분명하게 토기 제작기법 이라든지, 형태 이런 면에서 스에키 또는 스에키계 토기가 분명히 있습니다. 그것이 초기에만 나타나는 것이 아니고 거의 6세기초 까지도 현지계 토기와 같이 형태 변화를 같이 하면서 계속 등장하고 있습니다. 그것은 분명히 형식 분류를 하지 않아도 계통이 다른 것들이 존재한다는 것들을 알 수가 있는데, 박 선생님이 분류한 형식 분류를 통해서 그런 것들을 하나의 형식으로 설정해 낼 수가 있었나요? 이런 계통까지 다 고려 되어있는 거겠죠?

박형렬   처음에 접근할 때 원저의 형태와 역제형의 동체 형태가 스에키에서 보이는 그러한 형태라는 견해가 있어서 저 또한 그것을 무시 할 수 없었습니다. 하지만 그렇게 했을 때 도면상에서 저부를 없애고 저부의 위쪽 부분에서 공통된 양상이 나타난 다는 것을 찾았습니다. 그것을 원저와 평저가 같이 공존하는 시기 속에서 어떤 시간성의 방향은 같지 않았나 라는 점에서 접근 하였던 것 같습니다. 물론 제작 기법 상에서 스에키가 분명히 있을 것으로 생각 합니다. 저는 그렇게 접근을 해서 그러한 시간성에 맞는 것을 알 수 있었는데요 하지만 그 안에는 분명히 계통성을 따졌을 때는 그것을 스에키로 구분 할 수도 있다고 생각 합니다.

주된 논지가 보면 유공광구소호를 가지고 있는 집단들이 백제 영역화 과정에서 유공광구소호가 점차 소멸되어 가는 과정으로 이해를 하고 있습니다. 근데 물론 그런 것들이 백제가 이쪽 지역을 영역화해 가는 과정에서 유공광구소호 가 소멸했다고 볼 수도 있지만, 토기 특히 주로 무덤에서 출토되는 제사용 토기라는 것 자체는 아무래도 백제가 영 역화되는 과정 이후에도 얼마든지 계속적으로 사용 되고 이것들이 변화 발전할 수 있는 요소가 있지 않나.(주요문 발췌)

전상학(전주문화유산연구원)

김낙중　　네 어쨌든 다음에 다시 애기를 하겠지만, 형식 분류의 목적이 시간에 따라 변화한 양상 또는 공간적으로 다른 양상 또는 계통 등을 잡아내기 위한 것이니까. 그런 것이 더 확실히 드러날 수 있는 속성을 기준으로 해야 하지 않나 이런 것을 말씀 드리고 싶고요, 더 애기를 해보겠습니다. 이것으로 첫 번째 발표에 대한 토론을 마치고, 두 번째 전북 지역 발표 하신 노미선 선생님 발표에 대해서 전주문화유산연구원에 전상학 선생님 지정 토론을 해 주시죠

전상학　　네. 먼저 이번 발표문은 전북지역을 대상으로 유공광구소호의 분포 권역별 출토 양상과 특징을 파악 한 걸로 알고 있습니다. 제가 토기를 전공한 사람이 아닌데 이 자리에 앉아 있는 것이 아마도 제가 최근 고창 자룡리 유적에서 분구묘 관련 유적를 조사를 했는데 유공광구소호 유물이 상당히 많은 수가 나왔습니다. 그래서 이번 자리를 기회로 중요한 자료들을 많이 공부해서 앞으로 자료를 정리 할 수 있는데 큰 도움이 되라고 저를 이 자리에 불러 주신 것 같은데 제가 발표문을 이해하면서 궁금한 점만을 몇 가지 말씀 드리겠습니다. 먼저 첫 번째 제가 의문을 갖고 있는 사항은 발표자도 발표문이나 아까 발표 했던 PPT 자료에서도 유공광구소호의 여러 가지 기능들에 대해서 제시를 했었습니다. 실질적으로 보면 여러 가지 의견만 제시를 했었고 과연 이런 유공광구소호란 토기가 어떤 사용 기능을 가지고 있는가에 대해선 구체적인 발표자의 언급이 부족 했던 것 같습니다. 그래서 이에 대한 부연 설명이 필요 할 것 같습니다. 두 번째 질문하고 세 번째 질문은 맥락이 같고요, 먼저는 말씀드리는데 여러 선생님들께서 하나의 토기 기종을 가지고서 학술대회를 하면 여러 가지 형식 분류를 하실 것이고 그것에 대한 속성들을 추출을 하셔서 거기에 따른 편년을 시도 할 거라고 생각 되는데 그런 애기들은 다른 선생님들께서 많이 하실 것 같아서 저는 발표자의 논지 중에서 궁금했던 점에 대해서 간단히 말씀 드리겠습니다. 세 번째 질문과 두 번째 질문하고 대체적으로 같고요. 앞서 발표자께서도 예전에 썼던 글에서 논지가 아마도 유공광구소호 기원지를 많이 언급 하셨습니다. 그래서 대체적으로 고창지역 기원설도 많이 말씀 하셨던 것으로 기억 하고 있는데요. 주된 논

지가 보면 유공광구소호를 가지고 있는 집단들이 백제 영역화 과정에서 유공광구소호가 점차 소멸되어 가는 과정으로 이해를 하고 있습니다. 근데 물론 그런 것들이 백제가 이쪽 지역을 영역화해 가는 과정에서 유공광구소호가 소멸했다고 볼 수도 있지만, 토기 특히 주로 무덤에서 출토되는 제사용 토기라는 것 자체는 아무래도 백제가 영역화되는 과정 이후에도 얼마든지 계속적으로 사용 되고 이것들이 변화 발전할 수 있는 요소가 있지 않나 하는 뜻에서 두 가지 질문을 드렸습니다. 이상입니다.

김낙중　답변해 주시죠.

노미선　전상학 선생님이 말씀하신 질문에 대해서 제가 간단하게 말씀 드리겠습니다.

유공광구소호 기능 하면 아까도 제시를 했듯이 여러 가지가 있습니다. 그런데 어떤 선생님께서이 말씀 하시기를 학회에서 기능에 대한 것만 결론이 나도 학회가 성공한 것이라는 표현을 하시더라고요. 그래서 쉬운 부분이 아니라는 것이겠죠. 저 또한 그 부분에 대해 많은 것을 생각을 했습니다. 그래서 개인적으로는 광주 평동유적의 보고서를 쓰고 있는데, 제 앞에 유공광구소호가 항상 있었어요. 그래서 보면서 대체 뭐에 쓰던 것일까 하다가 물도 따라서 양도 재보고 여러 실험을 해보았습니다. 대체 이것을 어디다 쓰던 것일까 라는 생각을 해봤지만, 아시다시피 구멍의 위치가 가운데에 위치를 하고 있죠. 실제 용량상에서 실용적으로 쓸 수 있는 양이 나오지는 않습니다. 물론 중형품도 확인이 되고 있긴 하지만 그래서 분명한 것은 어떤 의례를 위한 토기라는 생각은 바뀌지는 않을 것 같습니다. 저는 그런 생각을 했고, 무엇보다도 기능에 대해서 제가 결정적인 대답을 드릴 수는 없을 것 같아요 그래서 그렇게 생각을 했고 고창 지역에서 얘기가 되겠지만, 물론 질문하고 연관되는 것들인데 강한 염원의 의미를 가지고 있는 공헌용기가 아닌가 생각이 듭니다. 그래서 만약에 내용물이 어떤 것이었을지는 잘 모르겠지만, 잔존물 분석이 되지 않고 있어서 물일지 모른다는 생각을 개인적으로 해보았습니다. 이것은 제 생각이고, 그래서 그런 어떤 염원의 의미를 고창지역에 당시 정치체가 강하게 담고 있었다고 생각이 들고요. 염원의 의미를 강하게 가질 수밖에 없는 그런 배경 같은 것이 있다는 생각은 좀 들어요. 그래서 기능과 관련해서 생각을 해보면 유공광구소호가 가장 폭발적으로 증가하는 시기가 전북지역에서는 5세기가 중심이 되고 있는데 이 당시에 5세기 백제 근초고왕과 관련된 부분들인데 최고의 긴장감이 있던 시기가 아닌가. 그래서 마한이 그 많은 54개국으로 소국들이 난립을 하고 있고 그 소국들 간에 보이거나 보이지 않는 갈등들 때문에 특히 고창지역이 그런 것이 더 강해 졌을거란 생각도 들고요 그러다 보면 그런 염원을 담은 제사가 계속 더 많이 행해 졌을 수도 있을 것 같고 그런 과정에서 그쪽에 많이 활용되지 않았을까 생각이 듭니다. 기능에 질문을 하셨는데 기능에 대한 대답을 저도 어려울 것 같습니다. 그래서 오늘 기능에 대한 부분은 많은 얘기들을 가지고 해야 될 것 같단 생각이 듭니다. 그래서 기능에 대한 부분은 이렇게 마무리 하고요. 두 번째 세 번째 질문을 묶어서 해주셨어요. 그랬는데 먼저 질문하시기 전에 2004년에 간단한 글을 썼을 때 고창 지

전북지역 출토

고창지역 같은 경우에는 그런 식의 직접 지배는 되지는 않았을 것 같고요 영역화가 되었다 한다면 어느 정도의 여기 있는 제지 세력이 상당한 철기도 보유 하고 있고 거점 부분을 만드는 강력한 집단이라고 생각이 들기 때문에 그런 분구묘를 축조하는 세력을 가진 정치체에 대해서는 회유하는 방법을 많이 썼을 거라고 생각이 듭니다. (주요문 발췌)
노미선 (호남문화재연구원)

역에 고식이 좀 많이 확인되고 있었습니다. 그래서 그 쪽에서 유공광구소호가 출현했을 가능성에 대해 얘기를 한 적 있어요, 최근에 학술회의를 준비를 하면서 많이 놀랐습니다. 자료의 증가가 최근 한 3~4년 사이에 엄청나게 이루어졌고 당시 고창 지역에서만 유공광구소호가 출토 되었습니다. 마전이나 상운리나, 장동이나 이런 자료들은 2007・2008년 이후에 나온 자료이고 당시의 분포권 상으로는 고창 지역에서 형식 분류상에 고식의 것들이 집중 되는 것을 볼 수 있었습니다. 그리고 특히 수량이 많은 것을 떠나서 연질의 유공광구소호가 다른 곳 보다 더 많았고요. 그런 부분을 가지고 그런 가능성에 대해 얘기를 했었고요. 지금도 어떤 시원에 관련한 부분은 초출이 어디냐가 가장 중심이 되는 것 같아요. 그래서 초출을 따지다 보니까 영산강 쪽에 가장 많이 보신 곳이 무안 사창리, 만수리 그쪽이 되고 있는데, 근데 이제 고창지역에, 그래서 그 부분에 대해서 자료들이 증가하고 있는 상황에서 어디가 초출이다라는 부분에서 말을 많이 삼가고 개인적으로는 아예 말을 꺼내지를 않았습니다. 그래서 그런 부분은 제가 더 많이 봐야 될 부분일 것 같고요. 고창 지역이 고식이 많다는 부분, 그리고 형식분류상 박선생님 같은 경우에는 13개로 구분해서 하고 있는데 그런 형식을 전북지역이 전남 광주지역에 비해 많지는 않습니다. 많기는 해도 형식분류 할 수 있는 전체적인 기형이 남아 있는 것이 없기도 하고, 그래서 자세한 기형 분류를 통해서 하는 것도 의미가 있을 수도 있다는 생각을 하는데요. 일단은 전체적인 상황에서 고식이 많이 확인되서 그런 의견 제시를 했었습니다. 자료 증가에 따라 많이 바뀌지 않을까 하는 생각이 듭니다. 그리고 마지막에 질문을 해주신 전북 지역의 백제영역에 관련한 부분인 것 같아요. 백제의 영역화가 되었어도 유공광구소호를 계속 사용하지 않았을까 하는 부분에 대해서, 결론적인 것을 먼저 얘기를 하면, 백제 영역화 라는 단어가 가지는 의미가 어떤 것인지 먼저 알아야 될 거 같고요. 영역화가 어떤 성격이던 간에 영역화가 되었다고 하더라도 유공광구소호를 가지는 정치체는 계속적인 문화를 유지할 수 있었을 가능성은 있다고 생각이 듭니다. 물론 영역화가 돼서 정치권의 주도 세력이 어딘지에 따라서 얼마만큼 영향을 미치는지 그리고 어떠한 방식으로 영향을 미치는지, 간접지배인지 직접지배인지 이런 것에 따라 달라 질수 있을 것 같은데요 물론 이런 직접적인 영역화가 있었다면, 아마 분묘 같은 경우는 전통성이 굉장히 강하기 때문에 쉽게 바뀌지 않았을 테지만 물질자료 같은 경우 조금 빨리 바뀌었을 거라고 생각이 듭니다. 근데 고창지역 같은 경우에는 그런 식의 직접 지배는 되지는 않았을 것 같고요 영역화가 되었다 한다면 어느 정도의 여기 있는 제지 세력이 상당한 철기도 보유 하고 있고 거점 부분을 만드는 강력한 집단이라고 생각이 들기 때문에 그런 분구묘를 축조하는 세력을 가진 정치체에 대해서는 회유하는 방법을 많이 썼을 거라고 생각이 듭니다. 그런 부분에 대한 것들을 정확히 6세기정도에 들어서서는 명확히 나오긴 하는데, 백제 유물들이 많이 보이기 때문에... 하지만 그 전 단계에 대해선 잇기가 어려운 부분이 많이 있는데요. 그런 가능성 유공광구소호가 백제의 간접적인 영역화가 되었을 때도 유지되었을 거라는 생각이 듭니다. 이상입니다.

김낙중　네 혹시 보완 설명이 필요하신가요? 전 사실 관계 하나만 확인하고 싶은데요. 전주 장동 2-1호 주거지에서 나온 유공광구소호들이 어떤 질의 토기들인가요? 연질인가요? 전주 장동이요.

노미선　저도 실견을 하지는 못 했고요.

김낙중　도면 1에 외반 되서 올라가는 평저 광구호 형태

노미선　장동유적 주거지는 두 개다 경질로 확인이 되고 있습니다.

김낙중　경질이요? 감사합니다. 오늘 유공광구소호의 기능 문제 그 다음에 유공광구소호와 정치체와 상관관계, 이건 다른 분들도 같이 논의를 해볼 문제이기 때문에 뒤에서 다시 논의 하도록 하겠습니다.
　　그럼 마지막 발표 이유진 선생님 발표에 대해서 이정근 선생님께서 토론을

해주시죠.

이정근　네 안녕하십니까? 광주 박물관에 근무하고 있는 이정근입니다. 앞에 토론 하시는 분들 다 유공광구소호나 토기 쪽에도 관심을 많이 두지 않으셨다는 말씀들을 해주셨는데요, 저는 요지문을 작성하면서 광구소호에 특별한 관심이 없어서 토론을 하기 위한 내용을 검토하는 것보다도 유공광구소호에 대한 공부를 하는 기회였습니다. 기존에 이유진 선생님은 유공광구소호에 대한 논문도 발표 하셨지만 전체적인 내용들은 이전 논문들의 연장선상에서 가야지역 유공광구호 성격에 대해서 애기를 하고 계십니다. 토론 전체적인 내용은 요지문에 있습니다만 제가 요지문을 다시 또 약간 요약해서 질문을 드리도록 하겠습니다. 1번과 2번 질문은 거의 비슷한 내용의 성격인데 가야 지역에서 가장 먼저 출현 하는 유공광구소호를 함안 도항리13호 출토품으로 보고 그 시기를 5세기 2/4분기 늦은 시기로 판단을 하셨습니다. 그리고 함안 지역에서 일본 하소우에 영향을 줬을 가능성을 제기를 해주셨고 그리고 뒤에 나오는 애기들을 종합해 보면 ON231단계에서부터는 일본에 영산강 유역의 토기 제작기술의 영향이 있었을 거라는 내용을 포함 하고 있습니다. 그런데 편년 부분에 대한 내용입니다. 제가 편년에 대해서 잘 알고 있는 사람은 아닙니다만 일단 제가 판단하기로는 도항리 13호 하고 TG232, 복천동 10, 11호에 의 관계에 있어 어떤 분들은 복천동 21호를 TG232와 비슷한 시기, 복천동 10, 11호보다 TG232를 조금 더 빨리 보는 연구자들도 계시거든요. 이런 상황에서 도항리 13호 출토품 한 점만을 가지고 함안 지역에서 일본에 영향을 주었을 가능성을 언급하기에는 조금 어렵지 않나 하는 생각이고요. 그다음에 도항리 13호 전단계 즉, 고식 도질토기 단계라고 불러지는 시기를 포함해서 그 뒤 시기까지도 함안 지역에서는 단 한 점만 확인이 되고 있습니다. 그렇다면 오히려 함안 지역에서 다른 지역으로 영향을 주었다기보다는 오히려 다른 지역의 영향으로 함안 지역에서 도항리 13호의 유공광구호가 등장 한 것이 아닐까 이렇게 보는 것이 맞지 않느냐는 것이 1번과 2번의 질문 내용입니다.

　　그리고 3번의 질문 내용은 유독 유공광구소호만이 다른 토기와 달리 대량 생산 되지도 않았고 각 지역 간 일본, 영산강 유역, 그리고 가야 지역 간에 굉장히 복잡한 관계의 영향을 얘기 하고 계시는데 그런 이유가 무엇이라고 생각 하시는 지에 대한 것이 3번 질문입니다.

4번의 질문은 3번의 질문과도 유사 합니다만 다른 기종과 달리 이렇게 복잡한 계보라든지 영향 관계를 가지면서 가야지역에서 유공광구소호가 가지는 의미는 무엇인가 라는 내용입니다.

그리고 다섯 번째 질문은 흔히 호남지역과 가야지역 또는 소가야 지역과 호남지역을 얘기 할 때 가장 많이 얘기되는 것이 5세기 전반 때부터 6세기전반, 소가야지역과 전남 동부지역 소위 말하는 섬진강 이서 지역인 광양, 순천, 여수 이런 지역과 소가야 지역을 관련지어서 얘기를 하고 있습니다. 그러나, 실제로 광구소호의 출토 수량을 확인해 보면 실제로 소가야 지역에선 많이 확인이 되고 있는데 전남 동부 지역에서는 소수만 확인이 되고 있습니다. 오히려 한강이나 금강유역에서 나오는 것보다 수량이 더 적지 않느냐는 것이 제 생각인데 기존에 소가야지역과 전남 동부지역의 관련성이 밀접 하였는데 왜 유공광구소호만은 전남 동부지역과 소가야가 다른 양상을 보이고 있느냐? 그 이유에 대해서 여쭤본 질문이었습니다.

여섯 번째는 사소한 질문입니다 만은 복천동 1호의 편년에 부분입니다. 발표 중간에도 말씀 하셨지만 오래전에 발표가 됐고 그 전체 유물들이 공개가 다 되지 않아서 정확한 편년에 대해서 언급하기는 좀 곤란 하지만은 제시된 도면이라든지 이런 것을 봐서 적어도 5세기정도 중반으로 봐야 되지 않나 6세기전반 대로 가게 되면 선생님의 형식 분류에서도 형태적으로도 차이가 많이 나는 것 같습니다. 그렇기 때문에 이것이 5세기 중반으로 가는 것이 많지 않나 라는 의견을 제시 했습니다. 이상입니다.

김낙중　네, 하나씩 답변해 주시죠.

이유진　네. 이정근 선생님께서 정말 어려운 질문들을 너무 많이 주셨는데요. 대체로 무덤에 부장되는 부장품 중에 고배와 같은 경우에는 왠지 무덤 부장을 위해서 일괄로 대량 생산을 해서 만든 느낌이 강합니다. 복천동 출토 유물을 보더라도 한 사람이 수십 점의 고배를 만든 것이 제작기법에서 확인됩니다. 그런데 유공광구호는 제작 수량도 적고, 유구의 연대와 유물의 연대를 어디까지 절충시켜 볼 수 있는가, 물론 토기는 전세의 개념을 거의 염두에 두지 않는데 그런 가능성은 없는가, 등의 사항을 고려해야 하기 때문에 연구에 어려움이 있습니다. 그리고 일본 스에키와의 문제가 있는데요. 우찌시가 SG302출토 스에키와 공반된 목제품의 절대 연대가 389년으로 나왔습니다. 일본 내에서도 이것이 굉장히 논란이 되고 있습니다. 하승철 선생님 같은 경우에는 이것을 TG232이전 단계로 해당하는 토기로 보고 계신데요. 상세한 논의는 배제하고 이 유물이 초기 스에키라는 점은 동의하지만, 토기와 목기가 동시 매납이라고 할지라도 과연 제작시기가 같은가에 대해서는 조금 의문이 있습니다. 보고자도 이 목기를 재가공한 것으로 생각을 하고 있어서 연대 부분에 있어서는 앞으로 많은 검토가 필요 할 것이라 생각합니다. 그리고 일본에서 영산강으로 유공광구호가 전래 되었다는

가야지역 출토

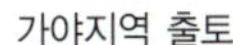

주장에서는 죠몽 토기에 유공광구호와 유사한 기형이 있다는 점을 근거로 들고 있습니다. 하지만 야요이 토기에서는 확인되지 않고, 시기차가 많아 과연 동일한 기능을 가지고 발전된 것으로 볼 수 있는가에 있어서는 조금 의문이 듭니다. 그런데 가야지역 유공광구호 출토 유적 중 도항리 13호분은 고분 편년에서 가장 이른 것으로 보입니다. 따라서 초기 스에키의 제작에서 가야에서 일본으로의 영향을 생각할 때 유공광구호도 도항리에서 일본으로 영향이 있었을 가능성이 있습니다.

다음으로 신인주 선생님의 경우, 영산강과 가야, 일본 출토 유공광구호의 제작 기법 차이를 송학동 고분 보고서에 자세하게 설명을 해주셨는데, 그 중 특히 구멍을 뚫고 마무리 하는 방법에 지역별로 특징이 있다고 생각합니다. 가야 지역 같은 경우에는 복천동 고분에서 나온 고배를 보면 투창을 뚫고 테두리 부분을 마연은 아닌데 한번 훑어서 정리한 흔적이 남아 있습니다. 반면 함안 지역에서는 이런 투창을 뚫고 나면 그 투창 부분이 바깥에서 안쪽으로 깔끔하게 딱 떨어져 들어갑니다. 스에키의 투공 방법을 보면 깔끔하게 떨어져 들어간 방법이 보이고 소가야 지역 출토 유공광구호의 구멍도 보면 구멍을 뚫고 주변을 정리하지 않은 것도 있지만 한번 마감한 흔적이 있습니다. 그리고 영산강 유역 같은 경우에는 구멍 주변을 정리하지 않은 것이 많습니다. 그래서 이런 차이들을 보면 맨 처음에 토기 제작기술 자체가 이러한 지역 간의 유공광구호 뿐만 아니라 도질토기에서 스에키로 넘어가는 과정과 관련이 있지 않나 추정이 됩니다. 그리고 왜 이렇게 복잡하게 영향 관계를 보이느냐고 하신 부분은 제가 조금 논리적인 서술이 부족해서 그런 면이 있는 것 같습니다. 그런데 다른 기종에서도 알 수 있듯이 토기는 모방하고 창조하고 이것들이 반복되어 재창조되고 이런 점에서 다양한 지역 간의 교류관계가 반영된 것으로 생각 됩니다. 그런데 유공광구소호가 조금 더 특징적이다 보니 조금 더 눈에 띄는 것이라고 생각합니다. 기존 연구에서 보면 단선적으로 이 토기가 이 지역으로 전래가 되었다, 문화적으로 중심지역에서 주변지역으로 파급됐다, 이러한 쪽으로 많이 이야기되고 있습니다. 저는 유공광구호를 분류를 할 때도 속성을 중심으로 분류를 했는데, 이를 보면 지역

간 서로 교집합 되는 요소가 있습니다. 따라서 단선적으로 하나의 유물이 전래된 것이 아니고 속성들끼리 서로 돌면서 이 세 지역, 한반도 남해안 지역과 일본열도가 서로 관계를 가지고 계속 해서 영향을 주고받고 발전해 나간 것이 아닐까 이렇게 생각이 됩니다. 그리고 질문을 주신 부분이 가야 지역에서 유공광구호가 어떤 의미를 가지는지, 이 부분은 조금 어려운 부분이 있는데요. 가야지역은 도질 토기가 다양하게 제작되어 부장되는 전통이 있는 지역인데 그에 비하면 유공광구호의 제작과 매납 비율은 상당히 낮은 편입니다. 그런 것으로 보아 유공광구호의 기능을 대체할 수 있는 다른 토기가 있었기 때문에, 굳이 이것을 많이 제작 하지 않은 것이라는 생각이 듭니다. 그리고 복천동 1호분은 아까 발표에서도 말씀을 드렸듯이 연구자마다 연대관이 조금씩 다 다릅니다. 이 부분은 1호분의 자료가 더 확보되면 그때 조금 더 자세한 이야기를 할 수 있지 않을까 생각합니다.

〈용어문제〉

김낙중　네, 감사합니다. 혹시 미진한 부분 없나요? 그럼 지금까지 발표자에 대한 지정토론을 마치도록 하겠습니다. 발표자 분들이 조금 민감한 문제에 대해서 소신을 말하는 것을 주저하는 경향을 보이는 것 같은데요, 이 자리는 글로 발표하는 것이 아니니까 있는 생각을 소신껏 말씀해 주셔야 또 듣는 분들도 거기에 어떤 영감이랄까 자극을 받아서 새로운 관점에서 연구를 할 수도 있으니까 생각하는 바를 솔직하고 자신 있게 말씀해 주시면 고맙겠습니다. 우선 첫 번째로 사소하다고 볼 수도 있는데, 지금 이 발표 요지를 보면 유공광구소호로 되어 있고 그리고 국립광주박물관의 포스터를 보면 유공소호로 되어 있고 또 이유진 선생님은 유공광구호란 이름을 썼어요. 또 도면에 제시한 것들을 보면 크기에 큰 차이가 있는 것들이 있습니다. 대부분이 소형이지만 전시에서도 봤듯이 구연이, 최대경이 큰 것도 하나가 있습니다. 그 다음에 발표 중간에는 구멍만, 유공만 있는 전혀 다른 토기들도 있었습니다. 그래서 여기서 이런 명칭에 대해서 정리를 하고 넘어가야 다음에 말을 할 때 이러한 것을 같은 개념으로 받아들이지 않을까 생각도 하는데, 발표자분들하고 서현주 선생님께서는 이 명칭에 대해서 어떻게 한정하고 있는지 말씀을 해주시기 바랍니다. 우선 서현주 선생님께서 해주세요.

서현주　　물론 가야지역 같은 경우에는 주로 소호가 중심을 이루고 나오는 것으로 알고 있습니다. 그런데 전남지역이나 아까 잠깐 말씀드렸지만 백제의 다른 지역들 경우에도 유공광구소호, 소호라고 부르기에는 조금 큰 즉, 대형화된 것들이 있는 상황입니다. 사실 그런 것들까지 다 같이 이야기 할 때는 저도 유공광구호라고 하는 표현을 사용기도 했는데요. 먼저, 저기 유공소호라는 표현은 김낙중 선생님이 방금 말씀하신 것처럼 직구화 된 호에도 구연부 쪽에 유공이 있는 것도 있기 때문에 사용하면 애매해지겠다는 생각이 듭니다. 저는 대부분 광구 내지는 장경이라고 해서 상대적으로 구연부가 벌어지는 모습이니까 광구는 들어가도 좋겠다는 생각을 하고 있고요. 소호냐, 호냐 하는 부분에서는 좀더 포괄적으로 할 때는 유공광구호라고 하는 표현이 어쨌든 대형까지 포괄할 수 있는 게 아닌가 싶습니다. 대형이라 하더라도 상대적으로 다른 호들에 비해서는 좀 더 작은 것들이 주류를 이루고 있는 것만은 사실인데, 그런 점에서 저도 유공광구호라고 하는 표현을 쓴 적이 있고, 그게 좀 더 나은 표현이 아닐까라는 생각을 하고 있습니다. 개인적으로는 유공광구호라고 하는 표현이 현재 상태에서는 포괄적인 표현이 아닐까 생각하고 있습니다.

김낙중　　예. 박형렬 선생님.

박형렬　　저 같은 경우에는 유공광구소호라는 명칭을 썼습니다. 물론 서현주 선생님이나 이유진 선생님이 이야기하신 유공광구호라는 것이 더 포괄적인 개념일 수 있지만 저 개인적인 생각으로는 이렇게 특수한 기종에서 나타나고 있는 것과 대형 혹은 기타 기종에서 나타나는 유공의 경우에는 예외적인 소수에 한정되어 나타나는 것일 수 있기 때문에 현재까지의 자료로 본다면 이런 작은 소형의 기형이 더 많아서 이 기종을 대표적으로 이야기 할 수 있는 것은 유공광구소호가 아닐까 그렇게 생각해봅니다.

이유진　저도 호남지역 쪽에 보니 동체부가 굉장히 큰 유공광구호들이 있어서 유공광구호라는 통칭적인 용어를 씁니다. 가야지역에는 광구소호라는 것이 있습니다. 물론 유공광구호라는 것과는 기형이 다른데 이 광구소호가 3세기부터 6세기까지 굉장히 많이 나오는 기형입니다. 이 토기를 소호라고 할 때, 동체부의 크기를 비교해보면 유공광구소호는 소호가 아니고 조금 더 용량이 큰 것 같습니다. 그래서 저는 유공광구호라는 용어가 더 어울리지 않을까합니다. 그리고 기존에 이은창 선생님께서 유공광구소호라고 쓰신 이후로 계속 이어져서 저도 유공광구소호라는 것이 입에 붙어 편한데요. 앞으로는 조정이 필요할 것이라고 생각합니다.

노미선　지금 1대 2인거 같은데요. 저는 특히 호남지역을 이야기하면서 대형이라는 표현은 안썼고 대형이라고 하기에는 가장 큰 것도 높이가 15cm를 넘어가지 않는 것 같아요. 그래서 중형품이라는 용어를 썼습니다. 그런데 결론적으로 말하면 유공광구소호라는 표현에서 크기나 계측치에 상관이 없이 유공광구소호라는 표현이 더 맞지 않을까 생각합니다. 어떤 의미에서냐면 어떤 특징적인 유물을 대할 때 어떤 용어를 썼는지에 따라서 그 유물의 특징적인 부분을 잘 읽어낼 수 있는 것이 가장 좋은 용어가 아닐까 그렇게 생각이 됩니다. 그래서 보시겠지만 그간에 대표적인 유공광구소호라는 사진에도 나오는 것을 보면 그것이 유공광구소호였을 것입니다. 장식이 많이 달려있고 발달되고 하는 것 등을 떠나서 우선 유물의 특성을 잘 읽을 수 있는 것이라고 생각이 듭니다. 아니면 실제적으로 그런 중형품들의 비중이 이 용어를 바꾸어야할 만큼 크게 많지는 않다고 개인적인 생각이 들어서 그렇게 생각을 하고 있습니다.

김낙중　　예 알겠습니다. 용어에서도 약간의 의견 차이가 있는 거 같습니다. 혹시 토론자 중에서 의견을 가지고 계시는 분 계신가요? 유공광구호와 유공광구소호 중 유공광구소호도 충분하다고 할 때는 아마도 동체경이 15cm이상이 되는 유공광구호하고 그보다 작은 것하고 기능상의 큰 차이가 없다는 견해에서 말씀하시는 것 같은데, 그렇게 봐도 되겠습니까?

김낙중　　노미선 선생님.

노미선　　기능상의 차이가 없다고 말씀드리는 것은 아니고요. 이 발달이 되었건 아니건 이 유물에 대해서 어떤 가장 특징적인 것을 대치했을 때 이 용어가 맞지 않은가. 물론 유공광구소호에 들어가서 분류를 하게 되면 광구가 아닌 것도 있고 소호가 아닌 것도 있다고 생각을 하는데 저는 대표적인 명칭을 정하는 것에 있어서 이것이 적당하지 않냐. 그런 말씀드리고 싶습니다.

김낙중　　알겠습니다. 일단은 뭐 지금까지 많은 사람이 쓰고 그 다음에 어느 정도 유공광구소호가 무엇을 의미하는 지 아는 상태에서 유공광구소호가 가장 적당한 말인 것 같습니다만, 어쨌든 중요한 것은 동체최대경 15cm이상을 따로 분류할 필요가 있다거나, 그 다음에 이 유공광구소호가 구경이 동체최대경보다 작은 것도 많이 있죠. 그래서 광구라고 하기에 어려운 점이 있기도 하지만 무언가 나름대로의 특별한 의미를 둘 필요가 있을 때는 유공광구호, 유공광구소호, 유공소호 아니면 유공호 이런 것들이 어떤 것을 가리키는 지 발표할 때나 글을 쓸 때 분명히 제시해두고 글을 전개하는 것이 좋지 않겠나 생각하고 그렇게 정리를 하겠습니다.
　　일단, 오늘 이야기하는 유공광구소호는 동체최대경 15cm이상 되거나 아니면 다른 기형에 구멍이 있는 것을 제외하고 말하는 것으로 하기로 하겠습니다.

〈형식분류의 기준과 의미〉

그 다음에 두 번째로 이 영산강유역 유공광구소호의 형태가 아주 다양하죠. 크게 봐서는 전체적인 특징이 있지만 형태변화가 아주 심합니다. 형태변화가 심한 것은 여러 가지 요인이 있겠지만 시간의 변화를 보여주는 것이 있을 수 있고, 계통이나 지역색을 보여주는 속성이 있을 수도 있는데, 그런 형태변화가 의미하는 것을 시간적인 지표하고 계통이나 지역색을 나타내는 지표 그리고 이 형식 분류의 의미를 어떻게, 가장 무엇에 중점을 두고 있는지 그것을 아까 너무 자세하게 몇에 몇 형식 이렇게 이야기하시면 듣는 분들도 이해하기 어렵고하니까 간단하고 명확하게 해주실 필요가 있다고 봅니다. 다시 한 번 정리해줄 필요가 있지 않나 생각합니다.

아 뭐 일단 서현주 선생님부터 순서는 그대로 가겠습니다.

서현주   아까 광주전남지역의 유공광구소호를 정리를 하신 분은 굉장히 세분해서 나누셨는데요. 사실 저도 유물 수가 적었을 때 정리를 해보면서 굉장히 다양한 형태가 있기 때문에 이것을 어떤 식으로 정리를 해야 시기적으로 내지는 지역적으로 의미있는 것으로 볼 수 있을 것인가 좀 고민이 됐었습니다. 그런데 과거에 사실 분류했을 때 보다 자료가 많아지니까 일단은 지역적 차이로 봤던 부분들에 대해서도 대략적으로는 그렇게 볼 수 있지만 확연한 구분들이 사실은 뭐 좀 깨지기도 하는 것 같습니다. 어쨌든 영산강유역뿐만 아니라 가야지역에서도 정형화가 된 다음에는 비슷한 변화가 있고요. 일본열도도 마찬가지이긴 한데, 시기적으로 구연부의 길이나 벌어짐에 비해 동체부 크기가 큰 것에서 상대적으로 작아지는 것으로 가장 크게 변화하는 요소인 것은 분명하구요. 그것과 함께 구연부 형태에 있어서도 변화가 있습니다. 이른 단계의 자료에서는 구연부 형태가 다양하게 나오고 있고, 늦은 단계의 자료에서는 구연부가 전체적으로 긴 것들이 나오고 있습니다. 이른 단계에는 구연부가 긴 것도 있고 짧은 것도 있어

영산강 유역 출토

서 구연부 전체의 길이만 가지고는, 또 구연부 전체의 벌어짐만 가지고는 상대적인 순서를 정하기가 힘들었습니다. 그래서 대체로 돌선을 가지고 있으면서 돌선을 경계로 위쪽과 아래쪽의 길이가 다른 형태들이 섞여 있고요. 그리고 아예 돌선이 없고 가장 정형적이지 않는 동체부의 모습을 갖는 것도 있습니다. 구연부의 위쪽과 아래쪽, 그런 것을 저는 구연부에서 상부, 하부라고 표현을 했는데, 상부, 하부의 비율이 시간적인 차이를 반영하고 있다고 생각했습니다. 결국 구연부에 있어서 아래쪽 부분의 길이가 많이 늘어나게 되면서 전체적인 길이도 늘어나게 되는데, 시기가 늦게 되면 그러한 변화가 있는것 같고요. 그리고 여러 지역에서 형태적으로 다양하게 나타나고 있지만 대체로 구연부에서 위쪽의 길이가 상대적으로 길다가 점차 상대적으로 아래쪽 부분이, 구연부에서 아래쪽부분이 길어지는 것으로 변화한다고 생각을 해서 그런 부분에 따라서 전반적으로 나누고 있고요. 또 계통적인 문제라든지 지역적인 차이라든지 이러한 부분들도 사실은 구연부 형태에서도 세부적인 차이들이 있고, 동체부의 모습에 있어서도 주로 원저계통이 많이 보이는 지역 내지는 말각평저, 평저가 주류를 이루고 있는

지역들이 있어서 차이가 있다고 생각됩니다. 말각평저가 좀 많이 보이는 것은 이른 단계에서 늦은 단계까지 영산강 하류쪽 영암, 무안 지역인 것 같고요, 그리고 동체부에 있어서 원저가 많이 보이는 곳은 영산강 상류 쪽이라고 봅니다. 그리고 자료도 많이 늘었났습니다. 그리고 평저가 많은 지역이 비교적 늦은 자료들이 모여 있는 곳인데요. 6세기 때에 영산강 중류 쪽 나주 복암리 일대에 많다고 봅니다. 그런데 아주 늦은 단계가 되면 여러 지역에서 평저가 확실한 자료들이 나타나고 있는 모습들을 보이고 있어서 저부의 형태는 지역적으로 완전하게, 대략적으로는 가능한데, 구분되기 어려운 부분도 있습니다. 그리고 시기적인 변화를 볼 때 또 하나 생각하고 있는 것은 동체부에 있어서 어떤 문양, 돌선 이외의 문양 같은 것입니다. 파상문이 많은 것이 좀 이른 것 같고요. 늦은 단계의 유물들에 있어서는 그런 문양들이 없어지는 것이 주류를 이루고 있습니다. 물론, 일본의 스에키의 영향을 받아서 나타나는 것에서는 아직 장식적인 부분이 남아 있지만 전반적으로 6세기대라고 볼 수 있는 동체부가 작은 것에 있어서는 문양이 거의 다 없어지는 모습을 보이고 있어서 파상문이라든지 문양이 많은 것들이 상대적으로 이르고, 점차 없어지고 있으며, 거의 무문화되는 것은 6세기대 이후가 아닌가 생각하고 있어서 그 세 가지 요소에 큰 시기적인 변화가 있다고 보고 있습니다. 근데, 보다 다양한 형태가 있기 때문에 그게 일괄적으로 되기보다는 그런 전반적인 경향성으로 파악하고 시기적인 의미도 부여하고 있는 상황입니다.

박형렬 저 같은 경우에는 앞서 발표문에서 이런 내용을 다 이야기를 했다고 생각하지만 여기서 아주 간단하게 이야기 하자면, 저 또한 서현주 선생님이 생각하시는 내용과 크게 다르지 않는 것 같습니다. 그리고 전에 서현주 선생님의 논문을 읽었을 때는 이러한 세부적인, 오늘 이야기 하시는 세부적인 내용이 그 당시에는 없어서 같은 생각이 아닌 것 같았는데 오늘 와서 보니까 비슷한 내용인 거 같습니다.

저 또한 구경부가, 구경부를 나누는 기준에 있어서 저 같은 경우에 단을 이루는, 구경부에 단을 이루는 것과 단을 이루지 않는 것을 가장 큰 특징의 변화라고 생각을 했습니다. 그리고 단을 이루는 것 중에서 구연과 경부가 어떠한 비율로 변화를 하는지 그것이 가장 큰 특징이라고 생각했고요. 그래서 전체적인 형태로 봤을 때 구경부의 높이가 길어지고 구경이 벌어지는 것으로 간다는 시간성이 있다고 봅니다. 그리고 동체 같은 경우에도 마찬가지로 형태상 구경부에 비해 작아지는 형태가 일률적으로 나타나는 것이 기본 틀이라고 생각하지만 그 안에서의 변화과정에서 동체의 형태를 추정하였을 때 편구형에서 장타원형으로 갔다가 오각형, 측면에서 봤을 때 오각형, 역제형으로 변화하는 과정을 거치는 것으로 생각되고 이것이 동체의 또 하나의 시간성이라고 생각합니다.

이러한 변화 속에서 세부적인 계통과 지역성이 있을 것이라고 생각을 하고요. 지역성은 발표문에서 이야기 했듯이, 제가 생각할 때는 다섯 지역 이상이 있을 것으로 생각합니다. 왜냐면은 영산강유역의 유역권에서 나타나는 수계가 다섯 곳 이상이기 때문에 지역적인 경계지역도 다섯 곳 이상이라고 생각이 되지만 지금까지의 자료로 본다면 발표문에서 이야기한 다섯 곳 정도의 수계를 중심으로 지역성이 나타나는 것으로 생각됩니다. 그리고 제 생각에는 이 수계를 중심으로 지역성이 나타날 수 있고, 그와 더불어 계통성도 나타날 수 있을 것으로 봅니다.

그리고 제가 나눈 형식변화가 가지는 의미는 시간성을 가장 크게 의미한다고 생각하고요. 이것이 어떤 유기적인 관계를 가지면서 초기 형식인 Ⅰa식에서 Ⅷe식으로 변화한다고 보고, 이 과정이 곧, 그 시간성을 내포하며 선후형식 간에 영향을 주었다고 생각합니다. 그리고 이러한 과정에서 나타나는 세부 형태 차이는 어떤 계통적 차이를 이야기 할 수 있다고 생각되고, 그렇게 정리 할 수 있을 것 같습니다.

김낙중　　제가 잠깐만 보완을 요구하겠는데요. 영산강유역에서 다섯 개의 수계별 지역성을 말씀하시고 그것을 동체부의 형태로 구분하셨는데 솔직히 그런 설명을 들어도 나중에 새로운 자료가 나왔을 때 어디로 지정을 해야 하는가 뚜렷한 기준인가라는 생각을 하고, 그렇게 수계별로 지역색을 나누었다는 것은 그

단위로 토기제작이 이루어졌다는 것을 전제하는 것인데 그 정도 수계별로 나누어져서 토기를 제작하다보면 어느 정도 표준화되지 않을까, 자연스럽게 나타날 수 있는 변이가 아닌가 생각합니다. 지역색을 나누었으면 무언가 의미를 찾아야 하는데 그 의미가 무엇인지 더 설명을 해줄 필요가 있는 거 같아요.

박형렬　　제가 이 발표문을 준비하면서 지역성을 구분할 때 이 지역 내 하나의 수계가 어떠한 의미를 가지고 있는지에 대한 것은 사실적으로 깊게 접근하지 못하였습니다. 그래서 제가 추후과제로 제시하면서 나중에 살펴봐야겠다고 문제점을 제시 하였는데요. 개인적인 생각으로는 각 지역이 어떤 차이가 있었기 때문에 서로간의 융합이 될 거 같으면서도 되지 않는 그런 다양성을 가지는 집단이 형성되어 있지 않았을까 라는 생각을 했습니다. 그렇다고 제가 여기서 정치체에 대해서 단순히 한 유물만보고 이야기하는 것은 어려운 부분이 있습니다. 그러나 형태적으로 나타나는 차이에서 보았을 때 소집단간의 결합체가 있어서 그것이 하나의 집단이 되고 다시 그것들이 모여서 큰 집단이 되는데 그런 큰 집단을 파악하기 위해서는 작은 단위의 집단을 파악해서 그것을 확인했을 때 여기서 보이는 다양한 문화적 요소들을 살피고, 그 변화과정을 살필 수 있는 방법이 되지 않을까 생각해서 이런 수계적으로 나타나는 특징을 모아서 살펴보았던 것입니다. 그러나 여기서 제가 김낙중 선생님이 이야기하시는 의미 부분은 이야기하기는 힘들 것 같고요. 나중에 좀 더 공부를 해서 이점에 대해서 답변을 할 수 있도록 하겠습니다.

김낙중　　유공광구소호에서 세부적인 지역색이 나타나는 것은 당연하겠죠. 집단별로 제작 공인들이 다를 테니까. 그런데 그것이 사회적으로나 정치적으로 큰 의미가 없을 수 있어요. 앞으로 그런 형태적 차이가 어떤 의미를 가지는지 그런 점에 있어서 자료가 증가하고 더 분석할 필요가 있을 것으로 봅니다. 다음 전북부터 말씀해 주시죠. 형태변화와 의미에 대해...

노미선　형태보다 의미에 대해서 말씀드리겠습니다. 형태변화에 의미가 있습니다. 있고 그것은 크게 볼 때 충분히 의미가 있다고 생각이 되고요. 유구나 공반유물을 통해서 충분히 입증했다고 생각합니다. 하지만 문제는 제가 준비한 쪽의 자료인 고창지역 자료에서 동일 유구 내에 다양한 형태가 실제 형식 분류를 하면 많이 나누어 질 수 있습니다. 그런 유물들이 동일 유구 내에 같이 나왔습니다. 그래서 결국은 봉덕유적에서는 30점이 나왔는데, 유구상의 선후관계가 있지만 시기 폭은 크지 않은 이상은 선후관계에 의해서 유물의 자세한 형식 분류한 것을 대입을 했을 때 맞지 않을 것입니다. 봉덕유적의 남쪽주구 하나만 하더라도 상층과 하층사이에 유물은 두 차례 이상 매납이 되어서 시기적인 차이가 있을 수 있는데 실제 그 유물을 비교해 보면 실제로 눈에 띄는 차이는 찾을 수 없습니다. 그래서 약간은 형식 분류에 대한 회의적인 입장이 되어 버렸는데 같은 유구에 같은 시기에 매납이 되는 유물들이 구연부 형태도 약간씩 다르고 저부도 원저에서 평저까지, 문양도 있는 것과 없는 것이 있고 하다보니까 형태변화에도 큰 의미를 두는 게 오히려 유물을 이해하는 입장에서 약간의 방해요소가 될 수 있다는 생각이 듭니다. 다른 지역 같은 경우에는 유구 안에 한두 점 매납하는 것이 전부라서 유물의 형식변화를 통해서 잡을 수가 있겠지만 그것이 어느 정도는 기형변화 즉, 형식이 그렇게 변화한다는 도식을 낼 수도 있겠지만 이렇게 동일 유구 내에서 다양한 형식들이 나올 때는 어떻게 답을 내릴 수가 없어서 결론적으로는 형태변화는 클 때 의미가 있다는 말씀을 드리고 싶습니다.

김낙중　고맙습니다. 그럼 이유진 선생님께서 말씀해 주세요.

이유진　예. 저도 몇 년 전에 형식 분류를 했었는데요. 당시에도 굉장히 고민을 많이 했습니다. 근데 오늘 와서 보니 새로 등장한 자료들이 너무 많아서 다시한 번 형식을 검토해야하나 라는 생각이 들어요.

　앞에서 말씀하셨듯이 말각평저에서 평저로 가고 원저에서 첨저로 변하고 구경부가 점차 장경화되고 하는 것은 영산강이나 일본이나 소가야 지역이나 세

가야 지역에서 가장 먼저 출현 하는 유공광구소호를 함안 도항리13호 출토품으로 보고 그 시기를 5세기 2/4분기 늦은 시기로 판단을 하셨습니다. 그리고 함안 지역에서 일본 하소우에 영향을 줬을 가능성을 제기를 해주셨고 그리고 뒤에 나오는 애기들을 종합해 보면 ON231단계에서부터는 일본에 영산강 유역의 토기 제작기술의 영향이 있었을 겨라는 내용을 포함 하고 있습니다. (주요문 발췌)

이유진(부산박물관)

지역 모두 나타나는 시간성이라고 생각을 합니다.

　제 발표문의 각주 5번을 보시면 제가 예전에 분류를 한 것을 참고 해주시기 바랍니다. 그때 저는 다섯 개의 형식으로 분류를 했었는데, 지역성에 초점을 맞추었습니다. 유공광구호는 형식이 나누면 나눌수록 많아져서, 축약시키려고 많이 노력했습니다.

　Ⅰ형식 같은 경우에는 단부 끝에 요철이 있습니다. 이러한 형태는 백제 소호에서 나오는데 4세기에서 5세기에 나오는 그런 소호에서 많이 확인이 되어, 아마도 유공광구소호 이전의 이런 단경소호에서 영향을 받은 것으로 생각되어 하나의 형식으로 설정을 했습니다. 그리고 Ⅱ형식에서 나오는 가장 큰 특징이 구경이 직립, 곧게 뻗어나가는 이러한 형태인데요. 보시면 함안 도항리 출토품도 굳이 분류를 하자면 Ⅱ형식으로 볼 수 있습니다. 그리고 영산강유역 출토품의 대부분이 이러한 형태로 나오고 있습니다. 그리고 Ⅲ형식으로 본 것이 구연부가 구경에서 한번 꺾여서 올라가는, 즉 턱이 있는 것입니다. 이것이 도면상으로는 조금 미약해보일지 모르지만 실제 유물을 보면, 구경부를 만들다가 힘을 주었구나하는 느낌이 있습니다. 이런 Ⅲ형식 같은 경우에는 영산강유역에서만 출토가 되고 있습니다. 그리고 초기 스에키에서는 Ⅱ형식이 맨 처음에는 확인이 되고, 이 턱이 꺾이는 형식은 TG232단계의 초기 스에키보다 조금 뒤에 나오고 있습니다. Ⅳ형식 같은 경우에는 소가야 지역을 중심으로 출토되는 가야식이라고 볼 수 있습니다. 구연단부 끝에 이것도 요철이 있지만, Ⅰ형식과는 조금 다른데요. 가야, 특히 소가야지역에서 나오는 단경호, 장경호에도 보면 구연단부 끝에 요철이 있습니다. 이러한 형태하고 그다음에 즐묘문이 시문되는 형태, 그리고 원저는 원저인데 조금 펑퍼짐한, 동체부가 약간 평타원적인 것이 특징입니다. 그리고 Ⅴ형식으로 분류한 것을 보면 구연단부에 요철이 있다는 점은 소가야지역과 일맥상통합니다. 나주 복암리 3호분 출토품에서 잘 확인되는데, 구경부가 곧게 올라가다가 한번 꺾이는데, 안으로 오목하게 꺾이는 것이 특징이라고 할 수 있습니다. 이렇게 형식에 지역성이 가미된 것으로 저는 분류하였습니다.

〈지역별, 정치체별 형태적 특징〉

김낙중　예. 그럼 혹시 토론자분들 중에 이 문제와 관련해서 말씀하고 싶은 분이 계신가요? 어. 전혀 말씀 안하시고 계시면 심심할 텐데. 혹시 궁금한 점이 있으면 주저하시지 마시고, 말씀해주시기 바랍니다.

　　지금 형태변화에 시간성뿐만 아니라 어떤 계통성, 지역성이 내포되어 있다고 보고 있습니다. 물론 크게 봐서 이 유공광구소호라는 것이 일본열도를 시작으로 해서 이제 집중 분포하는 곳이 소가야지역하고 그 다음에 영상강유역하고 고창입니다. 물론 아까 서현주 선생님이 발표하신대로 한성, 아참 경기 충청지역에도 있고 그 다음에 부산지역에도 있지만 그런 지역의 경우 반입품일 가능성이 높습니다. 그래서 크게 봐서 호남의 영산강유역과 고창지역, 그 다음에 가야, 일본열도 스에키가 있겠는데 조금씩 말씀은 해주셨지만 그래서 나름대로 이미지를 확실히 하기 위해서 다른 지역과 확실히 구분되는 특징이 어떤 것들이 있는지. 형태적 특징이. 그런 것들 중 가장 중요한 속성 한 두 개라도 좋으니까 그것을 말씀해 주시면 나머지 다른 분들도 연구하는데 도움이 될 것 같습니다. 일단 영산강유역만의 형태변이가 있지만 가야나 스에키와 비교해서 가장 특징, 독자적인 특징이 뭔지. 박형렬 선생님부터. 다른 지역에서 보이지 않는 영산강유역만의 특징이 있나요?

박형렬　제 생각에는 영산강유역에서 확인되는 유공광구소호의 가장 큰 특징은 평저가 나타난다는 점을 들 수 있고요. 각 지역에서 나타나는 특징을 제가 이야기하자면 저부형태라고 할 수 있는데 영산강유역은 평저이고, 고창지역은 대각이 달린다는 것을 들 수 있을 것 같습니다. 가야와 스에키 같은 경우에는 첨저를 가지는 형태를 들 수 있을 거 같은데 스에키에서는 동체에서, 동체가 첨저긴 첨저인데 동체최대경이 넓고 동고가 낮아서 동체가 넓게 퍼져있는 그러한 형태가 나타나고 가야지역에서는 그러한 것이 적은 것이 특징이지 않을까. 생각합니다.

김낙중　예. 고맙습니다. 그 노미선 선생님 고창지역을 비롯해서 전북지역의 유공광구소호의 가장 큰 특징이 무엇인가요?

노미선　집중출토 되었다는 것을 말씀드릴 수 있을 것 같습니다. 그래서 다른 지역에서는 선별적으로 사용되었다는 느낌이 많이 들어요. 근데 여기는 굉장한 선호도를 가지고 쓴 거 같은데 아마 조사하는 분도 많이 놀라셨을 거 같은 상황이었던 거 같아요. 저도 이제 가보지는 못 했는데, 매장시설 30개 중에 1/3 정도에서 유공광구소호가 나온 거 같고요. 특히, 이제 봉덕유적 같은 경우에는 아예 매장시설이 삭평되어버린 상황에서도 주구 내에서, 한 주구 내에서 5~6개씩 섞여서 나오고 있는데 그것도 제사행위에 있어서 한번 제사에 많은 수의 유공광구소호를 사용하고 그것을 구연부나 저부를 파쇄해서 집어넣는 것이 있거든요. 그래서 가장 큰 특징은 고창지역에 지석묘가 집중분포 하듯이 유공광구소호도 집중출토 된다는 점. 많이 출토된다는 점. 그게 가장 큰 특징이 아닐까 싶습니다.

김낙중　예. 감사합니다. 이유진 선생님이 가야, 소가야 이야기를 하였지만, 어느 지역이나 현지의 토기제작을 반영하고 있겠지만, 소가야지역 유공광구소호의 특징을 좀 더 설명을 해주시지요.

이유진　예. 아까 말씀 드렸듯이 구연단부에 요철이 돌아가는 것이나, 아니면 소가야 지역에서도 특히, 호류 같은 경우에 동체부 중위 이하를 타날하고 그 타날을 그대로 남겨놓는 경우가 많습니다. 그런 것도 하나의 제작기법상 특징이라고 할 수 있지 않을까라고 생각합니다. 그리고 문양 같은 경우에도 즐묘문이 개에도 시문이 되고, 유공호에도 시문이 되고, 뭐 이정도가 가장 특징이라고 볼 수 있겠습니다.

김낙중　예. 감사합니다. 구연, 구순에 단이 지는 형태는 스에키가 뚜렷하게 보입니다. 그런데 그런 형태가 가야계 유공광구소호에서도 보이고 영산강유역에서도 보이고 그 다음에 즐묘문이라고 할까요, 열점문이라고 할까요, 그런 무늬도 스에끼에서도 보이고 가야에서도 보이고 일부 고창에서도 보입니다. 영산강유역뿐만 아니라 그래서 조금씩 모양은 다르지만 일본열도뿐만 아니라 모든 지역에서 나타나는 요소도 있어요. 시문기법이나 형태가 어디서 기원했는지 다음에 논의 하겠지만 그런 것들은 공통적으로 보이는 요소이기 때문에 기원 문제를 고려할 때도 중요하게 다루어야 될 것으로 생각합니다.

〈상 · 하한 및 절대연대 추정의 근거〉

김낙중 그 다음에 지금부터는 좀 민감한 문제일 수가 있겠습니다. 아까 여러 발표자들께서 제시한 편년표라든지 이런 것들에서 보면 5세기 중엽 이후에는 크게 문제가 없을 것 같아요. 근데 기원 문제와 관련해서 자료를 5세기 전반으로 설정한 근거라든지, 5세기 전반의 유공광구소호의 생산 양상에 대해서 조금 애매한 점이 있었습니다. 그래서 이 유공광구소호의 상한문제, 그리고 그 절대연대 추정의 근거, 이런 것들에 대해서 발표하지 않았더라도 개인이 가지고 계신 것을 이야기해 주었으면 좋겠습니다. 우선, 서현주 선생님부터 부탁드립니다.

서현주 예. 영산강유역의 자료가 조금 어려운 점은 어쨌든 편년을 할 수 있는 구체적인 자료가 좀 부족합니다. 그리고 광주,전남지역을 정리하신 선생님께서는 유물을 단계적으로 나누어서 변화가 있는 것처럼, 형식변화가 있는 것처럼 말씀하셨지만, 어떤 커다란 경향성은 보이지만, 유물에 있어서도 통일감이 있거나 어떤 변화가 획일적으로 나타나지 못하는 점도 어떻게 보면 형식 분류를 하고 연대를 부여하는데도 좀 문제라고 할 수 있습니다. 어쨌든 그런 상황에서 외래적인 자료를 연대를 부여하는데 사용할 수밖에 없는데 대체로 5세기경 정도부터로 보고 있는 것, 5세기보다 더 이른 단계로 못 올리는 이유 중에 하나는 영암 만수리 4호분의 이른 단계, 그러니까 제분이니까, 이른 무덤이 10호, 11호 무덤이고요. 그리고 유공광구호가 나오는 무덤은 그중에서도 맨 끝에 있는, 4호분 중에서는 좀 늦은 단계의 무덤입니다. 그런데 10호, 11호 무덤에서 가야계의 광구소호가 나오고 있는데 그게 4세기, 대체로 4세기 후반의 어느 시기로 볼 수 있는 자료여서입니다. 사실 저는, 물론 영산강유역의 이른 자료 중에 구연부가 아직 정형적이지 못한, 상대적으로 짧기도 하고 돌선이 없는, 그래서 상부, 하부의 구별이 어려운 자료들도 일찍부터 나타날 수 있다고 생각하고 있는데, 그 자료도 만수리 4호분 맨 끝에서 나타나고 있거든요. 이런 자료를 조금 일찍 보고 있기 때문에, 그런 자료들로 보건데 시기를 올리는 것이 조금 무리라고 생각했었습니다. 그런데 새롭게 나온 자료들 중에 더 올라갈 가능성이 있다고 하시는 부분에 대해서는 잘 모르겠지만, 저는 정형적이지 못한 자료는 일찍부터 나타날 수 있지만, 물론 이 자료들은 늦게까지 이어지지는 않지만 어느 정도 그 이후에도 이어지고 있다는 점에서 그 형식에서 점진적으로 변화한다고 보고 있지는 않습니다. 어쨌든 만수리 4호분의 가야계 유물을 연대와 관련시켜서 이해를 하고 있는 상태입니다.

박형렬　　저 같은 경우에는 제가 발표문에서 이야기 하였듯이 제가 초기 형태로 생각하는 광주 하남동 100호 주거지에서 나온 유공광구소호와 공반되는 유물을 보면, 이것은 주거지에서 나온 것이라서 고분 자료와 비교 할 수는 없었지만 이 것을 주거지 편년이 되는 자료와 비교 하였을 때, 거기서 나오는 호형 토기나 그 일대에서 확인되는 백제계 토기로 보아 5세기 초경으로 생각이 되며 그 이상으로 올라가기는 좀 힘들 것으로 생각됩니다. 그래서 제가 생각하는 상한은 5세기 초로 생각할 수 있고요. 그리고 그 다음에 나타나는 것으로 생각했던, 저 또한 서현주 선생님과 마찬가지로 영암 만수리 4호분에서 나타나는 것을 저는 철정, 10호와 11호에서 확인되는 철정의 형태로 시기를 보았는데 그것이 형태상 4세기 말을 벗어나지 못할 것으로 생각했습니다. 그래서 그 이후의 단계에 나타나고 있는 제형분의 제일 마지막 끝자락에 위치하고 있는 2호 옹관과 1호 목관 혹은 토광 등에 대한 연대는 그 이후 시기라고 생각이 되어 5세기 초, 아니면 전 정도로 뒤로 미루어지는 것이 아닌가 생각하고 그 이상 올라가기는 조금 힘들 것으로 생각합니다. 그래서 저는 이러한 상한을 5세기 초 경으로 생각하고 싶습니다.

노미선　5세기가 가장 중요할 것으로 생각합니다. 5세기가 일본하고 우리나라와 연관해서 초출 문제, 일본에서 왔는지, 여기서 갔는지, 기준이 딱 5세기가 되는 것 같아서 그래서 5세기 자료를 찾으면 그 자료가 많은 해결을 해줄 수 있을 것으로 생각을 하는데 그렇게 할 수 있는 자료는 보이지 않는 것 같습니다. 그러다보니까 다른 유구나 공반유물의 출토상황을 봐서 정리를 해야 하는데 저 같은 경우에는 1단계를 잡으면서 자료집에 싣지 못할 정도로 많았던 부분인데 4세기 말에서 5세기 전반까지 넓게 보았습니다. 그걸 하면서 뭔가 가장 빠른 단계, 기형상의 가장 빠른 형식 분류를 한 걸 이야기하는데, 그런 것도 있지만 유구관련해서 옹관과 관련된 것들이 가장 빠르지 않나 생각이 듭니다. 그래서 상운리 나지구 1호분에 대해서, 1호분에 있는 점토곽과 같이 출토된 그 거의 같은 시기에 들어간 3호 옹관 내부에 있는 광구소호, 아까 말씀드렸지만 이것이 유공광구소호의 기능이 맞는지에 대해서는 생각을 조금 해봐야 하겠지만 그런 부분이 된다고 해서 앞부분에 올려놨습니다. 그래서 이거 같은 경우에는 상운리유적 보고자의 유구에 대한 연대를 많이 감안을 해서 그렇게 파악을 하고 있었고요. 점토곽 내에 철기가 다량으로 매납이 되고 한 것에 대해서는 저도 이것을 준비를 하면서 철기유물에 대해서 약간 알아야 해서 봤는데 그런 부분들이 자세히는 모른다고 하지만 일단은 타당성이 있다고 보이기는 합니다. 그리고 고창지역에서 신월리 옹관 주변에서 수습된 것이 있습니다. 그것도 초출과 관련되어 있지 않을까 생각을 하는데 시기에 대해서는 5세기를 넘어갈 수 있는 근거는 없는 거 같습니다. 그 정도가 전북지역에서는 가장 빠르게 나오지 않나 생각해 봅니다. 유구와의 검토가 정말 많이 필요할 것 같습니다.

김낙중　감사합니다. 가야(말씀해 주시죠)

이유진　가야지역 같은 경우, 토기 편년은 물론이고 유구편년은 상대연대가 어느 정도 합의를 보고 있습니다. 그런데 문제는 절대편년의 근거를 어디에 두는가에 따라서 논란이 많이 생깁니다. 그래서 이 부분은 아직 조금 공부를 더 해야 할 것 같고요. 소가야지역은 아까 계속 이야기를 했고, 대가야지역은 현재 유공광구소호가 총 4점이 확인되는데 소가야지역과는 다른 특징이 보입니다. 앞으로 추가 자료가 확인되면 가야지역 내에서도 지역성을 논할 수 있다고 생각합니다. 그런데 지산동 44호하고 73호, 둘을 비교해 보면 물론 44호가 동체부만 남아 있어서 쉽사리 단정은 할 수 없지만, 영남지역에서는 이 두 고분의 편년이 굉장히 차이가 많이 나거든요. 지산동 44호 같은 경우에는 5세기 4/4분기에서 6세기 1/4분기까지 보기도 하는데 73호는 아직 보고는 안 되었지만 발굴하시던 분들이 5세기 전반에서 4세기까지도 올려보고 있습니다. 만약에 그렇다고 할 경우에는 하겠지만 거의 100년이 차이가 나는데 이러한 연대 문제가 좀 있습니다. 지금으로선 이 정도만 언급하겠습니다.

〈기원지〉

김낙중　예. 감사합니다. 사실 모든 논의의 출발이 정확한 상대 순서뿐만 아니라 연대를 정하는 것이 가장 중요한데 그 문제가 잘 정리가 안 되고 자료가 부족하다보니까 크게 진전이 못되는 것 같습니다. 연대문제를 조금 제쳐두고라도 일단 제일 민감한 문제이기도 합니다. 다음에 얘기 하고 싶은 것이. 지금 발표자 중에 서현주 선생님은 유공광구소호의 출현을 영산강 하류역에서 출현한 것으로

유공광구호라고 하는 표현이 어쨌든 대형까지 포괄할 수 있는 게 아닌가 싶습니다. 대형이라 하더라도 상대적으로
다른 호들에 비해서는 좀 더 작은 것들이 주류를 이루고 있는 것만은 사실인데, 그런 점에서 저도 유공광구호라고
하는 표현을 쓴 적이 있고, 그게 좀 더 나은 표현이 아닐까라는 생각을 하고 있습니다.(주요문 발췌)

서현주(한국전통문화학교)

봤고 그 과정도 복잡하게 설명 하셨어요. 가야계통의 광구소호의 영향을 받아서 등장한 장경소호에 백제의 계수호의 기능, 이런 것들이 첨가돼서 나타난 것이 아닌가 본거 같고. 그 다음에 오늘 특별히 구체적으로 말씀을 하시지는 않았지만 노미선 선생님께서 고창 이야기를 하셨고, 그것을 계속 유지를 할 것인지 또는 새롭게 보시는지 제가 정신이 산만해서인지 분명하게 못 들어서 다시 한 번 강조를 해주었으면 좋겠고, 그 다음에 오늘 박형렬 선생님이 또 처음 듣는 광주, 영산강유역 상류의 광주설을 제기를 하셔서 기원설이 더 세분화 되었는데 이거 말고도 또 일본설이 있어요. 일본 기원설은 나중에 객석에 계시는 기노시타(木下亘) 선생님께 한 번 여쭈어 보고자 합니다. 각자의 유공광구소호가 어디에서 기원을 했는지와 그 등장과정이 어떠했는지 다시 한 번 정리를 해주시고 다른 사람 논의에 검토가 필요한 부분이 있으면 그것까지도 언급을 해주셨으면 고맙겠습니다. 그리고 토론자분께서도 기탄없이 중간 중간에라도 말씀을 해주세요

서현주　　예. 사실 초출지역의 문제가 되게 어렵다고 생각합니다. 그래서 예전에 논문을 쓸 때 일본하고 비슷한 시기에 나타났고 사실 구체적인 영산강유역에서의 초출지역은 언급을 했지만 일본하고의 관계에 있어서는 조금은 모호하게 표현을 하기도 했습니다. 사실 저는 이 부분을 좀 더 중시했습니다. 물론 다음에 혹시 이야기가 될지 모르겠지만 그 이야기까지 하겠습니다. 이 토기가 왜 나타나느냐하는 것인데, 그런 점에서 저는 정형적이지 않는 것들, 이런 것들이 오히려 주변지역에서 나타나고 있는데요. 전북지역에서 고창을 제외하면 대체로 전주나 완주 쪽에서 나타나는 자료는 유공광구소호의 전형적인 모습에서 벗어난 모습을 보이기도 합니다. 그런 것들이 더 이르다고 생각되지는 않습니다. 그래서 왜 나타나야 됐는지가 분명한 곳에 초출지가, 초출의 가능성이 있다고 생각했습니다. 우선 한반도 내에서만 이야기를 하자면 그런 점에서 영산강유역이 그 이후 늦은 단계까지도 이어지고 있고, 그리고 대형이라고 표현을 했지만 상대적으로 동체부가 큰 것들도 있고 장군까지도 포함되고 있고, 그런 점에서 저는 영산강유역을 더 주목했구요. 고창지역의 자료를 제가 다 본 것은 아니지만

은 고창지역은 영산강하류의 영암이나 무안에 있는 자료보다 형식적으로 빠르다고는 생각하지 않았습니다. 그리고 고배가 공반되거나 비교적 정형화된 개배가 공반되면서 오늘 소개한 자료들은 특히 봉덕리 자료들은 그렇게 보이고 있습니다. 자료를 사실 다 보지않아서 뭐라 말하기 조금 그렇습니다만, 고창지역은 사실 현재까지 영산강 본류쪽에서 나오는 자료보다 이른가라는 것에 의문이 있어서 그 지역은 영산강유역권 내에서도 제외한 것이구요. 오늘 들은 광주 하남 100호 주거지 자료에 대해서는 공반 유물을 정확히 잘 모르겠습니다. 호형토기라고 말씀하셔서 4세기 때까지 올라가는 토기인가라고 생각을 했었는데 그것은 아닌거 같은데요. 영산강 상류 쪽의 자료 중에서도 이제까지 그렇게까지 올라가는, 정형화되지 않은 것들은 사실 비교적 정형화된 것과 같이 하남동 구나 5세기 중엽, 후엽 정도인 산정동이나 이런 곳에서 나타나고 있기 때문에 그런 자료들이 한 점 나타난다고 해서 그것이 초출이 될 수 있다고 생각하지는 않습니다. 그리고 오히려 그런 정형화되지 못한 것들과 함께 다른 지역에서는 보이지 않는,

형식적으로 비교적 이른 것들이 보이는 영암지역을 주목하였는데요. 특히 영암 쪽에서는 다른 지역과는 다르게 그 시기 정도에 옹관묘가 'U'자 형으로 대형화 되면서 독자적인 모습들을 보여주고 있어서 그런 점들과 연관을 해서 이 영산강 유역 하류 쪽에서 이러한 토기가 한반도 내에서는 출현할 수 있는 배경이 있다 고 생각을 했습니다. 그리고 장경소호라는 기형에 주목을 하였는데요. 그 이유 는 아까도 말씀을 드렸지만 분명히 영암 만수리 4호분이 제분이기 때문에 좀 넓 은 쪽에서 좀 좁은 쪽으로 고분이 조영이 됐을 것이라고 추정을 하게 되는데요. 유공광구소호는 맨 마지막 단계에 있습니다만, 그 중간 단계에 있는 자료 중에 약간 광구소호라고 보기는 어렵고 상대적으로 동체부의 넓이에서 목이 좀 좁아 져서 저는 장경소호라고 생각하고 있는 그런 기종도 있습니다. 영산강유역에는 장경소호라는 기종도 있는 상태였고, 아마도 가까운 백제 쪽에 유사한 사용방 법, 완전하게 같지는 않지만 아이디어를 얻을 수 있는 자료들이 있는 상태였고, 또 영산강 하류지역은 그런 것이 나올 만한 배경도 충분했고, 그리고 자료도 그 이후까지 굉장히 풍부한 상황이기 때문에 한반도에 있어서는 영산강하류 쪽이 이른 단계의 자료가 아닐까라는 생각을 하고 있습니다. 그런데 문제는 일본과 의 문제입니다. 일본과의 문제는 물론 일본에 연대가 올라가는 자료들도 있고, 그리고 일본이나 가야 쪽은 상대적으로 굉장히 정형, 어느 정도 정형화되지 않 은 것들이 조금 나오다가 정형화된 형태가 나오면서 굉장히 형식적으로 눈에 잘 드러나는 변화과정을 거치고 있습니다. 그것에 비해서 영산강유역은 매우 다양 한 형식들이 공존하기도 하고 사실 제가 형식들을 분류했지만 그것이 모두 단계 적으로 간다고 생각하고 있지는 않습니다. 대체적인 경향성을 생각하고 있고요. 그러한 차이들이 있는 상황인데 저는 일본과 큰 시기차가 난다고 생각하지는 않 습니다. 그리고 영산강유역에서 나오는 자료가 일본에서 나오는 이른 자료에 보 이지 않는다는 지적이 있는데요. 영산강유역에서는 이른 자료들에서 돌대가 나 오고, 말각평저와 같은 특징들이 있다고 보고 있지만, 일본에서 나오는 자료들 의 경우에는 돌선도 없고 원저이고 그런 자료이니까 영산강유역의 자료와 연결 하기 힘들다라는 말씀들을 하시는데, 영산강유역에도 일본하고 연결시킬 수 있는 어떤 형식적으로 정형화된 자료가 있는 것은 아니지만 영암 만수리나 이런 곳에서도 원저이면서 동체부에 아무런 장식이 없고 상대적으로 정형화되지 못한 자료들도 있는 상태입니다. 어쨌든 그런 사용 방법의 토기가 저는 일본열도에 나타날 수 있는 배경보다는 영산강유역에 나타날 수 있는 배경이 좀 더 뚜렷하지 않은가 하는 생각도 들어서 그런 추정을 하고 있습니다. 예. 그렇습니다. 보완은 나중에 하겠습니다.

김낙중 예. 지금 동체에 구멍을 뚫어서 기능을 갖기 위한 아이디어는 백제 쪽에서 얻었다고 보시는 것 같은데 만약에 그런 아이디어를 얻었다면 계수호와 같은 형태도 같이 받아들이는 것이 더 자연스럽지 않는가라는 생각에는 어떻게 생각하시는지 말씀해 주시겠습니까?

서현주 그랬을 까요? 그랬으면 더 좋았을 텐데… 어쨌든 그러지는 않은 상황이라 아마 백제의 어떤 자료를 그대로 받아들이기도 하지만, 이전에 있었던 자료라든지 그런 것들을 사용하기도 합니다. 그리고 또 백제나 영산강유역만 그러한 사용방법이 당시 있었던 것은 아니고, 신라 쪽도 그러한 토기를 사용하지만 토기 기형은 다른 주구부토기도 나타나고 있는 상황이어서 기종이 그대로 들어올 수도 있지만 기종이 차이날 수도 있는 상황이 아닌 것인가 하는 생각이 듭니다.

김낙중 또 차례대로 말씀하시죠.

박형렬 예 저 같은 경우에는 발표문에서 이야기한 것과 같이 초출되는 지역을 영산강 상류 지역으로 보았습니다. 그 이유는 이 지역에서 나타나는 것이 주거지나 구에서 확인되기는 하지만 제가 설정한 형식 변화 과정상 가장 이른 시기의 형식이기 때문에 그렇고, 또한 이 지역에서 그 다음 시기에 나타나는 것들이 많이 출토가 되고 있어서 저는 이 지역에서 먼저 확인된다고 생각을 합니다. 그렇다고 해서 서현주 선생님이 이야기하시는 영산강 하류역이 굳이 초출지역이 아니다 라고 하는 것은 아니고요. 영암 만수리 4호분 2호 옹관에서 나타나는 것 또한 저는 제가 설정한 유공광구소호 편년 안에서 2단계에 해당하고 있어서 이른 시기에 영산강 하류역에서도 나타나고 있다고 생각을 합니다. 그렇지만 이 상류지역을 초출지역으로 본 것은 상류역에서 출토되는 수량도 많고 이러한 것이 갑자기 무덤에 나타날 수 있는 기형인가? 라는 생각을 해봤습니다. 그랬을 때 우리가 사용하고 있던, 즉 실사용하고 있던 기종이 어떻게 보면 무덤에도 부장될 수 있는 기형이 아닐까 라는 생각을 개인적으로 해보았는데요. 이것은 물론 발표문에서는 이야기하지 않았습니다. 그리고 그렇게까지 접근할 필요성이 없을 것 같아서 접근하지는 않았지만 이런 생각을 해보았습니다. 실생활에서 사용하고 있던 물건이 고분에 부장되어지는 절차가 오히려 맞는 것이 아닌 것인가라는 생각을 해보고요. 영산강유역 상류지역에서 확인된 유공광구소호 초기 형태 같은 경우에는 주거지, 구나 분묘이외의 유구에서 확인되는 사례가 많아서 그런 생각을 뒷받침한다고 생각을 하였습니다. 그리고 광주 하남동이나 동림동에서 확인되는 백제계토기가 공반되는데 이러한 백제계토기는 5세기 전엽경으로 편년되고 있어서 저는 유공광구소호와 공반되는 이러한 토기가 크게 5세기 전으로 생각이 되기 때문에 시기 편년은 5세기 전엽 경으로 하였습니다. 결론적으로 말하자면 영산강 상류역에서 제가 말하는 초기 형식이 확인이 되었고 하류 지역에서 그 다음에 확인되고 있다. 라고 이야기하면서 그러한 초출지역에 대해서는 정리하고 싶고요. 그리고 일단 저는 기능적인 면은 크게 신경을 쓰지 않았습니다. 기능적인 것을 여러 선생님들께서 이야기하셨듯이 여러 가지의 기능이 있을 것입니다. 그렇지만 굳이 말하자면 그 기능 중에 저 같은 경우에는 주자의 기능이 더 있었을 것으로 생각하며 이쯤에서 기능은 정리하도록 하겠습니다.

김낙중   만약 영산강 상류역에서 가장 이른 형식이 나왔다면 두 가지 점은 더 보완할 필요가 있는 것 같아요. 형태 변화 과정에서 가장 원초적인 것인지 그 다음에 공반 유물이 과연 유공광구소호와 비교해서 이른 것인지 증명할 필요가 있을 것 같습니다. 또한 만약에 영산강 상류역에서 발생을 했다면 무덤에 부장되는 과정이 영산강 상류역에서 일찍 성립되어야 더 타당한 논지가 될 것 같습니다. 이런 부분에 대해서 더 검토할 여지가 있는 것 같습니다. 고맙습니다. 전북 고창은 어떻게? 계속 유지를 하시나요?

노미선　제가 서해안 유역권의 고창지역에 고식이 많이 출토된다는 의미에서 정확히 표현하면 시원지일 가능성이 있다는 내용을 이야기 한 적이 있었습니다. 그런데 제가 그런 생각을 하게 된 이유는 어떤 한 형식의 초출이라기보다는 형식 분류를 하는 것에 있어서는 긴 시간에 걸쳐서 형식변화 크게 단기간의 변화에 대해서의 입장입니다. 그래서 한 형식에 초점이 전반적인 고식이 많이 출토되고 있어서 부분적으로 이야기를 한 것이고 계속적으로 자료가 많이 증가하기 때문에 꼭 집어서 말하기는 하지만 고식이 집중적으로 나온다는 것에 있어서 고창지역의 가능성을 열어두었습니다. 그리고 초출이라는 표현이 굉장히 위험하다는 생각이 드는데 초출이라는 것이 단편적으로 느껴지지만 단편적이라고는 생각되지 않습니다. 물론 저도 어떤 기형에서 왔느냐하는 문제는 서현주 선생님 말대로 장경소호의 영향을 받았을 것으로 생각합니다. 고창지역을 보시면 제가 만동단계와 봉덕단계로 구분을 하였는데 만동단계는 유공광구소호가 전혀 확인이 되지 않는 단계인데 당시에 고창지역의 지역색이 강한 토기들이 있습니다. 옹관도 그렇고, 고배도 그렇고, 개배나 이런 것과 다들 분류를 해주셨지만 그런 것들이 많은데 만동단계에 지역색이 강한 능형문토기가 있었습니다. 만동유적에서 출토 된 능형문토기 중 하나가 거치문이 이중으로 도는 것이 있었어요. 위에는 삼각 거치문이 돌아가고 능형문이 길게, 옆으로 길게 돌아가는 대응이 있었습니다. 그 능형문 안에 십자가 들어가 있는 것이 있었어요. 이중으로 돌아가는 위에는 삼각 거치문, 아래는 능형문이 가로로 있는 것, 그런데 서울 풍납토성에서 똑같은 모티브가 확인이 되었어요. 그래서 한 번 저도 자료를 실은 적이 있는데 굉장히 지역색이 강한 토기여서 한강유역의 토기가 아니라 이쪽 지역의 토기였습니다. 그런 그 전 단계에서도 한강유역과 거의 같은 모티브의 유물이 나온다는 것은 교류가 좀 활발했다는 생각이 들고요. 초출이나 어떤 새로운 문화의 유입 자체가 단편적으로 설명이 안 될 것 같고 많은 가능성을 가지고 봐야한 다는 생각이 듭니다.

김낙중　예. 감사합니다. 이유진 선생님 발표내용을 보면 가야지역의 유공광구소호가 가장 빠른 것은 아니지만 일본 스에키의 TG232 단계의 유공광구소호에 어떤 영향을 미쳤을 가능성이 있다고 말씀을 하셨습니다. 이유진 선생님이 한반도나 일본열도에서 유공광구소호의 출현과정에 대해서 가지고 있는 생각을 자유롭게 한 번 말씀해주시기 바랍니다.

이유진　초기 스에키들을 살펴보면 부산·김해 지역이라고 하는 금관가야 쪽 도질토기의 기형이 많이 반영 되고 있습니다. 그리고 금관가야 토기와 금관가야 지역의 공인이 만들었다고 할 정도로 흡사한 것들도 있고 태토는 약간 차이가 나지만, 섞여있는 것 같습니다. 또 함안지역의 영향도 기형이나 그런 것에서 확인이 되거든요. 그래서 아무래도 이러한 기형이 영산강유역에서 매우 다양하게 제작이 되니까 정형화를 위해서, 실험적으로 다양하게 제작되었다고 생각하기 때문에 저도 서현주 선생님과 거의 같은 생각입니다. 그리고 함안지역으로 어떠한 방식으로 모티브가 전해졌고 다시 일본지역으로도 도질토기의 전래와 함께 전해진 것이 아닐까 생각합니다.

김낙중　다 되었나요. 혹시 토론자들 중에 있습니까? 예. 정일 선생님.

정일　유공광구소호를 몇 번 읽어보았는데요. 서현주 선생님하고 큰 틀은 비슷합니다. 그런데 다만 광주, 상류지역에서 나왔던 취락 자료들이 등장함으로써 이게 초출이냐? 아니냐? 라는 상황에 놓인 것 같은데 상류의 하남이나 동림동 것을 보면 하남에서는 호형토기하고 장란형토기가 공반되어 나오는데 시기를 정확히 편년할 정도의 자료는 아닌데요. 어쨌든 광주지역의 취락, 5세기 전반, 중반 대에 해당하는 이런 유공광구소호가 등장한다는 것은 아무래도 의미가 있을 것 같습니다. 물론 정형성이냐? 정형하지 않느냐? 하는 것을 가지고 만수리 쪽에서 출토되는 유물이 정형성을 가지는 것은 사실인거 같습니다. 그러나 광주 쪽 취락에서 형태는 약간 다르지만 이런 초기 형태의 유물들이 나온다는 것은 조금 더 초출이라는 점에서 생각을 해봐야하는 것이 아닌 것인가 생각을 하고 있습니다.

김낙중　　예. 지금 이 자리에서 어디에서 유공광구소호가 시작하게 되었는지 선택할 수는 없겠죠. 그리고 또 새로운 많은 자료들이 나와서 새로운 논의가 또 필요할 것 같습니다. 기노시타씨! 질문을 해도 괜찮겠습니까? 일본의 하소우(はそう) 중에 가장 이른 시기의 하소우는 어디서 출토되었습니까? 일본어는 제가 통역을 해 드리겠습니다.

기노시타 와타루 (통역:김낙중)　　일본에서 제일 이른 유공광구소호는 오바데라(大庭寺)유적에서 출토되었습니다. 현재의 일본 스에키 편년 상 TK23 이전에 해당하는 것이죠. 오늘 크게 논의하지는 않았지만 유공장군이라는 것도 TK23 이전, 오바데라에서는 발견되지는 않았지만 그와 동시에 인근 지역에서 발견되고 있습니다. 그 유공장군의 특징이 처음부터 큰 것이 나타나고 또한 파상문 같은 문양이 나타나는 것입니다. 처음 등장한 것은 동체의 좌우가 대칭이지 않은 것들이 많이 있습니다. 예, 그런 유공장군 의 특징이 있습니다.

　　일본에서 하소우라는 것이 오바데라 단계부터 어느 정도 형태를 갖추어서 등장하고 있습니다. 한국과 비교해서 말씀드리면 우선 유공장군의 경우 한국에는 대형이 별로 없는 것 같습니다. 출토지가 어디인지는 모르겠지만 국립중앙박물관에 대형품이 하나가 있습니다. 그것이 형태적으로 가장 이를 가능성이 있습니다. 그래서 지금 상황에서 보면 일본에서의 형태변화를 볼 때 한반도에서 출토되는 것이 일본 것보다 조금 늦은 것들, 크기가 작아진 것들이 대부분인 것 같습니다. 일본에서 말하는 하소우 출현 시점의 절대연대가 아직 결정이 안됐다고 하겠습니다. 그렇지만 정형화된 단계의 하소우라는 것이, 일본학자의 입장에서는 먼저, 시기가 빠르다고 보고 있기 때문에 한반도에서 많이 출토가 되고 있다고 하더라도 일본열도가 앞선다고 생각하는 경향이 많은 것 같습니다. 아까 전시품을 봤는데요. 거기에 보면 스에키 혹은 스에키계의 유공광구소호가 있습니다. 그렇지만 일본의 가장 이른 형태의 하소우와 관련된 것은 보이지 않았습니다. 그래서 지금 단계에서는 앞으로 조사에 따라서 상황이 바뀔 수도 있겠지만 현재 상태로 봐서는 일본의 하소우나 유공장군이 조금 더 이르지 않을까 합니다. 물론 일본에서 쓰에키 생산은 도질토기 영향을 받아서 나타났습니다. 그래서 한반도의 영향이 있었을 것으로 생각이 됩니다. 처음부터 일본 것과 유사한 형태의 것이 만들어졌을 거라 지금 생각하고 있습니다. 네, 감사 합니다.

김낙중　　어쨌든 일본의 스에키의 하소우가 TG232라든지 그 당시 초현기 것이 한반도에 안보여서 그것이 문제가 되고 있습니다만 그 이후의 단계, 5세기 중엽 후엽에도 일본의 스에키 계통의 하소우가 계속 나타나고 있고 그와 형태가 똑같이 변화하는 것이 영산강유역에도 나타나고 있습니다. 그래서 앞으로 5세기전반 대 자료에 주목을 해서 일본 하소우와 선후 관계라든지 계통 관계를 밝혀야 될 것 같습니다. 네 감사합니다. 혹시 토론자 중에서 이 문제와 관련해서 질문이 있으시거나 의견이 있으신 분 있으십니까? 두 시간 반 동안 그냥 앉아 있기에는 지루 하실 거 같은데요. 한 말씀 하시죠. 오늘 느낀 점이라든지.

전상학　　네 사실 제가 최근에 조사한 자료 고창 자룡리 유적에서는 분구묘 평면 형태가 원형계통입니다. 매장주체부는 대체적으로 토광묘인데요. 다장의 형태를 보이고 있습니다. 근데 고창 자룡리 유적의 분구묘를 다 조사를 하니까 분구묘 최하단의 3~4기대의 고창 지역에 전형적으로 나타나는 마한계 주거지가 조사가 되었습니다. 그러한 대단위 주거지들이 어느 정도 폐기가 된 이후에 분구묘가 축조 되었기 때문에 그 이전 단계로는 유공광구소호의 편년 설정이 더 올라가기에 좀 힘들지 않을까 생각 합니다. 동일 유적에서 앞서 선생님들이 많이 분류하신 형식분류의 것들이 거의 모든 기종들이 나왔습니다. 그래서 광구소호로 보기 힘든 중형이나 대형의 것들이 나왔고요. 가장 늦은 시기의 경부가 길어지고 나팔형으로 벌어지면서 투공부에 주구가 부착 되는 그런 계통의 유물이 나왔기 때문에 아마 이 부분에 대해서 검토가 필요 하지 않나 생각 합니다. 이상합니다.

김낙중 지금까지 자료로도 논의가 복잡해지는데, 또 새로운 논의가 필요한 자료들이 계속 나오는 것 같습니다. 이정근 선생님도 토기 잘 모르신다고 하시지만 토론문 작성하신 것 보면 대단한 식견을 가지고 계시는 것 같습니다. 오늘 기원 문제라든지 이런 거와 관련해서 한마디 해주시죠.

이정근 네 일단 하소우와 유공광구호가 같이 걸려 있는 부분이기도 하겠지만, 가장 궁금한 것이 원초적으로 정말 이게 어디에서 넘어 간 것인가?가 가장 궁금했습니다. 제가 가지고 있는 생각은 물론 근거를 가지고 있는 이야기도 아니고 영산강 유역도 잘 모르지만 일단 가야지역과 일본과의 관계 부분에서 제가 봤을 때는 가야지역이 출토 수량이 매우 적지만, 일본지역에서는 초기 스에키라고 하는 그런 토기들 속에 도질토기가 있습니다. 그래서 초기 스에키가 만들어 지기 전에 도질 토기가 많이 유입 되고 있습니다. 그렇다면 일본 지역에서 도질토기로 추정되는 유공광구호가 있느냐? 제가 알기로는 없는 걸로 알고 있거든요 그래서 저는 단순하게 기술 자체가 한반도 가야의 토기 제작 기술이 처음에 스에키 생산에 참여 하게 되고 뒤에 영산강 유역이 참여를 했는지는 모르겠지만, 한반도의 기술이 일본으로 넘어 갔다 하더라도 어떤 토기 기종에 있어서는 역으로 한반도로 넘어 오는 것들도 혹시 있지 않았을까? 그 기종이 넘어 오지 않았더라도 어떤 특정 부분은 넘어오지 않았을까 라는 생각을 했습니다. 그리고 제가 광구소호를 광주 박물관 오기 전에 제 손으로 실제로 만져 보지 못했습니다. 그래서 단순하게 생각하기를 도면이나 사진이라든지. 이런 것으로 볼 때 가야 지역에서는 매우 특징적인 독특한 토기이고 고배와 같은 다른 기종에 비해서 오래 동안 존속 했던 것도 아니고 많이 만들어 졌던 것도 아닌데 특정 기간에만 나오고 특정 지역에만 나오고 있습니다. 이것은 가야지역에서 출현해서 다른 지역에

가야 지역에서 가장 먼저 출현 하는 유공광구소호를 함안 도항리13호 출토품으로 보고 그 시기를 5세기 2/4분기 늦은 시기로 판단을 하셨습니다. 그리고 함안 지역에서 일본 하소우에 영향을 줬을 가능성을 제기를 해주셨고 그리고 뒤에 나오는 얘기들을 종합해 보면 ON231단계에서부터는 일본에 영산강 유역의 토기 제작기술의 영향이 있었을 거라는 내용을 포함 하고 있습니다. (주요문 발췌)

이정근(국립광주박물관)

영향을 주었다는 것 보다는 어느 지역의 영향으로 등장한 것이 아닐까 그런 생각을 개인적으로 해 보았습니다.

〈정치체와의 상관관계〉

김낙중　네 중요한 말씀을 하셨습니다. 어쨌든 어느 한 토기 기종이 어느 지역에 등장하고 유행하는 과정을 특수한 사례로만 연구할 필요도 있겠지만 일반적인 과정이 어떤가에 대해서도 좀 더 검토할 필요가 있는 것 같습니다. 장시간 토론을 이어가고 있습니다만, 거의 끝나갈 시간이 되어가기 때문에 마지막 문제에 대해서 한마디씩 들도록 하겠습니다. 이 유공광구소호가 분포 범위가 서울에서부터 나타나지만 자체 생산을 해서 집중적으로 분포하는 곳은 영산강유역하고 소가야, 일본열도인데 이러한 유공광구소호가 분포하는 지역, 어느 지역은 초기 것만 보이다가 사라지기도 하고, 지속되기도 하고, 그렇습니다. 아까 정치체와의 관계도 말씀하셨는데 이 유공광구호가 정치적으로 어떤 것을 해석하는데 의미가 있는 자료인지 정치체와 유공광구소호의 상관관계, 그 다음에 지역별로 유행하고 유행하지 않는 것이 어떤 의미를 가지는지에 대해 한마디씩 말씀 해주시면 고맙겠습니다.

서현주　아까 출현 문제를 애기하면서도 언급했지만, 사실 유공광구소호는 백제 중앙에서 나오는 토기는 아니기 때문에 백제의 주된 기종으로 보기에는 어렵구요. 그런 점에서 그게 한두 점씩 유입되는 것이 아니라 제작하면서 이어지기도 하고, 없어지기도 하겠지만 기간이 짧더라도 출토되는 것이 의미가 있다고 생각합니다. 그런 점에서는 현재까지 아까 언급된 것처럼 영산강유역과 전북 지역 중에서도 고창, 그 다음에 김제도 가능성이 있지만 아직까지는 완주, 전주지역까지 보이는 것 같습니다. 가야도 물론 함안이나 대가야 쪽에서도 나오지만 주로 영산강유역과 관련된 토기도 많이 보이기도 하는, 변형되기도 하지만 소가야지역에서 보이는 것은 사실입니다. 그래서 한반도에서 중심지역은 영산강유역이 되고 있는 상황인데요. 다른 지역보다 긴 기간 동안 만들어지고 있고, 제가 아까 출현 배경에 대해서도 백제와의 구별성에서 나온 것으로 이야기했는데, 그것은 그때에 대형 옹관묘를 쓰는 영산강하류쪽의 한정된 상황이었다고 생각됩니다. 그리고 이후 여러 지역으로 확산된 상황이 아닌가, 한반도 내에서는 적어도 그렇지 않았을까 하는 생각을 하고 있습니다. 그런데 이 토기가 외부지역의 경우에 소가야를 포함한 가야지역을 제외하면 전북 쪽은 상대적으로 분구묘 단계까지 나오다가 끝나고 있는 것 같고요. 물론 석실묘 단계가 이어졌을 때 어떤 상황이 될지는 모르겠지만, 적어도 고창부터 그 아래에는 석실묘단계로 시기가 좀 늦어져도 이어지는 모습이어서 그런 토기가 나온다고 해서 지역마다 별개로 만들기 시작했다고 생각하지는 않는습니다. 그 토기가 어느 지역에서 나오고 난 다음에 여러 지역으로 확산될 것으로 생각합니다. 그런 점에서 이 토기가 초출되는 배경에 있어서는 제가 독자성을 강조하고자 하는 의미가 있었다고 말했는데, 그렇다 하더라도 이후 이어지는 상황에 대해서는 그게 꼭 영산강유역의 독자성이라고만 생각할 수는 없을 것 같습니다. 그래서 초출할 때는 그런 의미들이 이어지고 있고 또 어느 시기까지도 이어질 수 있지만, 이 토기는 특징적인 토기이기는 하지만 통일성이 별로 없는 점에서도 백제하고 관계에 있어 또 다른 정치체를 상정하면서 생각하고 있지는 않습니다. 원래 이전부터 이 지역이 백제와 다른 토기문화를 이어가고 있는 상황이었고, 그런 중에도 백제 토기의 영향들이 있었다고 생각하기 때문에 이 토기가 나오고 있는 건 분명히 어느 정도의 지역성과 그 지역의 성격을 말해주기도 하지만 일률적으로 다른 정치체를 상정하고 있지는 않습니다. 이 토기가 워낙 일본에서 성행하고 있고, 그 영향을 어느 정도 시기가 지나고 나면 이 지역도 받고 있다고 생각하고 있기 때문에 그런 점에서 영산강유역은 현재의 분포상을 보이지 않았나 생각하고 있습니다. 그래서 단선적으로 이 토기가 나오면 정치체와 관련되다라든지 하는 생각은 하고 있지 않습니다. 지역이나 시기에 따라서 다른 의미가 있다고 생각하고 있습니다.

김낙중　감사합니다. 그럼 나머지 세분은 시간을 보시고 5분 남았으니까 적절히 간단하게 말씀을 해 주시죠.

박형렬　저는 이 유공광구소호를 공부하면서 아직은 지금의 제 입장에서 정치체에 대하여 이야기하는 것은 섣부른 생각일 수 있을 것 같아서 지금 이 자리에서는 그 부분을 이야기하지 않고 추후 검토하여 유공광구소호와 기타 기종 등에 대해 제가 다른 것을 공부하게 되면 그러한 것들을 생각해보고 여러 가지에 대해 종합한 후 그 때 이야기 하도록 하겠습니다. 감사합니다.

김낙중　노미선 선생님은 정치체 이야기를 조금 하셨으니까 나름대로의 정리를 해주실 필요가 있을 것 같습니다.

노미선　유공광구소호하고 정치체의 관계는 묶어야 될 것 같아요. 저는 그냥 유공광구소호를 좀 빈번하게 사용하는 집단하고 조금 덜 빈번하게 사용하는 집단하고의 관계라고 생각을 합니다. 어떠한 동일한 물질문화를 받아들이는 것은 설명하기 어려운 부분이 좀 있는 것 같아요. 물론 아까 설명했듯이 지역적인 것인 처한 상황에 어떤 제사의식이 많이 필요해서 그런 부분이 있기도 하지만 제 생각에는 그럼 부분의 설명을 구체적으로 해야 하는데 그렇지 못하는 부분이 있는 것 같아요. 그 쪽 사람들의 어떠한 경향 그런 것이 많이 반영이 되지 않나하는 생각이 들었고, 정리를 하자면 아무래도 아까 말씀을 드렸듯이 제사의식에 관련된 것도 있고 매장유물과 관련된 것도 있고 그런 것들이 고창지역에 많이 분구묘가 밀집하다 보니까 그쪽에서 많이 사용하지 않았나하는 생각이 들고 또 고창지역에 유공광구소호를 많이 사용하는 정치체의 세력이 강하지 않았나하는 의견을 가지고 있습니다.

유공광구소호뿐만 아니라 이 시대 유공광구소호를 포함하는 무덤이라든지 이런 특징을 보더라도 영산강유역, 고창,
소가야, 일본열도 특히 구주지방의 관계가 아주 깊습니다. 그런 다른 요소들까지도 같이 고려하면서 연구를 할 필요
가 있는 것 같습니다.(주요문 발췌)

김낙중(전북대학교)

김낙중　예. 그럼 이유진 선생님 마지막으로 한 마디 하시죠.

이유진　저는 토기의 분포를 정치체와 어떻게 연결할 것인가라는 문제에서, 물론 원론적인 이야기이기는 하지만 기본적으로 회의적인 입장에 있습니다. 실제 유물이 출토되지 않았다고 해서 관계가 없었다거나 연맹이나 이런 것을 하지 않았다고 하는 것은 고고학적으로 증명하기 어려운 문제라고 생각합니다. 영산강 유역과 소가야지역은 문헌사에서 살펴보았을 때 위치 비정상으로 따지면 '포상팔국'이라는 부분이 있는데, 거기에 나주도 들어가고 소가야의 일부지역이 들어가고 있거든요. 이것을 또 문헌사를 하시는 분들은 3세기로 보시니까 조금 시기적으로 차이가 있습니다. 어쨌든 이 당시에도 이미, 한반도 남해안에서는 밀접한 관계가 있다고 생각을 되므로 굳이 정치체로 규정을 하기는 딱히 힘들지만, 왕래는 지속적으로 이루어져 왔다고 생각을 하고 있습니다.

김낙중　예. 고맙습니다. 오늘 장시간 토기 하나에 대하여 시간을 끌어가는 것도 참 어려운 문제인데 여러분들이 성의껏 말씀을 해주셔서 무사히 마칠 수 있을 것 같습니다. 유공광구소호뿐만 아니라 이 시대 유공광구소호를 포함하는 무덤이라든지 이런 특징을 보더라도 영산강유역, 고창, 소가야, 일본열도 특히 구주지방의 관계가 아주 깊습니다. 그런 다른 요소들까지도 같이 고려하면서 연구를 할 필요가 있는 것 같습니다. 어쨌든 끝까지 자리를 지켜서 경청을 해주신 여러분들에게 감사의 말씀을 드립니다. 토론자, 발표자 여러분들께서도 수고가 많으셨습니다. 감사합니다.

백제의 유공광구소호와 장군

서현주(한국전통문화학교)

Ⅰ. 머리말

유공광구소호는 대체로 광구나 장경의 소호 동체부에 작은 원공이 있는 토기이며, 유공장군은 장군橫瓶의 동체부에 작은 원공이 있는 토기이다. 두 유물에서 보이는 원공은 사용 방법과 관련되는 것으로 원공에 나무대롱을 꽂아 사용했을 것으로 알려져 있다.

백제지역에서 유공광구소호와 유공장군은 주로 영산강유역에서 출토되며, 금강유역권과 한강유역에서도 소수 출토되고 있다. 이 유물은 가야지역에서도 상당수 출토되고 있으며, 일본열도에서도 상당히 성행한다. 일본열도의 古墳시대의 스에키須惠器 중에 유공광구소호와 동일한 기종인 하소우瓺가 있으며, 유공장군은 일본열도의 樽과 같은 기종이다.

이 토기는 백제지역 중에서도 영산강유역에서 집중적으로 출토되어 5~6세기대 영산강유역의 토기문화를 잘 보여준다. 따라서 이 토기가 출현하게 된 배경이나 기원, 성행 문제에 일찍부터 관심이 높았고, 이에 대해 최근까지 여러 의견들이 제시되고 있다. 또한 영산강유역을 포함한 여러 지역에서 외부의 토기가 유입되거나 영향을 주는 것으로 추정되는 자료들이 확인되고 있어서 백제와 영산강유역, 가야, 倭의 관계를 추정할 수 있는 좋은 자료라고 할 수 있다.

이 글에서는 백제지역 유공광구소호와 장군의 출토 현황과 특징을 지역별로 나누어 살펴보고, 영산강유역권을 중심으로 유공광구소호의 변천 양상을 살펴보고자 한다. 그리고 이를 바탕으로 유공광구소호의 기원과 출현 배경, 확산과 주변지역과의 관계 등에 대해 살펴보고자 한다.

II. 지역별 출토 현황과 특징

백제지역에서 유공광구소호와 유공장군이 가장 집중되는 곳은 영산강유역인
데, 전북 고창지역도 유물의 수량이나 형태에서 이와 유사한 양상을 보이므로
함께 포함시켜 영산강유역권으로 다루고자 한다. 그 외 지역은 서울, 경기 지역
을 중심으로 하는 한강유역권, 충청지역과 대부분의 전북지역을 포함하는 금강
유역권으로 나누어 토기의 출토 현황과 특징에 대해 살펴보고자 한다.

1. 한강유역권

한강유역권에서는 서울 풍납토성의 경당지구 206호 우물에서 유공광구소호와
유공장군(그림 1-1)이 출토되었다. 유공광구소호는 비교적 대형이며 동체 상부
에 집선문을 3줄 돌리고 그 사이에 삼각형에 가까운 큰 파상문을 돌렸다. 원공은
가운데 집선문부분에 뚫려 있다. 유공장군은 동체부에 돌선과 파상문이 시문되
고, 편평한 측면에 ×형의 집선문이 시문되었다(그림 1-1)(한신대학교박물관·서
울역사박물관 2008). 그리고 동체부에 원공이 있는 토기로 화성 석우리 먹실 16
호 주거지에서 삼족이 달린 소호가 출토되었다(그림 1-2). 이 토기에는 동체 상부
에 2~3줄의 횡침선이 돌려져 있고 횡침선 사이에 원공이 뚫려 있다. 석우리 먹
실 출토품은 삼족이 달린 직구소호의 기형이어서 이 일대에서 제작한 것으로 추
정되지만, 풍납토성 출토품들은 기형이나 문양에서 영산강유역권 유물과 유사
하여 유입품으로 추정된다.

2. 금강유역권

금강유역권에서 유공광구소호는 여러점이 출토되었다. 먼저 충청지역에서는
청주 신봉동고분(지표), 공주 정지산 4호 타원형수혈, 서산 언암리 다-25호묘(토
광묘), 금산 수당리고분군(지표), 부여 화지산유적 마지구에서 출토되었다. 신봉

동고분군 출토품은 동체부만 남아있는데 대형에 속하며(그림 1-3), 정지산유적 출토품은 긴 구연부편만 남아있다(그림 1-3). 2점 모두 須惠器(계)로, 특히 정지산 출토품은 陶邑MT15단계일 가능성이 높다. 언암리 출토품은 평저이며 동체부는 편구형에 가깝고 동최대경부에 횡침선이 돌려진 것이다(그림 1-6). 수당리 수습품은 동체부가 대형에 가깝고 동최대경부에 돌선이 돌려진 것이다(그림 1-5). 이에 비해 화지산유적 출토품은 동체부가 작고 구형에 가까우며(그림 1-7), 함께 출토되는 유물도 사비기에 해당하여 늦은 시기 유물로 볼 수 있다. 이외에도 박만식교수 기증 도록이나 백제토기도록에 수록된 유물 중 논산 연산지역 출토품으로 전해지는 것(그림 1-8)은 동체부에 비해 구연부가 짧고 외면에서 별다른 문양이나 장식이 확인되지 않는 것이다[1].

전북의 완주와 전주 지역에서도 유공광구소호가 여러점 확인되었다. 완주 상운리의 나지구 1-3호 옹관묘와 지표, 라지구 1-9호 목관묘, 1-27호 목관묘, 3-1호 석곽묘, 전주 장동의 2호 분구묘의 3호묘(목관)와 Ⅱ-1호 주거지(2점), 전주 마전의 3호분 1호 석곽묘, 5호분 2호 토광묘에서 유공광구소호가 출토되었다. 이외에도 전 김제 수습품이나 김제 금산사 소장품 등이 있다[2].

완주 상운리 출토품은 5점 정도로 동체부가 비교적 다양하게 나타나는데 나지구에서는 동체부에 별다른 문양이 없는 것(그림 1-9)과 횡침선과 함께 그 상부와 사이에 수조의 파상문이 시문된 것(그림 1-10)이 출토되었다. 라지구 출토품은 동체부가 대체로 편구형에 가까운데, 평저이면서 동체부에 돌선이 있는 것(그림 1-11), 원저에 가깝지만 바닥에 방형의 물레축흔이 남아있고 상부쪽에 부분적으로 희미한 횡침선이 있는 것(그림 1-12), 원저이며 돌선과 그 상하에 파상문을 시문한 것(그림 1-13) 등이다. 그 중 구연부가 남아있는 1-9호 목관묘 출토품은 구연부가 짧지만 둥글게 꺾이면서 상부와 하부의 구별이 있는 것이다. 장동 출토품은 3점 모두 평저이며 동체부에 별다른 문양이 없고 구연부도 그대로 벌어져 올라가는 것이다(그림 1-14·15). 마전 5호분 2호 토광묘 출토품은 대형으로 형태나 문양에서 須惠器(계)로 추정된다(그림 1-17). 3호분 1호 석곽묘 출토품은 전형적인 유공광구소호의 기형이 아닌 직구호로 동체 상부에 파상문이 2줄 돌

1) 이외에도 도록 수록 유물에 충청지역 출토품이 섞여 있을 것이지만 출토지가 분명하지 않아 다루지는 않았다.
2) 이외에도 확실한 지역은 알 수 없지만 전북대학교박물관이나 전주시립박물관 소장품 등이 있다.

려져 있고 그 사이에 원공이 뚫려 있는 것이다[3](그림 1-16). 전 김제 수습품은 동체부가 편구형이며 돌선이 있고, 구연부가 약간 긴 편이며 돌선으로 상·하부가 구분되는 것이다(그림 1-18). 그리고 김제 금산사 소장품은 장경소호의 형태로 구연부가 긴 편이다(그림 1-19).

충청지역의 유공광구소호는 유물 수량에 비해 시기 폭이 큰 편이다. 정지산 출토품은 須惠器(계)로 보아 웅진기, 화지산 출토품은 전체적인 형태와 공반유물로 보아 사비기로 추정된다. 나머지 유물은 동체부가 편구형이나 대형이어서 대체로 5세기대로 추정된다. 전북지역 무덤 출토품은 원저이든, 평저이든 대체로 동체부가 편구형에 가까워 5세기대 자료로 추정된다. 마전유적의 대형 須惠器(계) 토기도 陶邑TK23단계의 유물과 유사하여 5세기 후엽경으로 추정되는 유물이다. 화지산이나 정지산유적 출토품과 같이 6세기 이후 비교적 늦은 시기의 자료를 제외하면 금강유역권의 유공광구소호는 대부분 무덤에서 출토되고 있다. 출토 무덤은 주로 낮은 분구 내의 목관묘와 석곽묘가 많다. 토기의 형태는 다양한 편이어서 5세기대 자료들은 장경(소)호에 가까운 것들이 많으며, 직구호에 가까운 것도 있다. 그리고 영산강유역권 출토품에서처럼 동체부에 돌선이 있는 것, 대형인 것뿐 아니라 須惠器(계)의 유물도 소수 포함되어 있다.

3) 영산강유역권

영산강유역권에서 발견된 유공광구소호는 현재까지 보고된 유물이 200점을 넘는다. 고분의 경우 목관묘, 옹관묘, 석실묘의 매장시설 뿐 아니라 주구에서도 출토되고 있으며, 구溝에서도 출토되고 주거지나 수혈에서도 상당수 출토되었다. 지역적으로도 비교적 넓게 분포하는데 최근의 조사 성과에 의하면 영암이나 나주 외에도 고창[4], 광주 지역에서 자료가 상당히 늘어난 상태이다. 광주지역에서는 하남동이나 동림동 유적 등의 구나 주거지에서 많이 출토되었다.

영산강유역권의 유공광구소호는 자료가 축적되면서 형식의 분류나 변천상을 제시한 연구들이 이루어져 왔으며(李映澈 2001, 국립문화재연구소·全南大

---

3) 구연부에도 2개의 원공이 뚫려 있다.
4) 최근 조사가 이루어진 고창 자룡리유적에서는 30점 정도 출토되었다고 한다.

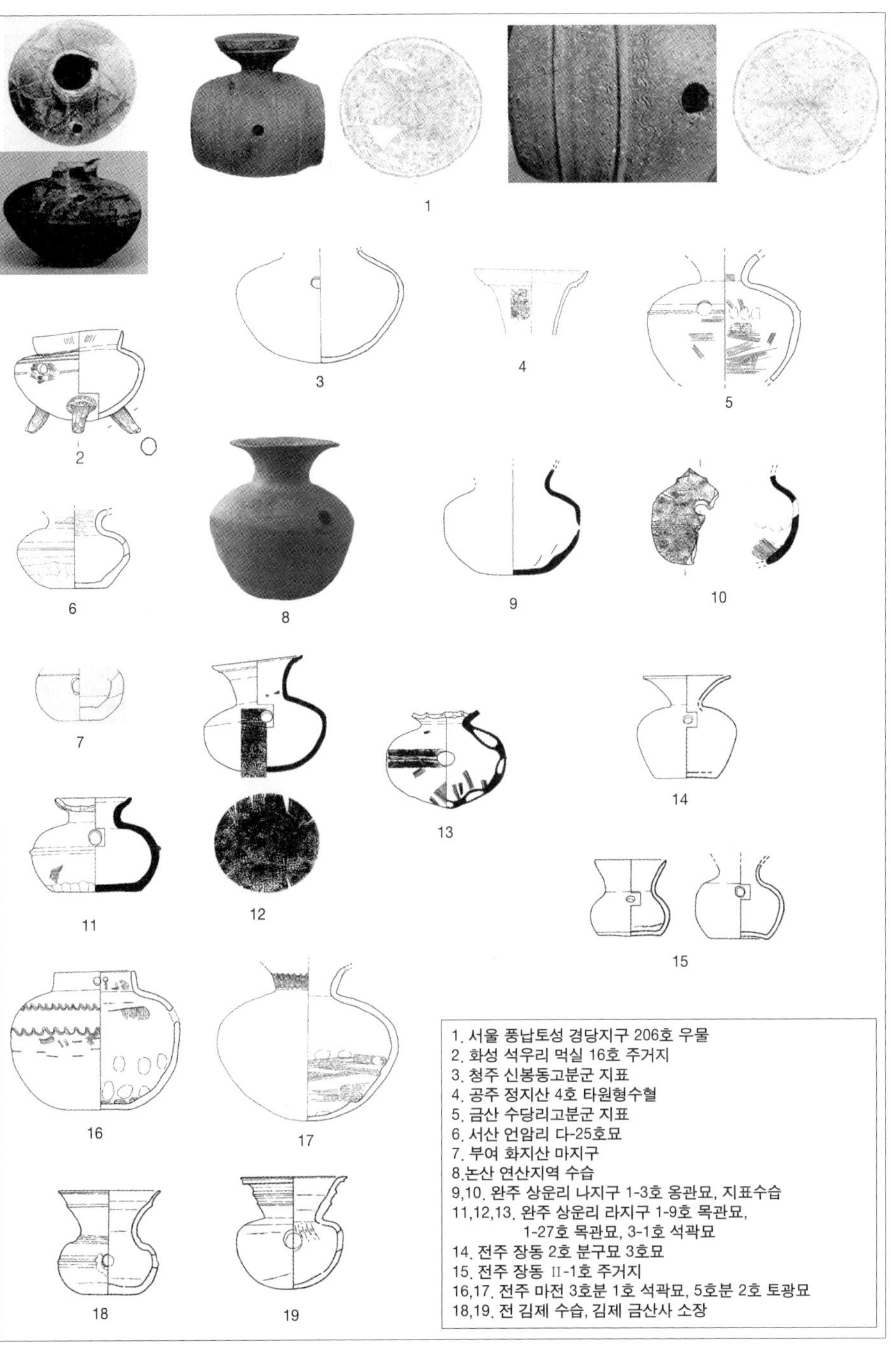

그림 1. 한강유역권과 금강유역권 출토 유공광구소호와 장군(도면 1/6)

學校博物館·羅州市 2001, 井上美奈子 2003, 酒井淸治 2004, 盧美善 2004, 徐賢珠 2006), 최근에는 가야지역의 자료까지 포함시켜 한반도 남부지역 출토 유공광구소호에 대한 분석이 이루어지기도 하였다(李瑜眞 2007).

영산강유역권의 유공광구소호는 가야지역이나 일본열도 출토품에 비해 구연부 형태(경부 포함), 동체부·저부 형태, 동체부의 돌선(또는 침선) 유무 등에서 다양한 모습을 보이는데 다른 지역과 비교하여 평저나 말각평저, 동체부에 돌선이 있는 것이 많은 편이다(徐賢珠 2006). 구연부 형태를 살펴보면, 구연부가 비교적 짧고 별다른 구분이 없는 것도 있지만, 꺾이는 부분이나 돌선 등으로 상·하부를 구분할 수 있는 것들이 많고 그 길이도 다양하게 나타난다. 저부의 형태는 평저, 말각평저, 원저(첨저[5] 포함)로 나눌 수 있다. 또한 동체 하부에 낮은 대부가 있는 것도 확인되는데 고창 봉덕 방형추정분의 북쪽주구와 남쪽주구에서 4점, 장성 만무리고분 수습품, 나주 대안리 9호분 경관(옹관) 출토품 등이 있다. 봉덕 출토품들에는 제형, 삼각형의 투창이 뚫려 있으며, 대안리 출토품에는 작은 원공이 뚫려 있다. 동체부의 세부문양도 다양하게 나타나는데 상부쪽에 1줄의 돌선이 돌아가는 것이 가장 많지만 별다른 문양이 없는 것도 상당수 확인된다[6]. 그리고 소수이지만 점열문 등이 시문되기도 한다.

영산강유역권의 유공광구소호는 크기에 따라 대형이 따로 분류될 수 있는데[7](徐賢珠 2006), 고창 봉덕 가지구 구5, 나지구 구1(3점), 광주 향등 10호 주거지, 동림동 57호 수혈과 52호 구(추정), 하남동 55호 구, 나주 장등 3호분 주구, 영암 옥야리 6호분(추정), 무안 양장리 30호 주거지와 용산리 수습품, 국립광주박물관 소장품 등이 이에 속한다. 이 외에도 외래계가 상당수 확인되는데 대부분 須惠器(계)이다. 須惠器(계) 유공광구소호는 고창 봉덕 북쪽주구와 남쪽주구, 광주 산정동 16호 구, 나주 복암리 1호분 주구 동구, 복암리 3호분 96석실(3점), 무안 맥포리 수습품, 대형 중 국립광주박물관 소장품 등이 있다. 그리고 고창 봉덕 1호분에서는 고배 내에 작은 소호들이 달린 유공광구소호가 들어있는 특이한 토기가 발견되기도 하였는데 형태나 제작기법 등에서 須惠器로 볼 수 있는 것이다(마한·백제문화연구소 2009). 그리고 해남 만의총 1호분에서 출토된 서수형의 유공

5) 일본 須惠器(계)와 같이 동최대경이 상부에 있으면서 저부로 갈수록 좁아져 내려가는 것은 첨저로 따로 구분하기도 한다(李瑜眞 2007).

6) 동체부 문양 중 이질적인 것으로 돌선이나 횡침선을 대신하거나 또는 함께 점토덩어리를 간격을 두어 붙인 것이 있다. 이러한 유물은 담양 성산리유적, 무안 양장리유적, 광주 동림동유적과 월계동 1호분 등에서 출토되었다.

7) 대형은 대체로 동체부의 최대경 15㎝ 내외, 높이 9㎝ 내외 이상이다.

광구소호는 형태나 동체부 문양으로 볼 때 신라계 토기[8]이다(동신대학교문화박물관 2009).

영산강유역권에서 현재까지 출토된 유공장군은 10점이 약간 넘는데, 고분뿐 아니라 구나 주거지 등에서도 출토되었다. 고창 봉덕 가지구 구1, 영암 만수리 2호분 1호 옹관묘, 담양 성산리 5호 주거지, 광주 향등 6호 주거지, 동림동 60호 구, 101호 남서구(2점), 141호 구, 하남동 5호 구, 산정동 9호 방형건물지, 나주 장등 8호 수혈, 영동리 1-1호 석실묘 등에서 출토되었다(그림 3). 이외에도 최영도 기증품(국립중앙박물관 소장)과 대구카톨릭대박물관 소장품[9](그림 3-11) 등이 있지만, 현재까지 출토지를 알 수 있는 자료는 영산강유역권에 분포하거나(徐賢珠 2006) 풍납토성 출토품과 같이 영산강유역권과 관련이 깊은 것이다.

영산강유역권의 유공장군은 양 측면이 모두 편평하게 처리된 것으로, 크게 동체부의 문양에 따라 3가지로 나눌 수 있다. 첫째, 동체부에 세로로 돌선들이 돌려지고 그 사이에 파상문이 시문된 것으로, 만수리 2호분 1호 옹관묘, 동림동 60호 구와 101호 남서구, 장등 8호 수혈 출토품을 들 수 있다. 파편이 남아있는 성산리 5호 주거지와 향등 6호 주거지도 여기에 속하는 것으로 추정된다. 현재 토기의 측면이 남아있는 경우 파상문이 시문된 것은 만수리 출토품이며, ×형의 집선문을 시문한 것은 향등과 장등 출토품이다.

둘째, 동체부에 세로로 돌선이나 횡침선이 돌려지고 그 사이의 문양이 생략된 것으로, 광주 하남동 5호 구, 산정동 9호 방형건물지, 동림동 141호 구, 나주 영동리 1-1호 석실묘 출토품 등을 들 수 있다. 양 측면에는 ×형(하남동)이나 교차선이 더 많은 형태(동림동)를 집선문으로 시문하거나 파상문을 돌리기도 하였다(산정동).

셋째, 고창 봉덕 가지구 구1 출토품처럼 세로로 돌선들이 돌려지고 그 사이에 점열문을 시문한 것도 있는데, 양 측면에도 돌선을 돌려 구획하고 그 사이에 점열문을 시문하였다.

이러한 분류에 의하면, 영산강유역권의 유공장군은 동체부를 돌선으로 구획하고 파상문이나 집선문이 시문된 것이 많은 편이다. 동체부의 형태에 있어서

8) 동체부 문양은 2줄의 돌선 사이에 ×형의 문양을 연속적으로 시문하였다.

9) 이 토기는 동체부에 점열문이 〈형으로 시문되고 측면에도 점열문을 2줄로 시문하여 형태나 문양에서 須惠器에 가깝다(木下亘 2003).

는 가장자리로 갈수록 완만하게 벌어져 내려가는 것이 많은 편인데, 봉덕 출토
품은 상대적으로 급하게 내려가고 있어서 차이를 보인다.

Ⅲ. 변천 양상

앞에서 언급한 토기의 특징을 바탕으로 백제지역 유공광구소호의 변천 양상에
대해 많은 자료가 출토된 영산강유역권을 중심으로 살펴보고자 한다. 이제까지
의 연구들을 보면, 영산강유역권의 자료는 다양하여 세부적인 분류에서는 차이
를 보이기도 하지만, 동체부에 비해 구연부가 길고 발달한 형식이 시기적으로
늦다고 보는 점에서는 공통된다. 이는 일본의 須惠器 하소우에서도 동일하게 나
타나는 변천상이다(田辺昭三 1981, 小池寬 1999a). 필자도 시간적인 변화를 잘 보
여주는 동체부에 대한 구연부의 발달 정도[10]를 1차적인 기준으로 하여 영산강유
역권의 유공광구소호를 형식 분류하고 변천 양상에 대해 언급한 바 있다(徐賢珠
2006).

최근 영산강유역권을 포함한 한반도 남부 출토 자료를 분류한 이유진(2007)
은 구연단과 구연부의 형태, 구경부의 형태, 저부 형태 등의 속성을 조합하여 5개
의 형식을 나누고 Ⅰ형식은 시기적으로 가장 이른 것이고, Ⅱ·Ⅲ형식은 호남지
역, Ⅳ형식은 영남지역, Ⅴ형식은 須惠器나 須惠器계 토기로 구분하였다[11]. 이유
진 분류에서 영산강유역권 출토품은 Ⅰ·Ⅱ·Ⅲ형식에 해당하는데 Ⅰ형식은 구연
단 외측에 요철을 넣은 것이며, Ⅱ·Ⅲ형식은 구연단이 둥글게 마무리된 것으로,
구연 상부가 곧게 올라가는 것과, 구연 상부 형태가 골곡하는 것으로 세분하였다.

필자 또한 구연부 형태에 따라 형식을 세분한 바 있는데, 꺾이는 부분이나
돌선(또는 횡침선)을 기준으로 상·하부를 구분하고, 그 위치를 기준으로 하였다.
이러한 기존의 분류안을 약간 조정하여 상·하부의 구분 여부와 위치에 따라 속
성을 재정리하였다. 먼저 전체적으로 구연부가 짧으면서 상·하부의 구분이 어려
운 것(a형), 상부가 상당히 길고 넓게 벌어지는 것(b형), 상부와 하부의 길이가 비

10) 대체로 구경/동체최대경 1.1
내외를 기준으로 동체부에
비해 구경과 구연 높이가
비교적 작은 것(A형)과 큰
것(B형)으로 분류하였다.

11) 주된 분류 기준인 구연단의
형태는 외측에 요면(凹面)을
갖는 것, 둥글게 처리된 것,
내측에 요면이 있는 것으로
나누고, 구연부 형태는 상부
가 외반형인지, 내만형인지
로 구분하였다. 이러한 구분
은 유공광구소호가 정형화
된 단계 이후의 지역적인 차
이를 비교적 잘 보여주지만,
영산강유역권 출토품의 변
화상을 보여주는 데에는 다
소 한계가 있다고 생각된다.

숫한 것(c형), 상부가 하부에 비해 상당히 짧은 것으로 구분된다(d형). c형은 상·하부의 구분에서 꺾이는 부분이 뚜렷한 것(c1)과 뚜렷하지 않은 것(c2)으로, d형은 상부가 반구형에 가까운 것(d1)[12], 전체적으로 구연부가 긴 것 중 돌선부분에서 꺾이는 부분이 뚜렷하지 않는 것(d2)과 뚜렷한 것(d3)으로 구분하였다. 그리고 구연부가 길고 전체적으로 둥글게 처리된 것(d4)도 따로 분류하였다. 대체로 a형은 동체부에 돌선이나 장식이 없는 것이 대부분이고 동체부의 형태도 정연하지 못하다. b형은 돌선이 있는 경우가 대부분이며 파상문 등의 장식이 많은 편이고, c형도 마찬가지이다. d형 또한 돌선이 있는 것이 많지만 d3형은 거의 없으며 d4형은 없거나 2줄이다. 이를 구연부 발달 정도에 따라 구분한 A형과 B형과 각각 조합하여 형식을 설정하였는데 A형에는 a·b·c·d1형, B형에는 d형들이 있다.

그럼 대체로 많은 자료가 출토된 영산강하류지역(영암이나 무안, 나주 반남면 일대), 영산강중류지역(나주 다시면 일대), 영산강상류지역(광주, 담양), 고창 지역 등 4개 지역을 중심으로 유공광구소호의 변천 양상에 대해 파악해 보고자 한다. A형과 B형은 동체부의 소형화라는 시기적인 차이를 확실하게 반영하며, 이와함께 구연부 형태 또한 대체로 길어지는 것으로 변화한다. a와 b형은 다른 소형토기와 공반되지 않거나 장경소호, 완이 공반되기도 하며, c형은 완이나 초기 개배가 공반되며 정형화된 개배단계까지 이어진다. 그리고 d형은 대부분 정형화된 개배가 공반되는 양상을 보인다.

유공광구소호 중에서 가장 먼저 나타나는 것은 공반관계로 보아 영암 만수리 4호분 1·2호 옹관묘와 무안 사창리 무덤 자료들에서 보이는 Aa형과 Ab형으로 생각된다. Aa형은 여러 지역에서 다양하게 확인되므로 정형화가 되지 못한 것으로 추정된다. Ab형은 영산강하류지역에서만 확인되는 것으로, 만수리 1호분 출토 유공장군도 이러한 구연부에 가깝다. Ac형은 영산강하류지역뿐 아니라 광주나 고창 지역 등에서도 확인되는데 구연 상부의 형태로 본다면 Ab형에서 변화된 형식으로 추정된다. 그리고 Ad1형 또한 영산강 하류나 중류지역에서 확인되며 영산강하류지역에서 Bd1형으로 이어진다. 그리고 Bd2와 Bd3형은 복암리 2호분 북쪽주구에서처럼 함께 출토되기도 하는데, 이러한 사례가 많은 편은 아

12) 중국 자기인 鷄首壺의 구연부와 유사하다고 볼 수 있다(小池寬 1999b).

니다. Bd4형은 광주 월계동 1호 장고분 주구 출토품이 대표적인데, 기존의 연구 성과에서 지적된 것처럼 전체적인 형태가 須惠器 陶邑TK10단계(6세기 중엽경)의 하소우과 유사하여 이를 모방한 것으로 볼 수 있어서 가장 늦게 보이는 형식이다. 유공광구소호는 영산강유역의 백제식석실묘에서는 거의 출토된 사례가 없다는 점에서 6세기 중엽 이후에는 대부분 소멸된 기종으로 볼 수 있다(徐賢珠 2006).

A형과 B형으로의 변화 시점은 대체로 6세기를 전후한 시기이며, 이는 나주 복암리 3호분 96석실 1호 옹관 출토 須惠器(계) 유공광구소호(陶邑TK47단계-5세기말경(木下亘 2003))(그림 2-25·26)의 출토 양상에서도 잘 드러난다. 대체로 정형적인 개배와 공반되기 시작하는 5세기 후엽경에는 Ad1형과 Ac형이 사용된다. Ad1형은 주로 영산강 하류와 중류지역에서, Ac형은 영산강상류와 고창 지역에서 각각 성행한다. 저부 형태의 전반적인 변화를 살펴보면, 처음에는 말각평저가 나타나다가 원저, 평저도 추가되는데, 원저는 영산강상류지역에서 많은 편이며 영산강중류지역에서는 복암리고분군을 중심으로 평저가 많고, 영산강하류지역에서는 말각평저가 이어진다. 늦은단계에는 여러 지역에서 평저 토기들이 확인된다.

유공장군은 구연부가 동체부에 비해 큰 유공광구소호의 대형과 통하며, 구연부의 형태나 공반되는 유물로 보아 유공광구소호의 이른 단계에 병행하는 것으로 추정한 바 있다(徐賢珠 2006). 그런데 나주 영동리 1-1호 석실묘에서는 B형의 구연부가 길고 동체부가 상대적으로 작은 유공광구소호와 공반되고 있어서 이 지역에서는 6세기를 전후한 시기까지 이어진 것으로 추정된다. 영산강유역권에서 가장 이른 것으로 추정되는 것은 陶邑ON231 출토품과 동체의 형태, 문양 구성, 크기에 있어서 가장 유사한 만수리 2호분 출토품이다(徐賢珠 2006). 그리고 정형화된 개배가 공반되어 가장 늦은 것으로 볼 수 있는 영동리 출토품은 동체부에 돌선은 있지만 별다른 문양이 없는 것이어서 점차 단순해지는 방향으로 변화한 것으로 추정된다. 일본에서도 초기에는 크기가 다양하지만 점차 규격이 통일되고 장식이 간략화되는 것으로 보고 있다(小鄕利幸 2001). 따라서 한반도의

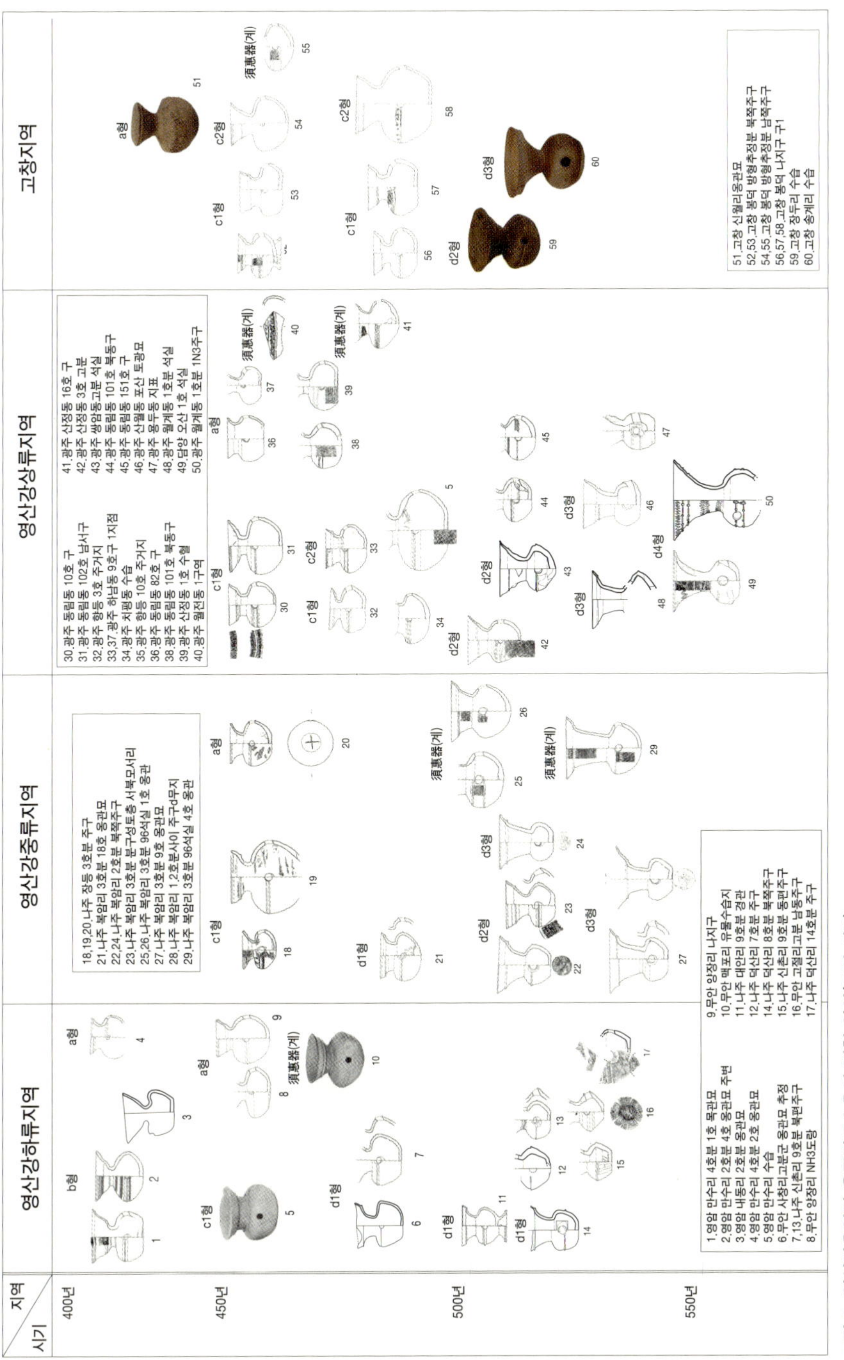

그림 2. 영산강유역권 유공광구소호의 변천 양상(도면 1/12)

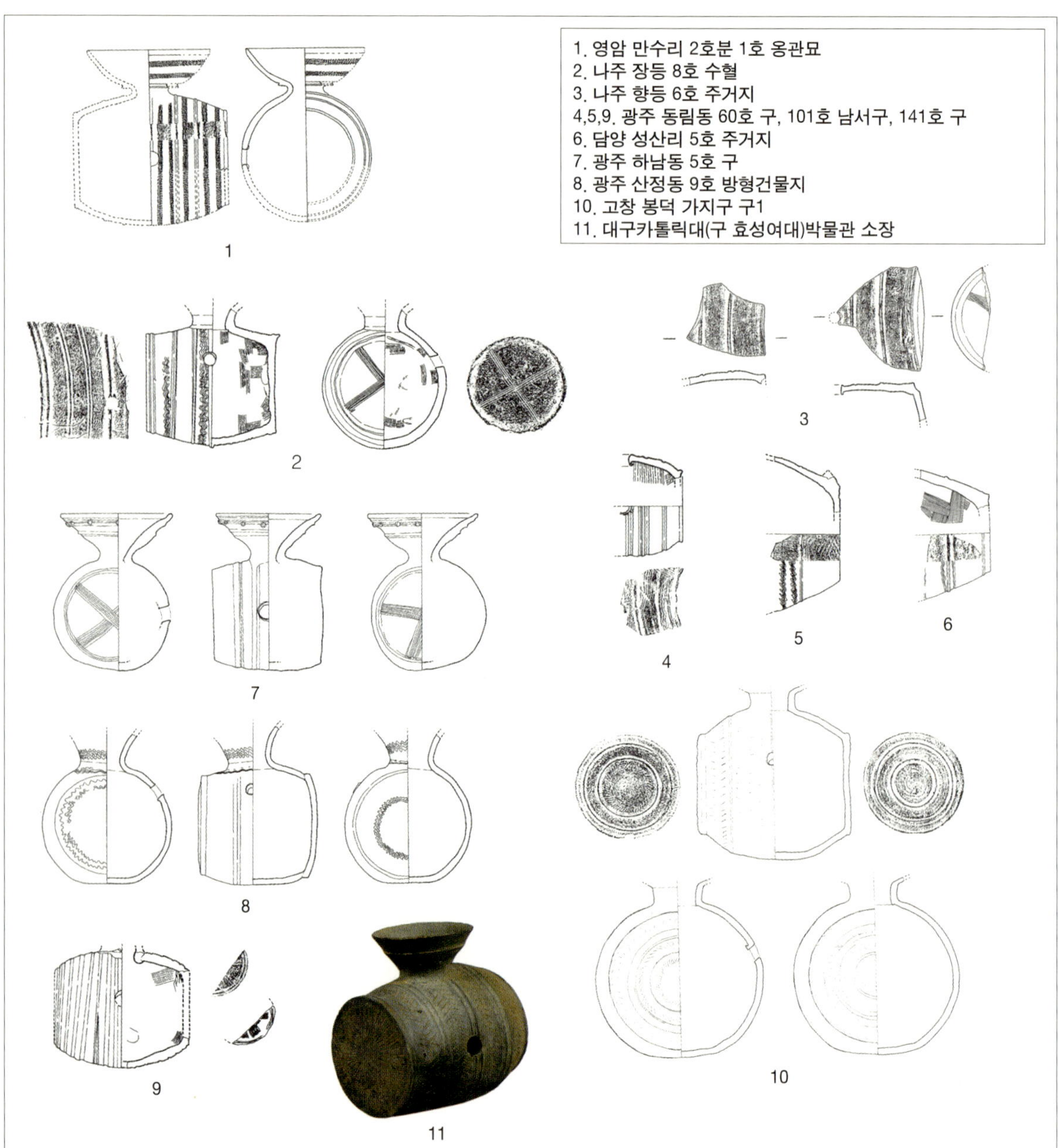

그림 3. 영산강유역권 출토 유공장군과 참고자료(도면1/6)

유공장군은 동체부에 파상문이 있는 것에서 점차 없는 것으로의 변화가 상정되며, 측면 또한 파상문을 시문한 것에서 점차 ×형의 집선문을 시문하거나 별다른 문양이 시문되지 않는 것으로 변화하는 것으로 추정된다. 만수리 2호분 출토품은 유공광구소호 Aa형과 병행하므로 가장 이른 시기에 해당되며, 광주지역의 유물들은 그 다음 시기인 5세기 중엽에서 후엽 정도까지 이어지는 것으로 추정된다. 고창 봉덕유적 출토품은 형태와 점열문의 문양에서 다른 유물들과 구별되는데 福岡縣 大塚古墳 출토품(그림 5-12)과 유사하다. 그런데 한반도에서는 유공장군에서 이러한 문양이 그다지 주류를 점하지 못하고 형태 또한 약간 차이를 보이므로 일본열도의 樽으로부터 영향이 있었던 것으로 추정된다[13]. 동일 유적의 방형추정분 출토 토기 중에 須惠器(계) 유공광구소호와 개배가 확인되는 점에서도 그러할 가능성이 있다고 생각된다.

IV. 출현 문제와 주변지역과의 관계

1. 출현 문제

이제 백제지역에서 유공광구소호가 출현하게 되는 문제에 대해 살펴보고자 한다. 이에 대한 견해는 영산강유역권에서 초출 형태를 어떤 것으로 보는가에 따라 달라질 수 있을 것이다.

먼저 이 토기의 기능에 대해 살펴보면, 술 등의 액체를 따르는 注子, 마시는 飮器, 제사 용기, 등잔 등 여러 가지 의견들이 제시되어 왔는데, 注器와 관련되는 것으로 보는 의견이 많은 편이다(小池寬 1999b, 愼仁珠 2002). 注器의 경우 원공에 죽관 등을 꽂아 사용했을 것으로 보고 있는데, 일본 大阪府 堺市 四ツ池유적에서 나무마개(木栓) 등이 꽂힌 상태로 발견되기도 하였고, 寝屋川市 蔀屋北유적에서도 비슷한 자료들이 발견되었다(그림 4-1). 그리고 토제의 긴 대롱모양 주구가 달린 토기들이 발견되기도 하는데 유공광구소호와 유사한 장경소호의 기형

13) 유공광구소호에도 동체부에 점열문이 시문된 것이 있다. 고창 봉덕유적(3점), 광주 산정동 1호 수혈, 동림동 101호 북동구, 장성 만무리고분 수습품에서 유사한 문양이 확인되는데 주로 고창, 영산강 상류 지역과 그 인근지역에 분포한다.

에 달린 것이 창녕 계남리 1호분에서 출토되었고(그림 4-2), 장군에 달린 것은 일본 오사카부大阪府 陶邑 ON231호와 TK87 요지에서 출토되었다(그림 4-4). 이러한 자료로 인해 유공광구소호와 장군은 나무대롱 등을 꽂아 사용하는 것으로 보는 의견이 인정되고 있는 상태이다.

비슷한 시기에 사용방법에서 연관되는 유물로는 신라의 주구부토기가 있다. 신라의 주구부토기는 조형이나 마형, 기마인물형 등의 상형象形토기도 보이지만, 직구소호에 가까운 기형(대각이 달린 것이 많음)에 토제의 긴 대롱모양 주구가 달린 것들(그림 4-3)이 확인된다. 신라에서도 이러한 토기들은 대체로 5세기대에 성행하므로 용도면에서 유사한 주구부토기와 유공광구소호는 각각 신라문화권과 백제·가야문화권에 속하는 것으로 보고 있다(愼仁珠 2002).

유공광구소호의 기형은 광구소호 또는 장경소호에 가까운 형태인데, 주구부토기 중에도 소수이지만 창녕 계남리 1호분 출토품처럼 장경소호에 가까운 것도 있다. 따라서 이 시기에 한반도 남부에는 소재나 기형 차이는 있지만 대롱모양의 주구가 달린 용기를 사용하는 현상이 공통적으로 나타났음을 알 수 있으며 이는 일본열도까지도 이어진다. 그런데 한반도 남부 중에서도 영산강유역을 제외한 백제지역에서는 이러한 토기가 그다지 유행하지 않는데, 다른 지역과 달리 백제에는 4세기 후반~5세기 중반에 계수호鷄首壺 등의 중국 자기가 수입되어(成正鏞 2003) 사용되고 있었기 때문이 아닌가 생각된다. 그런 점에서 긴 주구가 달려 있는 계수호의 사용법이 광구소호 등에 부가되어 유공광구소호가 나타난 것으로 보는 견해(小池寬 1999b)도 설득력이 있다고 판단된다. 또한 긴 대롱모양 주구를 가진 신라 주구부토기도 유공광구소호의 기종 형성에 영향을 미쳤을 가능성이 있다고 판단되는데, 일본열도 출토품 중에는 토제의 긴 대롱모양 주구가 확인되기도 하는 점 때문이다. 그리고 여러 지역에서 초기 유공광구소호의 기형은 광구소호보다는 장경소호에 가까운데 당시 영산강유역권에 가야지역 장경소호 등의 영향으로 장경소호(그림 4-5)(徐賢珠 2006)라는 기종이 지역화되어 나타나는 점을 고려한다면 백제와 가까운 영산강유역권에서 이러한 토기가 출현했을 가능성이 높다고 판단된다.

과거에는 유공광구소호의 사용 시기에 대해 3세기까지 올려보면서 영산강유역을 포함한 백제지역에서 기원한 토기로 추정하기도 하였지만(李殷昌 1978, 金元龍 1981, 徐聲勳·成洛俊 1984), 최근에는 영산강유역의 토기 편년안이 어느 정도 정착되면서 대체로 이 토기를 5세기경이나 그 이후에 출현하는 것으로 보고 있다. 영산강유역권 내에서도 구체적으로 고창지역에서 출현했을 가능성이 제기되기도 하였지만(盧美善 2004), 현재의 자료로 본다면 고창보다는 영암이나 무안 등 영산강하류지역의 자료가 형식적으로 이른 것으로 추정된다. 초출 형식으로는 영암 만수리 4호분에서 출토된 장경소호에 가까운 기형에서 보이는 구연부 a형과 구연 상부가 길고 넓게 벌어지는 b형으로 추정되는데 그 중에서도 새롭게 나타나는 구연부 b형[14]이 주목된다(徐賢珠 2006). 이러한 자료들로 보아 한반도에서는 영산강유역에서 가장 먼저 출현했을 것으로 보는데 의견 차이가 크지 않는 듯하다.

그런데 일본열도의 자료들과 비교하여 어느 곳이 먼저 나타났는지에 대해서는 이견들도 있다. 일본의 연구자들 중에는 유공광구소호가 倭로부터 전해진 기종으로 추정하기도 한다. 영산강유역에는 평저와 원저가 확인되지만 일본열도에서는 원저만이 확인되고, 영산강유역에서는 동체부에 돌선이 확인되지만 일본열도 출토품은 돌선과 구멍의 위치가 다르며, 영산강유역에는 대부 유공광구소호가 확인되지만 일본열도에는 없다는 점을 근거로 들고 있다. 즉, 영산강유역에서는 정형화가 되지 않지만, 일본에서는 大阪府 陶邑의 大庭寺 TG232요지(그림 5-9), ON231요지 단계(그림 5-10)에서부터 일정한 형태의 유공광구소호를 제작하고 있다는 것이다. 좀더 구체적으로 영산강유역의 최고례로 보는 영암 만수리 2호분 1호 옹관묘 출토품은 구경이 동최대경보다 작은 TG232요지 출토품[15]과 달리 구경과 동체대경이 거의 동일하여 陶邑TK208형식으로 볼 수 있으므로 이 형식 전후의 유공광구소호가 영산강유역에 전파된 것으로 보고 있다(酒井淸治 2004). 유공장군 또한 일찍부터 須惠器 樽의 기원지로서 영산강유역이 주목되어 왔고(成洛俊 1983, 崔鍾圭 1990, 吉井秀夫 1999), 최근에는 좀더 구체적으로 고창 봉덕유적에서 유공장군 등이 출토된 사례를 들어 須惠器 제작기술

14) 이러한 구연부 형태는 구연과 동체 사이에 직립부분이 있고 구연부가 크게 벌어지는 점에서 중국 三國~西晉代의 唾壺(中國陶瓷全集 編輯委員會 2000)와 닮았는데 유공광구소호의 기원과 관련하여 서로 연결시킬 수 있을지에 대해서는 아직 의문이다(徐賢珠 2006).

15) 大庭寺 TG232요지는 5세기 초로 추정하고 있다.

의 기원지가 고창지역과 관련될 가능성이 제시되기도 하였다(노미선 2003). 그런데 한반도 출토 유공장군이 수량이 적고 형식적으로 이른 것이 보이지 않는다고 하면서 오히려 須惠器 樽을 모방한 것으로 보기도 한다(木下亘 2003, 酒井淸治 2004). 그러나 한반도에서 출토되는 이른 시기의 유공광구소호는 구경과 동최대경의 비율보다 구연부에서 상·하부의 비율이 중요한 변화 기준이 되는 것으로 추정되고, 아직 정형성이 떨어지는 TG232요지 등의 출토 자료와 단선적으로 비교할 수는 없다고 생각된다. TG232요지(그림 5-9)나 ON231요지(그림 5-10) 자료도 구경과 동최대경의 비율은 다양하게 나타나는 편이기 때문이다. 따라서 한반도와 일본열도에서 유공광구소호의 출현은 시기적으로 큰 차이는 나지 않으며, 대체로 5세기경에 출현했을 것으로 추정된다. 그리고 새롭게 나타나는 Ab형이 영산강하류지역에서 나타나고 이후 Ac형으로 변화하면서 여러 지역에서 확인되는 점에서 현재 Ab형이 분포하는 영산강하류지역에서 출현했을 가능성이 높다고 판단된다.

그렇다면, 영산강유역에서 이러한 토기가 출현한 배경에 대해 언급해보고자 한다. 영산강유역권에서 이 토기가 처음 출현한 지역은 영암이나 무안 등의 영산강하류지역이다. 이 토기의 이른 자료는 영암 만수리 4호분 등 목관묘나 옹관묘, 무안 사창리유적 등의 목관묘와 옹관묘 등에서 출토되는데 옹관묘 출토 사례가 두드러진다. 이 지역은 저분구묘에서 목관묘가 주류를 이루다가 점차 옹관묘가 U자형으로 대형화되며 주매장시설로 자리잡는 곳이다. 그 과정에서 가야계 토기의 영향을 받게 되는데 광구소호 등이 대표적이다. 이 지역에서도 광구소호는 만수리 4호분의 주매장시설인 10호 목관묘에서 출토되고 있는데 유공광구소호보다 일찍 나타나며 오히려 목관묘에서 성행한 유물이다. 이에 비해 유공광구소호는 출현 지역이나 출토 유구에서 U자형 대형 옹관묘의 출현과 맥을 같이한다. 즉, U자형 대형 옹관묘와 마찬가지로(김낙중 2004, 2009) 영산강유역에서 이 토기는 백제의 영향력 확대에 따라 이 지역의 독자성을 표현하고자 나타난 것으로 볼 수 있다. 비슷한 시기에 사용되는 토기인 장경소호 또한 옹관묘에서의 출토 빈도가 높은 편인데, 만수리 4호분 무덤 중 중간단계에 해당하는 자료

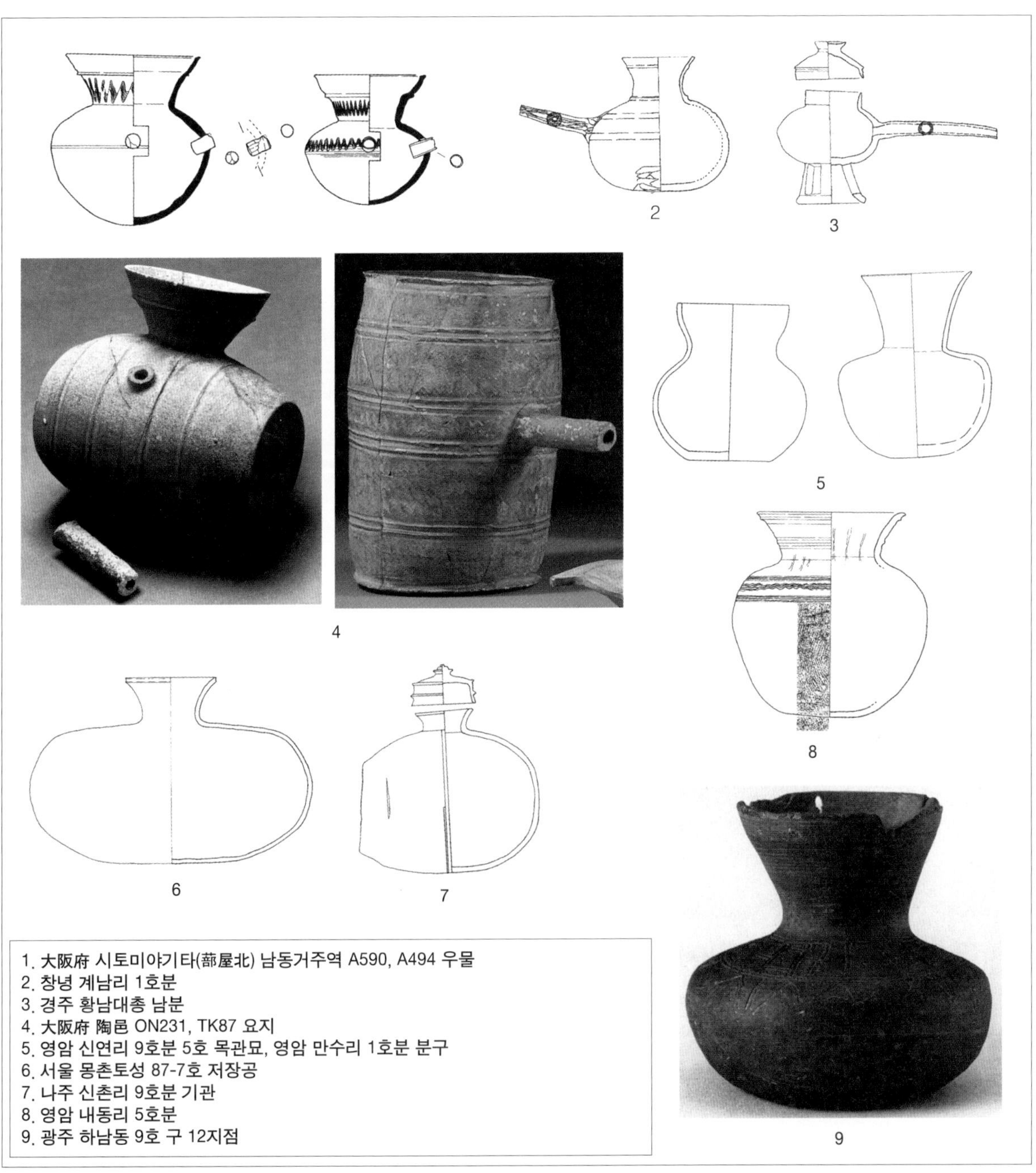

1. 大阪府 시토미야기타(蔀屋北) 남동거주역 A590, A494 우물
2. 창녕 계남리 1호분
3. 경주 황남대총 남분
4. 大阪府 陶邑 ON231, TK87 요지
5. 영암 신연리 9호분 5호 목관묘, 영암 만수리 1호분 분구
6. 서울 몽촌토성 87-7호 저장공
7. 나주 신촌리 9호분 기관
8. 영암 내동리 5호분
9. 광주 하남동 9호 구 12지점

그림 4. 유공광구소호와 장군 참고자료(도면 1/6, 6~7번 도면 1/10)

들로 보아 유공광구소호보다 일찍 사용되기 시작하였을 것으로 추정된다(徐賢珠 2006). 이와같이 U자형 대형 옹관묘, 장경소호 등이 나타나 성행하는 영산강 하류지역에 이른 시기의 유공광구소호가 분포하는 점에서 이 토기는 백제의 영역 확장에 따라 독자성을 표현하고자 한정된 지역을 중심으로 나타난 유물로 판단된다.

유공장군의 출현과 관련하여 연결시킬 수 있는 토기는 비슷한 시기에 백제에서 사용되고 있던 장군으로 추정된다. 장군은 백제 한성기부터 출현한 기종으로 백제에서는 몽촌토성(그림 4-6)과 의왕 일왕면 수습품 등이 대표적이며(權五榮·韓志仙 2003), 웅진기에는 군산 산월리 2호분 등 지방에서도 확인되고, 영산강유역에도 나주 신촌리 9호분 기관(옹관)(그림 4-7) 등에서 출토되었다. 유공광구소호가 백제와 차별하고자 하는 의지가 반영된 것이라면, 유공장군 또한 백제에서 사용하던 횡병에 유공광구소호의 사용방법이 채용되어 만들어졌을 가능성이 충분하다고 생각된다. 유공광구소호와 유공장군이 이른 시기부터 함께 나타나는 양상을 보이는 점에서도 기종이나 기형에서 관련있는 백제와 가까운 영산강유역에서 출현했을 가능성이 높다고 판단된다.

2. 확산과 주변지역과의 관계

영산강유역에서 출현한 유공광구소호는 정형화와 함께 주변지역으로 확산되기도 하고 주변지역에서 만들어진 유물이 영산강유역권으로 유입되기도 한다. 이러한 양상을 중심으로 주변지역과의 관계에 대해 살펴보고자 한다.

먼저 백제지역과의 관계를 살펴보면, 한강유역권은 유공광구소호와 같은 유물의 사용이 거의 이루어지지 않은 것으로 볼 수 있다. 서울 풍납토성 경당지구 우물에서 출토된 유공광구소호와 유공장군은 모두 영산강유역산으로 추정되며 좀더 구체적으로는 영산강 상류나 하류 지역 자료와 비교 가능하다. 풍납토성 출토 유공장군의 경우 나주 장등유적 출토품과 문양상 가장 유사하다(한신대학교박물관·서울역사박물관 2008). 그리고 유공광구소호는 돌선이 아니라 집선문이 돌려진 것인데 이러한 문양을 갖는 유공광구소호가 영산강유역권에서 거의 확인되지는 않았지만, 동체부의 형태, 시문 위치와 방법 등에 있어서 영암 내동리 5호분 장경소호(그림 4-9)와 유사한 부분이 있다. 그리고 장경호이지만 동체 상부에 집선문 2줄을 간격을 두어 시문한 것이 광주 하남동 9호 구 12지점 (그림 4-8) 등에서도 확인된다. 따라서 영산강의 본류를 중심으로 분포하던 자료 가 풍납토성으로 유입되었을 가능성이 높은 상태이다. 유공광구소호와 장군이 다른 지방의 유물들과 함께 풍납토성에서 우물에 폐기된 상태로 출토된 점에서 5세기 중엽 영산강유역과 백제 중앙의 관계를 잘 보여주는 자료라고 할 수 있다 (서현주 2010).

이에 비해 삼족의 직구소호에 유공이 있는 석우리 유물은 충청지역을 포함 하여 이 일대에서 보이는 기형이므로 유공광구소호의 사용방법이 채용된 것으로 볼 수 있을 것이다. 삼족호라는 기종은 시기가 약간 늦지만 6세기말~7세기초 일본 九州지역에서 보이는 유개삼족호와 연결되는 것으로 보고 있다(畿甸文化 財研究院·韓國土地公社 2007). 그러나 유적의 시기가 5세기대를 넘지는 않으므 로 유공의 삼족호가 이 지역에 나타난 것은 영산강유역권 유공광구소호의 영향 이 가능성이 높다.

충청지역에서도 이 토기는 그다지 많지 않고 계기적인 변화가 나타나지 않 으므로 남쪽 유공광구소호의 영향을 받아 나타난 것으로 추정된다. 이 중에는 須惠器(계) 토기도 있지만, 영산강유역과 관련되는 토기도 있는데 먼저 5세기대 자료로는 금산 수당리고분군의 대형 유공광구소호를 들 수 있다. 부여 화지산유 적의 유물 또한 영산강유역의 늦은 단계 출토품들과 형태적으로 유사하다. 따라 서 충청지역 출토품들은 영산강유역이나 일본열도로부터 유입된 유물이 많은 것으로 추정된다.

고창을 제외한 전북지역에서는 須惠器(계)도 확인되지만, 동일 유적에서 몇 점이 출토되고 형태적으로도 유사하여 주로 이 지역에서 제작된 것으로 추정된 다. 그러나 영산강유역 자료에 비하면 기형이 정형적이지 못하고 점진적인 변화 양상을 보여주는 자료도 별로 없는 편이다. 단적으로 대형의 유공광구소호가 직구호의 기형으로 만들어지고 있다. 다만, 완주 상운리고분군에서는 동체부에 돌선이 추가된 것들(그림 1-11·13)을 포함하여 다양한 형태가 보이고 있어서 다른 유적보다는 사용 기간이 약간 길었을 것으로 추정된다. 이러한 유물은 구연부와 동체부 형태, 돌선 등의 존재로 보아 영산강유역권과 직접 관련되는 것으로 추정된다. 전 김제 출토품은 고창지역의 자료와 전체적으로 유사하여 그 지역과 관련되는 것으로 추정된다. 이와같이 전주나 완주 지역에서 일시적이지만 유공광구소호가 제작, 사용되게 된 것은 고창을 포함한 영산강유역권의 영향에 의한 것으로 추정된다. 이 토기들이 출토된 무덤이 대체로 다장의 분구묘라는 점에서 재지적인 성향이 남아있는 지역집단에서 일부 수용한 것으로 볼 수 있을 것이다.

　　다음은 가야지역 유공광구소호와의 관계에 대해 살펴보고자 한다. 먼저 영산강유역권에서 가야계의 유공광구소호가 발견된 사례는 거의 없다. 가야지역의 유공광구소호는 하동, 산청, 진주, 고성 등 서부경남지역에서 주로 출토되며, 함안 도항리, 고령 지산동, 부산 복천동 고분군 등에서는 소수 출토되지만 이례적인 기종이다(李瑜眞 2007). 이 지역에서도 특징적인 유공광구소호로 점차 정형화되는데, 동체부에 비해 구연부가 길어지고, 원저이며 동체부에 돌선이 없이 〈형이나 ×형의 점열문 등이 시문되기도 한다(그림 5-5). 이러한 자료는 주로 소가야지역에서 출토된다. 그런데 정형화되기 전 좀더 이른 자료로는 하동 고이리나15호 석곽과 함안 도항리 13호분(경) 출토품을 들 수 있는데(李瑜眞 2007) 대체로 동체부에 돌선이 있는 것이다. 고이리 출토품(그림 5-1)은 적갈색계의 색조와 말각평저, 동체부의 돌선으로 보아 영산강유역산으로 추정되는데 이와 유사한 유물들은 주로 영암이나 무안 등 영산강하류지역에 분포한다. 이에 비해 함안 도항리 13호분(경)(그림 5-2)은 동체부에 돌선은 남아 있지만, 함께 공반된 광구소호 등으로 보아 함안지역의 기형을 지니고 있는 것이다[16]. 이 무덤의 연대는 5세기 2/4분기로 보고 있다[17]. 그런데 하동 우복리나 월운리 주라곡 채집품은 동체부에 돌선은 남아있지만 전체적인 형태나 문양에서 지역화[18]가 이루어지는 과정을 잘 보여준다. 창원 천선동 채집품(그림 5-3) 또한 문양은 지역화된 것이지만 동체부에 돌선이 남아있고 구연부 형태가 정형성이 떨어지는 점에서 비교적 이

16) 공반되는 손잡이달린 광구소호와 비교해 볼 때 구연부 형태 등 세부적인 모습은 유사하여 관련되는 기형이지만 유공광구소호는 장경소호화한 것이다.

17) 부산 복천동 1호분 출토품도 원저이지만 돌선이 있으며 구연부 형태가 함안 도항리 출토품과 유사하다.

18) 이 지역의 유공광구소호도 구연부가 점차 길어지는데 (李瑜眞 2007) 구연 상부에 비해 하부가 길어지고 동체부는 상대적으로 소형화되는 변화를 보인다.

른 자료로 추정된다. 그리고 산청 생초 M22-3호 석곽에서는 대부의 유공광구호가 출토되었는데(그림 5-4), 이 토기는 대부의 존재와 함께 가야지역의 전형적인 형식과 달라 영산강유역권과 관련될 것으로 추정된다.

가야지역의 유공광구소호를 정리하고 편년한 李瑜眞은 가야지역에서 유공광구소호의 출현은 호남지역과 관련되며 약간 늦게 나타나는 것으로 보고 있다. 그리고 앞에서 언급한 도항리와 천선동 유물을 가장 이른 1기로 두고 이후 다른 것들과 단절적이라고 보고 있다(李瑜眞 2007). 유입품으로 추정되는 고이리 출토품이 영산강유역에서 c1형에 해당하는 것이어서 영산강유역의 유공광구소호가 정형화된 후 전해졌으며 과도기적인 유물로 보아 지역 형식으로의 점진적인 변화도 상정된다.

가야지역의 유공광구소호는 영산강유역권이나 일본열도에 비하면 많지 않은 편이고, 다른 토기에 비해서도 비중이 크지 않다. 유공장군도 거의 발견되지 않으며 대형으로 분류할 수 있는 것도 마찬가지이다. 시기적으로도 영산강유역권보다 약간 늦게 나타나며 늦은 단계에는 고성 송학리고분군 출토품처럼 須惠器 토기가 유입되기도 한다. 그런 점에서 가야지역의 유공광구소호는 영산강유역권과의 밀접한 관계 속에서 출현하여 한정적이지만 지역화되고, 지속적으로 주변지역들과의 관계를 보여주는 자료라 할 수 있을 것이다.

마지막으로 일본열도 자료와 비교해보면, 일본열도의 須惠器 중에는 하소우라고 불리는 유공광구소호가 상당히 많다. 그 중에는 대형도 포함되어 있으며 樽이라는 유공장군도 많은 편이다. 이는 영산강유역권 양상과 상당히 유사하다. 또한 일본열도의 須惠器(계) 토기가 영산강유역뿐 아니라 가야지역, 백제중심지역에까지 유입되고 있어서 일본열도의 유공광구소호는 한반도와 관련이 많은 유물이라 할 수 있다.

일본열도의 유공광구소호는 陶邑 TG232·231단계에서부터 확인되는데 ON231단계까지는 여러 형태들이 보이다가 TK73단계가 되면 일정한 형태로 정형화가 되며 점차 구연부에 비해 동체부가 커지는 변화가 이어진다(小池寬 1999a). 이에 대해 陶邑TG232단계의 일본 유공광구소호가 영산강유역 출토품보다는 영남지역의 원저 광구소호와 유사하므로 영산강유역의 직접적인 영향[19]보다는 다른 須惠器 기종과 마찬가지로 광구소호형의 함안식 유공광구소호가 영향을 주었을 것으로 추정하고 있다. 따라서 陶邑TG232단계는 5세기 2/4분기보다 늦은 시기인 5세기 중엽 이전으로 보기 어렵다는 의견을 제시하고 있다(李瑜眞 2007). 그런데 이 시기에 해당하는 가야지역의 초현기 유공광구소호는 대부분 돌선이 들어간 것이어서, 일본열도 출토품에 함안지역의 자료가 직접 영향을 주었을지는 의문이다. 물론 陶邑TG232단계에는 가야계 토기가 주류를 이루지만, 유공광구소호와 함께 소수의 완이나 배신이 높은 평저 배도 포함되어 있다(그림 5-9). 평저 배는 영암 내동리 출토 완과 유사하므로 이 유물의 형태가 5세기초에 일본열도에 전해진 것으로 이해하고 있다(酒井淸治 2004). ON231단계에서는 백제지역과 관련되는 토제아궁이틀도 확인된다. 따라서 이러한 유물들과 함께 유공광구소호도 백제, 특히 영산강유역권에서 일본열도로 전해졌을 가능성도 있다고 판단된다[20].

그리고 5세기 중엽 이후에는 영산강유역권에 須惠器(계) 유공광구소호도 유입되며, 이러한 자료들은 전북, 충청 지역에서도 확인되고 있다. 영산강유역권에서는 고창이나 광주 지역에서 여러점이 출토되고, 나주 복암리 3호분 96석실에서도 여러점이 출토되었다. 이러한 자료들은 영산강유역권에 개배, 고배 등 다른 須惠器(계) 토기들이 유입되는 것과 같은 양상이다. 6세기 이후 유공광구소호는 실용성이 떨어지면서 일본열도 출토품의 영향을 받기도 하여 비슷한 변화 양상을 보이고, 마지막 단계에는 광주 월계동 1호분 출토품과 같이 모방하는 토기도 만들어진다. 오히려 이 때가 되면 유공광구소호가 영산강유역권보다 일본열도에서 더욱 성행하고 있기 때문일 것으로 생각된다.

일본열도에도 비슷한 시기에 영산강유역권과의 관련성이 언급되는 자료들이 있다. 대표적인 자료로 長崎縣 貝口寺浦崎 1호 석관(그림 5-6)(武末純一 2000)[21]과 奈良縣 南鄕 大東유적 6 tr.SX01 출토품(그림 5-7), 愛媛縣 松山波賀部神社고분 석실 출토품(그림 5-8)[22] 등을 들 수 있다. 이 토기들은 주로 평저이거나 원저이고 동체부가 정연하지 못한 것이다. 그리고 大阪府 蔀屋北유적의 大溝

---

19) 다른 기종에서 영산강유역의 요소가 확인되지 않고 영산강유역에서 많이 보이는 말각평저나 평저가 나타나지 않으므로 영산강유역으로부터 직접적인 영향의 근거가 부족하다고 보고 있다(李瑜眞 2007).

20) 일본열도에서 須惠器 등의 토기 생산과 관련하여 영산강하류지역을 중심으로 하는 호남지역의 비중이 컸던 것으로 지적된 바 있다(酒井淸治 1994, 申敬澈 2000, 白井克也 2001).

21) 貝口寺浦崎 출토품에 대해서는 평저 유공광구소호를 福岡縣 朝倉産 須惠器의 특징으로 보기도 하지만(白井克也 2001), 뚜렷한 평저이고 비슷한 동체부의 문양이 나주 덕산리 14호분 주구 출토품(도면 2-17)에서도 발견되므로 영산강유역과 관련될 가능성이 있다고 생각된다.

22) 愛媛縣 松山波賀部神社고분(전방후원분)의 석실에서 蓋杯 등의 須惠器(陶邑TK47단계)와 함께 평저 유공광구소호가 출토되었다. 유공광구소호는 색조와 평저, 긴 구연부의 모습 등으로 보아 전남지역과 관련되는 것으로 보고 있다(定森秀夫 2008).

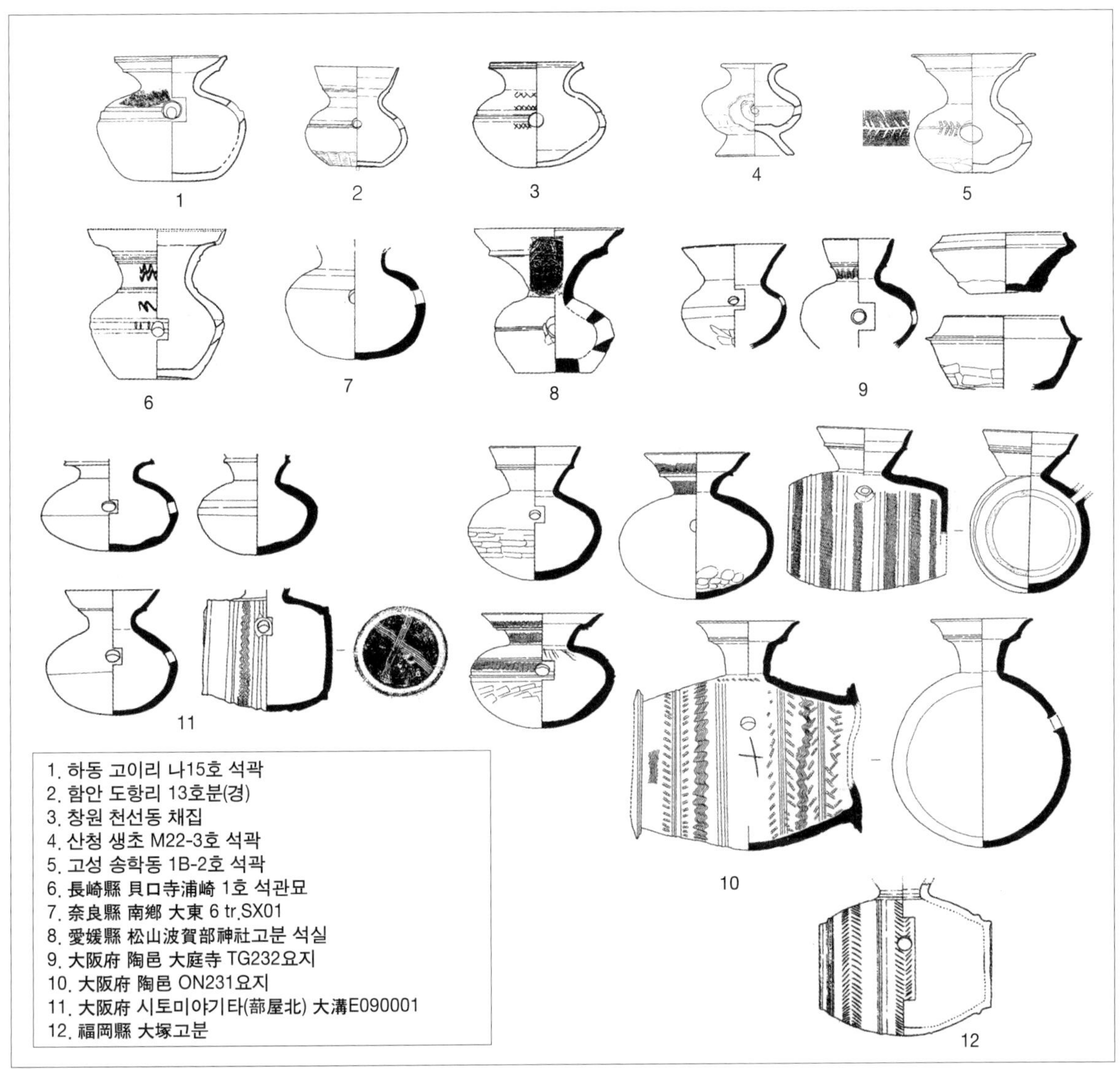

그림 5. 가야와 일본열도의 관련자료(도면 1/6)

E090001 하층에서 출토된 유공장군과 유공광구소호(그림 5-11)도 일본 須惠器와 비교할 때 다소 차이가 있다. 유공장군은 동체부에 파상문이 시문되고 측면에 ×형의 집선문이 시문된 점이나 동체부의 전체적인 형태에서 나주 장등이나 광주 산정동 유적 출토품과 유사하다. 유공광구소호는 광주 산정동이나 하남동, 동림동에서 출토된 바 있는 원저이며 동체는 편구형에 가깝고 돌선이 없는 유공광구

소호와 유사하다. 이외에도 大溝 E090001 하층에서는 타날문 단경호 등 한반도 관련 토기들이 출토되어 5세기 중엽경 백제지역과의 관계를 보여주는 자료로 보고 있는데(大阪府敎育委員會 2009), 유공장군 등의 자료로 볼 때 영산강유역과 관련될 것으로 추정된다.

이러한 관련 자료들로 보아 영산강유역권과 일본열도는 유공광구소호라는 기종의 출현 시기뿐 아니라 그 이후에도 지속적으로 다양한 교류가 이루어졌음을 알 수 있으며, 이로 인해 비슷한 유물의 구성과 변천 양상을 보여주는 것으로 추정된다.

Ⅳ. 맺음말

이제까지 백제지역의 유공광구소호와 장군의 출토 현황과 특징을 지역별로 나누어 살펴보고, 전반적인 변화 양상과 출현 문제, 주변지역과의 관계에 대해 영산강유역권을 중심으로 살펴보았다.

백제지역에서 유공광구소호와 장군은 영산강유역권에 집중되는데, 지역집단의 성격과 함께 영산강유역과 백제 중앙, 일본열도나 가야지역과의 관계를 단적으로 보여주는 자료이다. 이 토기는 영산강하류지역을 중심으로 출현하여 일본열도에도 전해지고, 약간 늦게 가야지역에도 전해진다. 백제 중앙에는 영산강유역권의 자료가 유입되었고, 충청과 전북 지역에서도 일본열도의 須惠器(계)와 함께 영산강유역권의 자료로 추정되는 것들이 확인된다. 완주나 전주 등 전북의 일부 지역에서는 많지 않지만 이 일대에서 제작된 것으로 추정되는 자료도 발견된다. 유공광구소호와 장군의 출현은 중국 자기인 鷄首壺, 장군 등 백제에서 사용되고 있던 기물과 관련되는 것으로 추정된다. 그리고 영산강유역권에서 U자형 대형 옹관묘의 성행 지역에서 출현한 점으로 볼 때 U자형 옹관과 마찬가지로 백제의 영역 확장에 따른 독자성을 표현하고자 한 것으로 판단된다.

참고문헌

국립문화재연구소·全南大學校博物館·羅州市, 2001,『羅州 伏岩里 3號墳』.

국립부여박물관, 1995,『박만식교수 기증 백제토기』도록.

權五榮·韓志仙, 2003,「儀旺市 一括出土 百濟土器에 대한 관찰」,『吉城里土城』, 한신大學校博物館.

畿甸文化財研究院·韓國土地公社, 2007,『華城 石隅里 먹실遺蹟』.

김낙중, 2004,「榮山江流域 甕棺古墳의 發生과 그 背景」『文化財』37, 국립문화재연구소.

______, 2009,『영산강유역 고분 연구』, 학연문화사.

______, 2011,「장제와 부장품으로 살펴본 영산강유역 전방후원분 고분의 성격」『한국의 전방후원분』, 학연문화사.

노미선, 2003,「유공장군(有孔橫瓶)에 대하여」,『研究論文集』3, 호남문화재연구원.

盧美善, 2004,「有孔廣口小壺小考」,『研究論文集』4, 호남문화재연구원.

大阪府敎育委員會, 1994,『野々井西遺遺蹟·ON231窯遺蹟』.

______________, 2009,『蔀屋北遺蹟Ⅰ』.

大阪府敎育委員會·大阪府埋藏文化財協會, 1995,『陶邑·大庭寺遺蹟Ⅳ』.

동신대학교문화박물관, 2009.2,「해남 만의총 1호분 발굴조사 지도위원회 회의자료」(유인물).

마한·백제문화연구소, 2009,「고창 봉덕리 1호분-마한 모로비리국의 중심」,『한국고고학저널』, 국립문화재연구소.

木下亘, 2003,「韓半島 出土 須惠器(系)土器에 대하여」,『百濟研究』37, 忠南大學校百濟研究所.

武末純一, 2000,「九州의 百濟系 土器 -4·5世紀 中心으로-」,『日本所在 百濟文化財調査報告書Ⅱ -九州地方-』, 國立公州博物館.

박순발, 2006,『백제토기 탐구』, 주류성.

白井克也, 2001,「百濟土器·馬韓土器と倭」『檢證 古代の河內と百濟』, 枚方歷史フォーラム實行委員會.

百濟文化開發硏究院, 1984,『百濟土器圖錄』도록.

徐賢珠, 2006,『榮山江 流域 古墳 土器 硏究』, 學硏文化社.

서현주, 2010,「완형토기로 본 영산강유역과 백제」,『湖南考古學報』34.

成洛俊, 1983,「榮山江流域의 甕棺墓硏究」,『百濟文化』15, 公州師範大學百濟文化
　　　硏究所.

成正鏞, 2003,「百濟와 中國의 貿易陶磁」,『百濟硏究』38, 忠南大學校百濟硏究所.

小栗明彦, 2003,「南鄕遺蹟群出土韓式系土器の系譜」,『南鄕遺蹟群Ⅲ』, 奈良縣立
　　　橿原考古學硏究所.

小池寬, 1999a,「　　考」『月衣千年』, 森郁夫先生還曆紀念論文集刊行會.

＿＿＿, 1999b,「有孔廣口小壺の祖型」,『朝鮮古代硏究』1, 朝鮮古代硏究刊行會.

小鄕利幸, 2001,「津山市日上畝山古墳群出土の樽形　」,『津山彌生の里』8, 津山
　　　彌生の里文化財センター.

申敬澈, 2000,「古代의 洛東江, 榮山江, 그리고 倭」,『韓國의 前方後圓墳』, 충남대
　　　학교 출판부.

愼仁珠, 2002,『新羅 象形 注口附土器 硏究』, 東亞大學校 大學院 博士學位論文.

＿＿＿, 2005,「有孔廣口小壺」,『固城松鶴洞古墳群』, 東亞大學校博物館.

申鍾煥, 1996,「淸州 新鳳洞出土遺物의 外來的 要素에 關한 一考 -90B-1號墳을 中
　　　心으로-」,『嶺南考古學』18.

李映澈, 2001,『榮山江流域 甕棺古墳社會의 構造 硏究』, 慶北大學校 大學院 碩士
　　　學位論文.

李瑜眞, 2007,『한반도 남부 有孔廣口壺 연구』, 釜山大學校 大學院 碩士學位論文.

李殷昌, 1978,「有孔廣口小壺考」,『考古美術』136·137, 韓國美術史學會.

林永珍, 2001,「百濟の成長と馬韓勢力′そして倭」,『檢證 古代の河內と百濟』, 枚
　　　方歷史フォーラム實行委員會.

田中淸美, 2002,「須惠器定型化への過程」,『田辺昭三先生古稀記念論文集』.

定森秀夫, 2008,「愛媛縣 出土 陶質土器(1)-2 百濟系 陶質土器」,『한국의 고고학』

9, 주류성 출판사.

井上美奈子, 2003, 「榮山江流域似おける有孔廣口小壺の樣相」, 『第5回東アジア
　　　古代史·考古學研究會交流會豫稿集』.

酒井淸治, 1999, 「陶邑TK87號の窯出土の須惠器-樽形　の可能性を求めて」,
　　　『人類史研究』11, 人類史研究會.

＿＿＿＿, 2004, 「5·6세기 토기에서 본 羅州勢力」, 『百濟研究』39, 忠南大學校 百濟
　　　研究所.

한신대학교박물관·서울역사박물관, 2008, 「풍납토성 경당지구 재발굴조사 보고
　　　서」(유인물).

전북지역의 유공광구소호

노미선((재)호남문화재연구원)

Ⅰ. 머리말

유공광구소호有孔廣口小壺는 둥그런 몸체에 아랫부분이 좁으면서 외반하는 목이 있고 구연부가 넓게 되어 있는 기형을 하고 있으며, 특히 몸체의 가운데 부분에 조그만 구멍이 뚫려 있는 것이 가장 큰 특징이다. 일반적으로 유공광구소호의 기형변화에 대한 견해는 전체높이에 비해 경부의 높이가 길어지고, 동체부 직경에 비해 구연부 직경이 넓어지면서 나팔상으로 벌어지는 것으로 파악된다. 그리고 유공광구소호는 생활유구가 아닌 매장유구과 깊은 관련을 가지고 있어 의례행위와도 밀접한 관련이 있다고 볼 수 있다. 또한 기능에 있어서는 조그만 구멍에 대나무관을 끼워 술 등의 액체를 따르는 용기로서 후대 주자注子의 원류로 보거나, 맹세나 의식을 행할 때 술과 피 등을 나누어 마시기 위해 갈대 같은 것을 꽂아 빨아 마시는 그릇으로 보는 견해, 기름 등잔으로 사용하였다는 견해 등이 있다. 그런데 일본 堺市 四ッ池 의 유적에서 구멍에 나무깔대기가 꽂혀있는 유공광구소호가 출토되어 기본적으로 주자로서의 기능이 강하였음을 시사하고 있다[1].

유공광구소호의 분포는 주로 영산강유역을 중심으로 출토되고 있는 것으로 알려져있다. 그렇지만 발굴사례의 증가로 유공광구소호의 분포권은 전북 서해안지역과 금강유역, 서부경남을 비롯하여 경기, 충청지역 일대까지로 점차 그 영역이 확대되는 양상이다. 따라서 그간에 논의되어온 유공광구소호 시원의 문제와 기원, 연대문제, 그리고 지역성도 더 복잡한 전개양상을 가지게 되었다.

전북지역에서도 유공광구소호는 서해안의 고창지역을 중심으로 집중 분포하고 있어 분포권이 넓지 않았으나, 최근 출토자료가 증가되면서 금강유역에 해당되는 전주일대와 전북 동남부의 순창지역까지도 분포권이 확대되었다. 따라서 추가된 자료의 비교검토를 통해서 유공광구소호의 분포양상과 성격, 연대 등에 대한 전반적인 논의가 필요한 시점이라 여겨진다.

이 글에서는 전북지역에서 출토된 유공광구소호를 지역권을 설정한 후 출토양상을 통해 유공광구소호가 갖는 의미를 파악해보기로 한다.

1) 國立文化財研究所, 2001, 『韓國考古學事典』.

II. 전북지역 유공광구소호 출토현황

전북지역에서 유공광구소호는 지금까지 13개의 유적과 3개소의 소장품으로 모두 60여점이 확인되었다. 유공광구소호는 주로 매장유구에서 출토되지만 일부는 주거지에서도 확인된 바 있다. 유공광구소호는 주로 분구묘의 매장시설인 옹관묘, 토광(목관)묘, 석곽묘, 석실묘의 부장품으로 출토되며, 분구묘의 주구내에 매납되기도 한다(그림 1).

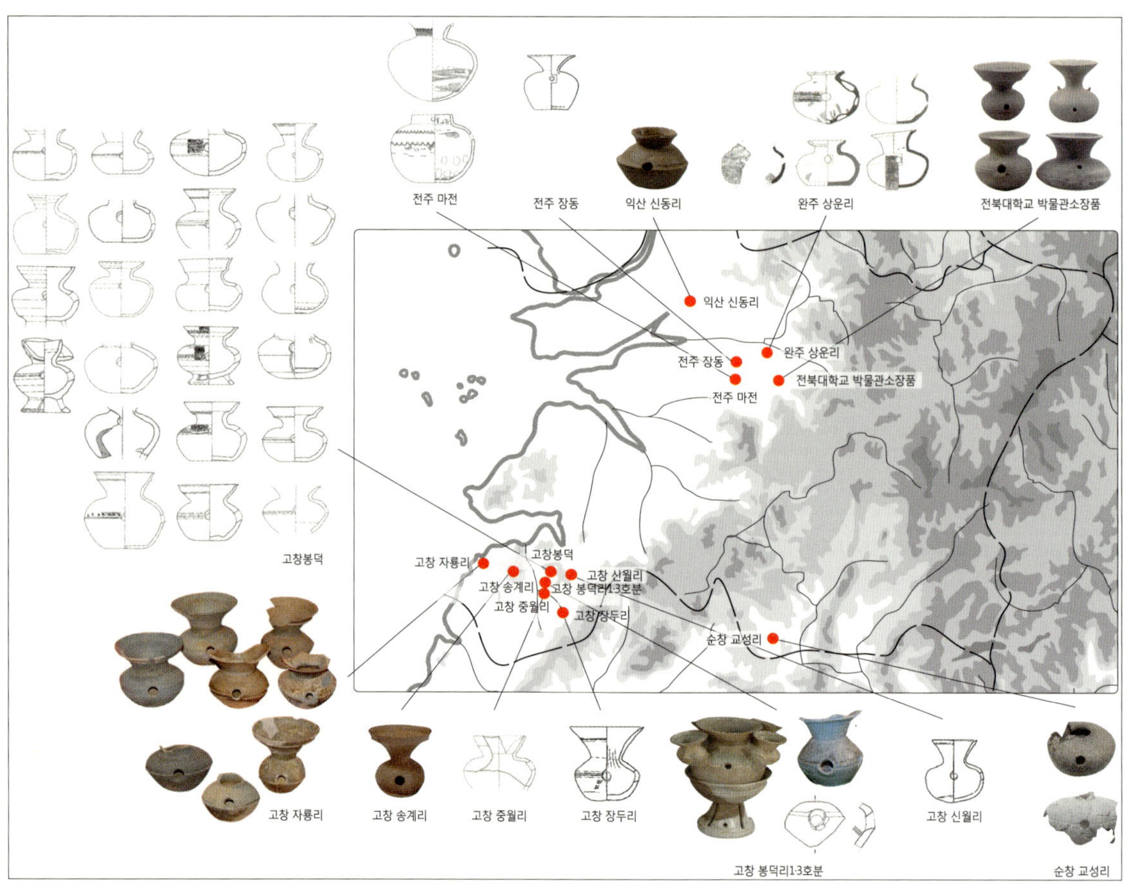

그림 1. 전북지역 유공광구소호 출토유적 분포도

1. 출토양상과 형식

전북지역에서 유공광구소호 출토양상을 보면, 크게 전주중심의 금강하류유역권과 고창중심의 전북 서해안지역권으로 구분되며, 최근에 전북 동남부지역인 순창에서도 1개소에 불과하지만 분포권을 형성해나가고 있다. 이 중 전북 서해안지역권의 중심이 되는 고창지역에서만 70%에 해당하는 40여점이 출토되었다.

전북지역에서 출토권역별 특징을 살펴보면, 전북 동남부지역에서는 순창 교성리유적에서만 2점이 확인되었는데 주거지내에서 출토되었다는 점이 주목된다. 추후 자료가 증가하면 다양한 유구에서 출토될 가능성이 기대된다.

금강하류유역권과 전북 서해안지역권에서 유공광구소호는 대부분 분구묘 관련유구에서 출토되는 것이 공통적이다. 금강하류유역권에서는 주로 토광, 옹관, 석곽, 석실 등의 매장시설에서 확인되었다. 반면 전북 서해안지역권에서는 유공광구소호가 다양한 형식의 매장부에서 출토되기도 하지만, 고창 봉덕유적의 경우 대부분의 유물이 주구내에서만 다량으로 조사되었다[2]. 또한 최근에 조사가 이루어진 고창 자룡리유적은 구릉의 정상부에서 평면형태 원형의 분구묘 6기가 확인되었는데 유물이 부장된 24기의 토광묘 중 7기에서 유공광구소호가 1~2점씩 출토되었다. 특히 분구묘의 사용시기를 정확하게 알 수는 없으나 경부가 발달되지 않은 고식에서부터 경부가 나팔처럼 길어지는 늦은 단계의 형식도 동일 분구묘내에서 출토되고 있음을 볼 수 있다.

이와 같이 유공광구소호의 형식변화는 다른 기종에 비해 비교적 두드러진 특징을 보인다. 유공광구소호의 형식은 경부가 길어지면서 구연부 직경이 동체부 최대경보다 넓어진다는 변화요소에 중점을 두어 구분하였다. 이 외에도 경부나 동체부 돌선이나 돌대의 유무, 저부형태, 문양이나 장식, 투공각도 등의 다양한 속성들이 있으나, 1차적으로 동체와 경부의 형태를 파악할 수 있는 경고비와 구경비의 일정범위를 설정해 형식을 파악하였다.

경고비는 전체높이에 대한 경부높이의 비율로 0.40이하를 A형식, 0.41~0.50을 B형식, 0.51이상을 C형식으로 구분하였다. 그리고 구경비는 동체부 최대직경에 대한 구연부 직경의 비율로 0.90이하를 a형식, 0.91~1.0을 b형식, 1.01이상을 c

2) 고창 봉덕유적 방형추정분은 매장주체부가 결실되어 주구만 남은 상태이며, 구1의 경우에는 주구내에서 출토된 65점의 토기 중 유공광구소호가 10점 정도 차지한다.

구분	Aa	Ab	Ac	Ba	Bb	Bc	Ca	Cb	Cc	기타
유물		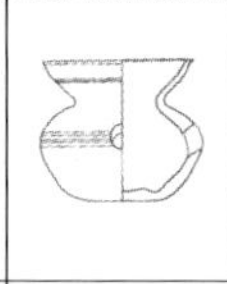	–	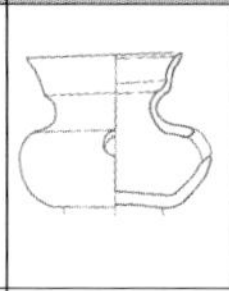	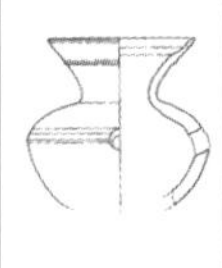		–			
수량 (백분율)	16 (57.1%)	2 (7.1%)	0	4 (14.3%)	1 (3.5%)	1 (3.5%)	0	1 (3.5%)	2 (7.1%)	1 (3.5%)

그림 2. 전북지역 유공광구소호 형식별 현황

형식으로 설정하였다(그림 2).

전북지역에서 출토된 유공광구소호 가운데 형태 파악이 가능한 28점을 대상으로 살펴보면, 동체고보다 경부고가 낮으면서 구경이 동경보다 작은 Aa형식이 16점으로 가장 출토율이 높음을 알 수 있다. 그리고 동체에 비해 경부고가 높아지면서 구경이 동경보다 점차 커지면서 발달된 Bc, Cb, Cc형식은 4점 정도에 불과하며 그 사이의 변화형식이 6점 정도로 파악되었고, 1점이 기타형식으로 확인되었다. 따라서 전체적으로 전북지방에서 조사된 유공광구소호는 상당부분 고식에 속한다고 볼 수 있으며 점차 형태가 변화하면서 사용도 줄어드는 것으로 여겨진다.

그리고 유공광구소호의 크기에 있어서도 중형품의 출토비율이 상대적으로 높은 것으로 파악된다. 유공광구소호는 동체높이가 10㎝ 이하의 소호가 대부분이지만 전북지역에서는 전주 마전유적에서 2점, 고창 봉덕유적에서 3점이 출토되었다[3]. 이러한 중형품들은 고성 내산리 8호분 주곽출토품을 제외하고는 8점 모두 Aa형식에 해당되어 동체가 상대적으로 점차 소형화되는 양상을 반영하는 것으로 보인다.

2. 출토권역별 현황

1) 금강하류유역권

금강하류유역권에서 유공광구소호는 전주와 완주지역을 중심으로 확인되었

[3] 전북지역 외에서 중형의 유공광구호는 광주 향등유적(동체고 10.4㎝), 나주 장등유적(동체고 11.0㎝), 광주 하남동유적(동체고 15.9㎝), 고성 내산리유적(동체고 9.8㎝) 등에서 출토되었다.

다. 유공광구소호는 전주 장동유적 주거지에서 출토된 2점을 제외하고는 분구묘와 관련된 매장유구에서 출토되었다.

유공광구소호가 출토된 완주 상운리, 전주 마전, 전주 장동유적 분구묘는 구릉정상부와 사면에 축조되면서 평면형태는 방형, 마제형, 'Ⅱ'자형을 주로 보인다. 매장방식은 하나의 분구내에 매장시설이 단독 또는 다수가 설치되기도 하고, 분구묘의 주구를 메우고 수평과 수직확장을 통해 다수의 피장자가 매장되기도 하는 양상을 보인다.

김승옥[4]의 분류에 의하면, 이 단계의 분구묘는 대부분 하나의 분구 또는 수평·수직확장된 분구내에 다장이 이루어지는 비중이 높은 단계(Ⅳ단계)로, 시기적으로는 4세기 중후반에서 5세기 후반에 해당되는 것으로 보고 있다. 특징으로는 목관(곽)묘가 분구묘의 중심 묘제이고, 목관과 옹관뿐만이 아니라 상운리와 마전유적에서는 석곽이 대상부와 주구에 안치되기도 하며, 분구묘의 주구는 전 단계에 이어 마제형이 축조되지만 상운리나 마전유적에서 보이는 바와 같이 분구의 양쪽변에 'Ⅱ'자형이나 부정형의 주구를 추가하기도 한다. 그리고 분구내 매장시설은 옹관, 토광(목관), 석곽 등을 갖추고 있다. 공반되는 유물의 양상에 있어서는 광구장경호가 부장되고 백제계유물이 공반되며, 다양한 철기류의 부장이 주목된다. 그리고 상운리 나지구 1호분의 경우는 분구의 확장이 이루어진 이후에도 1차 주구의 대상부로 1호 점토곽 외에 어떠한 매장시설도 축조되지 않고 철기가 매장시설에 본격적으로 부장되고 종류 또한 다양화되는 더 이른 단계(Ⅲ-2)로 설정[5]하였는데, 3호 옹관내에서 유공광구소호(표3-2)가 출토되어 다른 유구출토품에 비해 상대적으로 고식일 가능성이 높다고 여겨진다.

유공광구소호는 매장시설내에 부장되는 양상으로 확인되는데 옹관 1점, 목관 2점, 석곽 2점, 토광에서 1점이 출토되었다. 기형상의 형식을 보면, 형식분류가 가능한 7점 중 고식에 해당하는 Aa형식이 5점, 이보다 경부가 약간 더 길어진 Ba형식이 1점, 그리고 형식을 설정하기 어려운 이형의 유공광구소호가 출토되었다.

따라서 지금까지의 자료로는 금강하류유역의 유공광구소호는 Aa형식이 주를 이루며 발달된 형식은 보이지 않는 것으로 파악된다[6]. 그러한 배경으로는 금

4) 김승옥은 이러한 서해안일대의 분구묘를 성토분구묘, 경기 남부와 충청내륙지역의 주구토광묘를 구분하고, 두 묘제는 마한의 고지에서 마한계 주거지와 공반하는 汎馬韓系 묘제이지만 분포와 축조방식이 상이한 묘제로 파악하였다.
김승옥, 2011, 「중서부지역 마한계 분묘의 인식과 시공간적 전개과정」『한국상고사학보』71, 한국상고사학회.

5) 상운리유적 분구묘 및 목관묘의 단계별 절대연대는 Ⅲ-2단계는 4세기 초반부터 4세기 중반까지로 보고 있다.
전북대학교박물관, 2010, 『상운리』Ⅲ.

6) 전북대학교 소장품으로 보고된 4점의 유공광구소호에서는 기형이 발달된 형식이 확인되지만 출토지가 불분명하기 때문에 금강하류유역의 유공광구소호 형식통계에서는 제외하였다.

강이북권과의 관계를 통해서 볼 수 있는데 남진하는 백제로의 편입과정에서 유공광구소호가 자연스럽게 사용되지 않은 것으로 보인다.

유공광구소호가 출토되는 금강하류유역권의 분구묘는 금강이북권의 주구토광묘와 묘제의 차이, 백제계요소가 보이는 유물양상의 차이를 가진다. 그러나 두 지역권은 지리적으로 멀리 떨어져있지 않고, 마한지역이 백제에 편입되는 과정이 경기, 충청, 전라지역으로 순차적으로 이루어지는 양상과 궤를 같이한다고 볼 때 분묘에 비해 보수적인 면이 덜한 유물의 경우는 상대집단의 취향이나 필요에 의해 받아들여졌을 것으로 보인다.

그러한 예로 금강하류유역권의 마전유적에서 출토된 이형의 유공광구소호를 들 수 있다. 마전유적 3호분 1호 석곽묘에서는 동체 외에 직립하는 경부에 대칭으로 원공이 투공된 유공광구소호가 출토되었다. 마전유적 유공광구소호는 구연부가 직립하면서 동체부가 말각방형에 가까운 것으로 금강이북권의 주구토광묘인 청주 봉명동 B-31호 토광묘에서 출토된 유공토기와 기형이 거의 유사하다(그림 3).

두 유적 출토품의 기형은 중서부지역을 중심으로 출토되는 전형적인 유공토기有孔土器로, 일반적인 유공광구소호 기형과는 분명 차이를 보인다. 일반적으로 유공토기는 중서부지방을 대표하는 무덤양식인 토광묘에서 출토되며, 3세기 후반에서 4세기 중후반의 비교적 짧은 기간에 유행했던 기종으로, 분포범위는 중서부지역과 영남지역 그리고 서북한지역, 일본까지 넓게 분포하는 것으로 파

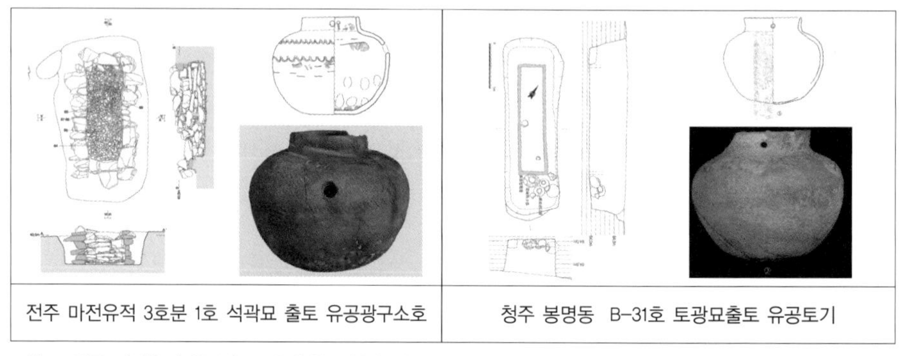

| 전주 마전유적 3호분 1호 석곽묘 출토 유공광구소호 | 청주 봉명동 B-31호 토광묘출토 유공토기 |

그림 3. 전주 마전유적 유공광구소호와 청주 봉명동유적 유공토기의 비교

악되었다[7].

마전유적 출토품은 경부에 대칭으로 구멍을 뚫은 유공토기와 동체 1지점에 비스듬하게 구멍을 뚫은 유공광구소호의 2가지 특징이 결합되었다. 문양은 유공토기가 주로 격자문, 평행선문을 사용하고 파상문을 거의 사용하지 않는데 반해 유공광구소호에 주로 사용되는 파상문을 시문하였다. 즉, 유공토기의 기형과 경부 투공형식, 그리고 유공광구소호의 동체 투공형식과 문양을 조합한 형태이다. 이는 금강하류유역권의 마한분구묘를 유지하는 재지집단이 금강이북의 주구토광묘를 사용하는 외부집단의 새로운 토기양식을 받아들이는 과정의 한부분을 보여주는 것으로, 금강이북의 중서부지역에서 새롭게 들어온 유공토기에 보편적으로 사용하던 유공광구소호의 기본적인 속성을 추가하였던 것으로 파악된다.

2) 전북 서해안지역권

전북 서해안지역권에서 유공광구소호는 고창지역을 중심으로 집중출토되는 양상을 보인다. 현재까지 40여점 이상 출토되었는데 현재도 활발한 조사가 진행되고 있어서 새로운 자료가 기대되는 지역이다. 고창지역이 다른 지역에 비해 유공광구소호의 출토율이 높은 것은 분구묘의 밀집도가 높은 지역으로 알려져 있는 것과도 관련이 있다고 여겨진다[8](그림 4).

전북의 다른 지역과 마찬가지로 유공광구소호는 대부분 분구묘 관련유구에서 출토되는데, 고창 봉덕유적에서 22점[9], 고창 봉덕리 1호분에서 3점, 고창 자룡리유적에서 10여점 이상, 그리고 고창 봉덕리 3호분, 신월리, 장두리, 송계리, 중월리유적에서 각 1점씩 확인되었다. 고창 봉덕, 봉덕리 3호분, 자룡리유적의 분구묘는 구릉정상부와 사면에 축조되면서 평면형태는 방형, 장방형, 원형(말각방형)이고, 매장방식은 하나의 분구내에 다수의 매장시설이 들어서는 양상을 보인다. 그리고 분구내 매장시설은 옹관, 토광(목관), 석실 등을 갖추고 있다. 봉덕리 1호분에서는 금강하류지역과는 다르게 석실이 매장시설로 축조되는데 평면

7) 金花貞, 2010, 『南韓地域 有孔土器 硏究-中西部地域을 中心으로-』, 公州大學校碩士學位論文.
그리고 최근에는 전주 마전, 완주 상운리, 광주 평동, 장흥 상방촌A유적 등 유공광구소호가 출토되는 유적에서도 공반되고 있어 호남지역까지 출토권역이 확대되었다.
8) 고창지역의 분구묘는 모두 20여기가 있는 것으로 조사된 바 있으며, 최근에도 활발한 조사를 통해 분구묘 자료는 꾸준하게 증가하고 있다.
圓光大學校 馬韓·百濟文化硏究所, 2000, 『高敞의 墳丘墓』.
圓光大學校 馬韓·百濟文化硏究所, 2005, 『文化遺蹟分布地圖-高敞郡』.
9) 이 외에도 고창 봉덕유적에서 유물번호 10(도6), 126(도34), 172(도41), 173(도41), 174(도41)의 경우도 동체가 일부 결실된 상태로 광구소호로 보고되었으나, 기형상 유공광구소호일 가능성이 높다.

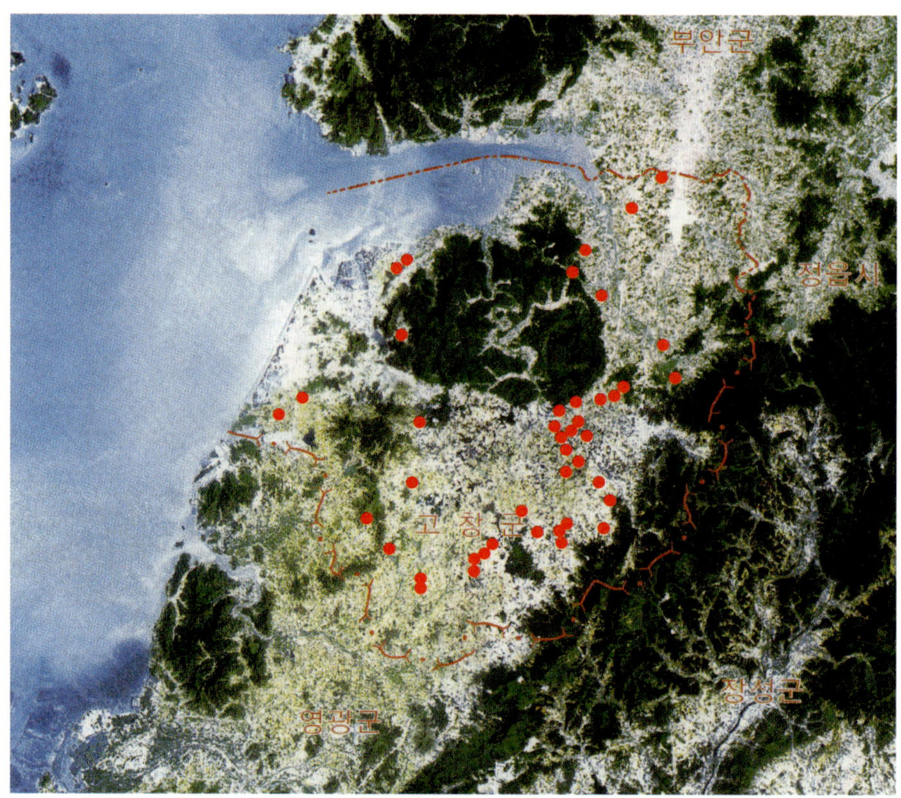

그림 4. 고창지역 고분 분포도(원광대학교 마한 · 백제문화연구소 2005 재편집)

형태와 축조수법 등에서 백제 횡혈식석실분의 초기유형으로 보고 있다[10].

전북 서해안지역에서 유공광구소호는 매장시설내와 주구내에 부장되는 두 가지 양상으로 확인된다. 매장시설내에서는 옹관 1점, 토광 10점, 석실에서 3점 등이 출토되었다. 그리고 봉덕유적에서는 주구내에서만 확인되었는데 분구내의 매장시설이 남아있지 않고 주구만 남은 상태로 유공광구소호는 모두 주구에서 출토되었다.

유공광구소호의 기형을 보면, 형식분류가 가능한 16점 중 고식에 해당하는 Aa형식이 10점, 이보다 경부가 약간 더 길어지거나 구경이 동체보다 약간 더 넓어진 Ab, Ba, Bb형식이 4점, 경부가 길어지면서 넓어진 Cc형식이 2점으로 확인된다. 따라서 전북 서해안지역의 유공광구소호는 고식인 Aa형이 가장 많이 사용되

10) 圓光大學校 馬韓 · 百濟文化研究所, 2009, 『高敞 鳳德里 1號墳-第2次 發掘調査 現場 說明會議 資料一』.

다가 점차 기형이 발달되면서 수량은 줄어드는 것으로 파악된다.

그리고 고창지역의 유공광구소호는 출토율이 높은 만큼 기형상의 특징도 주목된다. 그 예로 대부유공광구소호는 다른 지역에 비해 출토율이 높은 것으로 파악된다. 대부유공광구소호는 유공광구소호의 저부에 대각을 부착한 형태로 대각에는 다양한 형태의 투창과 원공을 뚫은 점이 특징적이다. 대각이 부착되는 것은 공헌용기의 기능을 하는 것으로 유공광구소호와 고배 또는 기대의 기능이 결합된 것이다. 따라서 유공광구소호가 출토되는 유구에서는 고배가 공반됨을 볼 수 있으며, 이는 출토상태에서도 확인된다[11].

대부유공광구소호는 모두 8점으로 산청 생초고분군과 대구 카톨릭대학 소장품을 제외하고는 호남지역에서 출토되었다. 특히, 고창 봉덕유적 방형추정분 북쪽주구에서만 4점이 출토되었는데 이 중 2점은 대각이 결실된 상태이다. 그리고 고창봉덕 출토품(그림3-16)은 대각에 삼각형 투창을 4군데에 마련하였는데, 구연부의 한쪽을 오므려 주구를 만든 것이 특징으로 유공광구소호의 기능에 액체를 따르는 기능도 생각해 볼 수 있는 부분이다.

그리고 대외적으로 활발한 교류를 알 수 있는 유공광구소호의 존재도 주목된다. 봉덕리 1호분에서 출토된, 소호장식유공광구소호는 4호석실 내부에서 청자반구호, 기대, 단경호, 개배 등의 토기류, 마구류와 철제무기류, 옥류 등과 함께 출토되었다. 출토상태는 남벽중앙의 기대위에 올려진 채 옆으로 엎어진 상태로 확인되었다. 소호장식유공광구소호는 유공광구소호의 견부 4지점에 소호를 부착한 형태로 구멍을 뚫은 부분으로 횡침을 2군데에 돌리고 안쪽에 점열문을 시문하였다. 그리고 소호장식유공광구소호를 받치고 있던 기대는 길다란 투창과 소공이 투공된 형식이다. 기대는 하부에 토제구슬을 넣어 제작하여 방울과 같은 효과를 내는 것으로, 이는 제사의식에 사용된 토기로 여겨지고 있다. 이러한 방울효과를 내는 토기로는 가야지역에서 찾아볼 수 있는 방울잔鈴杯을 들 수 있다. 방울잔은 주로 백제와 신라, 가야지역에서 출토되는데 신라·가야지역에서 출토품에서 4~5개의 소호장식이 있는 굽다리형태의 토기가 포함되어 있어 고창 봉덕리 1호분에서 출토된 소호장식유공광구소호와의 기형상의 직접적인 연관성

11) 담양 오산유적에서는 유공광구소호가 노출당시 1호 석실 바닥에서 고배 위에 놓인 상태로 확인된 것으로 보고되었으며, 봉덕리 1호분 소호장식유공광구소호의 경우에는 기대에 놓인 상태로 확인되었다.
호남문화재연구원, 2007, 『담양 오산유적』.
圓光大學校 馬韓·百濟文化研究所, 2009, 『高敞 鳳德里 1號墳』.

번호	유적/유구	도면/사진	색조/소성도	제원(cm)				문양	특징
				기고/소호고/경고	구경	대각 저경	동최 대경		
1	고창 봉덕 방형추정분 북쪽주구		회청색/경질	8.0/8.3/2.8	8.4	6.4	9.7	· 경 부:밀집파상문 · 동체부:점열문 　　　　밀집파상문	· 대각:방형투창(5개)
2			연회색/연질	(9.0)/8.7/3.2	8.5	결실	9.8	無	· 대각:투창흔적(7개)
3			흑회색/연질	(9.1)/9.2/4.0	9.1	결실	11.2	無	· 대각:부착흔적
4			회청색/경질	9.4/9.8/3.8	5.8~8.8	7.3	9.6	無	· 구연부:주구형태 · 대각:삼각형투창(4개)
5	나주 대안리 9호분		회청색/경질	9.6//3.0	9.1	7.1	7.6	無	· 대각:원공(1개)
6	장성 만무리고분		회청색/경질	(10.1)/9.5/3.2	8.9	결실	10.0	· 동체부:유충문	· 대각:삼각형투창 추정
7	산청 생초 M22-3호 석곽		청회색/경질	7.7/?/?	5.1	6.3	?	無	· 주구부착 흔적 · 대각:무투공
8	대구 카톨릭대학 소장품		암회청색/경질	–	–	–	–	無	· 대각:장방형투창(4개)

표 1. 대부유공광구소호 현황

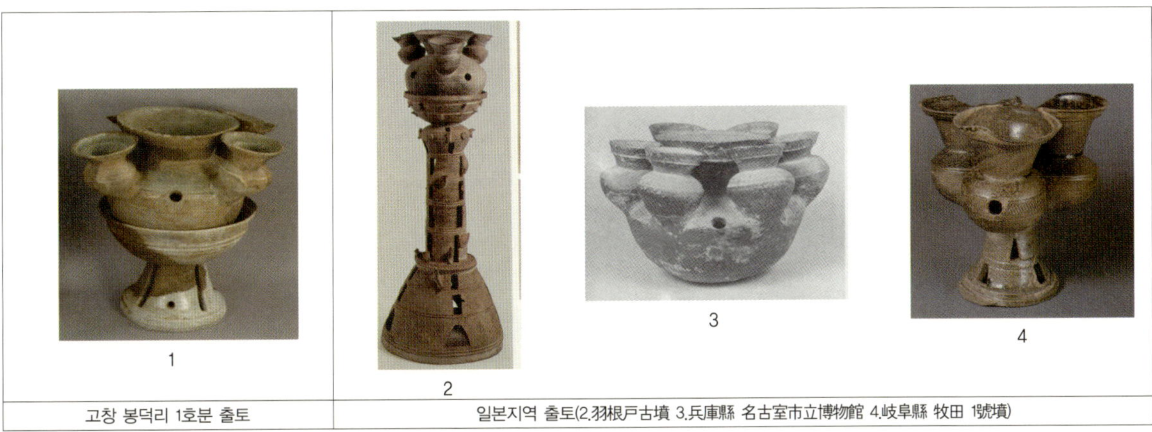

| 고창 봉덕리 1호분 출토 | 일본지역 출토(2.羽根戶古墳 3.兵庫縣 名古室市立博物館 4.岐阜縣 牧田 1號墳) |

그림 5. 소호장식유공광구소호 현황

도 찾을 수 있다.

또한 소호장식유공광구소호는 일본 스에끼에서 여러 점 확인된다. 이와 유사한 형태로는 羽根戶古墳 출토품과 兵庫縣 名古室市立博物館 소장품을 들 수 있는데 견부에 4~6개의 소호장식을 하고 있는 형태이며 특히 羽根戶古墳 출토품은 기대에 얹혀있다는 점에서 공통적이다. 또한 약간 다른 형식으로 岐阜縣 牧田 1号墳에서는 중앙부에 유공광구소호가 생략되고 2단 대각위에 바로 3점의 유공광구소호가 연접해서 부착되어있다(그림 5). 따라서 고창에서 출토된 소호장식유공광구소호는 인접한 가야와 일본과의 활발한 교류가 있었음을 보여준다. 또한 석실내에서 공반출토된 청자반구호靑瓷盤口壺를 통해 중국 남조와의 교류를 살필 수 있는 것으로 이와 유사한 중국의 자료들이 대개 4세기 중후반대의 월주요越州窯에서 생산된 동진청자들에 해당되는 것으로 보고 있다[12]. 소호장식 유공광구소호를 통해 고창지역이 가야, 일본, 그리고 중국과 대외적으로 왕성한 교류가 있었음을 짐작케한다.

3) 전북 동남부지역권

전북 동남부지역권에서 유공광구소호가 확인된 유적은 순창 교성리유적 1개소

12) 청자반구호는 천안 화성리 유적에서도 확인된 바 있으며, 이와 유사한 중국자료로는 남경의 상산 5호묘(王忠基:358년), 3호묘(王舟虎基:359년), 왕흥 부부묘(王興夫婦墓:341년·348년) 출토품과 항저우(杭州)의 진흥녕2년묘(晉興寧2年墓)에서 출토된 것이 있다.

로, 모두 11기의 주거지 중 7호와 11호 주거지에서 각 1점씩 출토되었다.

순창 교성리유적이 속한 전북 동남부지역권은 고고학적으로 전북의 다른 지역과는 달리 가야문화를 기반으로 발전했던 가야세력이 백제에 병합되기 이전까지 가야와 백제문화의 접점을 이루었던 지역으로 파악된다[13]. 그러나 순창 교성리유적의 경우는 평면형태 방형, 4주공식, 벽구, 장타원형 구덩이, 부뚜막 등이 확인되는 양상으로 볼 때 일반적인 마한지역 주거지 양상과 크게 다르지 않다. 또한 자연환경의 차이는 있지만 전북 서해안지역권에 상대적으로 가까운 동부지역의 서쪽에 해당되기 때문에 문화권의 차이는 크게 찾아볼 수 없다.

그러나 전북 서해안지역권에서는 현재까지 생활유구에서 유공광구소호 출토사례가 없는 점으로 미루어볼 때 2점 모두 주거지내에서 출토된 점은 주목된다[14]. 그리고 유적내 5호 주거지에서 기대편과 파상문토기편 등이 출토되고 있어 교성리유적의 성격이 일반적인 주거유적과는 다를 가능성도 있다. 또한 유공광구소호가 출토된 주거지는 규모면에서 다른 주거지과는 차별화되는 것으로 파악되는데, 전주 장동유적에서도 유공광구소호가 출토된 Ⅱ-1호 주거지는 조사지역 구릉의 가장 높은 곳에 위치하고 있으며 면적이 약 110㎡로 총 19기의 주거지 중 가장 큰 규모임을 알 수 있다.

이와 같이 유공광구소호가 생활유구에서 출토된다는 점은 유공광구소호가 갖는 의례기능의 측면에서 보면, 의례행위에 사용할 제의용품의 보관이거나 주거지내에서의 일상적인 소규모 의례행위가 있었던 것이 아닌가 추측된다.

II. 전북지역 유공광구소호의 특징

전북지역에서 유공광구소호의 출토양상을 보면, 금강하류유역권과 전북 서해안지역권으로 구분되며, 최근에 전북 동남부지역인 순창지역에서도 출토되고 있다. 이는 유공광구소호의 대부분이 분구묘와 관련된 유구에서 출토되는 만큼

13) 군산대학교박물관, 2004, 『전북동부지역 가야문화유산』.

14) 전북지역에서 유공광구소호가 출토된 생활유구로는 전주 장동유적 II-1호 주거지가 있다. 그리고 그 외의 지역에서는 광주 향등유적, 광주 동림동유적, 광주 산정동유적, 광주 하남동유적, 담양 오산유적, 담양 성산리유적, 화순 운월리유적, 무안 양장리유적, 장흥 상방촌 유적, 순천 검단산성, 순천 대곡리 한실유적 등에서 조사되었다.

구분	유적	유구	평면 형태	규모(m) (길이×너비×깊이)	매장 시설	규모(cm) (길이×너비)	출토유물
금강하류유역권	완주 상운리	나지구 1호분	방형?	26.3×2.09×0.95	3호 옹관	201×91	유공광구소호1, 옹1, 장경소호1
		라지구 1호분	방형	77.1×25.1×0.7	9호 목관	263×78	유공광구소호1, 장경호1
					27호 목관	415×159	유공광구소호1, 장경호2, 연석1, 환두도1, 철모1, 철부3, 경판비1
		라지구 3호분	마제형	15.2×(12)×0.45	1호 석곽	170×125	유공광구소호1, 발형토기1, 옥 62
	전주 장동	3호묘 (2차)	방형	26×20×0.8	3호 토광	묘광 400×150 목관 300×60	유공광구소호1, 단경구형호1, 광구장경호1, 파배1, 환두도1, 철모1, 철도자1, 철겸1, 철부3, 철촉3, 유리구슬8 등
	전주 마전	3호분	방형?	–	1호 석곽	1,223×398 233×90	유공광구소호1, 철도자1, 철도1 철부1, 철정1
		5호분	방형?	–	2호 토광	–	유공광구소호1, 호형토기2, 완형토기1, 병형토기1, 배1, 철도1, 옥4
전북서해안지역권	고창 봉덕	방형추정분	방형	25×17.5×0.15~1	주구	–	유공광구소호11, 기대편2, 개1, 배2, 고배8, 완형토기3, 광구소호3, 직구호21, 광구호2, 단경호19, 컵형토기3, 토기뚜껑2, 옹형토기1, 시루2, 장란형토기2, 발형토기3, 파수3, 석기2 등
		가지구 구5		(16.5)×1.2~3.2×0.3	주구?	–	유공광구소호2, 직구호3, 광구호1, 단경호2, 옹형토기1, 양이부호1, 토기뚜껑 1 등
		나지구 구1		(15.2)×4×0.7	주구?	–	유공광구소호9, 고배16, 광구소호3, 개5, 배8, 직구호8, 소호2, 광구호3, 단경호6, 옹형토기1, 컵형토기1, 토기뚜껑1, 대옹3, 파수1, 석기2 등
	고창 봉덕리	1호분	장방형	72×50×7	3호 석실	270×319	유공광구소호2?, 광구호, 단경호, 개배, 대부직구소호, 중국제청자호편, 기와, 금제이식, 구슬, 관정 등
					4호 석실	280×179	소호장식유공광구소호, 청자반구호, 기대, 단경호, 개배, 금동식리, 금제이식, 은제탁잔, 죽엽형장신구, 각종옥류, 칠기화살통, 대도, 도자, 성시구 일괄, 안교, 등자, 재갈, 철정, 철부, 철착, 철모, 철겸, 교구, 꺽쇠, 관정, 숫돌 등
					2호 옹관	묘광 210×142 옹관 139×92	유공단경호1, 연질호1
		3호분	장방형	50.4×33×12.3	주변		대옹편, 기대편, 고배편, 개배편 등
	고창 자룡리	2호분	원형	14.5×23.2×1.8	4호 토광	230×110	유공광구소호2, 개1, 배2
					6호 토광	160×70	유공광구소호1, 배4, 병1, 화형토기1
					8호 토광	180×70	유공광구소호1, 병1
					9호 토광	210×75	유공광구소호2
					11호 토광	200×70	유공광구소호1
		4호분	원형	27.4×21.4×2.0	1호 토광	105×94	유공광구소호1, 완1, 잔1
		6호분	원형	14.4×12.4×0.8	1호 토광	?×110	유공광구소호2, 단경호2, 직구호1, 개1, 병1, 잔1

표 2. 전북지역 유공광구소호 출토 분구묘 현황표

분구묘의 분포와 밀접한 관련을 가지고 있다. 그렇지만 각 권역별로 큰 틀에서 분구묘를 사용하지만 부장되는 유공광구소호는 지역권이 속한 주변 정치체와의 관계, 사용집단의 선택 등에 따라 양상이 다양하게 나타난다.

즉 금강하류유역에서는 주로 분구내 매장시설에서 소량이 선별적으로 부장되는데 비해, 전북 서해안지역권의 고창지역에서는 분구내의 매장시설 뿐만 아니라 주구내에 매납되는 양상으로 확인되는데 유공광구소호가 주요 부장품으로 대량 매납되는 점이 특징적이다. 이는 금강하류유역권에서 유공광구소호가 발달된 형식이 출토되지 않는 반면, 전북 서해안지역권에서는 고식이 다량 출토되지만 발달된 형식도 확인된다는 사실과도 연관된다. 분명한 것은 전북 서해안지역권에서는 제의행위를 하는데 있어서 타지역과는 다른 유공광구소호에 대한 강한 선호도가 있었던 것으로 파악된다. 따라서 금강하류유역권에서는 전북 서해안지역권에 비해 지리적으로 좀 더 백제의 편입과정에 빨리 들어가면서 유공광구소호가 늦은 형식으로 발달되지 못하고 소멸되었을 것으로 보이고, 고창지역에서는 상대적으로 강한 정치체를 유지하면서 백제의 영향권에 들어가지 않고 독자적인 문화를 발달시킬 수 있었을 것으로 추정된다.

이는 고창지역에서 유공광구소호 뿐만 아니라 다른 유물에서도 지역색이 강함을 볼 수 있다. 고창 만동유적에서 확인된 옹관은 높이 60~95cm 정도로 옹관 전용으로 제작했으나 영산강유역의 전용옹관과는 약간 다른 지역색을 가지며[15], 옹관의 견부에 능형문이 시문된 능형문토기는 전북 서해안지역에서는 고창지역에서 집중출토되는 지역성을 보이는 것으로 파악된다[16]. 그리고 유공광구소호와 공반되는 개배는 개신과 배신이 오목한 편이고 신부가 전체적으로 둥글게 처리된 형태, 고배는 대부분 배신이 낮은 단각고배로, 방형, 장방형, 삼각형의 투창을 4~10개 정도 뚫고 있어 지역색이 강한 특징적인 토기로 보고있다[17].

그렇다면, 고창지역에서 유공광구소호를 사용한 정치체의 존재와 배경으로 볼 수 있는 것은 무엇일까? 고창지역에 유공광구호가 주요 유물로 출토되는 유적과 그 전단계의 유적 비교를 통해 살펴보았다.

대표적인 유적으로 인접해서 자리하면서 시기차를 가지는 만동유적과 봉덕유적을 들 수 있다. 만동유적과 봉덕유적은 분구묘를 공통적으로 사용하지만 분구묘의 발전단계에 따른 형태의 차이를 보인다.

유구를 살펴보면, 만동유적에서는 해발 35~45m 구릉 사면의 하단부에서 분구묘, 토광묘, 옹관묘 등이 확인되었다[18]. 분구묘는 모두 13기로 분구의 중심에 주매장주체부가 시설되었으며 주구나 대상부에서는 추가장된 옹관이나 토광이 다양하게 조사되었다. 분구묘는 등고선의 방향과 일치하게 2열을 이루며, 주구가 연접되는 경우는 있어서 주구를 파괴하거나 대상부를 침범하여 주구를 설

15) 김낙중, 2009, 『영산강유역 고분 연구』, 학연문화사.
16) 노미선, 2006, 「능형문토기 소고」 『연구원논문집』7.
17) 이러한 개배 형태중 개나 배의 상·하면 중앙에 편평한 분위기가 남아있는 것을 Cc1 형식으로 설정하고 주로 고창지역에 분포하고 있는 것으로 파악하였다(서현주 2005). 그리고 대각이 짧으면서 다양한 형태의 투창을 뚫은 형식의 고배에 대해서는 고창계 토기(酒井淸治 2001), 영산강식 고배(서현주 2005)로 분류한 바 있다.
18) 보고서에서는 '주구를 갖추고 있는 분묘'라고 하였으나 주구를 갖춘 묘제들이 현재 분구의 잔존여부를 떠나서 공통적으로 분구를 쌓았을 것이라는 전제하에서 분구묘라는 용어로 바꾸어 기술하였다.
호남문화재연구원, 2004, 『고창 만동유적』.

치한 경우가 드물어 분구묘들이 전반적인 구획아래 축조되었을 가능성이 있다. 유물은 이중구연토기, 광구호, 양이부호 등의 토기류와 철겸, 철부, 철모, 철착, 환두도, 검 등의 철기류와 옥류 등이 다량 부장되었다.

그리고 봉덕유적에서는 해발 37~44m의 구릉 정상부와 양쪽 사면에서 분구묘(방형추정분) 1기, 구 9기, 옹관묘 2기, 토광묘 1기, 주거지군이 확인되었다. 분구묘는 해발 42~44m정도의 구릉 정상부 가까운 지점에 위치하는 것으로, 주구의 형태를 통해 방형으로 추정된다. 규모는 남북길이 25m, 동서너비 17.5m로 매장주체부는 확인되지 않으며 주구내에 유공광구소호, 개배, 고배, 기대, 직구호 등의 유물이 다량 매납되는 양상을 보인다(그림 6).

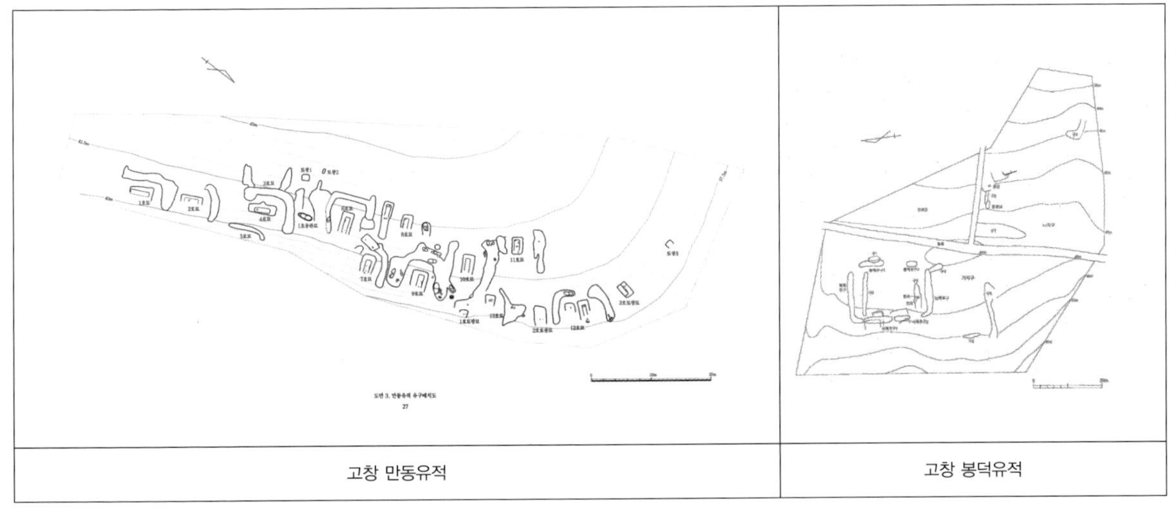

고창 만동유적   고창 봉덕유적

그림 6. 고창 만동유적과 봉덕유적의 유구분포도

그리고 만동유적과 봉덕유적에서 출토되는 토기류의 조합상을 비교해보면 두 유적에서 단독으로 출토되는 유물로는 만동유적에서는 이중구연토기와 내만호, 봉덕유적에서는 유공광구소호, 개배, 기대, 유공횡병 등으로 구분된다(그림 7). 시기적으로 두 유적에서 공통적으로 출토되면서 기형상 또는 출토량의 변화를 보이는 토기로는 양이부호, 직구호, 원저단경호, 토제뚜껑, 파수부토기, 완형토기, 능형문 대옹 등으로 파악된다. 양이부호는 만동에서는 이부의 구멍을

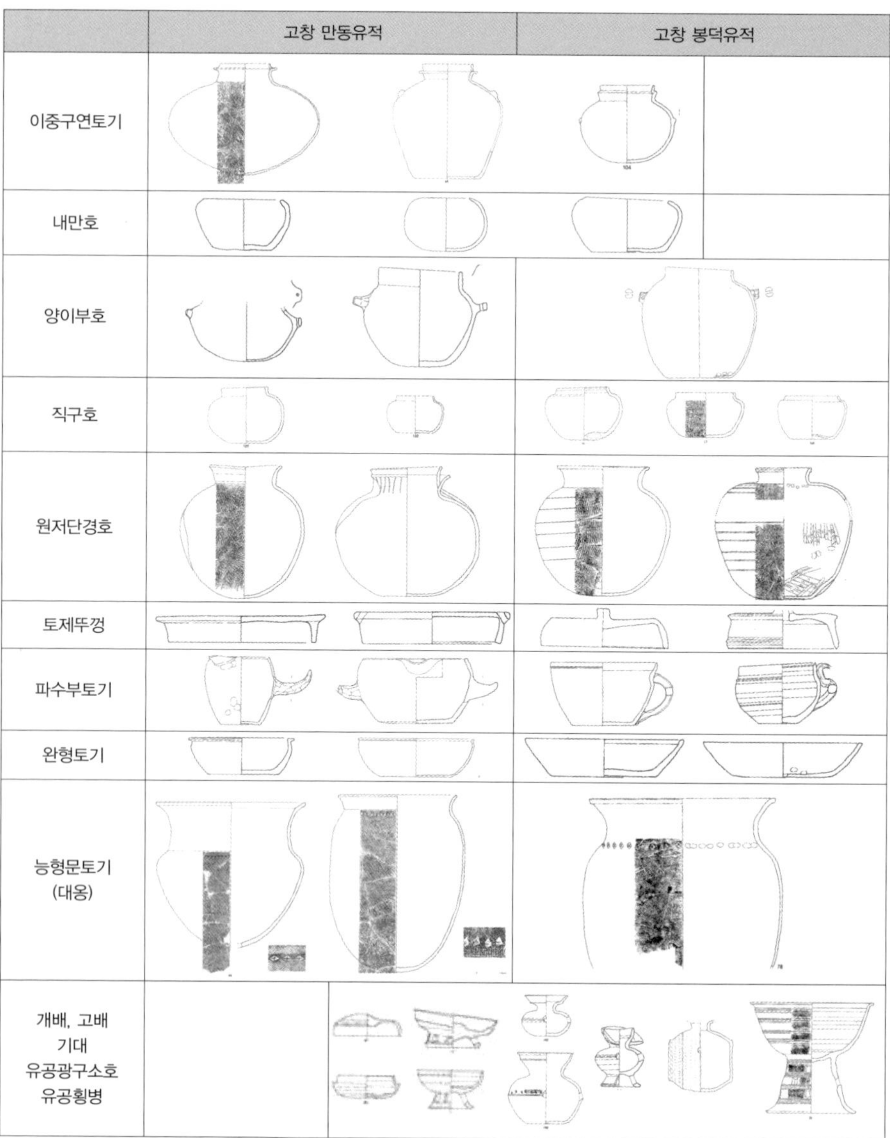

	고창 만동유적	고창 봉덕유적
이중구연토기		
내만호		
양이부호		
직구호		
원저단경호		
토제뚜껑		
파수부토기		
완형토기		
능형문토기 (대옹)		
개배, 고배 기대 유공광구소호 유공횡병		

그림 7. 고창 만동유적과 봉덕유적의 출토유물 현황

세로방향으로 뚫은 이른형식, 봉덕유적에서는 가로방향으로 뚫은 좀 더 늦은 단계의 형식을 보인다[19]. 그렇지만 능형문토기는 두 유적에서 모두 대옹의 견부에 시문된 양상이 파악되는데 주로 분구묘의 주구나 대상부에 추가장된 옹관에서

19) 양이부호의 형식변천은 이부의 구멍이 뚫린 방향에 따라 세로방향에서 가로방향으로의 시간적 속성을 가지는 것으로 파악하고 있다(윤효남 2003, 서현주 2006).

보인다.

　만동유적과 봉덕유적은 유구를 통해서 볼 때, 주구를 굴착한 분구묘라는 같은 전통을 가지지만, 세부적으로 살펴보면 평면형태와 규모, 매장주체부의 잔존여부를 통한 매장시설의 위치, 주구내 유물매납의 양상 등이 변화하는 모습을 보인다. 그리고 유물에 있어서도 만동단계에서 보편적으로 사용하는 이중구연토기가 봉덕단계에서는 더 이상 확인되지 않고 유공광구소호를 중심으로 하는 토기조합상이 확인된다.

　그러나 만동과 봉덕유적의 묘제가 분구묘라는 점에서 공통적이고, 유물에 있어서 양이부호, 직구호 등이 연결되고 무엇보다도 대옹에 능형문이 시문되는 양상을 볼 때 두 유적이 다른 개별적인 계보를 가지고 있다고는 볼 수 없다. 만동과 봉덕유적은 시기차를 두고 인접지역에 같은 집단에 의해 점유된 유적으로 보인다.

　또한 만동유적의 분구묘 축조집단과 관련된 주거구역은 봉덕유적 구릉사면에 자리했을 것으로 추정된다. 주거지는 모두 56기가 확인되었는데 만동유적 분구묘에서 출토된 유물과의 유사성을 살펴보면 토기류로는 다량의 이중구연토기, 내만호, 구연부가 짧게 외반되는 완형토기, 양쪽에 우각형파수가 부착된 파수부토기, 상면이 편평한 토제뚜껑, 그리고 단각화되지 않는 연질고배를 들 수 있으며 철기류로는 분구묘에서 거의 한점씩 출토되었던 철겸의 존재를 들 수 있다. 따라서 만동단계에서는 인접한 구릉을 하나는 거주구역, 다른 하나는 매장구역으로 이용하였음을 볼 수 있다. 그리고 매장구역이 확대됨에 따라 봉덕단계의 방형추정분을 축조하게 된 것으로 파악된다. 따라서 봉덕유적에서 유공광구소호를 포함한 개배, 고배, 기대 등의 유물조합상은 이 단계에서 성행하였던 것으로 여겨진다.

　고창지역에서 유공광구소호를 비롯한 이러한 유물조합상을 가지는 정치체가 형성된 배경으로는 이전단계의 만동유적에서 보이는 것과 같은 다량의 철기 부장 양상에서 찾아볼 수 있을 것이다. 만동유적을 통해 파악할 수 있는 집단의 성격은 독자적인 정치력을 가지며, 외부 특히 한강유역의 백제와도 연대를 형성하면서 존재했던 것으로 역량있는 마한정치체로 보인다. 그러한 예로 고창 만동유적의 8호묘 1호 옹관과 서울 풍납토성 경당지구 중층 101호 유구 출토 대옹은 공통적으로 견부에 2열의 거치문을 시문하고 있는데 위쪽열에 삼각문, 아래쪽 열에 같은 형식의 능형문을 시문하고 있으며, 이는 두 지역간이 서로 일정시기 동안 밀접한 교류가 있었음을 보여주는 것으로 파악된다.

이처럼 철의 보유와 대외교섭을 기반으로 세력이 강화된 사회정치적 권력을 가진 집단에 의해 좀 더 대형화된 고분의 축조가 가능해졌을 것으로 파악된다. 그리고 지속적인 대형고분의 축조는 정치체를 존속시킬 수 있는 역량을 제공할 수 있었을 것이다. 결과적으로 봉덕리 1호분에서 출토된 다양한 위세품에서 볼 수 있듯이 백제, 가야, 일본, 그리고 중국 등과의 대외적인 교류를 통해 정치체의 위상을 확립하고 지속적인 성장의 원동력이 되었을 것으로 보인다.

그리고 고창지역의 마한정치체가 이러한 기반을 형성할 수 있었던 다른 중요한 요인으로는 지리적인 위치를 들 수 있다. 고창지역 최대의 강인 인천강은 고창 동남쪽에서 발원해서 고창의 중심지역을 거쳐 서해의 곰소만으로 흘러들어가는데, 분구묘들은 인천강과 연결되는 하천 주변에 집중되는 양상을 보인다. 대외교류에 있어서 해로가 갖는 의미는 매우 큰 것으로 이러한 내륙수운과 서해가 인접한 연안해로의 지리적인 요건은 외부와의 상호교류를 활성화시키는 매우 중요한 역할을 하였을 것이다. 그리고 결과적으로는 다른 집단과는 차별화되는 지역색이 강한 마한정치체를 만들어냈을 것으로 여겨진다.

IV. 맺음말

지금까지 전북지역을 중심으로 출토된 유공광구소호의 출토양상과 특징을 살펴보았다. 유공광구소호의 출토권역은 크게 금강하류유역권과 전북 서해안지역권으로 구분되며, 전북 동남부지역권에 해당되는 순창지역에서 출토예가 보고되면서 분포권역이 점차 확대되고 있는 양상이다.

전북지역에서 유공광구소호는 대부분 분구묘과 관련되어 출토되는데 분포 권역에 따라 출토양상이 차이를 보인다. 금강하류유역에서는 주로 분구 매장시설에서 소량이 선별적으로 부장되는데 비해, 전북 서해안지역에서는 분구내의 매장시설 뿐만 아니라 주구내에 다량으로 매납되는 양상이 주목된다. 그리고 금강하류유역의 유공광구소호가 고식이 주로 확인되는데 이는 남진하는 백제로의 편입과정에서 유공광구소호가 자연스럽게 사용되지 않은 것으로 파악하였다. 반면, 전북 서해안지역권의 중심지역인 고창지역에서는 고식에 해당하는 유공광구소호가 집중출토되는 양상을 볼 때 고창지역에 자리한 마한정치체는 유공광구소호에 대한 선호도가 상당히 높았으며, 상대적으로 강한 정치체를 유지하면서 백제의 영향권에 들어가지 않고 독자적인 문화를 발달시킬 수 있었을 것으로 추정된다.

그러한 문화를 가질 수 있었던 정치체의 형성배경으로는 만동유적의 철기부장양상에서 볼 수 있듯이 철기보유에 따른 기반이 구축되고 이를 통해 세력이 강화된 사회정치적 권력을 가지는 집단은 좀 더 대형화된 고분의 축조가 가능해졌을 것으로 파악된다. 그리고 대형고분의 축조는 계속적인 정치체를 존속시킬 수 있는 역량을 재생산하였고, 백제 뿐만 아니라 가야, 일본, 중국 등과의 대외적인 활발한 교류를 통해 정치체의 위상을 확립하고 지속적인 성장의 원동력이 되었을 것으로 보인다.

또한 지리적인 여건도 정치체의 성장과 유지에 중요한 역할을 했을 것으로 파악된다. 내륙수운과 서해가 인접한 연안해로의 지리적인 요건이 외부와의 상호교류를 활성화시켰을 것이고 결과적으로 다른 집단과는 차별화되는 지역색이 강한 마한정치체를 만들어냈을 것으로 여겨진다.

참고문헌

慶尙大學校博物館, 2006, 『山淸 生草古墳群』.

국립광주박물관, 2000, 『호남고고학의 성과』특별전 도록.

______________, 2003, 『국립광주박물관』도록.

國立文化財研究所, 2001, 『韓國考古學事典』.

국립전주박물관, 1999, 『고창군의 역사문물』.

국립중앙박물관, 1999, 『백제특별전 도록』.

군산대학교박물관, 2004, 『전북동부지역 가야문화유산』.

權五榮, 1998, 「竹幕洞 祭祀의 目的과 主體」『扶安 竹幕洞 祭祀遺蹟 研究』, 國立全
　　　　　州博物館.

金庭鶴, 1981, 「熊川貝塚研究」『亞細亞研究通卷』28, 서울高大亞細亞問題研究所.

金花貞, 2010 , 『南韓地域 有孔土器 研究-中西部地域을 中心으로-』, 公州大學校
　　　　　碩士學位論文.

김낙중, 2009, 『영산강유역 고분 연구』, 학연문화사.

김승옥, 2011, 「중서부지역 마한계 분묘의 인식과 시공간적 전개과정」『한국상고
　　　　　사학보』71, 한국상고사학회.

김원룡, 1981, 『신라토기』, 설화당.

노기환, 1998, 「高敞 鳳德里 古墳」『湖南考古學報』8, 湖南考古學會.

노미선, 2004, 「유공광구소호 소고」『연구원논문집』4.

______, 2006, 「능형문토기 소고」『연구원논문집』7.

목포대학교박물관, 2005, 『장흥 상방촌A유적』Ⅰ.

木下亘, 2003, 「韓半島 出土 受惠器(系) 土器에 대하여」『百濟研究』37, 忠南大學校
　　　　　百濟研究所.

박순발, 2000, 「4～6세기 영산강유역의 동향」『한국의 전방후원분』, 충남대학교
　　　　　출판부.

서현주, 2005, 「고배의 형식과 5～6세기 영산강유역권 고분」『백제연구』41, 충남

대학교 백제연구소

______, 2006,『영산강유역 고분토기 연구』, 학연문화사.

______, 2008,「영산강유역권 3~5세기 고분 출토유물의 변천 양상」『호남고고학보』28, 호남고고학회.

신경철, 2000,「고대의 낙동강, 영산강, 그리고 왜」『한국의 전방후원분』, 충남대학교출판부.

신인주, 1998,「신라 주구부용기에 대한 연구-유공광구소호와의 비교·검토를 중심으로」『문물연구』2, 동아시아문물연구학술재단.

圓光大學校 馬韓·百濟文化研究所, 1984,『高敞中月里文化遺蹟調査報告書』.

______________________, 2000,『高敞의 墳丘墓』.

______________________, 2009,『高敞 鳳德里 1號墳-第2次 發掘調査 現場說明會議 資料-』.

윤효남, 2003,『전남지방 3~4세기 분구묘에 대한 연구』, 전북대학교석사학위논문.

이영철, 2005,「영산강유역의 원삼국시대 토기상」제 29회 한국고고학전국대회 발표요지, 한국고고학회.

이유진, 2008,「5~6세기 유공광구호의 변천과 분포」『영남고고학보』46, 영남고고학회.

이은창, 1978,「'유공광구소호'고」『고고미술』136·137합집, 한국미술사학회.

임영진, 2002,「영산강유역권의 분구묘와 그 전개」『호남고고학보』16, 호남고고학회.

전북대학교박물관, 1997,『박물관도록-고고유물·자기』.

______________, 2010,『상운리』Ⅰ.

______________, 2010,『상운리』Ⅱ.

______________, 2010,『상운리』Ⅲ.

______________, 2003,『전북지역 백제문화유산』.

______________, 2009,『전주 장동유적』Ⅱ.

______________, 2009,『전주 장동유적』Ⅲ.

全榮來, 1973,「全北地方 出土 甕棺墓 2例-高敞邑 新月里 甕棺-」『全北遺蹟調査報告(上) 第1輯』16.

전주문화유산연구원, 2010,『고창 상하-구시포간 도로확·포장공사구간 문화재 발굴(정밀)조사 지도위원회의자료 10-8』.

전주문화유산연구원, 2011,『고창 자룡리유적 고창 상하-구시포간 도로확·포장공사구간 문화재 발굴(정밀)조사 학술회의자료 11-1』.

酒井清治, 2004,「5·6세기 토기에서 본 羅州勢力」『百濟硏究』39, 忠南大學校 百濟硏究所.

忠北大學校博物館, 2005,『淸州 鳳鳴洞遺蹟』Ⅱ.

호남문화재연구원, 2003,『고창 봉덕유적』Ⅰ.

__________________, 2003,『고창 봉덕유적』Ⅱ.

__________________, 2004,『고창 만동유적』.

__________________, 2004,『광주 향등유적』.

__________________, 2007,『담양 오산유적』.

__________________, 2008,『전주 마전유적』Ⅳ.

__________________, 2010,『순창 88올림픽 고속도로 건설구간내(1공구) 문화유적 발굴조사 약보고서』.

번호	유적명	출토유구	도면번호 (유물N.)	색조 /경도	문양 (경부/동체부)	침선 /돌선	저부 형태	제원(cm)			경고비 /구경비	형식	도면/사진
								기고/ 동체고	구경 /저경	최대 동경			
1	익산 신동리			연황색 /경질	밀집파상문 /밀집파상문			11.3			–	Aa	
2		나지구 1–3호 옹관	(200)	흑색 /연질	–/무	무	평저	(10.6) /–	–/ 6.5	13.8	0.28 /0.49	Aa	
3		라지구 1–9호 목관	(31)	황갈색 /경질	–/무	돌선	평저	9.6 /6.9	7.8 /8.8	13	0.36 /0.75	Aa	
4	완주 상운리	라지구 1–27호 목관	137	회청색 /경질	/격자문	침선	원저	11.3 /7.2	9.1 /2.2	12.2	–	Aa	
5		라지구 3–1호 석곽	339	회청색 /경질	–/무	돌선	원저	(9.9) /?	–	12	–	–	
6		나지구 지표	520	회청색 /경질	–/ 밀집파상문	돌선	–	(8.9) /–	–	–	–	–	
7	전주 장동	분구묘 3호묘	386	회청색 /경질	–/무	무	평저	10.1 /7.0	8.4 /6.0	9.7	0.31 /0.87	Aa	
8		II–1호 주거지	1	암회색 /경질	무		평저	8.8 /5.1	7.3 /6.4	9.3	0.42 /0.78	Ba	

번호	유적명	출토유구	도면번호(유물N.)	색조/경도	문양(경부/동체부)	침선/돌선	저부형태	제원(cm)			경고비/구경비	형식	도면/사진
								기고/동체고	구경/저경	최대동경			
9	전주 장동	Ⅱ-1호 주거지	2	흑회색/경질	-/무		평저	(7.2)/5.6	-/6.0	9.2	-	-	
10	전주 마전	3호분 1호 석곽	84	회청색/경질	무/밀집파상문	무	원저	14.0/12.1	8.0/6.6	17	0.14/0.47	기타	
11		5호분 2호 토광	181	암청색/경질	밀집파상문/무	무	원저	15.5/12.6	-	18	-	-	
12	고창 봉덕	방형추정분 북쪽주구	6	회청색/경질	밀집파상문/점열문, 밀집파상문	무	원저	9.1/5.3	8.4/-	9.7	0.36/0.87	Aa	
13			7	연회색/연질	무	무	평저	(9.0)/5.2	8.5/5.7	9.8	0.4/0.87	Aa	
14			8	흑회색/연질	무	무	평저	(9.2)/5.3	9.1/6.7	11.2	0.42/0.81	Ba	
15			9	연회색/경질	-/무	무	평저	(7.5)	없음/3.6	11.2	-	-	
16		방형추정분 남쪽주구	36	회청색/경질	무	침선	원저	12.2/5.6	5.8~8.8/-	9.6	0.43/0.60~0.91	Ba	

번호	유적명	출토유구	도면 번호 (유물N.)	색조 /경도	문양 (경부/동체부)	침선 /돌선	저부 형태	제원(cm)			경고비 /구경비	형식	도면/사진
								기고/ 동체고	구경 /저경	최대 동경			
17	고창 봉덕	방형추정분 남쪽주구	40	회청색 /경질	무	무	원저	12.0 /7.5	9.3 /–	11.7	0.38 /0.79	Aa	
18			41	회청색 /경질	무	돌선	평저	9.1 /6.1	9.8 /4.0	10.6	0.33 /0.92	Ab	
19			42	연회색 /경질	–/점열문, 밀집 파상문	침선	원저	(6.0)	–	10.2	–	–	
20			43	황갈색 /연질	무	무	평저	(7.7)	–	12	–	–	
21			44	회청색 /경질	무	돌선	모름	(9.4)	9.3 /–	10.2	–/0.91	Bb?	
22		방형추정분 동쪽주구	86	회황색 /연질	무	무	평저	(8.4)	–/ 4.6	10.9	–	–	
23		구5	124	회청색 /경질	무	무	원저	(6.0)	–	10	–	–	
24			125	회청색 /경질	–/무	무	평저	(12.8) /9.8	–/8.6	13.6	–/	–	

번호	유적명	출토유구	도면번호 (유물N.)	색조 /경도	문양 (경부/동체부)	침선 /돌선	저부 형태	제원(cm)			경고비 /구경비	형식	도면/사진
								기고/ 동체고	구경 /저경	최대 동경			
25			163	회청색 /경질	무	돌선	평저	9.2 /5.7	9.0 /4.6	10.8	0.38 /0.83	Aa	
26			164	회청색 /경질	무/점열문	돌선	평저	10.5 /6.4	9.8 /7.0	12.1	0.38 /0.81	Aa	
27			165	암회색 /경질	–/무	돌선	평저	(7.9)	–/6.2	11.1	–	–	
28	고창 봉덕	나지구 구1	166	흑회색 /경질	–/무	돌선	평저	(1.0)	–/6.8	12.4	–	–	
29			167	흑회색 /연질	–/무	무	평저	(4.8)	–/4.2	8	–	–	
30			168	회청색 /경질	–/무	무	–	(5.8)		8.8	–	–	
31			169	회청색 /경질	무/유충문	돌선	평저	16.0 /11.1	12.3 /8.0	16.5	0.31 /0.75	Aa	
32			170	연갈색 /경질	무	침선	평저	14.5 /10.6	11.8 /5.0	16.6	0.27 /0.71	Aa	

번호	유적명	출토유구	도면번호(유물N.)	색조/경도	문양(경부/동체부)	침선/돌선	저부형태	제원(cm)			경고비/구경비	형식	도면/사진
								기고/동체고	구경/저경	최대동경			
33	고창 봉덕	나지구 구1	171	연회색/연질	-/무	돌선	-	(10,5)		15	-	-	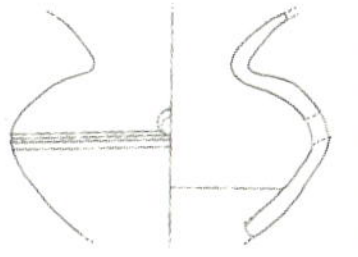
34	고창 봉덕리 1호분	3호 석실			-/무	침선					-	-	
35		3호 석실			/						/	?	
36		4호 석실			점열문?/점열문	침선?	원저?				/	Aa?	
37		2호 옹관묘			/								
38	고창 봉덕리 3호분	수습		회청색/경질	-/무	침선	-	(4,8)/-			-	-	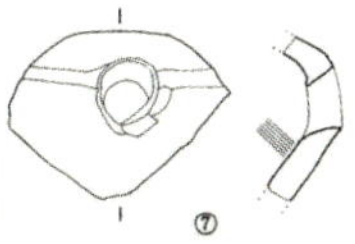
39	고창 신월리	옹관묘		회색/경질	/			10,6/7,1	7,3	9,6	0,33/0,77	Aa	
40	고창 장두리	수습		흑회색/경질	?/무	돌선		11	15		-	Cc?	

번호	유적명	출토유구	도면 번호 (유물N.)	색조 /경도	문양 (경부/동체부)	침선 /돌선	저부 형태	제원(cm) 기고/동체고	제원(cm) 구경/저경	제원(cm) 최대동경	경고비 /구경비	형식	도면/사진
41	고창 송계리	수습		회색 /경질	무	침선?		11.2	11.0 /5.5		−	Cc?	
42	고창 중월리				무	?		추7.1	9.6		−	Aa	
43	고창 자룡리	2호분 4호 토광	P.10 사진29		/							?	
44					/							?	
45		2호분 6호 토광			/							?	
46		2호분 8호 토광			/							?	
47		2호분 9호 토광			/							?	
48					/							?	
49		2호분 11호 토광			/							?	
50		4호분 1호 토광	P.10 사진28		/							?	
51		6호분 1호 토광	P.10 사진30		/							?	
52					/							?	
53	순창 교성리	7호 주거지	P.23 사진4	회색 /경질	−/무	침선	원저	(8.0)		11.8	−	−	
54		11호 주거지	P.23 사진5	회색 /경질	무 /밀집파상문	침선?	원저	(6.5)		10.7	−	−	

번호	유적명	출토유구	도면 번호 (유물N.)	색조 /경도	문양 (경부/동체부)	침선 /돌선	저부 형태	제원(cm)			경고비 /구경비	형식	도면/사진
								기고/ 동체고	구경 /저경	최대 동경			
55	전북 대학교	소장품1	P.42		밀집파상문 /밀집파상문	돌선	평저	13	14		–	Bc?	
56		소장품2	P.43		무	무	원저	17.5	13		–	Cb?	
57		소장품3	P.44좌		밀집파상문 /점열문	돌선	원저	8.6	9		–	Aa?	
58		소장품4	P.44우		무 /밀집파상문	침선?	원저	10	9.5		–	Ba?	
59	전북 김제	미상			?		평저	11.0 /6.0	10.8 /5.0	10.5	–	–	
60	전북 금산사	미상			?			11.3				Ab?	

표 3. 전북지역 유공광구소호 출토 현황표

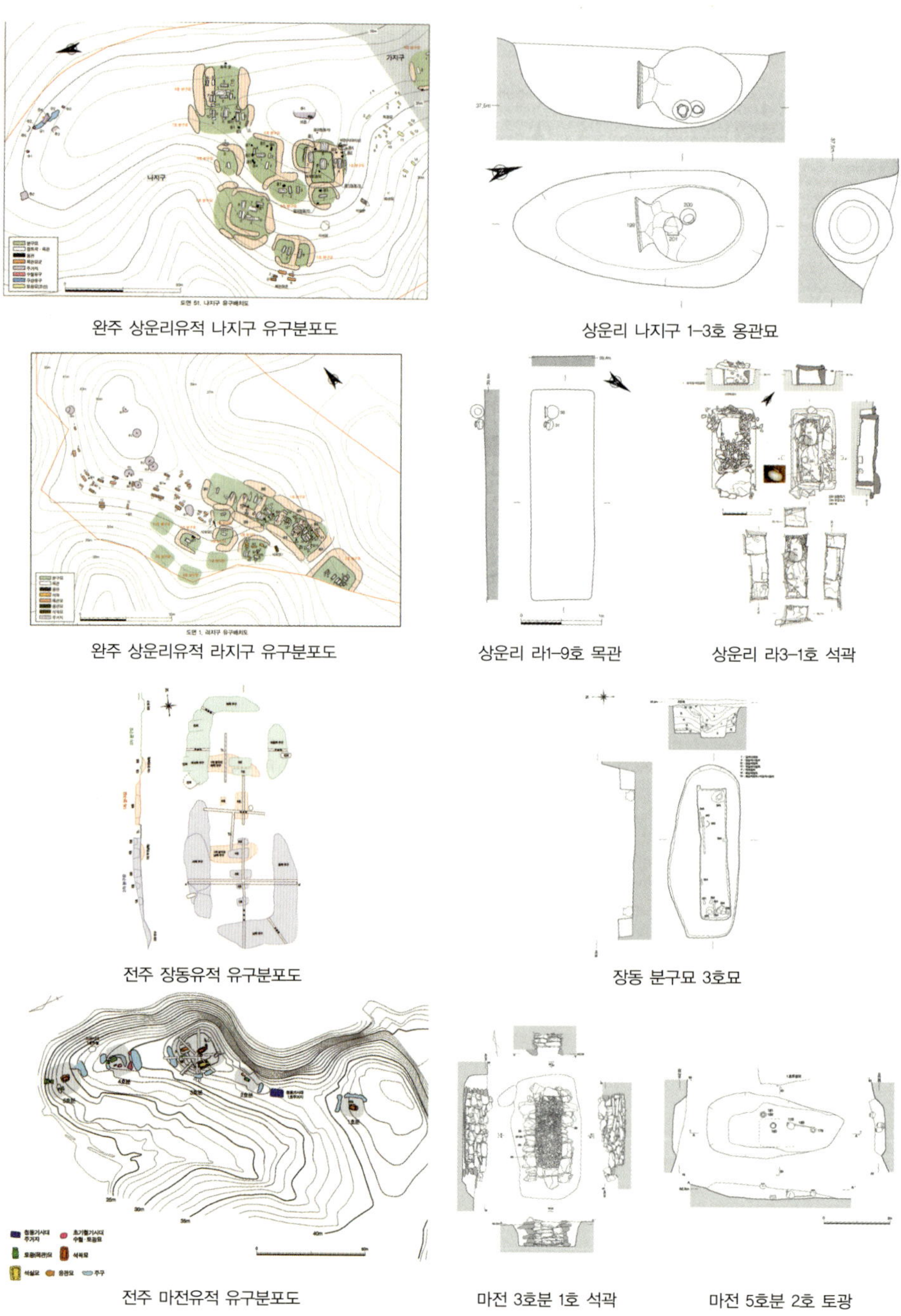

그림 8. 전북지역 유공광구소호 출토유적 현황(1)

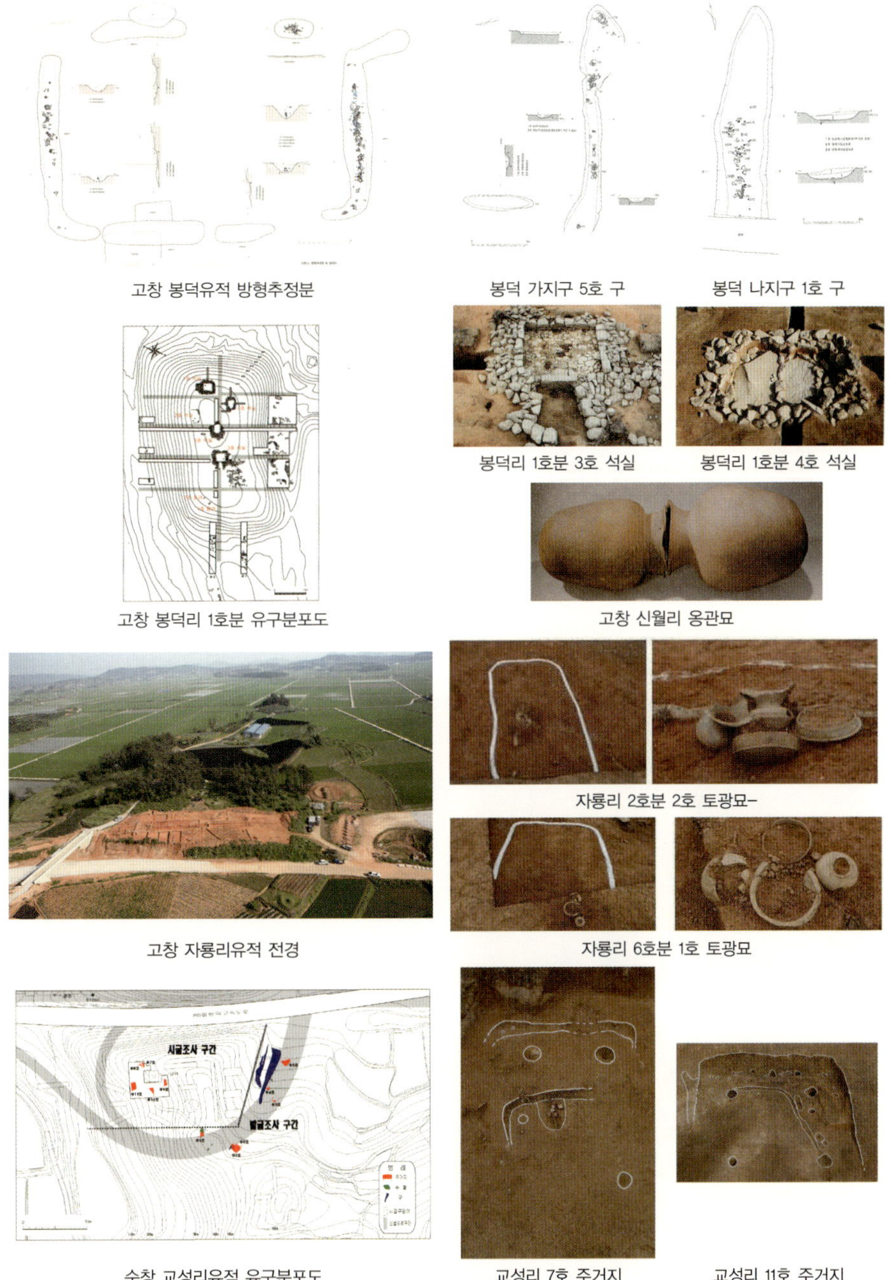

그림 9. 전북지역 유공광구소호 출토유적 현황(2)

광주·전남지역의 유공광구소호

박형렬((재)대한문화유산연구센터)

Ⅰ. 머리말

유공광구소호는 영산강유역을 중심으로 호남지역과 영남지역 그리고 일본에서 확인되고 있다. 그리고 출현하는 중심연대는 기원후 4세기 후반에서 5세기 말까지 (李暎澈 2001; 盧美善 2004) 혹은 6세기 중엽까지(신인주 2005, 徐賢珠 2006a, 2006b, 2006c; 李瑜眞 2007)로 추정된다. 여러 지역에 분포하는 양상을 통해 형식변화상 지역적인 차이가 있다고 인정된다.(盧美善 2004; 신인주 2005; 서현주 2006; 李瑜眞 2007)

근래의 조사가 진행되면서 유공광구소호의 출토량이 많아지고 그 결과에 따른 출토맥락이 확인되면서 이러한 지역적인 변화양상의 검토가 필요할 것으로 생각된다. 따라서 본 연구는 광주전남지역에서 출토된 유공광구소호의 출토현황을 정리하고 그 변화양상을 확인하고자 한다.

여기서 유공광구소호의 전체적인 형식변화과정과 권역별로 나타나는 변화를 관찰하여 이들 사이에 어떠한 관련성을 가지는지를 살펴보도록 하겠다.

유공광구소호에 대한 연구는 먼저 이은창(1978)이 정리하면서 시작된 후, 李暎澈(2001)이 형태상의 분류를 통해 4가지의 형식을 설정하고 공반 유물을 검토하여 출현 시기를 4세기 말에서 5세기 말 경으로 추정하였다. 그 후 盧美善(2004)은 기존 연구 후 자료의 증가에 따른 기존 형식편년안의 검토와 유공광구소호의 기원지에 대해서 살필 필요성이 있다고 보았다. 형식을 분류한 결과 유공광구소호는 전체높이에 비해 경부의 길이가 길어지고 구연부 직경이 넓어지는 것으로 변화한다고 판단하여 총 9개의 형식을 설정하였다. 하지만 형식간의 시기적인 차이점을 세세하게 구분하기는 어렵다고 보았다. 그리고 분포지역과 기원에 대하여 언급하였다. 먼저 분포지역은 영산강유역과 전북서해안지역, 가야지역으로 구분하여 이야기하였다. 이중 분류상 가장 빠른 형식인 Aa식이 많이 확인되는 전북 서해안지역이 기원지일 가능성에 대하여 언급하고 시기적인 변화양상을 확인하였다.

다음 신인주(2005)는 형태적 변천과정과 기종에 대하여 기존의 견해에 찬동

하고 있지만 기원과 형식의 시기설정 그리고 지역성을 논하기에는 모호한 상태라고 지적하고 송학동고분군에서 출토된 유공광구소호를 중심으로 변화상을 재검토하였다. 결과 6개의 형식으로 분류하고 각 형식의 시간적 관계를 살폈다. 그리고 마한백제계, 가야계, 외래계의 지역적 특징을 가진다고 보았다.

이후 徐賢珠(2006a, 2006b, 2006c)는 유공광구소호를 영산강유역의 토기 중에서 하나로 파악하고 형식분류를 통한 편년안을 제시하였다. 형식은 기존의 연구성과를 바탕으로 시기적·지역적 차이에 주목하여 7가지의 형식을 분류하고 공반 유물, 일본의 須惠器와 비교하여 변천상을 살폈다. 결과 영암 만수리 지역을 초출하는 지역으로 보았고, 영산강 상·중·하류역을 중심으로 하는 지역적 차이가 두드러진다고 파악하였다.

그리고 李瑜眞(2007)은 기원, 기능, 연대 문제를 정리하고 기존의 연구에서 유공광구소호의 형식분류가 계측적속성의 변화에 초점이 맞추어져있어 명목적 변화상을 부수적으로 반영하고 있다고 판단하여 그 변화의 기준을 재설정할 필요가 있다고 보았다. 그리하여 속성을 시간적 속성과 지역적 속성으로 분류하고 지역별로 나타나는 형식의 빈도수를 확인하여 각 지역의 시간적 관계를 살폈다. 그 결과 유공광구소호를 5기로 분류하고 호남지역에서 초출하여 영남지역과 왜에 영향을 미친 것으로 확인하였다.

II. 출토 현황 검토

광주·전남지역은 1917년도부터 발굴이 진행되어 현재 50개 유적에서 145여점의 유공광구소호가 출토되었다. 출토된 지역은 현재 광주(51), 나주(35), 무안(25), 영암(9), 영광(2), 함평(2), 장성(3), 장흥(6), 해남(3), 순천(4), 여수(1), 담양(3), 고흥(1)으로 13개 지역에서 확인된다.

그리고 출토된 유공광구소호는 출토지에 따라 분묘유적과 주거유적 등으로 크게 구분할 수 있다. 성격별로 분류한 결과 광주·전남지역에서 출토된 유공광

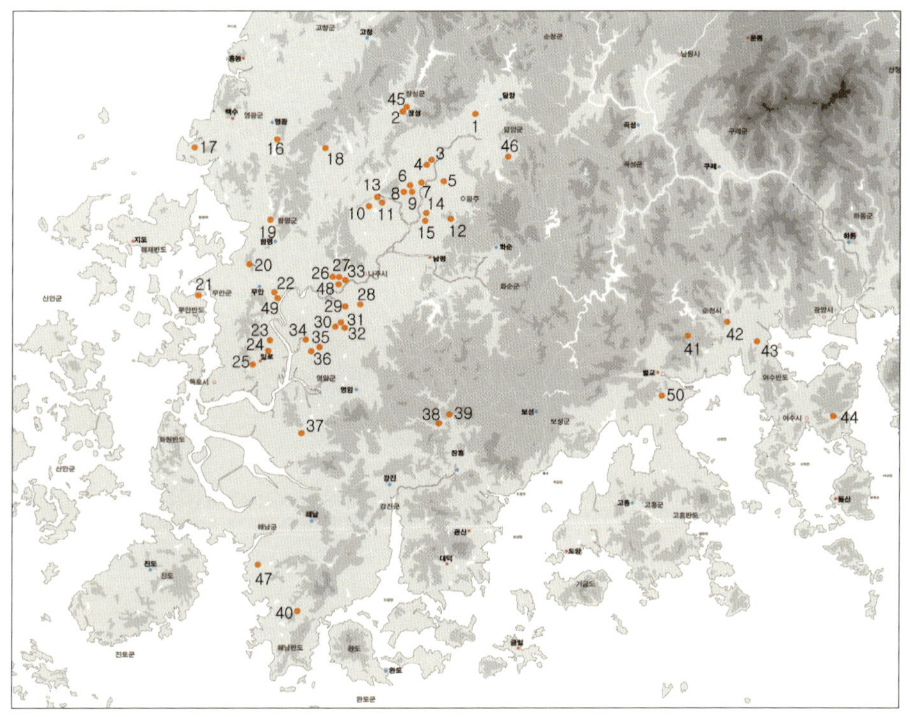

그림 1. 광주 · 전남지역 유공광구소호 출토 유적 현황

(1: 담양 성산리, 2: 장성 만무리 고분, 3: 광주 쌍암동, 4: 광주 월계동, 5: 광주 동림동, 6: 광주 하남동, 7: 광주 신창동, 8: 광주 산정동, 9: 광주 운남동, 10:광주 포산, 11: 광주 월전동, 12: 광주 향등, 13: 광주 기곡, 14: 광주 치평동, 15: 광주 벽진동, 16: 영광 학정리, 17: 영광 송암리, 18: 함평 예덕리만가촌, 19: 함평 진양리 중랑, 20: 무안 고절리, 21: 무안 두곡, 22: 무안 사창리, 23: 무안 양장리, 24: 무안 용산리, 25: 무안 맥포리, 26: 나주 영암리, 27: 나주 복암리, 28: 나주 신가리, 29: 나주 화정리, 30: 나주 대안리, 31: 나주 신촌리, 32: 나주 덕산리, 33: 나주 낭동, 34: 영암 옥야리, 35: 영암 만수리, 36: 영암 내동리, 37: 영암 금계리, 38: 장흥 상방촌, 39: 장흥 지천리, 40: 해남 월송리, 41: 순천 대곡리, 42: 순천 월평동, 43: 순천 검단 산성, 44: 여수 고락산성, 45: 장성 성산리, 46: 담양 오산, 47: 해남 가산리, 48: 나주 다시들, 49: 무안 덕암고분, 50: 고층 장덕리 장동)

구소호는 분묘유적에서 사용된 유공광구소호가 96점(67%)으로 가장 많은 비중을 차지하고 주거유적은 15점(10%)으로 비중이 낮았다.

완형으로 그 형태를 알 수 있는 유공광구소호는 50여점이 확인되고 대부분은 편이다.

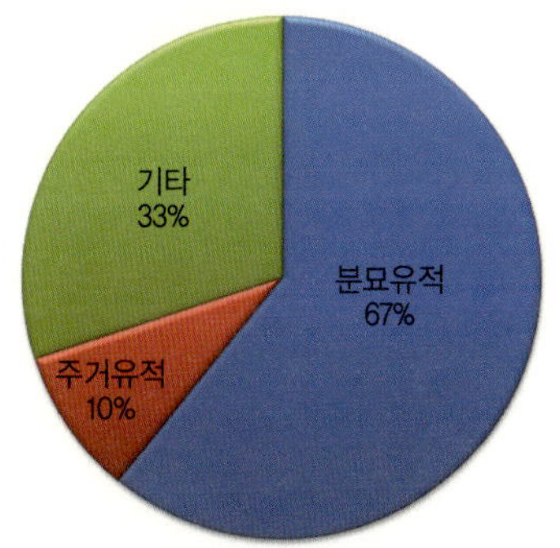

그림 2. 출토지 별 빈도

지역	유적명	출토량	지역	유적명	출토량	지역	유적명	출토량
광주	동림동유적	19		덕산리	7		송암리	1
	하남동유적	9		대안리	1	함평	예덕리만가촌	1
	월계동고분	3		화정리	1		진양리 중랑	1
	쌍암동유적	1		영동리	2	장성	만무리고분	1
	신월동포산	1		다시들	1		성남리	2
	운남동	1	무안	덕암고분	5	장흥	상방촌A · B	5
	벽진동	2		양장리	9		지천리	1
	치평동	1		사창리	3	해남	월송리	2
	향등	2		두곡	1		가산리	1
	월전동	4		고절리	3	순천	대곡리	1
	신창동	1		맥포리	1		월평동주거지	1
	기곡	1		용산리	3		검단산성	2
	산정동	6	영암	옥야리	1	여수	고락산성	1
나주	신가리	2		만수리	4	담양	성산리	1
	신촌리9호분	3		내동리	3		오산	2
	복암리	17		금계리	1	고흥	장덕리 장동	1
	낭동	1	영광	학정리	1	총 13지역 50개 유적 145점		

표 1. 광주 · 전남지역 유공광구소호 지역별 출토현황

III. 형식 설정 및 상대서열

광주 · 전남지역에서 출토된 유공광구소호 중 그 형태를 알 수 있는 완형의 개체를 대상으로 변화양상을 먼저 살피고자 한다. 해당 자료는 광주 하남동(호남문화재연구원 2008a), 광주 동림동(호남문화재연구원 2007), 광주 향등(호남문화재연구원 2004), 광주 산정동(호남문화재연구원 2008c), 나주 복암리(전남대학교박물관 1999; 국립나주문화재연구소 2001), 나주 대안리(국립광주박물관 1988), 무안 사창리(국립광주박물관 1984b), 무안 양장리(호남문화재연구원 2000), 영암 만수리(국립광주박물관 1984, 1990), 해남 월송리(국립광주박물관 1984c), 영광 학정리(목포대학교박물관 2000), 무안 두곡(대한문화유산연구센터 2010a), 광주 쌍암동고분(전남대학교 1994), 광주 월계동(전남대학교박물관 2003), 장흥 상방촌

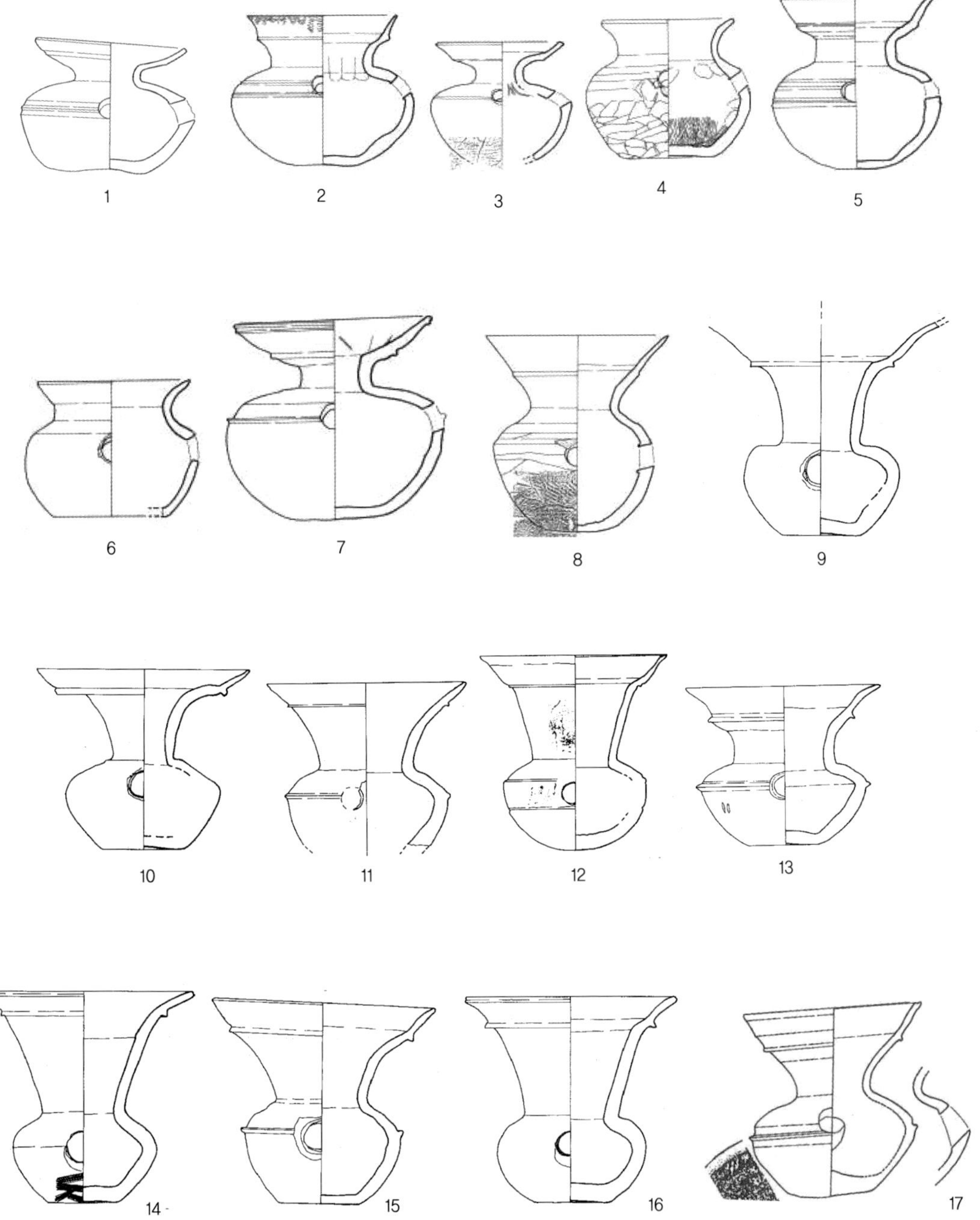

그림 3. 광주 · 전남지역 유공광구소호 1 (축척=1/4)

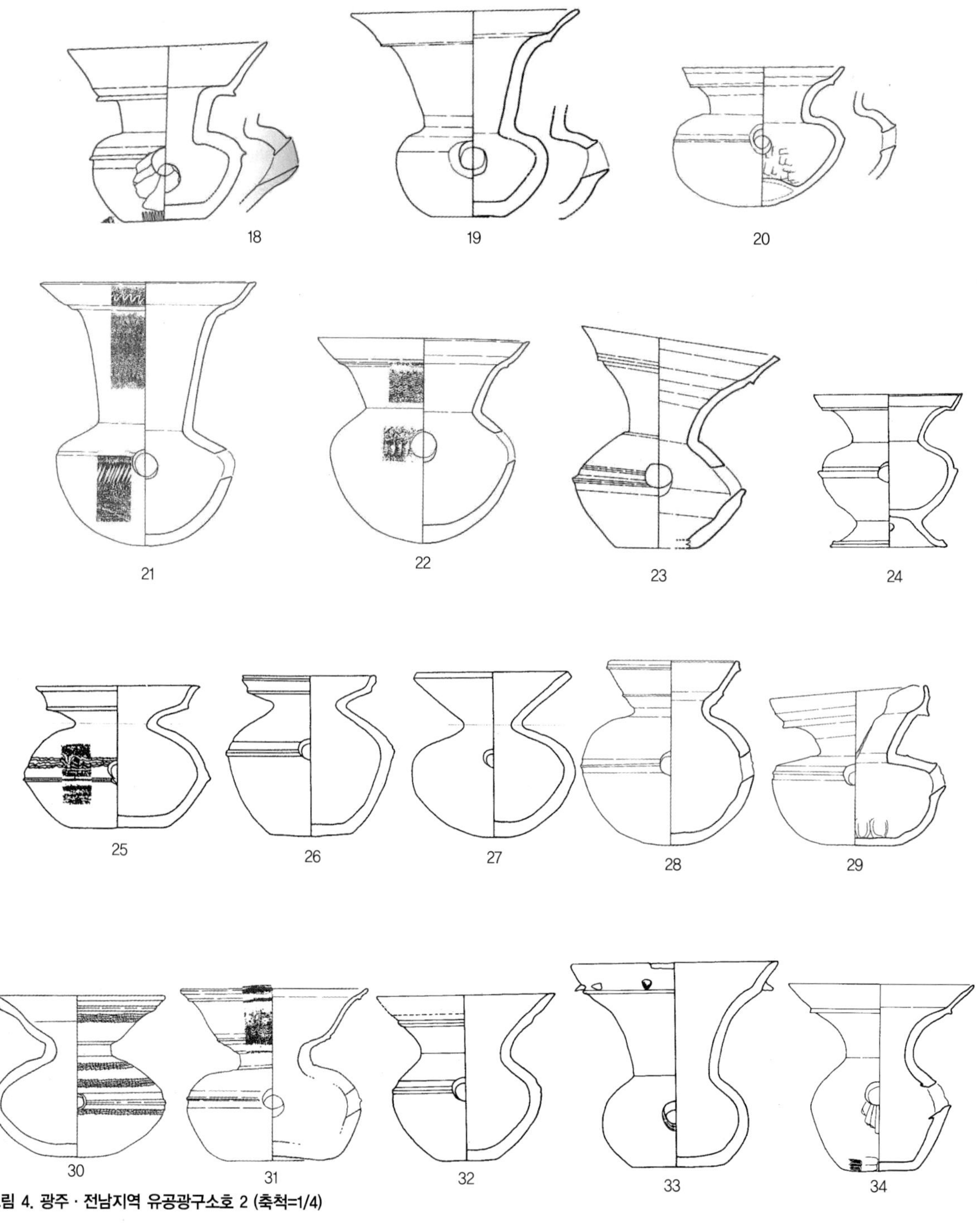

그림 4. 광주 · 전남지역 유공광구소호 2 (축척=1/4)

그림 5. 광주 · 전남지역 유공광구소호 3 (축척=1/4)

(1: 광주 향등유적, 2~4: 광주 하남동유적, 5~7: 광주 동림동 유적, 8:광주 산정동유적, 9~16: 나주 복암리 유적, 17~23: 나주 복암리 3호분, 24: 나주 대안리 9호분, 25: 무안 사창리 서록옹관묘, 26~27: 무안 사창리, 28~29: 무안 양장리유적, 30~31: 영암 만수리유적, 32~33: 해남 월송리 조산고분, 34: 영광 학정리 대천4호분, 35: 무안 하묘리 두곡유적, 36: 영암 만수리유적, 37,38: 광주 월계동 장고분, 39~42: 장흥 상방촌A유적, 43: 담양 오산유적, 44: 나주 다시들유적, 45~49: 무안 덕암고분, 50: 광주 쌍암동고분)

A(목포대하교박물관 2005), 담양 오산(호남문화재연구원 2004), 나주 다시들(동신대학교문화박물관 2011), 무안 덕암고분(대한문화유산연구센터 2010b) 등 17개 유적에서 50점의 자료를 대상으로 하여 형식설정을 하고자 한다.

1. 속성검토와 형식설정

유공광구소호의 속성은 시간성을 가지는 속성과 공간성을 가지는 속성으로 분류할 수 있다. 그 중 본고에서는 시간성을 가지는 속성을 먼저 파악하고 계열 혹은 계통을 파악할 수 있는 공간성을 가지는 속성을 파악하고자 한다.

유공광구소호의 변화는 대체로 구경이 동체최대경보다 커지고 구경부의 길이가 길어지는 변화를 보이며 이것이 시간성을 반영하고 있다고 파악된다.

1) 속성검토

유공광구소호에서 시간에 따른 변화를 보이는 속성은 구경부의 형태와 동체의 형태 변화이다. 이 두 부분의 형태가 조금씩 변화하면서 조합되는 과정을 거쳐 홑구연에 동체가 편구형을 띠는 유공광구소호에서 구경부가 길고 동체가 역제형을 띠는 유공광구소호로 변화한다고 여겨진다. 각각 형태 변화에 따른 세부 속성 변화를 살펴보면 다음과 같다.

(1) 구경부 형태

구경부의 형태는 일반적으로 짧은 것에서 긴 것으로 변화하고 구경이 넓어지는 것으로 이해되고 있다. 필자는 일반적인 변화양상을 인정하고 추가로 구연과 경부의 관계(구분이 없는 것에서 있는 것으로 변화), 돌대의 위치(돌대의 위치가 구경부고가 길어지면서 상위 1/2에서 1/5로 점차 높아진다.), 단의 형성유무(단이 없는 것에서 있는 것으로 변화) 그리고 돌대와 단의 관계(돌대가 단으로 교체) 등을 검토하였다. 여기서 얻어진 결과를 종합하여 구경부의 변화양상을 확인한 결과 7개의 속성으로 구분할 수 있다. 세부 속성은 다음과 같다.

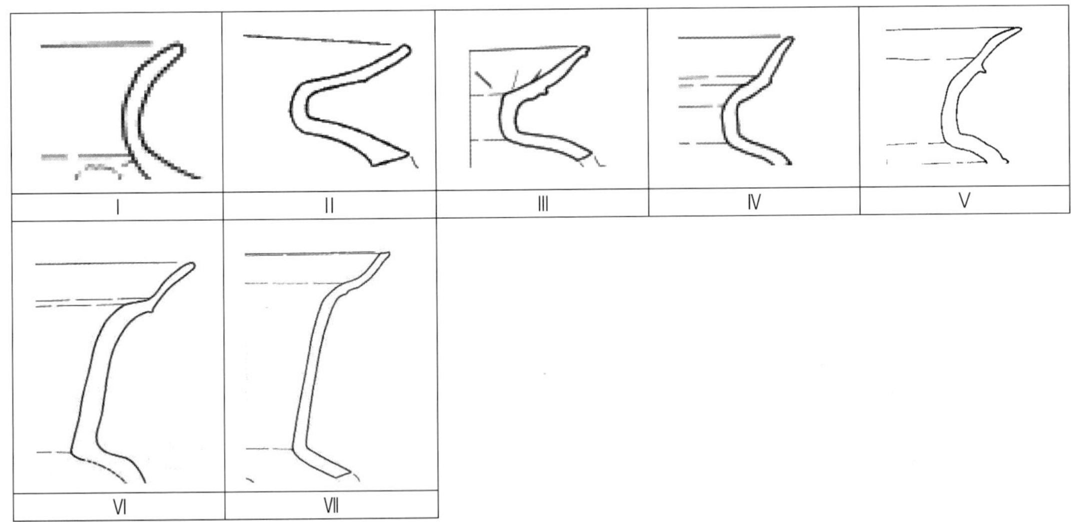

그림 6. 유공광구소호 구경부 형태

구경부 Ⅰ형은 홑구연으로 외반되었다. 구경부 Ⅱ형은 구경부의 길이가 길어지는 것이 특징으로 견부에서 외반(사직립에 가까움)하여 내만한 곡선을 띠며 구연으로 이어진다. 구경부 Ⅲ형은 구경부 외면은 거의 사직립하고 내면에 변곡점이 있는 것이며 이 변곡점이 있는 부분 외면에 돌대가 있어 상단(구연부)과 하단(경부)이 구분된다. 구경부 Ⅳ형은 구경부 내외면에 변곡점이 있어 단이 형성된다. 이 단을 경계로 상단(구연부)과 하단(경부)이 구분된다. (구연의 비율 1/2) 구경부 Ⅴ형은 하단(경부)이 길어지며 상단(구연부)의 비율이 구경부의 1/3 이다. 구경부 Ⅵ형은 상단(구연부)이 구경부의 1/4 이다. 구경부 Ⅶ형은 상단(구연부)이 구경부의 1/5 이하 이다. 단, 구경부 Ⅳ, Ⅴ, Ⅵ, Ⅶ형에서 상단(구연부)이 단을 이루어 내만한 형태를 가지는 것이 다수를 차지 하지만 외반되는 경우와 사직립하는 경우가 있다. 이는 제작자의 의도나 집단의 차이에서 나타나는 경향으로 추정된다.

(2) 동체 · 저부 형태

동체 · 저부의 형태는 편구형의 형태에서 구형과 역제형의 형태로 변화하고 투공의 위치가 동체의 상위에 위치하다가 시간이 지나면서 동체 중위로 이동하는 것으로 판단된다. 그리고 저부의 폭이 동체최대경의 직경이 변화함에 따라 조금씩 변화를 거친다고 여겨진다. 이들 변화요소를 확인하고 동체의 변화를 확인한 결과 동체a형에서 동체e형까지 5개의 속성으로 구분할 수 있었다. 이 5개의 속성의 특징은 다음과 같다.

동체a는 편구형의 형태를 띠고(동체고/동체최대경≦1.60) 투공의 위치가 동체최대경보다 위에 있다. 돌대는 발달하지 않았다. 그리고 저부는 평저이다. 동체b는 편구형의 형태를 띠고(동체고/동체최대경>1.60) 동체최대경은 투공의 하위에 위치한다. 돌대가 발달하였다. 그리고 저부는 말각평저이다. 동체c는 편구형의 형태를 띠고(동체고/동체최대경>1.60) 동체최대경은 투공의 중위에 위치한다. 돌대가 발달하였다. 그리고 저부는 말각평저이다. 동체d는 동체최대경의 좁아지면서 오각형의 형태를 띠고(동체고/동체최대경≦1.60) 동체최대경은 투공의 중위에 위치한다. 돌대가 있지만 뚜렷하지 않고 문양대가 나타난다. 그리고 저부는 직경이 좁은 평저이거나 원저이다. 동체e는 견부가 수평에 가까운 역제형의 형태를 띠고(동체고/동체최대경≦1.60) 동체최대경은 투공의 상위에 위치한다. 돌대가 발달하였다. 그리고 저부는 직경이 좁은 평저이거나 원저이다.

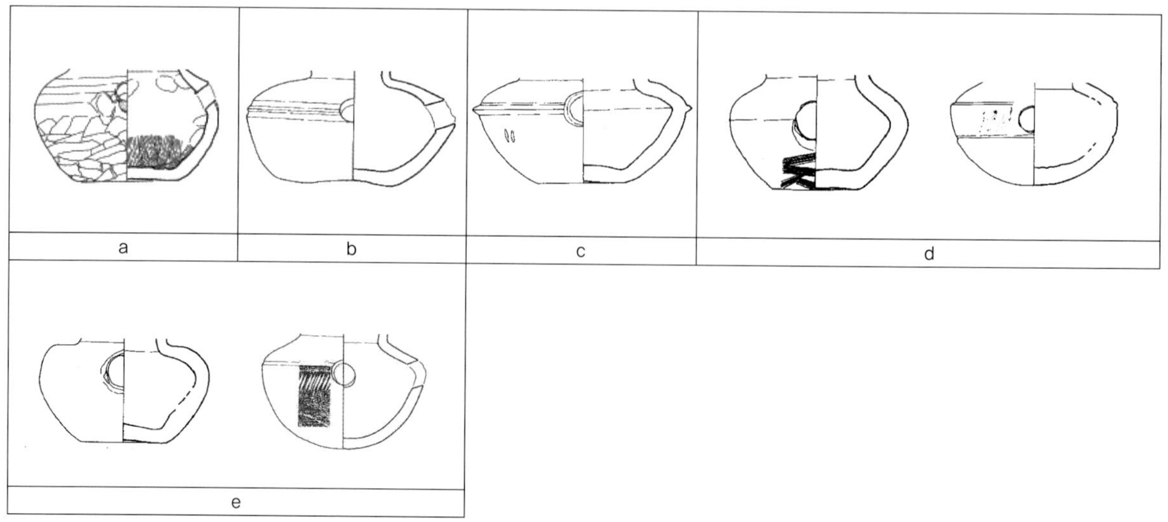

그림 7. 유공광구소호 동체 · 저부 형태

저부의 형태는 크게 원저와 평저로 확인되지만 본 속성분석에서는 견부와 동체 형태, 돌대의 위치, 동체최대경과 투공의 관계에 주안을 두고 속성을 조열하였다. 이를 통한 동체의 형태변화 속에서 저부의 형태는 지역성, 교류, 혹은 제작 집단의 성격과 관련된 속성으로 판단하고 원저와 평저가 동시기에 존재했을 가능성과 그 발달방향이 본고의 구경부와 동체의 속성조열을 함께 공유하고 있다고 여겨진다. 따라서 본고에서 저부형태는 계통성을 가지는 속성으로 인식하고자 한다. 이와 문양의 시문과 위치, 제작기법의 차이도 집단의 성격을 드러내는 계통성의 차이로 인식하고 지역적 특징을 설명할 때 후술하도록 하겠다. 그러므로 본 속성조열에서는 형태변화에 주안을 두고자한다.

(3) 속성 간 상관관계

구경부의 형태와 동체의 형태를 조합하여 상관관계를 살핀 결과 계단상의 결과

구경부 동체부	I	II	III	IV	V	VI	VII
a	2						
b	2	3	1	1			
c			3	11			
d				6	8	5	2
e						2	4

표 2. 유공광구소호 속성 간 상관관계(숫자는 빈도)

를 얻을 수 있어 본고에서 분류한 구경부와 동체의 속성변화가 타당하다는 것을 알 수 있었다. 그리고 이것은 구경부 I 형이 구경부VII형으로 변화할 때 동체a형이 동체e형으로 변화한다는 것으로 말할 수 있다.

2) 형식설정

상관관계를 살펴본 결과 각 속성은 시간의 방향성이 타당하다고 여겨진다. 이 속성을 조합하여 유공광구소호의 형식을 설정해 보면 다음과 같이 18개의 형식

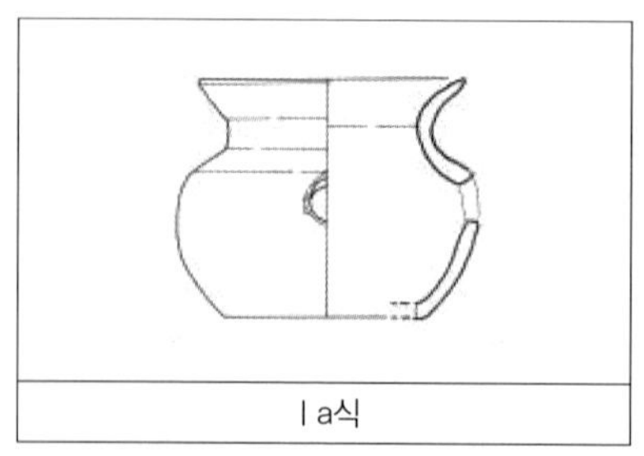

그림 8. 유공광구소호 Ⅰ형식(축척=1/4)

으로 분류할 수 있다.

1) Ⅰa식은 구경부는 홑구연으로 외반
되었다. 동체는 편구형의 형태를 띠고
(동체고/동체최대경≦1.60) 투공의 위
치가 동체최대경보다 위에 있다. 돌대
는 발달하지 않았다. 그리고 저부는 평
저이다. 광주동림동 82호 구 667과 광주하남동 100호 주거지 191에서 확
인할 수 있다.

2) Ⅱa식은 구경부의 길이가 길어지는 것이 특징으로 견부에서 외반하여
내만한 곡선을 띤다. Ⅱa식은 현 자료에서는 자료의 부족으로 파악되지
않지만 변화 과정상 존재하였을 것으로 추정한다.

3) Ⅰb식은 구경부는 홑구연으로 외반되었다. 동체는 편구형의 형태를 띠
고(동체고/동체최대경>1.60) 동체최대경은 투공의 하위에 위치한다. 돌
대가 발달하였다. 그리고 저부는 말각평저이다. 나주 다시들 8호 옹관
출토 30과 영암 만수리 4호분 2호 옹관 출토 1 이 확인된다.

4) Ⅱb식은 구경부의 길이가 길어지는 것이 특징으로 견부에서 외반하여
내만한 곡선을 띠며 구연까지 이어진다. 동체는 편구형의 형태를 띠고
(동체고/동체최대경>1.60) 동체최대경은 투공의 하위에 위치한다. 돌대

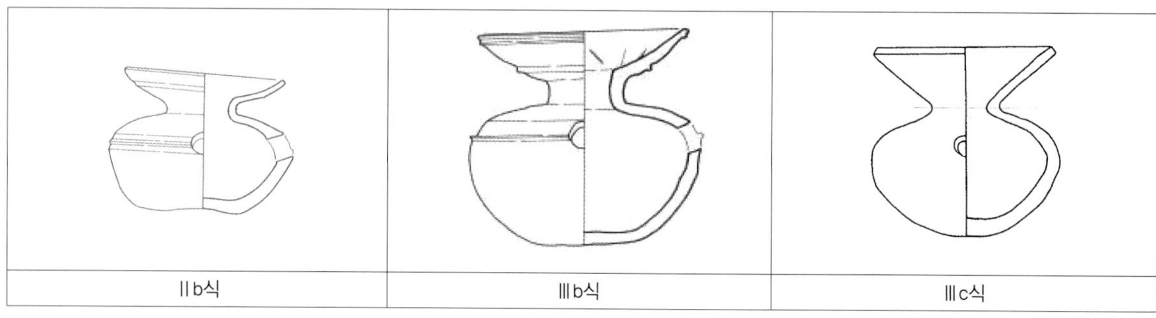

그림 9. 유공광구소호 Ⅱ형식

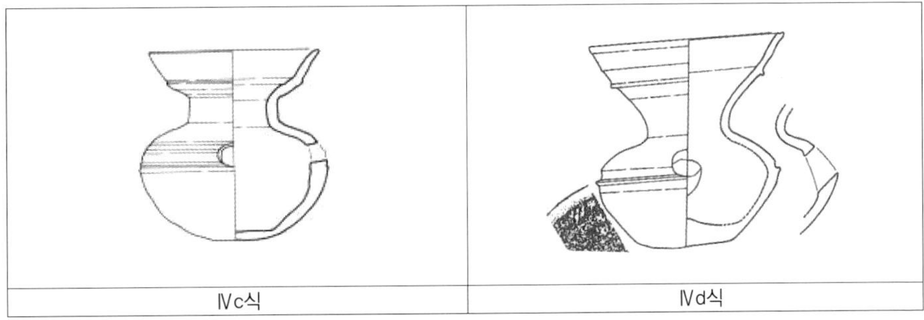

그림 10. 유공광구소호 Ⅲ형식 (축척=1/4)

가 발달하였다. 그리고 저부는 말각평저이다. 광주 하남동 6호구 49와 광주 향등 3호 주거지에서 확인할 수 있고, 고흥 장덕리 장동유적 출토 유공광구소호(대한문화유산연구센터 2009)도 Ⅱb식으로 추정된다.

5) Ⅲb식은 구경부 외면은 거의 사직립하고 내면에 변곡점이 있는 것이며 이 변곡점이 있는 부분 외면에 돌대가 있어 상단(구연부)과 하단(경부)이 구분된다. 동체는 편구형의 형태를 띠고 (동체고/동체최대경 > 1.60) 동체최대경은 투공의 하위에 위치한다. 돌대가 발달하였다. 그리고 저부는 말각평저이다. 이 형식은 광주동림동 102호 구 1882, 무안 덕암고분 남분 1호 옹관 출토 유공광구소호에서 확인할 수 있다.

6) Ⅲc식은 구경부 외면이 거의 사직립하고 내면에 변곡점이 있는 것이며 이 변곡점이 있는 부분 외면에 돌대가 있어 상단(구연부)과 하단(경부)이 구분된다. 그리고 동체는 편구형의 형태를 띠고(동체고/동체최대경 >1.60) 동체최대경은 투공의 중위에 위치한다. 돌대가 발달하였다. 그리고 저부는 말각평저이다. 무안 사창리 6-6과 영암 만수리 2호분 4호 옹 12-1, 영암 만수리 4호분 1호 목 5-1, 무안 덕암고분 북분 3호 옹관 출토 유공광구소호에서 확인 할 수 있다.

7) Ⅳc식은 구경부 내외면에 변곡점이 있어 단이 형성된다. 이 단을 경계로 상단(구연부)과 하단(경부)이 구분된다. (구연의 비율 1/2) 동체는 편구형의 형태를 띠고(동체고/동체최대경>1.60) 동체최대경은 투공의 중위에

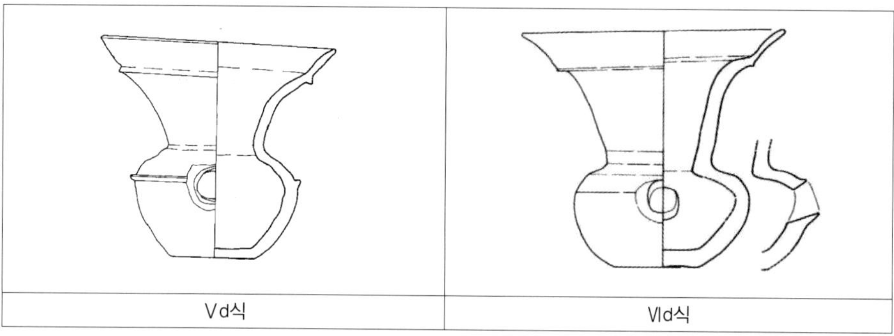

그림 11. 유공광구소호 Ⅳ형식 (축척=1/4)

위치한다. 돌대가 발달하였다. 그리고 저부는 말각평저이다. 이 Ⅳc식은 다수가 확인되며 유행하던 형식으로 추정된다. 광주동림동 10호 구 10번, 나주복암리 3호분 성토층 북사면 출토, 무안양장리 나지구 230-2번, 나주복암리 2호분 남주구 21번, 광주하남동 1호구 7번, 나주복암리 3호분 18호 옹 출토 56-3번, 장흥상방촌A 수습 509번, 무안덕암고분 남분 1호 옹관 출토 유공광구소호 그리고 무안사창리 서록옹관 6-7번이 이에 해당한다.

8) Ⅳd식은 구경부 내외면에 변곡점이 있어 단이 형성된다. 이 단을 경계로 상단(구연부)과 하단(경부)이 구분된다. (구연의 비율 1/2) 동체는 동체최대경의 좁아지면서 오각형의 형태를 띠고(동체고/동체최대경≦1.60) 동체최대경은 투공의 중위에 위치한다. 돌대가 있지만 뚜렷하지 않고 문양대가 나타난다. 그리고 저부는 직경이 좁은 평저이거나 원저이다. 이 형식은 나주복암리 3호분 성토층 서북면 출토와 영광학정리 대천 4호분 38-6번, 광주산정동 3호분 603번, 해남월송리 조산고분 4-6번, 무안사창리 옹관묘 추정 신고품 6-5번 등 이다.

9) Ⅴd식은 구경부 하단(경부)이 길어지며 상단(구연부)의 비율이 구경부의 1/3 이다. 동체는 동체최대경의 좁아지면서 오각형의 형태를 띠고(동체고/동체최대경≦1.60) 동체최대경은 투공의 중위에 위치한다. 돌대는

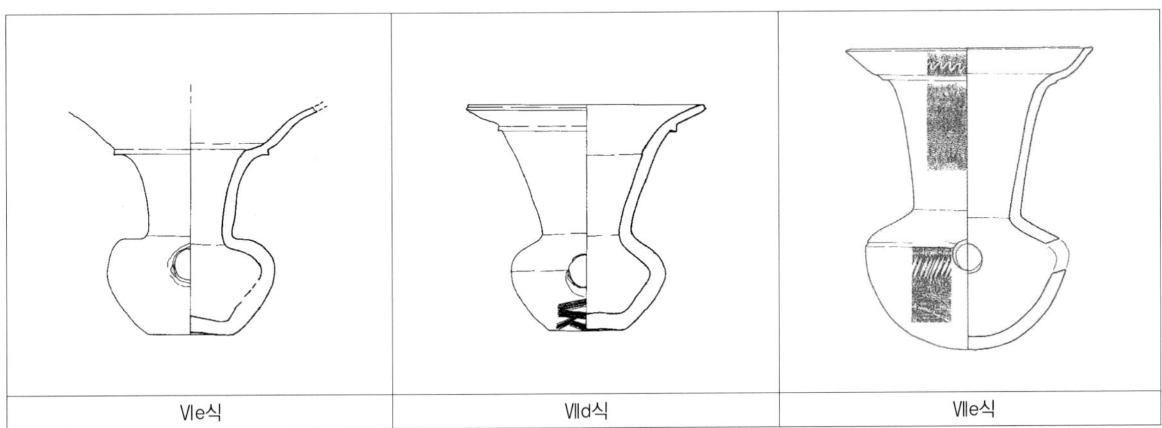

Ⅵe식	Ⅶd식	Ⅶe식

그림 12. 유공광구소호 Ⅴ형식 (축척=1/4)

있지만 뚜렷하지 않고 문양대가 나타난다. 그리고 저부는 직경이 좁은 평저이거나 원저이다. 이 형식에는 나주 복암리 1호분 주구 도22-22번과 나주 복암리 3호분 96호 석실 1호 옹 출토 토9번, 나주 복암리 3호분 2호 석실 출토 93-8번, 나주 대안리 9호분 경관 출토 7649번 그리고 나주 복암리 2호분 북주구 100번등이 확인된다.

10) Ⅵd식은 구경부 상단(구연부)이 구경부의 1/4 이다. 동체는 동체최대경의 좁아지면서 오각형의 형태를 띠고(동체고/동체최대경≦1.60) 동체최대경은 투공의 중위에 위치한다. 돌대가 있지만 뚜렷하지 않고 문양대가 나타난다. 그리고 저부는 직경이 좁은 평저이거나 원저이다. 여기에는 나주 복암리 3호분 9호 옹관 출토 41-2번과 나주 복암리 1호분 주구 29-13번, 나주 복암리 2호분 북주구 101번 그리고 나주 복암리 1,2호분 사이 90-5번 등이 해당한다.

11) Ⅵe식 구경부 상단(구연부)이 구경부의 1/4 이다. 동체는 견부가 수평에 가까운 역제형의 형태를 띠고(동체고/동체최대경≦1.60) 동체최대경은 투공의 상위에 위치한다. 돌대가 발달하였다. 그리고 저부는 직경이 좁은 평저이거나 원저이다. 이러한 형태를 띠는 것은 복암리 1,2호분 사이 84-6번과 월송리 조산고분 4-7번 그리고 복암리 2호분 북주구 102번등이

이에 해당한다.

12) Ⅷd식은 구경부 상단(구연부)이 구경부의 1/5 이하 이다. 동체는 동체최대경의 좁아지면서 오각형의 형태를 띠고(동체고/동체최대경≦1.60) 동체최대경은 투공의 중위에 위치한다. 돌대있지만 뚜렷하지 않고 문양대가 나타난다. 그리고 저부는 직경이 좁은 평저이거나 원저이다. 이 형식에는 해남 월송리 조산고분 4-7번과 복암리 2호분 북주구 출토 102번이 있다.

13) Ⅷe식은 구경부 상단(구연부)이 구경부의 1/5 이하 이다. 동체는 견부가 수평에 가까운 역제형의 형태를 띠고(동체고/동체최대경≦1.60) 동체최대경은 투공의 상위에 위치한다. 돌대가 발달하였다. 그리고 저부는 직경이 좁거나 원저이다. 이 형식에는 나주 복암리 3호분 96호 석실 4호 옹관출토 토47번, 광주 월계동 1호 석실 도7-7번, 광주 월계동 1호 주구 도58-8번 그리고 담양 오산 1호 석실 226번이 해당한다.

이렇게 13개의 기본 형식으로 분류할 수 있고 이 형식간의 변화된 횟수는 유공광구소호의 변화 과정을 설명한다고 여겨진다.

이 13개의 기본 형식 외에 형식을 분류하는 과정에서 아류형식으로 판단되는 유공광구소호를 확인할 수 있었다. 그것은 구경부의 형태를 지속적으로 유지하지만 동체의 크기가 기존 견해와 달리 커지는 경향을 보이는 것과 경부보다

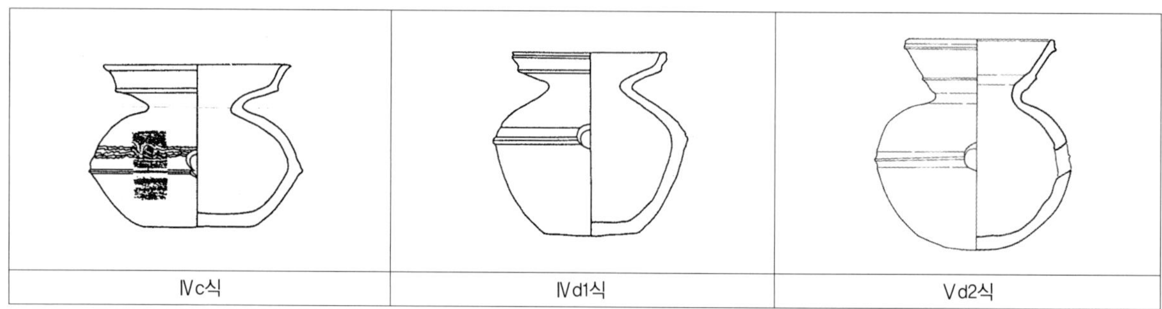

| Ⅳc식 | Ⅳd1식 | Ⅴd2식 |

도면 13. 유공광구소호 Ⅵ형식 (축척=1/4)

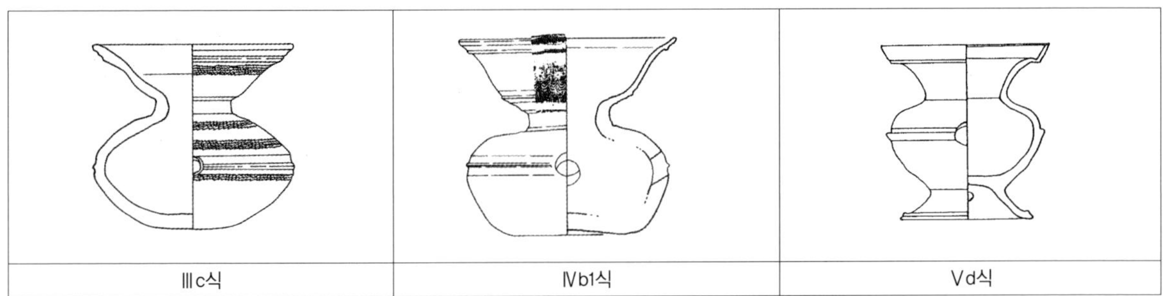

도면 14. 유공광구소호 Ⅶ형식 (축척=1/4)

구연부의 길이가 긴 형태를 가지는 것이다. 그리고 동체바닥에 대각이 붙는 경우이다. 먼저 동체의 크기가 커지는 경향을 보이는 것은 25, 26, 28번으로 25번의 경우 Ⅳc식으로 형식변화상에서 크게 벗어나지 않는다. 26번의 경우 구경부는 Ⅳ형을 띠고 동체가 커진다. 이러한 동체는 동체 d1형으로 구분하고 28번에서 확인되는 구형의 동체에 돌대가 동체 중위에 위치하며 이를 동체 d2형으로 구분할 수 있다. 이 동체d1형과 동체d2형은 동체c형 후에 변화하는 것으로 각 동체d형과 같은 시기에 변화과정을 거치며 공반 되었을 것으로 생각된다.

영암 만수리 지역에서 출토된 30번과 31번 유공광구소호에서는 구경부의 형태가 특징이라고 할 수 있다. 이 두 유물의 구경부는 상단의 길이가 하단의 3배 정도 크고 하단은 경부와 같이 구연과 동체는 구분 짓고 있다. 즉, 경부가 짧고 구연부가 긴 형태를 가지는 것이 특징이고 구경부의 너비가 동체최대경의 너비와 거의 1:1의 비율을 보인다. 나주 대안리 9호분에서 확인된 24번 유공광구소호는 대각이 달려있는 것이 특징이다.

따라서 유공광구소호의 형식은 아류형식 5개를 포함하여 총 18개로 구분할 수 있다.

2. 유공광구소호 형식 간 상대서열 및 공반유물 검토

1) 형식 간 상대서열

유공광구소호를 속성을 분류하고 각 속성을 조합하면 형식을 도출 할 수 있고 이 형식을 변화가 진행되는 횟수로 조열하면 다음의 (표 3)과 같은 결과를 얻을 수 있다.

번호	유물	구경부							동체					형식	변화단계
		I	II	III	IV	V	VI	VII	a	b	c	d	e		
6	광주 동림 82호구 667	●							●					Ⅰa	1
4	광주 하남 100호주 191	●							●					Ⅰa	
44	나주 다시들 30	●								●				Ⅰb	2
36	영암 만수리4호분 2옹 1	●								●				Ⅰb	
3	광주 하남 6호구 49		●							●				Ⅱb	3
1	광주 향등 3호주거지		●							●				Ⅱb	
48	무안 덕암고분 남분 1옹			●						●				Ⅲb	4
7	광주 동림 102호구 1882			●						●				Ⅲb	
27	무안사창리 옹관묘추정 6-6			●							●			Ⅲc	5
30	영암만수 2호분 4호옹 12-1			●							●			Ⅲc	
49	무안 덕암고분 북분 3옹			●							●			Ⅲc	
31	영암만수 4호분 1호목 5-1				●					●				Ⅳb1	
5	광주 동림 10호구 10				●						●			Ⅳc	6
18	나주복암 3호분성토층북사면				●						●			Ⅳc	
29	무안 양장리 나지구 230-2				●						●			Ⅳc	
13	나주 복암 2호분 남주구 21				●						●			Ⅳc	
2	광주 하남1호구 7				●						●			Ⅳc	
20	나주복암 3호분 18호옹56-3				●						●			Ⅳc	
35	무안 하묘리두곡 160				●						●			Ⅳc	
39	장흥 상방촌A 수습509				●						●			Ⅳc	
45	무안 덕암고분 남분 1옹				●						●			Ⅳc	
42	장흥 상방촌A 491				●						●			Ⅳc	
25	무안 사창리 서록옹관 6-7				●						●			Ⅳc′	
17	나주 복암 3호분 성토층서북				●							●		Ⅳd	7
34	영광 학정 대천4호분 38-6				●							●		Ⅳd	
8	광주 산정 3호고분 603				●							●		Ⅳd	
32	해남 월송 조산고분 4-6				●							●		Ⅳd	
46	무안 덕암고분 북분 4옹				●							●		Ⅳd	
26	무안사창리 옹관묘추정 6-5				●							●		Ⅳd1	
11	나주복암 1호분 주구 22-22					●						●		Ⅴd	8
22	나주복암 3호분 96-1 토9					●						●		Ⅴd	
23	나주복암 3호분2호석실93-8					●						●		Ⅴd	
24	나주대안리 9호분 경관7649					●						●		Ⅴd	

번호	유물	구경부							동체					형식	변화단계
		I	II	III	IV	V	VI	VII	a	b	c	d	e		
15	나주복암 2호분 북주구 100					●						●		Vd	8
47	무안 덕암고분 북분 7옹					●						●		Vd	
50	광주 쌍암동고분 석실 3					●						●		Vd	
28	무안양장리 나지구 230-1					●						●		Vd2	
19	나주복암 3호분 9호옹 41-2						●					●		VId	9
12	나주복암 1호분 주구 29-13						●					●		VId	
16	나주복암 2호분 북주구 101						●					●		VId	
41	장흥 상방촌A 283						●					●		VId	
10	나주복암 1-2호분사이 90-5						●					●		VId	
9	나주복암 1-2호분사이 84-6						●						●	VIe	10
40	장흥 상방촌A 수습508						●						●	VIe	
33	해남 월송 조산고분 4-7							●				●		VIId	
14	나주복암 2호분 북주구 102							●				●		VIId	
21	나주복암 3호분 96-4 토47							●					●	VIIe	11
38	광주 월계동1호석실도7-7							●					●	VIIe	
37	광주 월계동1호주구도58-8							●					●	VIIe	
43	담양오산 1호 석실 226							●					●	VIIe	

표 3. 광주 · 전남지역 유공광구소호 형식 간 상대서열

(표 3)을 통해 유공광구소호의 형식은 Ⅰa식→Ⅰb식,(Ⅱa식)→Ⅱb식→Ⅲb식 →Ⅲc식, Ⅳb1→Ⅳc식→Ⅳd식→Ⅴd식→Ⅵd식→Ⅵe식,Ⅶd식→Ⅶe식으로 변화 한다는 것을 알 수 있다.

형식조열에서 확인할 수 있는 각 변화의 특징을 살피면 전술 한 것과 같이 광주 · 전남지역 유공광구소호는 11번의 변화과정을 거친다는 것을 확인할 수 있다. 각 변화과정의 특징을 살펴보면 다음과 같다. 1단계는 Ⅰa식이 나타나는 단계로 홑구연의 기능성을 가춘 유공광구소호가 나타난다. 2단계는 Ⅱa식, Ⅰb 식이 나타나고 형태의 변화가 시작되는 시점이다. 3단계는 Ⅱb식이 등장하는 과 정으로 새로운 조합이 이루어지는 과정으로 여겨진다. 4단계는 Ⅲb식, 5단계는 Ⅲc식이 나타나는데 변화의 과도기적인 경향에서 나타나는 형식으로 생각된다. 6단계는 Ⅳc식이 등장하여 영산강 유역권에 보편화되는 과정을 거친다. 7단계는 Ⅳc식이 발전된 Ⅳd식이 등장하며 장식성이 나타나는 과정이다. 8단계는 Ⅴd식, 9단계는 Ⅵd식이 등장하고 동체의 크기보다 구경부의 크기가 크다는 특징을 가진다. 이것은 기능적인 면보다는 장식적인 면이 강조되는 과정으로 여겨진다. 10단계는 Ⅵe식, Ⅶd식 11단계는 Ⅶe식이 나타난다. 이 형식은 크고 화려하다는 특징이 있으며 또한 간략화 된다는 특징을 가진다. 이는 보여주는 것을 강조하는 것이 유공광구소호에서 나타나는 것으로 생각된다. 이렇게 각 형식 조열된 변화과정의 특징을 살펴보았다. 각 변화단계의 순서가 타당한가를 먼저 생각해보고 각 유공광구소호가 나타나는 시기의 변천과정을 살펴보도록 하겠다.

2) 공반유물 검토

출토된 유공광구소호의 시간성을 검증하기 위해서는 먼저 유구의 폐기과정이 명확한 시간성을 가지고 공반 유물이 일시 매몰 되었거나 층위상의 구분이 있어야 한다. 따라서 매몰 된 시기가 불명확한 구, 수혈에서 확인된 유공광구소호와 수습된 것을 제외한 매장주체부와 주거지 등에서 출토된 유공광구소호를 공반 유물과 비교하여 시간적 순서가 타당한지 검증하도록 하겠다.

대상 유물 중 매장주체부에서 확인된 유공광구소호는 12점이고, 주거지에서 확인된 유공광구소호는 2점이다. 이곳에서 공반된 유물을 검토하면 옹관, 개, 배, 철기류, 단경호 등이 있다.

먼저 유구의 층서상의 순서를 검토하면 복암리 3호분에서는 성토층→제2호 석실→제9호 옹관 출토 유공광구소호 순으로 형식이 변화한다고 하였다(국립문화재연구소 2001). 이는 본 유공광구소호의 변화순서와 일치하는 것으로 방향성이 옳다고 말할 수 있다. 또한 복암리 3호분 96호 석실에 안치된 옹관은 총 4기로 1호 옹관, 2호 옹관, 3호 옹관, 4호 옹관의 순으로 안치가 되었다(국립문화재연구소 2001). 이는 각 옹관이 시간의 공백이 존재한다는 것을 말한다고 할 수 있다. 여기서 유공광구소호 8단계에 해당하는 복암리 3호분 96호 석실 1호 옹관 출토 유공광구소호가 4호 옹관에서 출토된 유공광구소호보다 시간적으로 앞선다는 것을 알 수 있다. 따라서 11단계에 해당하는 4호 옹관 유공광구소호의 시간성이 인정된다고 볼 수 있다. 하지만 유공광구소호 8단계와 11단계 사이에는 시간

연번	유 적 명	변화단계	공 반 유 물	비고
1	광주 하남 100호 주거지	1	호형토기	
2	광주 향등 3호 주거지	3	발, 호, 개, 장란형토기, 컵형토기	
3	영암 만수리 2호분 4호 옹	5	개, 배, 소호	
4	영암 만수리 4호분 1호 목	5	철겸, 철부	
5	나주 복암3호분 18호 옹	6	옹, 철도자	
6	영광 학정리 대천 4호 석실	7	호, 개, 배, 철겸, 파수배	
7	광주 산정동 3호 고분	7	없음	
8	나주 복암리 3호분 96석-1 옹	8	개, 배, 고배 , 철촉, 철대도 등	
9	나주 대안리 9호분 경관	8	대부호, 대호, 장경호, 병, 철촉, 대도, 곡옥, 다면옥 등	
10	나주 복암리 3호분 2호 석실	8	개, 배, 평저직구소호, 병, 완, 단경호, 기대편, 철겸, 철부 등	
11	나주 복암리 3호분 9호 옹	9	개, 배, 구슬	
12	해남 월송리 조산고분	7, 10	호, 장경호, 개, 배 대부직구호, 고배, 마구류	
13	나주 복암리 3호분 96석-4 옹	11	광구장경호, 단경호, 개, 배, 평저직구소호 등	

표 4. 유공광구소호와 공반 유물

의 간격이 크지 않았을 것으로 생각된다.

이렇게 복암리 3호분을 통한 층서상의 유구의 변화 과정 속에서 유공광구소호의 변화단계가 타당하다는 것을 알 수 있었다. 다음 공반 유물과의 관계를 살펴보면 다음의 결과를 얻을 수 있다.

먼저 공반된 유물 중에서 원저단경호를 들 수 있다. 원저단경호는 구연이 사직립에서 외반되는 것과 동체가 편구형에서 구형, 장동형, 유견형으로 변화한다고 인정된다(李暎澈 2001). 원저단경호가 공반되는 유구는 대안리 9호분 경관과 복암리 3호분 2호 석실, 월송리 조산고분, 복암리 3호분 96호 석실 4호 옹 이 있으며 이곳에서 확인된 원저단경호를 관찰하면 이렇게 변화하는 것을 관찰 할 수 있다.

그리고 이시기 많이 공반되는 개배를 살펴보면 개배의 경우, 개와 배를 하나의 결합된 관계로 연구가 진행되어 왔다. 그 변화는 개배의 신부고가 낮아진다는 것이다(임영진 1999; 박순발 2000; 이영철 2001; 서현주 2006; 오동선 2009). 최근에 개와 배를 구분하여 개는 장식성을 가지는 반면 배는 기능적인 면을 잘 나타내고 있다고 여기고 개의 변화 양상에 중점을 두고 연구를 진행한 결과가 있다

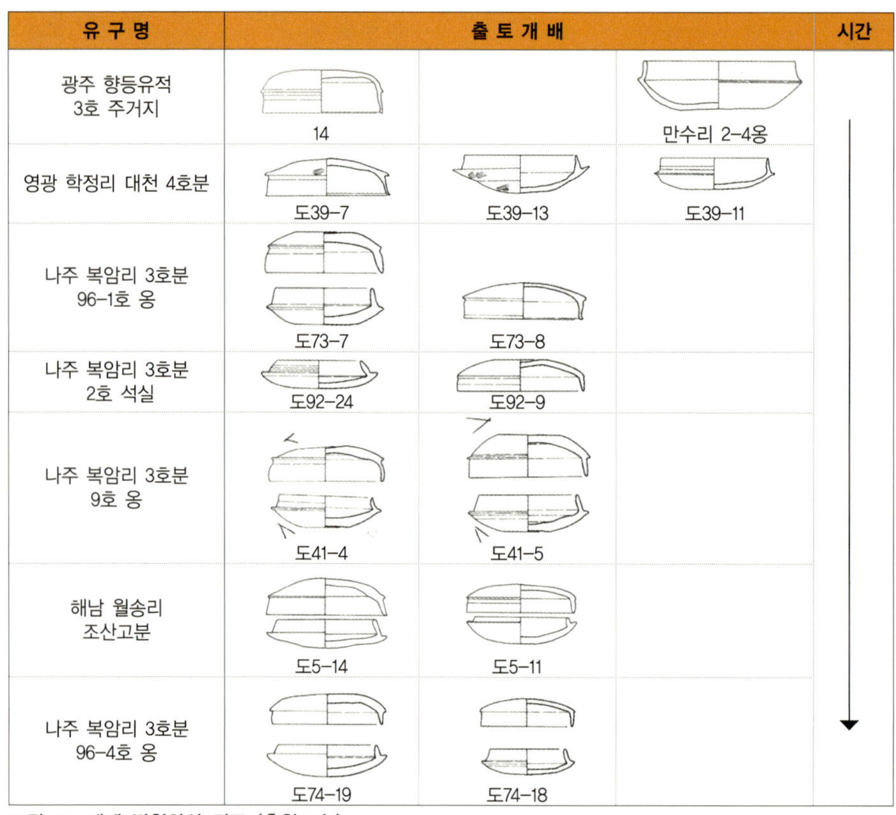

유구명	출토 개배			시간
광주 향등유적 3호 주거지	14		만수리 2-4옹	
영광 학정리 대천 4호분	도39-7	도39-13	도39-11	
나주 복암리 3호분 96-1호 옹	도73-7	도73-8		
나주 복암리 3호분 2호 석실	도92-24	도92-9		
나주 복암리 3호분 9호 옹	도41-4	도41-5		
해남 월송리 조산고분	도5-14	도5-11		
나주 복암리 3호분 96-4호 옹	도74-19	도74-18		

그림 15. 개배 변천양상 검토 (축척=1/7)

(오동선 2009). 그 결과 다양한 개배의 변화양상을 세부적으로 살펴볼 수 있는 기회를 제공하였다. 그러나 이 역시 개와 배를 하나의 개체로 보고 연구결과를 제시하였다. 물론 그 변화의 방향은 개배의 신부고가 낮아지고 직경이 넓어지는 것에 있다.

유공광구소호와 공반되는 개배는 광주 향등 3호 주거지, 나주 복암리 2호분 남쪽 주구, 영광 학정리 대천 4호분, 광주 산정 3호분, 나주 대안리 9호분, 나주 복암리 3호분 96호 석실 1호 옹관, 나주 복암리 3호분 2호 석실, 나주 복암리 3호분 9호 옹관, 나주 복암리 3호분 96호 석실 4호 옹관, 해남 월송리 조산고분 등에서 확인된다. 각 유구에서 공반되는 개배는 (그림 15)와 같다. 이 개배를 확인한 결과 형태의 변화양상과 거의 일치하다는 것을 알 수 있다. 본고의 유공광구소호의 순서와 맞게 유구를 배열 하였을 때 개배의 신부의 높이가 낮아지고 최대경이 넓어진다는 것을 알 수 있다. 여기서 본 형식조열이 타당하다는 것을 확인 할 수 있었다.

즉, 각 유구에서 공반되는 개배의 변화양상을 검토한 결과 유공광구소호의 변화단계가 타당하다는 것을 알 수 있었다. 이를 바탕으로 유공광구소호의 단계 설정하고자 한다.

IV. 편년과 지역성

전장을 통해 유공광구소호의 형태 변화과정을 살펴볼 수 있었다. 그 결과를 토대로 유공광구소호가 나타나는 시기의 변천과정을 살펴보도록 하겠다. 먼저 유공광구소호가 등장하는 시기는 하남동 100호 주거지에서 출토된 공반 유물을 관찰한 결과 5세기 전반 경으로 판단되며 5세기 초를 크게 벗어나지 않을 것으로 생각된다. 따라서 유공광구소호의 등장은 이 시기에 이루어진 것이 아닌가 생각하며 5세기 전반 경을 상한으로 생각한다. 그리고 백제의 석실이 본격적으로 영산강일대에 들어서면서 유공광구소호가 사라지는 것으로 판단된다. 따라서 유공광구소호의 하한은 6세기 중엽 경으로 생각된다. 하지만 이 5세기 전반 경에서 6세기 중엽 경 사이에 확인된 유공광구소호의 변화의 시간은 크지 않았을 것으로 판단된다. 그리고 변화는 빠르게 진행되고 전파된 것으로 보인다.

1. 편년

광주 · 전남지역 유공광구소호는 영산강 중·상류 역에서 기원하여 이 지역을 중심으로 변화과정을 거치면서 발달하였다. 그러나 영산강유역에서 하나의 형태가 존재하기 보다는 다양한 기형이 발달하고 각 집단의 성격에 맞게 형태가 변형되어 발전한 것으로 사료된다. 크게는 구경이 넓어지고 구경부가 길어지는 형태가 일반적이고 동체부가 발달하는 것, 구연부가 발달하는 것 등이 있다.

이러한 변화를 기준으로 5기의 나뉘어 발전한다고 여겨진다.

먼저, Ⅰ기에는 유공광구소호 1,2단계가 해당한다. 이 시기에는 Ⅰa식이 나타나는 단계로 평저호에 투공을 하여 액체를 따르기 쉽도록 하는 새로운 기형. 즉, 홑구연의 기능성을 가춘 유공광구소호가 나타난다. Ⅰa식이 광주지역의 주거지나 구 등에서 확인되는 것으로 보아 영산강 중·하류역에서 초출하는 것으로 판단된다. 외반된 홑구연이고 편구형의 동체와 평저형태를 가지는 백제의 평저호(소호)를 기본형으로 하여 제작된 것으로 추정된다. 또한 주거시설에서 먼저 사용되기 시작한 것으로 보이며 광주 하남동, 동림동, 향등 일대에서 확인된다. 그 다음 영산강 유역권으로 전파되면서 Ⅱa식, Ⅰb식이 출현하는 것으로 보인다. 이 시기 영암 만수리에서도 저부가 결실되었지만 Ⅰb식으로 추정되는 기형이 확인되고 있어 전파의 속도는 빨랐던 것으로 생각된다. 그리고 이 시기 중반 이후부터 유공광구소호의 형태 변화가 시작된다고 판단된다.

공반되는 유물은 호형토기, 발 등 있다. Ⅰ기는 변화의 양상과 공반 유물을 보아 5세기 전엽에 해당한다.

Ⅱ기 유공광구소호 3,4,5단계에 해당하며 이 시기는 다양한 변화가 점차 확대되는 시기이다. 먼저 3단계에는 Ⅱb식이 등장하고 4단계는 Ⅲb식이 출현한다. 이러한 현상은 새로운 조합이 이루어지는 과정으로 여겨진다. 그리고 영산강 중·상류역에서 하류역에 해당하는 무안, 영암지역으로 빠르게 전파된다. 그러면서 무안 사창리와 영암 만수리에서는 묘제에 부장되는 경우를 확인할 수 있는데 이것은 유공광구소호가 주거시설 외에 묘제 즉, 고분에 부장되기 시작하는 시점으로 생각해 볼 수 있다. 하지만 고분에 부장되는 것에서 영산강 하류역만의 형태가 요구되었거나, 이지역의 특징이 반영되기 시작하는 것으로 보인다. 4단계는 Ⅲb식, 5단계는 Ⅲc식이 나타나는데 변화의 과도기적인 경향에서 나타나는 형식으로 생각된다. 그리고 아류형인 Ⅳb1식이 나타나고 있어 모방을 통한

변화가 나타나는 것으로 사료된다. 이와 공반되는 유물은 호, 발, 개, 배 등이 있다. 이 공반 유물로 보아 3,4,5단계의 시간의 폭은 크지 않았다고 여겨지고 시기는 5세기 전~중엽 경으로 볼 수 있다.

Ⅲ기는 유공광구소호 6,7단계가 해당한다. 이 시기 유공광구소호 Ⅳc식이 등장하여 영산강 유역권에 보편화되는 과정을 거치다가 Ⅳc식이 발전된 Ⅳd식이 등장하여 장식성이 나타나는 과정을 보이는 것으로 판단된다. Ⅳc식의 등장은 구연부 형태의 변화로 이야기 할 수 있다. 구연부에 단이 형성되는 점이 특징인데 이 점은 액체를 유공광구소호에 담을 때 구연 밖으로 넘치는 것을 방지하기 위한 것으로 여겨진다. 다음 7단계를 전후한 시점부터 장식성이 강조되는 유공광구소호가 나타난다. 이 장식성을 강조하는 기형이 나타나는 시점이라는 점에서 일반적인 형태가 이미 정립되어 다른 것이 필요하다는 것을 의미한다고 여겨진다. 따라서 이러한 변화 속에서 기존의 틀과 다른 유공광구소호도 확인되기 시작하는 시기로 판단된다. 특히 복암리 18호 옹관 출토 52-3번 유공광구소호의 등장은 영산강 지역 내 토기제작방법의 변화, 혹은 가야, 왜와의 교류를 보여주는 것으로 생각된다. 이 토기는 기존에 확인되지 않던 원저의 형태를 가지고 있다. 하지만 기벽이 두껍고 소성온도가 낮으며, 거칠게 정면하여 불규칙적인 물손질흔이 관찰된다. 이런 특징은 기존의 토기 제작 방법에 새로운 기법이 등장하였다는 것을 의미한다고 생각된다. 그리고 이 토기는 가야지역 토기에서 확인되는 암회청색에 적갈색 속심을 가지고 있어서 토기 소성 방법에서의 변화를 짐작케 한다.

그리고 이 시기 무안 사창리 출토 6-5번 유공광구소호에서 보이는 동체의 변화는 7단계를 전후한 시기에 무안지역에서 구연부의 형태보다 동체의 형태가 변화하는 경향이 강하게 나타나고 있다는 것을 보여준다. 이것은 영산강 중·상류역과 다른 변화양상으로 이전 시기의 보수적인 경향이 지속되는 것으로 이해할 수 있다.

이 시기 공반되는 유물은 호, 개, 배, 철겸, 철도자 등이 있다. 공반 유물의 양상과 유공광구소호의 변화의 양상으로 보아 5세기 중~후엽경에 해당한다.

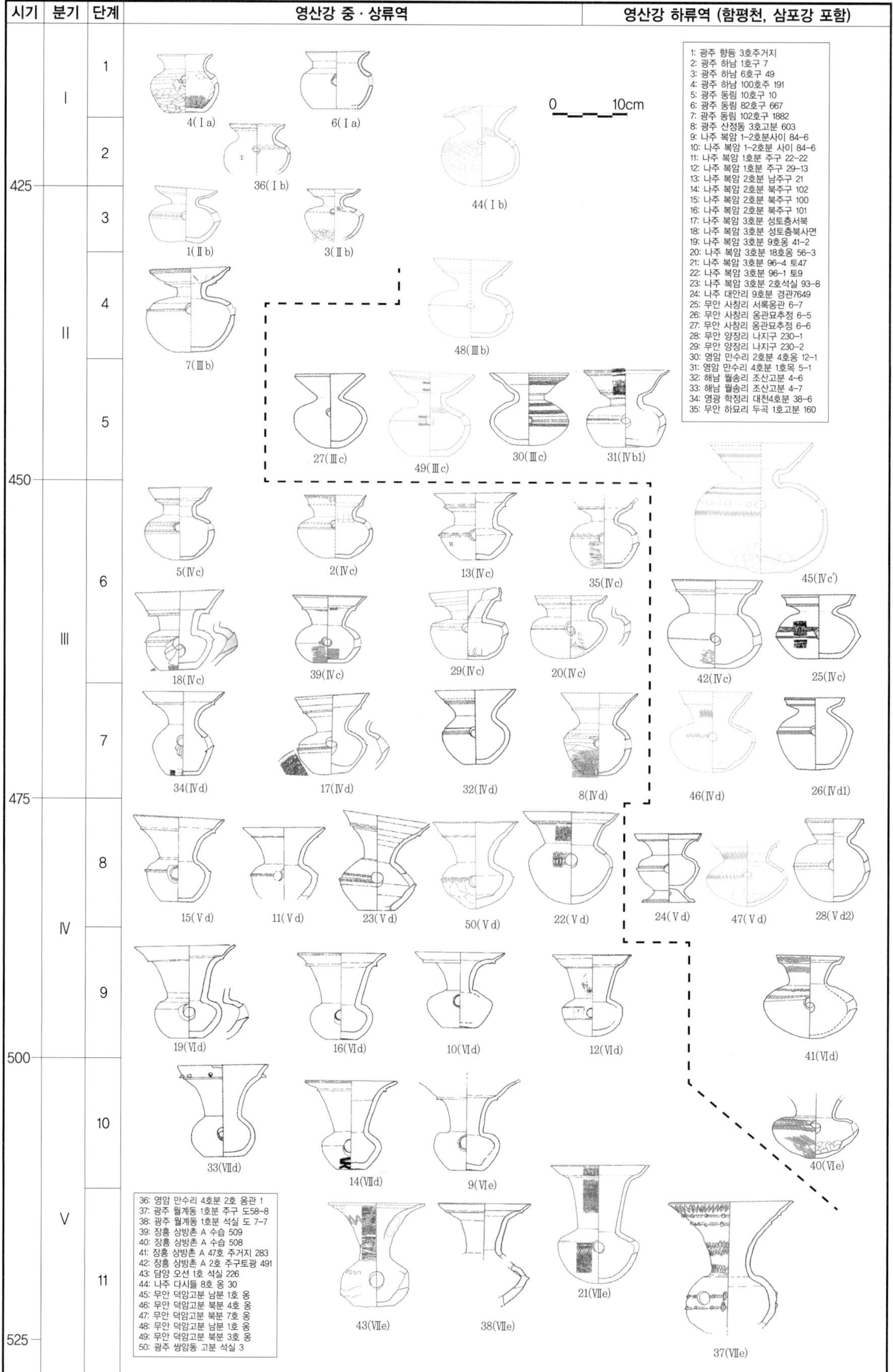

그림 16. 광주·전남지역 유공광구소호(축척=1/8)

Ⅳ기는 유공광구소호 8,9단계가 해당한다. 먼저 8단계에는 Ⅴd식이 등장하고, 9단계에는 Ⅵd식이 등장하는 변화가 확인된다. 이러한 변화는 동체의 변화보다 구경부의 변화가 많이 이루어 졌다는 것을 의미한다. 즉, 동체의 크기보다 구경부의 크기가 커지고 길어진다는 특징을 가진다. 이것은 기능적인 면보다는 장식적인 면이 강조되는 과정으로 여겨진다. 그리고 동체부에 문양대가 나타나는 특징을 보인다.

이시기 대형분에서 확인되는데 이것은 고분의 크기가 대형화 되면서 부장되는 유물에도 장식성을 요구하는 흐름이 반영된 것이 아닌가 생각해 본다. 이러한 현상 속에서 유공광구소호는 다양한 형태가 비슷하지만 조금씩 다른 변화를 짧은 시간동안 나타나는 시기이다. 마치 다양한 집단이 한 곳으로 일시에 모여 서로 시간적으로 융합되지 않은 관계가 나타나는 것처럼, 소수의 지역에 다양한 형태가 확인된다.

공반되는 유물은 대부호, 대호, 장경호, 단경호, 병, 개, 배, 평저직구소호, 완, 기대편, 대도, 철겸, 철부, 철촉, 곡옥, 다면옥 등 기형이 다양화되고 철제품과 마구류, 금동제품이 함께 부장되는 특징이 관찰된다. 이 시기는 5세기 말~6세기 초경으로 볼 수 있다.

Ⅴ기는 유공광구소호 10,11단계가 해당된다. 이 시기에는 Ⅵe식(10단계),Ⅶd식(10단계) 그리고 Ⅶe식(11단계)이 나타난다. 이 형식들은 크거나 화려하다는 특징이 있으며 또한 간략화 된다는 특징을 가진다. 이는 보여주는 것을 강조하는 점이 유공광구소호를 제작하는 것에 있어서 중요한 부분을 차지한다고 할 수 있다.

이 시기 유공광구소호는 동체에서 돌대가 확인되지 않고 구연부가 강조되는 경향이 짙어진다. 그리고 견부가 발달하는 경향이 뚜렷해지는 것으로 판단된다. 나주 복암리 3호분 96호 석실 4호 옹관에서 출토된 토47번 유공광구소호는 이러한 방향을 잘 반영하고 있다고 할 수 있다. 그리고 광주 월계동 1호분에서 확인된 유공광구소호는 구경이 넓고 구경이 긴 특징과 화려하게 장식한 점에서 가장 늦은 시기의 유공광구소호로 생각된다.

공반되는 유물은 장경호, 단경호, 광구장경호, 개, 배, 고배, 마구류, 철부, 철겸, 금동제품, 옥 등 이 확인되고 특히, 호형토기의 부장이 늘어나는 것을 알 수 있다. 이 시기는 공반 유물로 미루어 6세기 전~중엽경에 해당한다.

유공광구소호는 이러한 변화양상을 거치며 영산강 중 · 상류역에서 출현하여 하류역으로 전파된 후 다시 다양한 변화를 거치며 역방향으로 영향을 준다. 그리고 이러한 과정 속에서 지역별 특징이 나타나고 장식적인 면이 강조되는 방향으로 변화한다.

시기별 변화 양상을 정리하면, 시간이 지날수록 구경부가 홑구연에서 구연과 경부로 나뉘어지고 경부가 길어지는 경향과 구경이 넓어지는 경향을 보인다. 그리고 동체는 편구형의 평저에서 견부가 발달한 역제형으로 변화하는 경향을 보이며 원저와 평저가 공반된다. 이때 나타나는 특징을 살피면 다음의 (표 5)과 같이 정리할 수 있다.

2. 지역성

유공광구소호의 변화과정을 확인하면서 각 지역별 집단의 특징이 반영되었다고 여겨진다. 이러한 내용은 기존연구에서도 언급된바 있는데 서현주(2006b)는 영산강 하류지역과 복암리고분군을 중심으로 하는 영산강 중류지역, 그리고 와탄천 유역과 영산강 상류지역을 중심으로 분포하는 형식이 존재한다고 하여 영

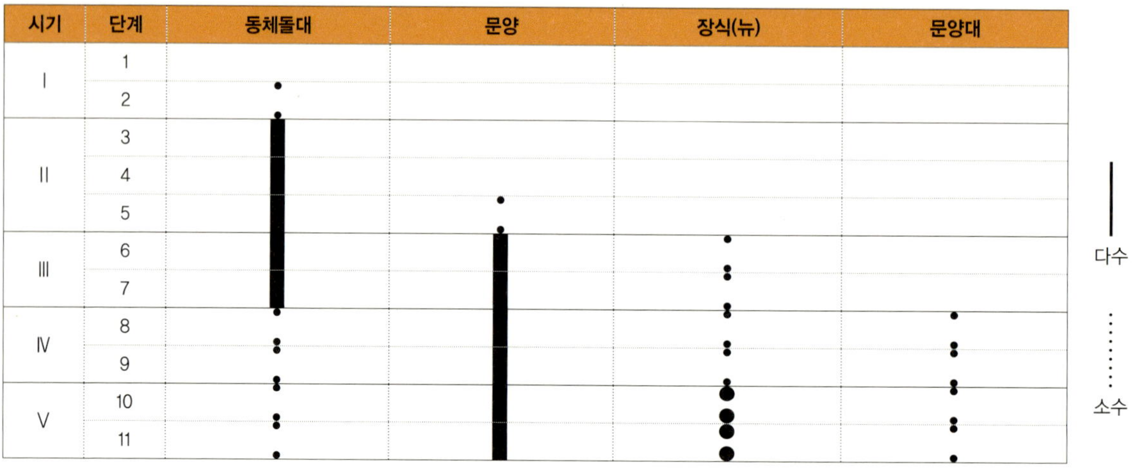

시기	단계	동체돌대	문양	장식(뉴)	문양대
I	1				
I	2	●			
II	3	▮			
II	4	▮			
II	5	▮	●		
III	6	▮	▮	●	
III	7	▮	▮	●	
IV	8	●	▮	●	●
IV	9	●	▮	●	●
V	10	●	▮	●	●
V	11	●	▮	●	●

(범례: 다수 ┃ ⋮ 소수)

표 5. 시기별 유공광구소호의 특징변화

산강을 중심으로 한 유공광구소호의 분포지역이 상류, 중류, 하류 역으로 크게 구분될 수 있다는 것을 시사 하였다. 즉, 지역성이 있을 것으로 보았다. 필자도 이 점을 인정하지만 영산강유역 중 지류에 해당하는 지역을 중심으로 하는 작은 집단이 있었을 것으로 생각되며 이러한 집단은 수계를 중심으로 분포하였을 것으로 생각된다.

즉, 각 분수계를 중심으로 하는 지역성이 나타난다고 판단된다. 이러한 분수계의 중심은 하류에서 상류로 올라가는 교통로 상의 거점 역할을 하였을 것이며 주로 영산강 변에 위치하고 있었을 것으로 추정된다.

광주 · 전남지역은 분수계를 중심으로 하여 구분할 수 있지만 크게 영산강 중 · 상류역권과 영상강 하류역권으로 구분할 수 있고 나아가 영산강 중 · 상류역권은 광주와 나주, 두 지역으로 구분하고, 영산강 하류역권은 함평, 무안, 영암(삼포천 포함)의 세 지역으로 구분하여 각 지역별로 형태적인 변화가 나타나는 것을 관찰할 수 있다.

물론 자료의 양이 적어 어느 한 지역의 특징이라고 말하는 것이 무리일 수도 있다. 하지만 한 지역에서 나타나는 공통된 변화의 방향은 유공광구소호를 제작하는 자가 달랐다는 것을 의미할 수 있고, 나아가서 집단의 차이를 설명할 수도 있을 것으로 생각된다.

영산강 상류역과 중류의 광주, 나주일대에서 확인되는 유적에서는 다양한 형식의 유공광구소호가 존재

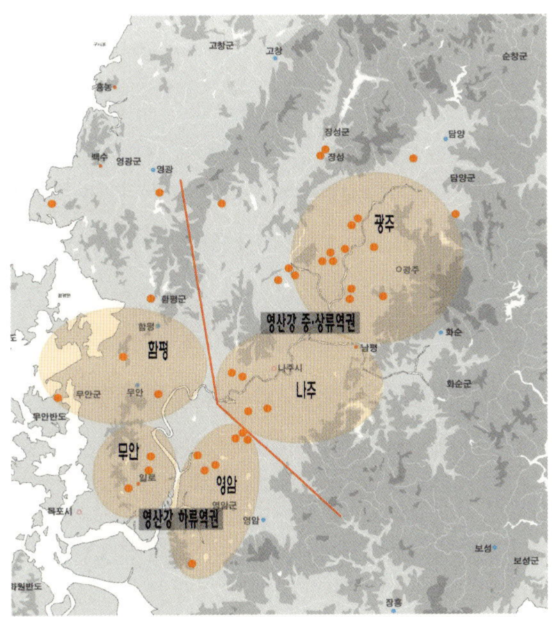

그림 17. 영산강유역 지역권 설정

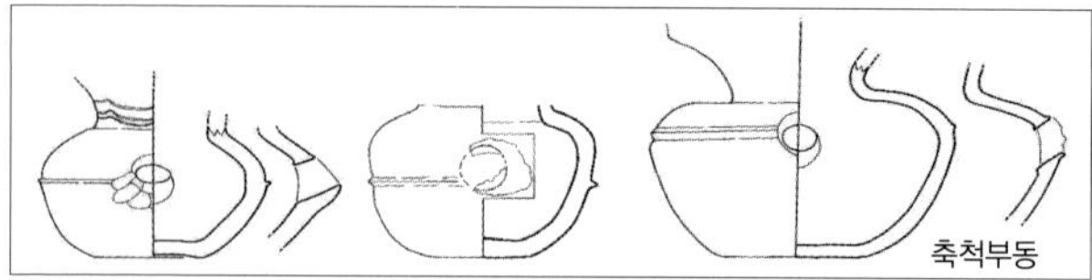

그림 18. 영암(삼포천포함)지역 출토 유공광구소호

는 점은 집단의 중심지 혹은 유공광구소호의 등장과 관련되지 않았을까 추정해본다.

하지만 앞서 살펴본 보편적인 형식변화와 일치하는 것을 확인할 수 있다. 이 변화의 방향이 이 지역에서 확인되는 점은 집단의 중심지 혹은 유공광구소호의 등장과 관련되지 않았을까 추정해본다.

영산강 하류역권의 영암(삼포천포함)일대에서 확인되는 유공광구소호는 영산강 중·상류역에서 확인되는 유공광구소호와 동체부분이 조금은 다른 개체가 확인된다. 이곳의 특징은 동하위가 좁아지는 경향이 둔하여 측면 말각 방형을 띠는 경향이 나타나고 두께가 두껍고, 거칠게 정면되는 것이다. 이와 같은 차이는 전용면적을 늘려서 실생활에서 유용하게 사용하기 위한 것 같다. 그리고 다른 유적과 달리 영산강과 지리적으로 멀리 떨어진 내륙에 위치하고 있어서 보수적인 경향이 뚜렷하다고 생각된다.

그리고 함평, 무안 일대에서 공통으로 확인되는 유공광구소호의 특징은 동체의 변화라고 할 수 있다. 이 지역의 유공광구소호는 동체가 구경부보다 크다는 것인데, 이는 내용물의 용량에 비중을 둔 것이라 보여진다. 그리고 편구형에서 구형으로 변화하며 투공의 위치는 동체 상위에서 중위로 이동하는 과정은 비슷한 맥락이라 여겨진다. 결국 이 지역에서는 기존의 형식과 비슷한 형식도 확인되지만 이렇게 다른 변화의 요소도 함께 가지고 있었음을 확인할 수 있다.

이런 5개의 지역 외에도 소단위의 지역이 있었을 것으로 생각된다. 그 중 영암 시종천일대에서는 구연부 형태에서 특징을 보인다. 그리고 남해안 일대인 해남, 장흥, 순천에서 확인되는 유공광구소호의 경우 須惠器의 특징이 확인되는데 해상교류를 통하여 나타나는 것으로 생각된다.

영산강 중류역권의 복암리 지역에서는 원저와 평저의 형태가 공반하여 출현하는 것을 확인할 수 있다. 이것은 원저의 형태가 일본의 須惠器에서 확인할 수 있는 속성(신인주 2005; 이유진 2007)이라는 점에서 볼 때 원저라는 새로운 형

태의 등장은 왜와의 교류를 상정할 수 있을 것이다. 복
암리 3호분 18호 옹에서 확인된 유공광구소호는 전술
하였듯이 재지계적인 제작방법으로 제작되었지만 원
저의 형태를 띠고 있다. 그리고 복암리 3호분에 원저
의 유공광구소호가 평저인 유공광구소호와 같은 시
간대에 부장이 되고 형태상의 변화를 거치고 있는 것
이 확인된다. 이러한 현상도 이 지역에서 일어나는 변
화의 한 방향이라고 설명할 수 있을 것이다.

　　이렇게 광주 · 전남지역의 유공광구소호는 분수
계를 중심으로 지역별 특징을 가지고 있었을 것으로
보인다. 하지만 자료의 양이 부족하다는 것을 인정하
고, 편에 대한 관찰이 부합되어야 할 것으로 생각된다.
이런 점을 보완한다면 추후 지역적 변화를 통해 세부
변화의 양상을 살필 수 있고 나아가 전체적인 영산강
유역을 포함한 광주 · 전남지역의 유공광구소호의 변
화양상을 세밀하게 관찰할 수 있을 것이다.

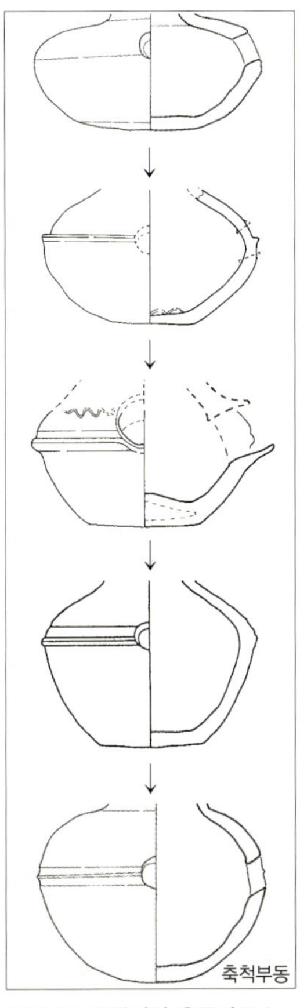

그림 19. 무안지역 유공광구소

V. 맺음말

본고를 통해 필자는 광주 · 전남지역의 유공광구소호의 현황과 변화양상에 대
해 살펴보았다. 그 결과 유공광구소호의 변화는 다양한 요소를 복합적인 영향을
받으며 진행된 것을 알 수 있었다.

　　본고를 요약하면 크게 유공광구소호의 편년 재고와 지역성 검토, 두 가지로
설명할 수 있다. 첫째, 유공광구소호의 편년 재고는 아류 형식을 포함한 18가지
의 형식으로 분류할 수 있고 이 형식은 11단계의 변화과정을 거치는 것을 확인

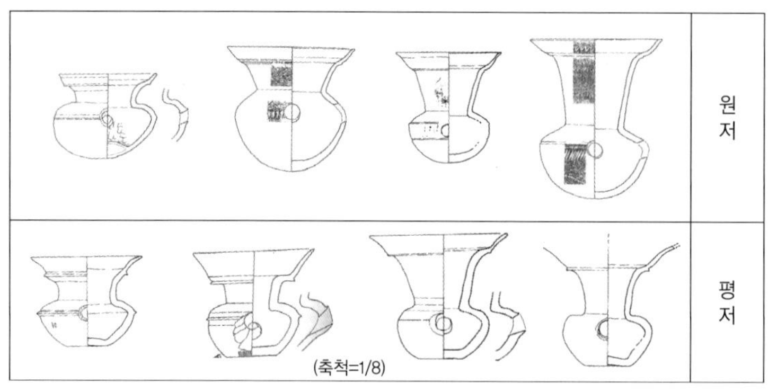

그림 20. 나주 복암리지역 평저와 원저 유공광구소호의 변천

할 수 있었다. 각 변화의 특징을 살핀 결과 유공광구소호는 크게 다섯 시기로 구분할 수 있었고 이 변화를 간략하게 설명하면 영산강 중·상류역에서 출현하여 하류역으로 전파된 후 Ⅲ기(5세기 중엽경)부터 다양한 변화를 거치며 역방향으로 영향을 준다. 그리고 이러한 과정 속에서 지역별 특징이 나타나고 장식적인 면이 강조되는 방향으로 변화한다고 할 수 있다. 또한 주거시설에서 먼저 확인된 후 매장시설에서 확인된다는 점을 볼 수 있다.

둘째는 유공광구소호의 변화과정 중에서 지역성을 가지는 요소가 나타나고 있다고 여겨진다. 각 지역에서 확인되는 특징을 정리한 결과 유공광구소호는 5가지의 계통성을 가진다. 각 계통은 강을 중심으로 하는 분수계가 경계였을 것으로 보이며, 한 유적 내에서도 다른 변화과정을 보이는 것을 확인 할 수 있어서 소집단 간의 차이도 반영되고 있는 것으로 생각된다. 즉, 지역적인 변화양상이 달랐을 것으로 판단된다.

필자는 본고를 통해서 유공광구소호의 변화과정을 살필 수 있었지만, 하나의 기종으로 시기를 판단하는 것은 무리일 수 있어서 추후 다양한 기종의 변화과정을 살펴서 동시기에 변화하는 사회상을 확인하고 싶은 마음을 전하고 유공광구소호의 경우는 추후 지역적인 특징을 살피고, 특히 분수계를 중심으로 하는 소집단의 분포와 특징을 고려하여 각 지역별 연구를 진행하도록 하겠다.

참고문헌

김정학, 1967.「웅천패총 연구」,『아세아연구 10-4』, 고려대학교아세아문제연구소.

盧美善, 2004,「有孔廣口小壺 小考」,『研究論文集』4, 湖南文化財研究院.

신인주, 2005,「固城 松鶴洞古墳 出土 有孔廣口小壺考」,『石堂論叢』35輯, 東亞大學校 石堂學術院.

서현주, 2006a,「영산강유역 삼국시대 토기연구」, 서울대학교 박사학위논문.

______, 2006b,『榮山江 流域 古墳 土器 研究』, 學研文化社.

______, 2006c,「考古學 資料로 본 百濟와 榮山江流域」,『百濟研究』第44輯, 忠南大學校百濟研究所.

오동선, 2009,「나주 신촌리 9호분의 축조과정과 연대 재고」,『한국고고학보』제73집, 한국고고학회.

李暎澈, 2001,「榮山江流域 甕棺古墳 社會의 構造 研究」, 慶北大學校 碩士學位論文.

李瑜眞, 2007,「한반도 남부 출토 有孔廣口壺 연구」, 釜山大學校 大學院 碩士學位論文.

이은정, 2003,「광주 향등 유적」,『호남지역 문화유적 발굴성과』, 호남고고학회.

이은창, 1978,「「有孔廣口小壺」考」,『고고미술』136·7, 한국미술사학회.

홍보식, 2005,「영산강유역 고분의 성격과 추이」,『호남고고학보』21, 호남고고학회.

酒井淸治, 2004,「5·6세기의 토기에서 본 羅州勢力」,『百濟研究』第39輯, 忠南大學校百濟研究所.

경희대학교 박물관, 1974,『영암 내동리 옹관묘 조사보고』.

徐聲勳·成洛俊, 1984a,『靈岩 萬樹里 古墳群』, 國立光州博物館.

______________, 1984b,「務安 社倉里 甕棺墓」,『靈岩 萬樹里 古墳群』, 國立光州博物館.

______________, 1984c,『海南 月松里 造山 古墳』, 國立光州博物館.

______________, 1988,『羅州潘南古墳群-綜合調査報告書』, 國立光州博物館.

국립광주박물관, 1990a,「대곡리 한실 주거지」,『주암댐 수몰지역 승주 대곡리 집자리』.

______________, 1990b,『靈岩 萬樹里 4號墳』.

趙現鐘·申相孝·張齊根, 1996,『光州 雲南洞遺蹟』, 國立光州博物館.

宋義政 · 崔相宗 · 尹孝男, 2004, 『光州 新昌洞 墳墓 遺蹟』, 國立光州博物館.

국립문화재연구소, 2001, 『나주 복암리 3호분』.

崔盛洛 · 曺根佑, 1991, 『靈巖 沃野里古墳』, 木浦大學校博物館.

李榮文 · 李正鎬 · 李暎澈, 1997, 『務安 良將里 遺蹟』, 木浦大學校博物館.

崔盛洛 · 李正鎬 · 韓玉珉, 1998, 『광주 벽진동 월산유적』, 목포대학교박물관.

최성락 · 이영철 · 윤효남, 2000, 『무안 양장 리유적 Ⅱ』, 목포대학교박물관.

최성락 · 김건수, 2000, 『영광 학정리 · 함평 용산리 유적』, 목포대학교박물관.

최성락 · 박철원 · 최미숙, 2000, 『장흥 지천리유적』, 목포대학교박물관.

최성락 · 이정호 · 윤효남, 2002, 『무안 고절리 고분』, 목포대학교박물관.

최성락 · 한옥민 · 한미진, 2004, 『영암 금계리 유적』, 목포대학교박물관.

목포대학교박물관, 2003, 『함평 중랑 유적』.

목포대학교박물관, 2005, 『장흥 상방촌A 유적 Ⅰ』.

林永珍 · 趙鎭先, 1994, 『光州 月桂洞長古墳 · 雙岩洞古墳』, 全南大學校 博物館.

林永珍 · 趙鎭先 · 徐賢珠, 1996, 『光州 月田洞 遺蹟』, 全南大學校 博物館.

林永珍 · 徐賢珠, 1997, 『光州 治平洞 遺蹟』, 全南大學校 博物館.

林永珍 · 趙鎭先 · 徐賢珠, 1999, 『伏岩里古墳群』, 全南大學校 博物館.

林永珍 · 趙鎭先 · 徐賢珠 · 宋恭善, 2002, 『羅州 德山里 古墳群』, 全南大學校 博物館.

林永珍 · 趙鎭先 · 徐賢珠 · 宋恭善, 2004, 『咸平 禮德里 萬家村 古墳群』, 全南大學校 博物館.

全南大學校 博物館, 2003, 『光州 月桂洞 長鼓墳』.

조선대학교박물관, 1995, 『광주 산월 포산 뚝뫼 유적』.

金建洙 · 金永熙, 2004, 『潭陽 城山里遺蹟』, (財)湖南文化財研究院.

李暎澈 · 宋恭善, 2005, 『務安 麥浦里 遺蹟』, (財)湖南文化財研究院.

(財)湖南文化財研究院, 2004, 『光州 香嶝遺蹟』.

_________________, 2006, 『長興 上芳村 B遺蹟』.

_________________, 2007a, 『光州 東林洞 遺蹟 Ⅲ』.

_________________, 2007b, 『潭陽 梧山遺蹟』.

__________________ , 2008a,『光州 河南洞 遺蹟Ⅰ』.

__________________ , 2008b,『光州 基谷 · 官洞遺蹟』.

__________________ , 2008c,『光州 山亭洞遺蹟』.

崔仁善 · 曺根佑 · 李順葉, 2003,『麗水 鼓樂山城Ⅰ』, 順天大學校博物館.

崔仁善 · 曺根佑 · 李順葉 · 朴美羅 · 宋美珍, 2004,『順天 劍丹山城Ⅰ』, 順天大學校博物館.

(사)한국문화재조사연구기관협회 · (재)대한문화유산연구센터, 2011,『務安 河猫里 頭谷 遺蹟』.

(재)대한문화유산연구센터, 2009,『고흥 동강 농공단지 조성부지내 문화유적 정밀발굴조사 약보고서』.

(재)대한문화유산연구센터, 2010,『무안 사창리 덕암고분군 문화유적 발굴조사 약보고서』.

가야지역 출토
유공광구호의 양상과 성격

이유진(부산박물관)

I. 머리말

유공광구호[1]는 소위 마한의 영역이라 일컫는 호남지역을 대표하는 토기이다. 시기가 내려올수록 구경과 경부의 길이비가 커지는 시간성이 확인되며, 출토량에 비해 기형이 다양한 편이다. 영남지역에서도 수 십여 점이 출토되고 있으며, 일본 고분古墳시대 스에키須惠器의 주요 기종으로 지역 간 토기문화 비교 및 교류양상을 파악하는데 애용되는 자료이다. 하지만 이러한 강점도 있는 반면, 형태가 다양하고 공반유물이 적기 때문에 비교분석이 어려운 한계도 있다.

영남지역에서는 함안 도항리, 부산 복천동, 김해 두곡, 고령 지산동, 고성 송학동 등 가야의 주요 고분에서 확인되며 특히 고성, 산청, 하동, 진주, 사천 등 서부 경남 지역[2]에서 출토 비중이 높다. 이 외 정확한 출처는 알 수 없지만, 영남지역 각 박물관 소장품이 30여점 가량이다[3]. 한편, 영남지역에서는 아직 경주를 중심으로 한 신라문화권에서는 출토예가 확인되지 않는 것을 보면 가야-특히 소가야-권역이 유공광구호의 주요 소비지였던 것으로 생각 된다[4].

최근 편년작업에 유용한 분묘 출토품이 급증하면서 유공광구호에 대한 안정적인 자료가 많이 확보되고 있다. 하지만 동체부에 구멍을 뚫은 이 특별한 기능의 토기에 관한 기원지는 여전히 논란이 되고 있다. 유공광구호의 초출지는 유구, 유적의 편년, 더 나아가서는 토기문화의 전파관계와도 연관되기 때문에 이에 따라 다양한 시각차가 생긴다. 출토 혹은 분포 빈도 비교를 통한 우위지역을 기원지로 설정한 영산강기원설과 일본기원설, 유공광구호의 형태, 형식 비교를 통한 고창지역 기원설[5], 유사 기종의 중심지에 초점을 둔 가야기원설[6]과 중국기원설[7] 등이 제시되고 있다. 하지만 가야지역 출토 유공광구호는 대부분 도질제로 소성되고, 영산강지역에 비해 늦은 단계로 편년되었기 때문에 그다지 논의의 소재가 되지 못했다. 이는 가야지역 도질토기 편년연구가 낙동강 이동지역에 편중한 영향도 있지만, 발굴유물이 적기 때문에 유공광구호가 상형토기 이상의 의미를 가지지 못했던 것도 사실이다.

1) 흔히 유공광구소호로 알려져 있지만, 용량이 큰 개체도 점차 증가하고 있기 때문에 유공광구호로 통칭하는 것이 좋겠다(이유진, 2007, 「한반도 남부 출토 유공광구호 연구」, 부산대학교석사학위논문)

2) 서부 경남 지역 출토 토기는 일찍이 '사천·고성식'으로 분류되었으며 이후 '진주·고성식', '진주식', '고성식' 등 다양하게 명명되다가 최근에는 '소가야식' 토기라는 명칭으로 정착되는 추세이다.

3) 하지만 기형, 색조, 제작기법 등 출토 유물과 비교해 본 결과 대부분이 호남 지역에서 이입되었다기 보다 가야지역에서 출토된 것으로 생각된다.

4) 이를 가야가 신라와 구분되는 특징으로 가야에서는 유공호를 신라에서는 주구부토기를 사용한 것으로 보기도 한다(신인주, 1998, 「新羅 注口附 容器에 대한 研究-有孔廣口小壺와의 比較·檢討를 중심으로」『文物研究』2, 동아시아 문물연구학술재단).

5) 노미선, 2004, 「有孔廣口小壺 小考」『연구논문집』제4집, 호남문화재연구원

6) 김정학, 1967, 「웅천패총 연구」『아세아연구』10-4, 고려대학교아세아문제연구소

7) 小池寬, 1999, 「有孔廣口小壺の造型」『朝鮮古代研究』1, 朝鮮古代研究刊行會
씨는 더 나아가 중국 월주요 계수호鷄首壺에서 유공광구호의 시원을 찾고 있다.

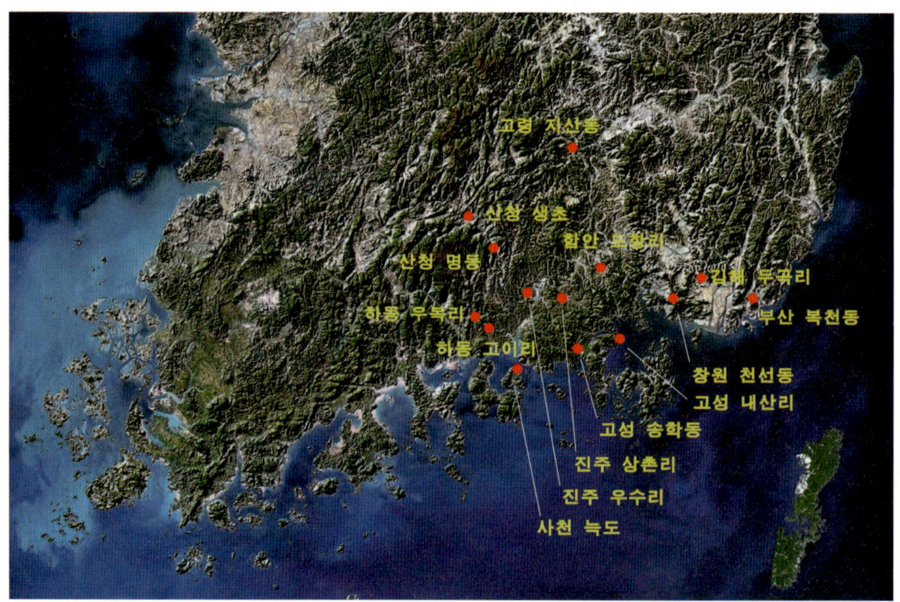

그림 1. 가야지역 유공광구호 출토 유적

소가야 지역 출토 유공호에 대해서는 하동 고이리 출토품이 영산강유역 초현기 형태와 유사점을 근거로 영산강유역에서 하동으로 직접 유입, 이후 하동에서 고성지역으로 간접 확산된 것으로 추정한 연구가 있어 주목 된다[8]. 후장에서 검토하겠지만 가야지역 출토품 중에는 하동 고이리 뿐만 아니라 함안 도항리, 창원 천선동 출토품은 비교적 이른 시기로 생각되기 때문에 영산강 유역에서 가야지역으로 단선적으로 확산되었다기보다 해상교역루트 등을 통한 다양한 경로를 상정해 볼 수 있다. 필자는 전고에서 유공광구호의 형태에 따라 5개의 형식으로 분류하였으며, Ⅰ·Ⅱ형식은 영·호남, Ⅲ형식은 호남, Ⅳ형식은 소가야, Ⅴ형식은 스에키계로 지역성이 있음을 확인하였다[9]. 특히 소가야 출토품은 기형이 획일화된 양상을 보이지만, 그 외 가야지역 출토품들은 유공광구호의 형태적 다양성, 지역성 혹은 시기성 등의 요소가 복합적으로 반영되어 있다. 스에키계로 추정되는 것도 일본에서의 직접이입, 간접이입, 혹은 모방제작의 다양한 가능성이 제기된다.

8) 井上美奈子, 2004, 「韓國慶尙南道出土の有孔廣口小壺について」 『專修考古學』10, 專修大學考古學科

　　본고에서는 가야지역 출토 유공광구호를 정리하고, 그 출토 유구와 양상을 살펴보겠다. 그리고 이러한 출토 양상이 어떠한 성격과 의미를 가지는지를 검토해 보고자 한다.

II. 출토 유적과 공반유물의 검토

1. 아라가야권 : 함안 도항리 고분군

아라가야에서는 도항리 13호분(경)[10] 1점, 傳)도항리[11] 1점이 확인되는데 전자는 낙동강유역 출토 광구소호와 크기, 기형이 유사하며, 후자는 역삼각형의 동체에 평저의 저부를 가진 것이 특징이다. 평저의 유공호는 영산강유역, 역삼각형의 동체부는 일본 스에키의 특징적인 속성으로 볼 수 있으므로, 함안지역 출토품은 이들 지역에서 기형에 대한 모티브를 직간접적으로 입수했거나, 자체적으로 창안, 제작하였을 것이다.

　　도항리 13호분은 520×150cm의 평면 세장방형 목곽묘이다. 소위 아라가야식 토기와 삼각판혁철판갑 등의 무구, 무기류가 출토되며, 보고자의 토기 편년에

9) 이유진, 2008, 「5~6세기 유공광구호의 변천과 분포」『영남고고학』 46, 영남고고학회

I	II	III	IV	V
1 무안 사창리	3 영암 만수리	5 해남 가좌리	7 하동 우복리	9 무안 맥포리
2 나주 장등	4 고창 장두리	6 나주 복암리 3-9호	8 고성 내산리 60호	10 나주 복암리3-96

표 1. 한반도 출토 유공광구호의 형식 분류(이유진 2009)

10) 경남고고학연구소, 2000, 『도항리 말산리 유적』
11) 함안박물관, 2000, 『상설전시도록』

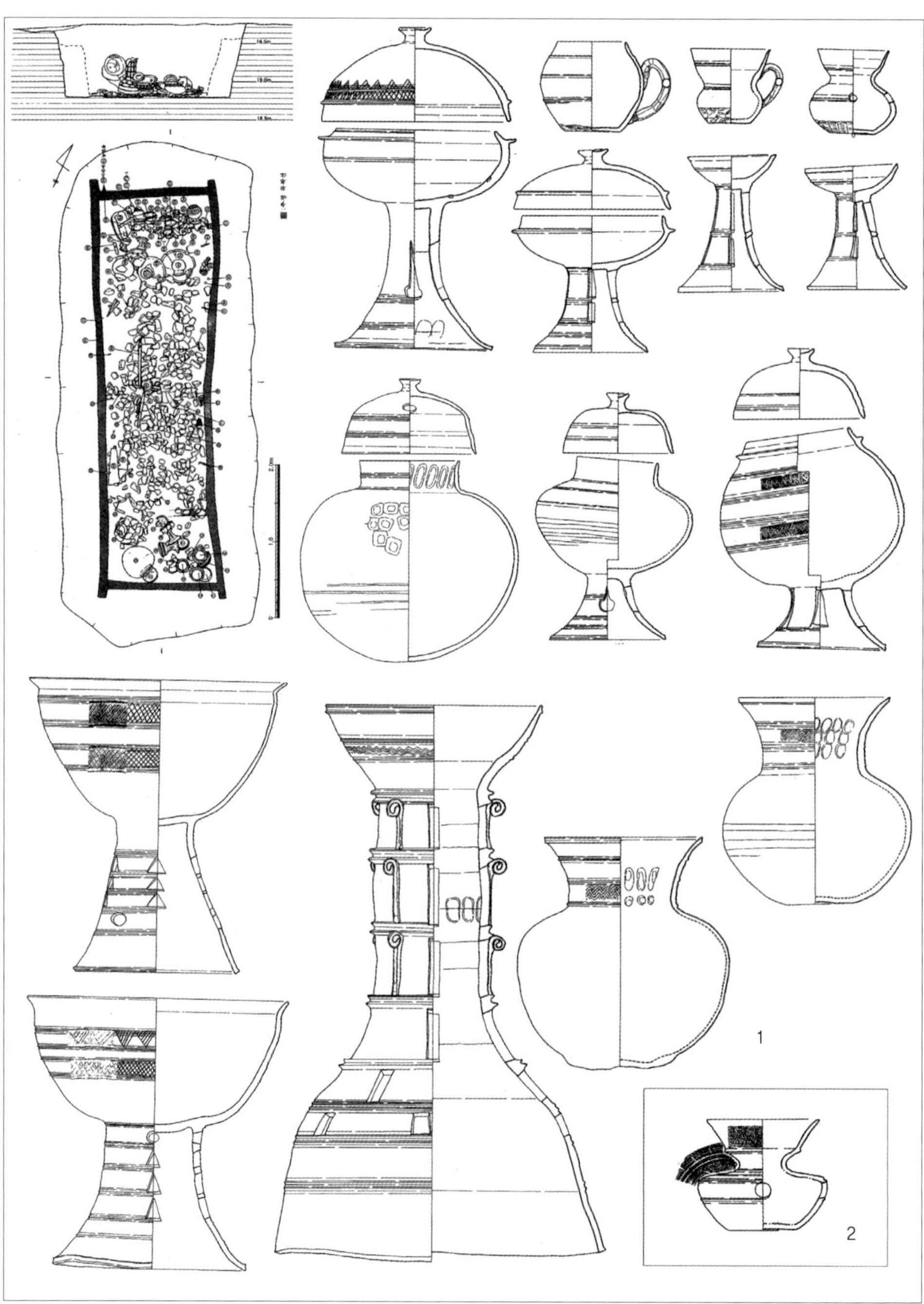

그림 2. 함안 도항리 출토유물(1. 13호분(경) 2. 함안박물관 소장품)

따르면 5세기 2/4분기로 볼 수 있다[12]. 이 단계는 아라가야만의 토기 양식이 성립되는 시기로 기형이나 기종 구성에서 대가야, 소가야, 신라와는 확실히 구분되는 토기 문화가 확립된다. 목곽묘의 북단벽쪽에 2열로 토기류를 부장하였는데, 유공광구호는 삼각판혁철갑옷을 비롯한 고배, 대부호, 파수부호 등의 토기류와 나란히 놓여졌다.

출토 위치로 보면, 유공광구호는 파수부광구소호와 함께 소형기대와 세트로 구성되었을 가능성이 높다[13]. 파수부광구소호는 기형의 차이는 있지만 태토, 구경부 형태, 제법 등도 비슷한 것으로 보아 유공광구호와 함께 제작, 소성된 것으로 생각된다. 그리고 소형기대, 고배, 대부직구호 등 토기의 색조는 물론 자연유 흡착 양상이 유사한 것으로 보아 같은 요에서 동시 소성되었을 가능성이 높다. 따라서 유공광구호는 이입된 자료로 보기 어렵고 공반 유물과 함께 제작, 소성된 것으로 생각된다.

2. 금관가야권

1) 김해 두곡리 고분군[14]

두곡리 고분군에는 목곽묘, 석곽묘, 옹관묘, 토광묘 등 총 73기의 삼국시대 고분이 분포한다. 다량의 토기와 함께 마주, 삼각판혁철판갑, 횡장판차양주, 장방판혁철판갑, 종장판주 등 5세기대 철제 무구류가 출토되었다. 수혈식 석곽묘가 주를 이루는데 대부분

그림 3. 김해 두곡리 출토품

12) 우지남, 2000, 「고찰」『도항리 말산리 유적』, 경남고고학연구소

13) 유공광구호와 파수부광구소호는 용도 혹은 기능에 차이가 있었을 것이다. 유공광구호의 용도에 대해서는 다양한 견해가 제시되는데, 유공광구호와 기형이 유사한 고려시대 청자 제기祭器 중 퇴주기退酒器가 확인되어 그 용도가 짐작된다. 퇴주기란 제례祭禮시 전상한 술을 다시 내려 담는 그릇으로 그 고유의 기능을 염두에 둔다면 잔에 부어진 술을 다시 그릇에 담아야 하므로 구연부를 넓고 경부는 좁은 것이 좋고, 다시 따라낼 수 있는 주구注口가 달린 것이 편리할 것이다. 따라서 유공광구호도 제사용기의 하나인 퇴주기일 가능성도 제기된다(李瑜眞, 2009, 「韓半島南部出土有孔廣口壺に関する一見」『考古資料をみた韓·日交流』國際學術シンポジウン, 福岡市立博物館).

14) 부경대학교박물관, 2006, 『부경대학교박물관 상설전시도록』
보고서 미간으로 자세한 내용은 부경대학교 박물관 이상율 선생님께서 제공해 주셨다.

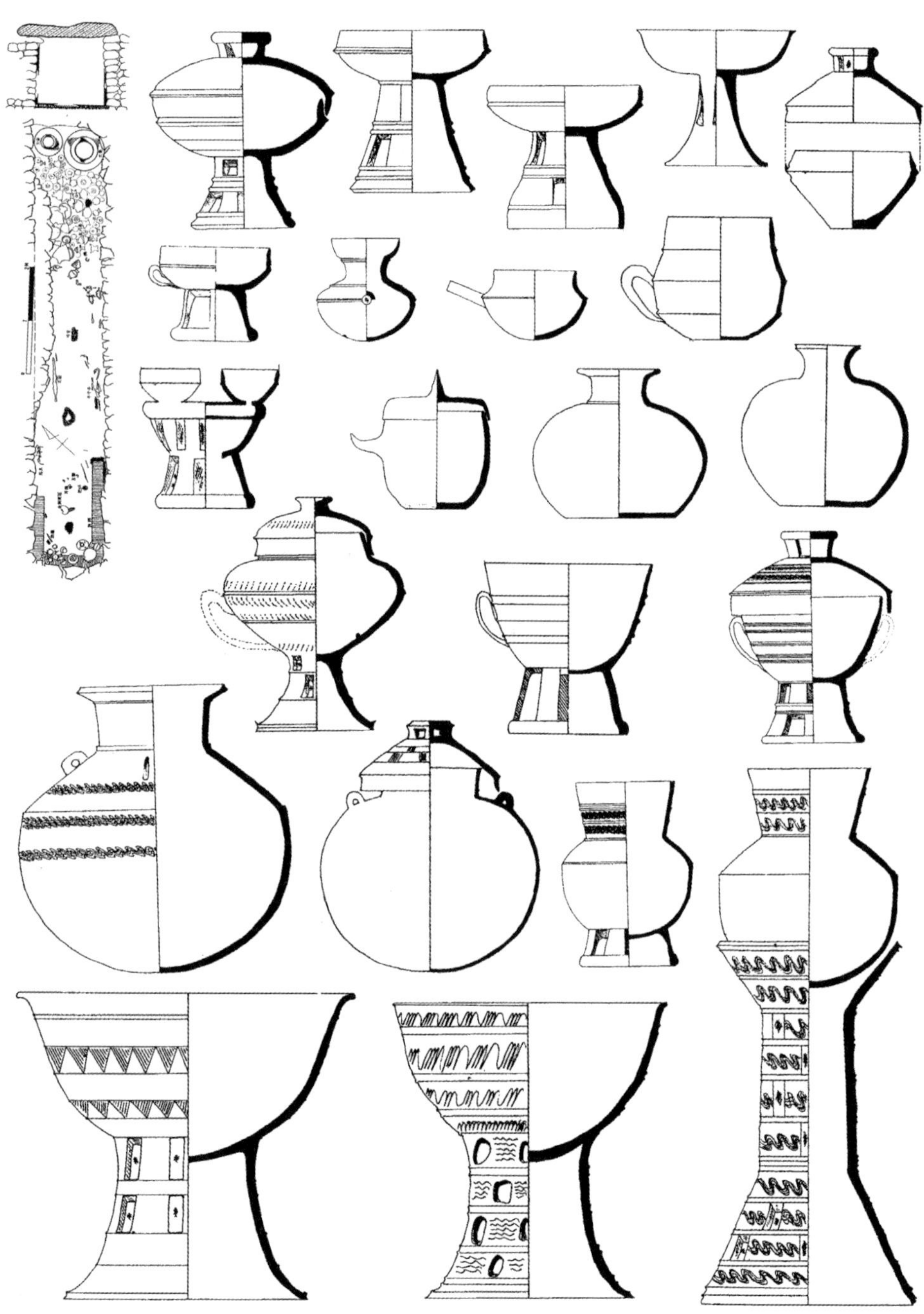

그림 4. 동래 복천동 1호분(동) 출토유물

평면 세장방형으로 장벽 200~350cm, 단벽 45~70cm의 중·소형분에 속한다.

높이 10.5cm의 유공광구호 1점이 49호분에서 출토되었다. 49호분은 하단을 수적하고 상단을 횡평적한 수혈식 석곽으로 두곡 고분 내에서는 중형분에 속한다. 공반유물로는 대각을 인위적으로 파손한 유개고배, 적갈색유개고배, 대부파수부완 등이 확인된다. 태토, 색조, 자연유 흡착양상 등으로 보아 대부파수부완과 동일 시점에 제작, 소성된 것으로 추정된다. 이 파수부완의 형태는 김해 화정Ⅱ지구 1호, 예안리 35호분 출토품과 유사하다.

2) 부산 복천동 고분군[15]

복천동 고분군에는 약 190여기의 분묘가 확인되는데, 이 중 유공광구호가 출토된 유구는 1969년 동아대학교박물관이 조사한 1호분이다. 830×140cm의 세장방형 수혈식석곽묘로 할석을 횡평적하여 축조하였다. 금동관, 금동제마구류, 철검 등 위신재 유물들이 다량 부장되며, 토기는 대부분 신라양식으로 6세기 전반대로 편년된다.

유물은 동, 서쪽 단벽쪽에 부장하였는데, 유공광구호는 피장자의 발치부분인 동쪽 단벽에서 출토하였다. 보고자는 유공광구호가 주구부토기와 구연부를 맞대고 유개심발 안에 넣어져 있었다고 기술하고 있다. 주구부토기와는 태토, 소성상태, 자연유 흡착 양상 등에 유사성으로 보아 재지에서 생산된 토기로 추정된다.

하지만 첨저형의 저부와 구연부가 강조된 내만형 경부 형태, 동체부 2조 돌대 등에서 스에키계 유공광구호의 속성도 확인된다. 복천동 1호분 출토 유공광구호는 다른 가야지역 출토 유공광구호와 구별되고, 비슷한 시기의 고성 송학동, 나주 복암리 등에서 출토되는 스에키·스에키계 유공광구호와도 차이가 있다. 복천동 출토품은 일본과의 관련성을 완전히 배제할 수는 없으며 앞으로 부산지역에도 자료가 추가되기를 기대한다.

3. 대가야권 : 고령 지산동 고분군

고령 지산동 고분군에서는 32sw-5호곽, 44호분, I지구 5곽, 또 최근 발굴조사된 73호분 등 총 4점의 유공광구호가 확인되었다. 스에키계로 추정되는 1지구 5곽 출토품을 제외하면 동체부는 편타원형이며 저부는 평저이다.

32sw-5호곽[16]은 지산동 32호분 서남쪽 호석 아래에 위치하며 도굴의 피해로 유구가 대부분 파괴되었다. 부장유물로는 개배, 방추차, 유공광구호 동체부가 남아있는데, 보고자는 32호분의 호석 밑에서 5호곽의 묘광이 확인되는 점은 근거로 32호분보다 시기적으로 앞선 분묘로 추정하였다[17]. 유공광구호는 편타원형의 동체부에 구경부와의 경계 부분에 돌대가 1조 돌아간다.

지산동고분군의 대표적인 대형분의 하나인 44호분[18]은 주곽, 남곽, 서곽을 비롯한 32개의 순장곽으로 구성된다. 주곽은 부장품의 대부분이 도굴된 상태로 토기류는 주로 석곽 내 교란층에서 수습되었다. 유공광구호도 정확한 출토위치를 알 수 없으며, 동체부 편만 일부 확인되어 전체적인 형태는 알 수 없다. 경부에 1조의 돌대가 돌아가며 동체부는 편타원형이다.

대형봉토분인 73호분[19]은 동쪽에 주체공간, 서쪽에 부장공간을 평면 T자형으로 배치한 주부곽식으로 대가야 최말기 목곽분과 출현기 수혈식 석실분

그림 5. 고령 지산동 73호 출토유물

16) 계명대학교박물관, 1981, 『고령 지산동 고분군』

17) 개배는 적갈색연질제로 일부 편만 남아있는 등 부장유물로는 32호분과 5호 석곽의 선후 관계를 단정하기 어렵다. 단, 개와 배의 구연부 형태로 보아 32호분과 시간적으로 큰 격차는 없는 것으로 추정된다.

18) 경북대학교박물관 외, 2009, 『고령 지산동 44호분-대가야왕릉』

19) 국립문화재연구소, 2009, 『한국고고학저널-2008』 보고자는 73호분을 5세기 전반대로 발표했다.

교체기의 양상을 확인 할 수 있다. 봉토내에 순장곽을 설치하였으며 많은 부장 유물이 출토하였다. 아직 미보고 자료로 정확한 출토 위치는 알 수 없지만, 유공 광구호는 흑회색을 띠고 있으며 동체부는 편타원형이다. 동최대경에 비해 구경 이 작으며 경부에 돌대 1조가 있다.

지산동(영) I지구 5호[20] 석곽묘는 구릉 정상부에 위치하는 판석식 수혈식석 곽묘이다. 석곽의 규모는 390×112cm로, 최하단을 수적하고 그 상단에 3~4열정도 평적한 구조로 추정된다. 석곽의 북쪽에는 판석을 이용한 격벽을 만들어 부곽 (길이 70cm)을 설치하였다. 내부는 도굴로 인해 유물이 소량만 확인되는데, 주곽 의 남쪽에서 유공광구호, 개, 소형 모형철기, 부곽에서 호류가 출토되었다. 석곽 의 구조와 축조방법, 출토유물의 양상이 동 유적 I-38, 64, 119, II-43, 89호분과 유사 한데, 이러한 형태의 석곽은 지산동에서 중소형석곽묘에 속하며 축조방식은 물 론 입지와 구조에 피장자의 신분이 반영된 것으로 추정된다. 유공광구호가 출토 된 5호분은 대형봉토분인 30호분의 서쪽에 위치하며 같은 방식으로 축조된 분 묘 중에서는 입지가 우월하다. 유공광구호는 구연부가 외반하고 동체부가 첨저 형인 형태로 TK216~TK47단계의 것으로 추정된다.

20) 영남문화재연구원, 2004,
『고령 지산동고분군 I 』

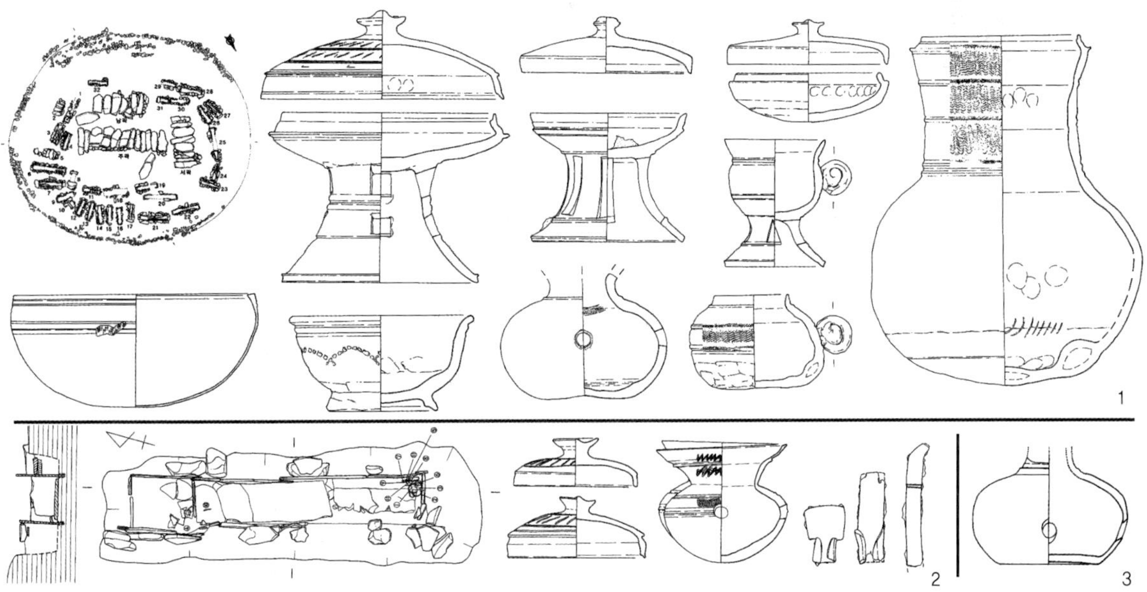

그림 6. 고령 지산동 고분군 출토유물(1. 44호분, 2. I-5호분, 3. 32sw-5호분)

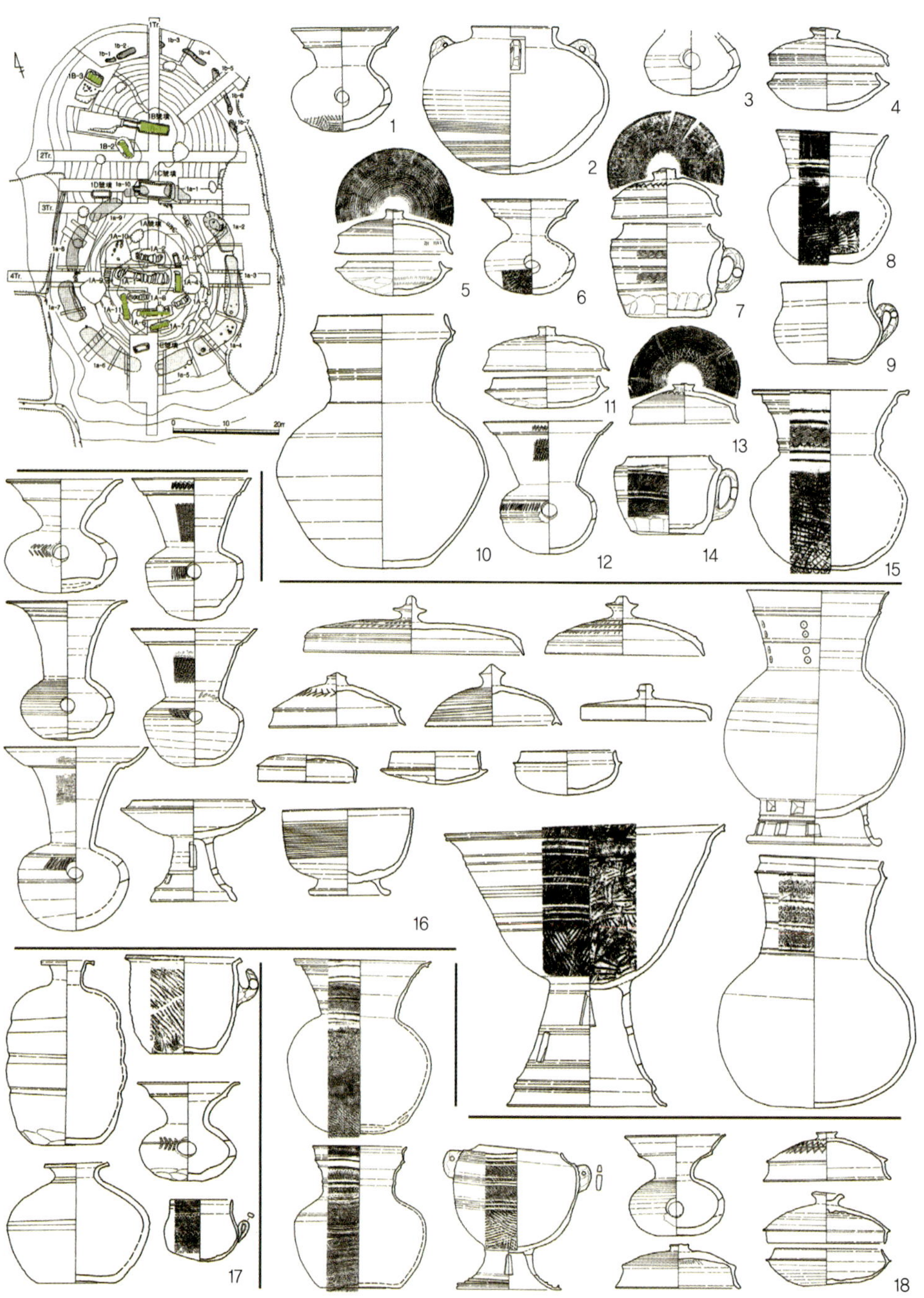

그림 7. 고령 송학동 출토유물(1·2 : A-4호, 3·4 : A-6호, 5~9 : A-7호, 10~15 : A-11호, 16 : B-1호, 17 : B-2호, 18 : B-3호)

4. 소가야권

1) 고성권

① 고성 송학동 고분군[21]

고성 송학동 고분군에서는 1호분에서 총 11점의 유공광구호가 출토되었다. 3기의 원분圓墳을 연이어 축조한 형태로 다곽식 수혈식석곽묘인 A호분과 횡혈식석실인 B, C호분, 단독 수혈식석곽묘인 D, E호분이 확인된다.

A호분은 11기의 수혈식석곽 모두 장단축을 판석으로 평적하여 축조하였다. 4, 6, 7호곽 출토 유공광구호는 모두 같은 Ⅳ형식의 것으로 볼 수 있으며, 공반유물로 보아 내산리 8호분과 같은 단계의 것으로 생각된다. 또 11호곽에서는 장경한 유공광구호가 등장하는데, 스에키계로 추정된다. 대가야식 장경호인 내만구연장경호가 부장 되는 등, 공반유물로 보아 11호분은 전자보다는 약간 늦다.

B-1호분은 1, 4번은 Ⅳ형식, 2, 3, 5는 스에키계[22]인 Ⅴ형식이다. 장경한 4, 5 유공광구호는 석실의 입구부에서 나머지는 석실의 동쪽 단벽 토기 부장칸에서 출토되었다. 여기에 대가야식 꼭지개를 가진 개배, 내만구연장경호, 신라식 대부완, 대부장경호가 공반된다. 판석을 횡평적한 수혈식석곽묘인 2호곽에서는 서쪽 장벽을 따라 놓이는데 병, 유개유대호, 유공광구소호, 파수부연질옹 등의 토기류와 장신구, 꺾쇠 등이 출토되었다. 유공광구호는 Ⅳ형식이다. 3호곽은 수적+평적형식의 수혈식석곽묘로 남쪽과 북쪽의 단벽쪽 토기 부장칸에서 유공광구호, 수평구연호, 장경호, 양이부대부호, 개배등이 출토되었다. Ⅳ형식 유공광구호가 부장되며 부장유물의 양상으로 보아 내산리 21호분과 같은 단계로 추정된다.

이상 B호분은 3호→1호→2호의 순으로 생각된다. 특히 1B횡혈식 석실분은 석실 내부가 붉은 칠이 있고 묘도, 연도, 양수식 현문을 가진 형식, 주구 출토 분주형 토기 등 외래적인 요소가 강하며 이러한 묘제는 일본 구주지방, 전남지방과 관련성이 확인된다[23].

---

21) 동아대학교박물관, 2005, 『고성송학동고분군–제1호분 발굴조사보고서–』

22) MT15~TK10형식에 해당하는 스에키로 추정된다.

23) 보고자는 A호분은 5세기 후반~6세기 전반, B호분은 5세기 말~6세기 초엽으로 생각한다. 또 B호에서 2호 유구는 1호 유구보다 약간 늦은 시기의 수혈식석곽으로 3호는 독립된 유구의 가능성도 있다고 하였다. 3호분은 출토유물에서 선행요소가 확인된다(심봉근, 2005, 전게서).

그림 8. 고성 기월리

현재 조사 중인 송학동 기월리 1호분[24]에서도 유공광구호 출토가 확인된다. 무덤은 도굴과 후대의 훼손으로 대부분 유실되었는데, 구조 등은 송학동 1호분과 유사한 것으로 추정된다. 유공광구호는 내산리, 송학동 1A-7, 1B-3호 출토품과 같은 Ⅳ형식으로 생각된다.

② 고성 내산리 고분군[25]

내산리 고분군도 수혈식석곽묘와 횡혈식석실분을 주곽으로 채용한 다곽식 구조로 특히 신라, 대가야, 영산강계 유물이 다량 출토되어 활발한 대외관계를 보여주는 유적이다. 유공광구호는 1호 4곽, 8·34·60·63·64호분 등에서 모두 8점이 출토되었다.

8호분은 주곽과 6기의 중소형 석곽, 2기의 옹관으로 구성되며 유공광구호는 주곽과 제3곽에서 출토하였다. 주곽에서는 특히 영락이 달린 신라식 대부장경호 2점이 출토되었으며, 3곽은 고배의 대각을 인위적으로 파손하여 개배형식[26]으로 부장하였다. 내산리 8호분 출토 개와 고배의 형태는 우복리 4호와 동단계로 생각된다.

8호분에 인접한 63호분은 봉토와 주곽은 유실된 것으로 추정되며 주변 석곽 10여기와 옹관 1기만 조사되었다. 유공광구호는 옹관의 구연부 북쪽에 놓여져 있었으며 구경부는 유실되었으나 내산리 36호분 출토품과 유사한 형태로 추정된다. 기타 석곽 출토 유물은 8호분과 같거나 약간 이른 단계로 생각된다.

1호분은 주곽과 5기의 중소형 수혈식 석곽으로 구성된다. 주곽은 도굴의 피해로 부장유물이 거의 남아 있지 않으며 1~3곽 출토 토기류는 8호분 출토 토기류와 같은 단계로 생각된다. 그리고 유공광구호가 부장된 4곽에서는 호, 적갈색연질옹, 철촉 1점이 출토되었으며, 광구호 1점은 8호-3곽 출토품과 같은 형식이다.

24) 동아세아문화재연구원, 2011, 『고성 송학동 고분(기월리 1호분) 발굴조사 2차 자문위원회 및 현장설명회 자료집』 동아세아문화재연구원, 2011, 『고성 송학동 고분 발굴조사 자문위원회 자료집』

25) 국립가야문화재연구소, 2002, 『고성 내산리고분군 Ⅰ』 국립가야문화재연구소, 2005, 『고성 내산리고분군 Ⅱ』 국립가야문화재연구소, 2005, 『고성 내산리고분군 Ⅲ』

26) 개배는 5세기 3/4분기부터 대가야를 중심으로 부장되기 시작하는 기종이다. 개배는 백제토기의 특징적인 기종으로 이를 가야지역에서 모방하여 만들었을 것으로 추정한다(홍보식, 2008, 「문물로 본 가야와 백제의 교섭과 교역」『호서고고학』18, 호서고고학회). 소가야지역에서도 5세기 후반부터 개배가 부장되기 시작하는데, 이렇게 대각을 땐 고배는 소형 석곽묘에서 개배의 대체품으로 부장한 것으로 생각된다.

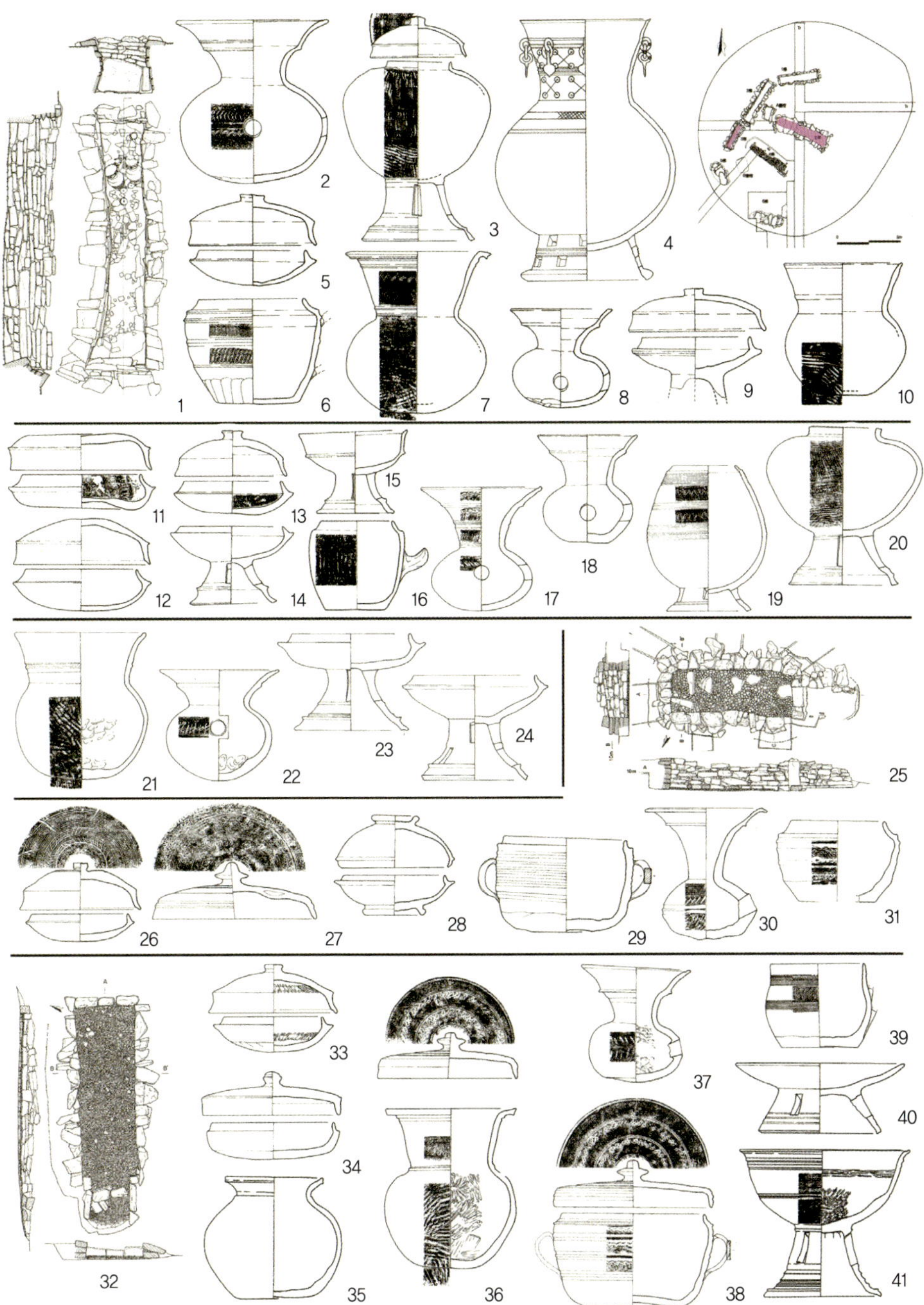

그림 9. 고성 내산리 출토유물
(1~6 : 8호분 주곽, 7~10 : 8호분 3곽, 11~20 : 34호분, 21~24 : 1호분 4곽, 25~31 : 60호분, 32~41 : 64호분)

34호분은 횡혈식석실을 채용한 주곽과 5기의 소형석곽으로 구성된다. 주곽에는 장신구류를 착장한 여성과 대도 등 무기류를 착장한 남성의 2인 매장으로, 부장유물 사이에는 어느 정도 시간차가 보이므로 동시 매장보다는 추가장의 가능성이 높다. 부장유물로 보아 8호분보다 늦고 60호분보다는 빠른 단계로 생각된다. 유공광구호는 2점이 출토되었는데 1점(그림 7-18)은 동쪽 단벽 토기류 부장칸에서, 1점은 두 피장자 사이 토기군에서 출토하였다. 개배, 일단투창장방형고배, 완형 토기 등 공반유물로 보아 신라의 영향이 강하다.

60호분은 봉분이 이미 파괴된 상태로 횡혈식석실 1기만 확인되었다. 이 역시 남성과 여성, 2인이 매장된 분묘로 부장유물은 대부분 도굴되고 유공광구호, 개배, 단각고배 등과 철기, 장신구 일부만 출토되었다. 출토 유물로 보아 추가장으로 추정되는데, 상한은 지산동 45호분 단계, 하한은 홍보식[27]의 후기 제Ⅲ양식(6C중~7C초)으로 생각된다.

60호분 인근 동쪽에 위치하는 64호분도 봉분이 거의 파괴된 상태로 횡혈식석실 1기만 확인되었다. 60호분과 축조 방법, 구조, 부장 토기의 기형 등이 유사한 것으로 보아 거의 동시기에 축조된 것으로 생각된다. 남, 녀 2인의 합장묘이며 60호와 달리 추가장간의 시간차는 크지 않는 것으로 생각된다. 상한은 개배, 개 등으로 보아 지산동 45호분 단계, 하한은 기대로 보아 우포리 D지구 1-1호 석실분 단계로 생각된다[28].

이 외에 고성 율대리[29] 2호분 제2호 수혈식석곽에서도 유공광구호로 추정되는 구경부편이 출토하였다. 발굴 당시 파괴가 많이 되어 유구와 유물이 많이 훼손된 상태이며, 공반된 토기를 비롯한 마구류의 양상으로 보아 내산리 34호와 동단계의 것으로 생각된다.

2) 진주 · 사천권

① 진주 우수리 고분군[30]

우수리 고분군은 목곽묘와 석곽묘가 확인되는 유적으로 일부가 발굴조사 되었

27) 홍보식, 2002, 『신라 후기 고분문화 연구』, 춘추각
28) 이상 내산리의 유구와 공반 유물을 정리하면, 8 · 63 · 1호분→34호분→60 · 64호분의 순으로 생각된다.
29) 국립진주박물관, 1990, 『고성 율대리 2호분』
30) 경남고고학연구소, 1999, 『우수리소가야묘군』

는데, 유구와 유물은 대부분 유실되었다. 11호분은 도굴로 인해 무덤 내부에서 고배편과 철도자만 확인되었는데, 석곽의 남쪽 묘광선에 인접해서 48×33cm 규모의 타원형 수혈에서 장경호 1점과 유공광구호 1점이 출토하였다. 퇴적양상 등으로 보아 11호와 동시에 조성된 제사유구로 추정된

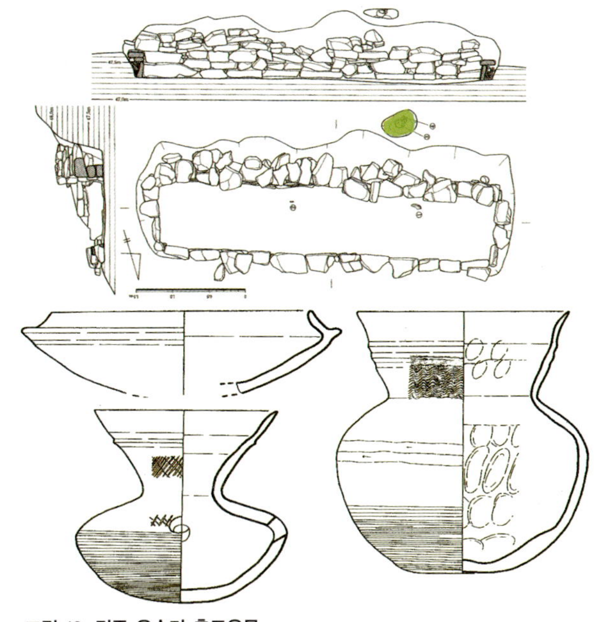

그림 10. 진주 우수리 출토유물

다. 장경호와 유공광구호는 태토와 소성정도에는 차이가 있지만, 동체부 하위를 회전목리하여 마무리 하는 등 제작기법에서는 공통성이 엿보인다. 또 구경부에 2조의 돌대가 돌아가는 이러한 형태의 장경호는 하동 우복리 4호에서 확인된다.

② 진주 상촌리 유적[31]

2007년 발굴조사된 상촌리 유적에서는 삼국시대 토기요, 탄요 등의 생산유구와 조선시대 분묘, 생활유적이 확인되었다. 보고자는 상촌리 가마군의 중심연대는 6세기 전반대, 32호 가마는 5세기 말을 상한으로 보고 있다.

　　진주 우수리 유적 출토 유공광구호와 유사한 형태의 것이 37호 수혈에서 기대 대각편, 파수부배 등과 함께 출토하였다. 파수부배는 배신부 기벽 곳곳에 기포가 형성되어 있으며, 이로 인해 구연부가 결락된 상태이다. 또 유공광구호도 구경부가 동체부로 함몰되고, 다른 기체의 토기편이 붙어 있다. 수혈의 상부 대부분이 유실되어 유구의 성격이 다소 불분명 한데, 이러한 출토 유물의 양상으로 보아 소

31) 삼강문화재연구원, 2010, 『진주 상촌리유적-소가야 도요지』

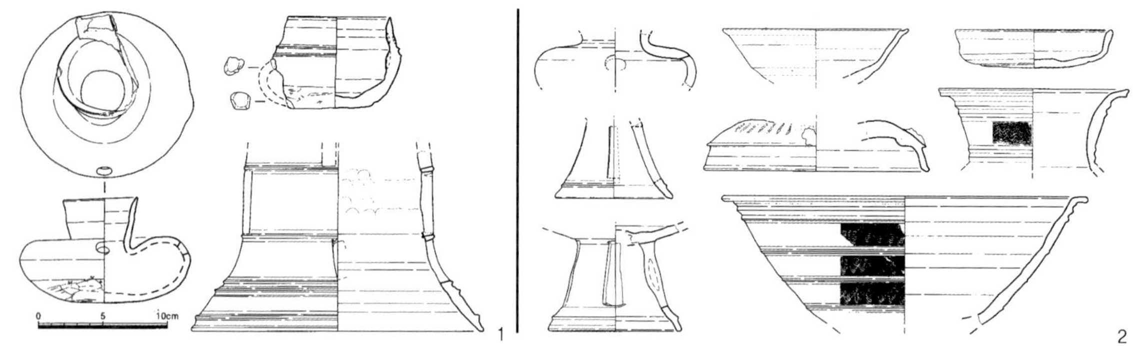

그림 11. 진주 상촌리 출토유물(1. 37호 수혈, 2. 65호 토기요)

성불량으로 폐기된 것으로 생각된다. 수혈 인근에는 31, 32호 토기요와 34, 56호 탄요가 위치한다. 31호는 미사용한 것으로 판명되며, 32호는 삼각투창무개식고배와 파수부배를 근거로 무촌유적 Ⅷ단계로 위치시킬 수 있어 5세기 4/4분기를 상한으로 한다.

또 65호 토기요는 사용전에 폐기된 것으로 보이는데, 이 상부에서 유공광구호 동체부편이 확인되었다. 동체부의 1/4만 잔존하여 전체적인 형태는 알 수 없지만 고성지역 출토품과 유사한 것으로 추정된다.

상촌리 유적 출토 유공광구호는 수량도 적고 기형도 불명하지만, 소가야지역에서 생산유적이 확인되었다는 점에서 의의가 크다. 유공광구호가 이입품이 아니라 이 지역에서 직접 생산-소비했음을 알 수 있다.

③ 사천 늦도 유적[32]

동아문화연구원에서 조사한 늦도 유적은 경남고고학연구소에서 발굴한 A지구 패각층과 연결되는 부분이다. 유공광구호는 삼한, 삼국시대 토기편들이 확인되는 혼토패각층(Ⅱ층)에서 확인되었는데, 이 층은 조선소와 해수의 영향으로 상당부분 훼손되었다. Ⅱ층에서 유공광구호 수점이 확인[33]되는데, 모두 편만 출토되어 전체적인 기형을 알 수 있는 것은 1점에 불과하다. 그림12-1은 기형과 제작기법은 진주 우수리 출토품과 유사하며, 그림12-3은 구경부만 남아있어 불확실

32) 동아문화연구원, 2006, 『사천늦도 진입로 개설구간내 문화유적 발굴조사 보고서』

33) 보고자는 유공광구호를 모두 5점으로 보고하였다. 그 중 보고서 도면 5-5, 6, 7번 유물은 구경부편만 확인되는데, 6, 7과 같은 형태의 구경부는 傳전북 금산사 출토품과 유사하다. 하지만 소가야 토기 중 수평구연호의 구경부 형태도 이와 유사하기 때문에 이 토기편이 유공광구호의 구경부인지는 불확실하다.

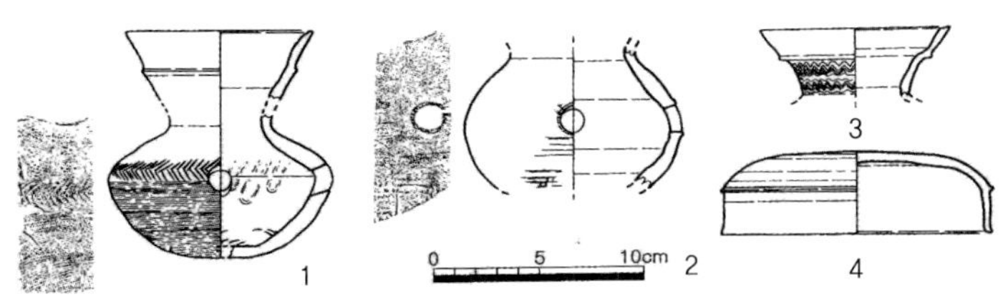

그림 12. 사천 늑도유적 출토유물

하지만 IV 형식, V 형식인 소가야
와 스에키에서 확인되는 구경부
형태이다. 왜계유물이 많이 출토
되는 늑도 유적의 특성상 스에키
일 가능성도 있다[34].

3) 산청권

① 산청 명동 유적[35]

명동유적에서는 총 4점의 유공광구호가 출토되었다. 유구는 모두 수혈식석곽묘
인데, 눈썹모양의 주구를 두르고, 그 안에 1~2기의 석곽을 배치하는 것이 이 지역
에서 확인되는 특징적인 양상이다. I 지구 7-2호, 25-2호, 78-1호분 출토 유공광구
호는 IV 형식으로 분류할 수 있다.

　II 지구 14호분 출토품은 고령 지산동 1호분 5곽 출토 스에키계 유공광구호
와 동형식으로 볼 수 있다. 14호분은 유구의 파괴가 극심하여 공반유물을 확인할
수 없는데, 주구 축조의 선후관계로 보아 15호분보다 이른 시기로 생각된다.

34) 보고자는 2층에서 출토된 개
(도11-4)를 TK23형식의 스에
키로 보고하였다.

35) 경남발전연구원 역사문화센
터, 2004, 『산청 명동유적
I 』
경남발전연구원 역사문화센
터, 2004, 『산청 명동유적
II』
경남발전연구원 역사문화센터,
2004,『산청 명동유적 III』

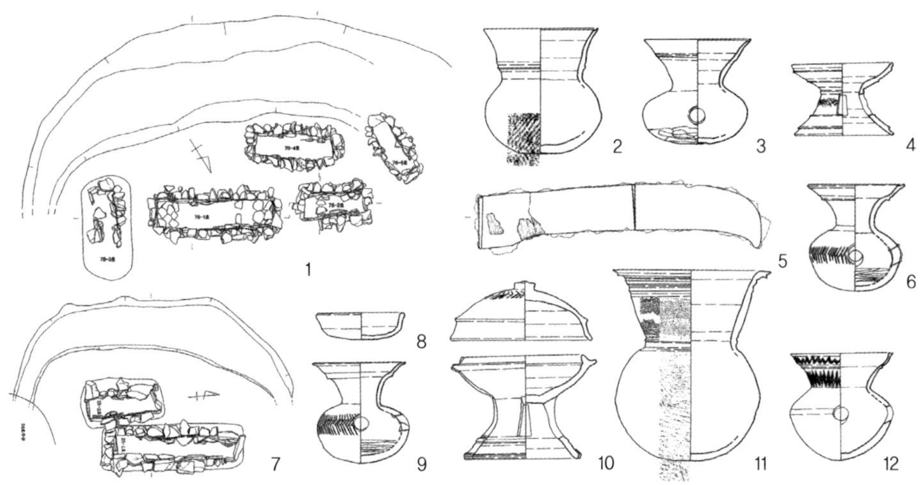

그림 13. 산청 명동유적 출토유물(1~5 : 78-1호분, 6 : 7-2호분, 7~11 : 25-2호분, 12 : II-14호분) : 60호분, 32~41 : 64호분)

② 산청 생초 고분[36]

생초 고분에는 24기의 고총고분이 분포하며 사면에는 100여기 이상의 수혈식석곽묘가 분포한다. 9호분에서 주문경, 스에키계 고배, 개배, 유개단경호 등[37]이 출토되어 일본과의 관련성으로 주목된 유적이다. 유공광구호가 출토된 M22호분은 대형석곽(1호분)을 중심으로 주위에 4기의 소형 석곽을 조영한 다곽식이다. M22-3호분에서 대부유공광구호 1점이 확인되었지만, 유구 대부분이 파괴되었으며 주변의 교란이 극심하여 이 유구의 부장품인지는 불분명하다.

유공광구호는 투공 주변부의 기벽이 떨어져 나간 것으로 보아 원래는 주구가 부착되어 있었던 것으로 추정된다. 태토[38], 소성, 색조, 호류 제작기법 등이 동분 출토 부장유물과 유사하다. 유공광구호의 기형은 소가야지역에서 확인되지 않는 다소 특이한 형태인데, 대각이 달린 형태는 장성 만무리, 나주 대안리 등에서 출토되며 특히 고창 봉덕리에서 출토량이 많다.

M22호분에 부장된 고령식 토기는 동유적 9호 및 지산동 45호분과 비슷하다.

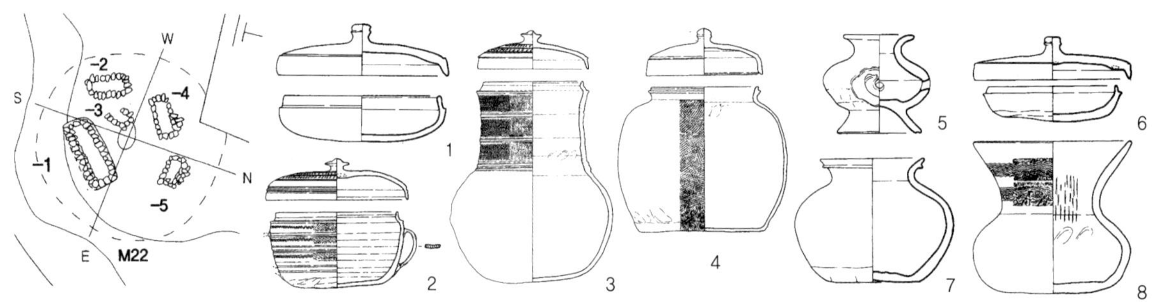

그림 14. 산청 생초 M22호분 출토유물(1~4 : 1호곽, 5 : 3호곽, 6~8 : 4호곽)

4) 하동권

① 하동 고이리 유적[39]

고이리 유적에서 조사된 분묘는 전체적으로 파괴가 극심한 편이다. 우복리 등에서 확인되는 수혈식석곽묘와 함께 판석을 수적하고 개석을 덮은 길이 100~130cm전후의 소형 석관계 석곽묘가 확인된다. 부장유물은 소가야식 토기와

36) 경상대학교박물관, 2006, 『산청 생초고분군』

37) MT15~TK10형식(木下亘, 2000, 전게서)

38) 도질 소성품이지만 태토에 굵은 사립의 함유량이 높은데, M22호분에서 출토되는 토기의 대부분이 그러한 것으로 보아 공반유물과 함께 제작된 것으로 추정된다.

39) 경상대학교 박물관, 1990, 『하동 고이리 유적』

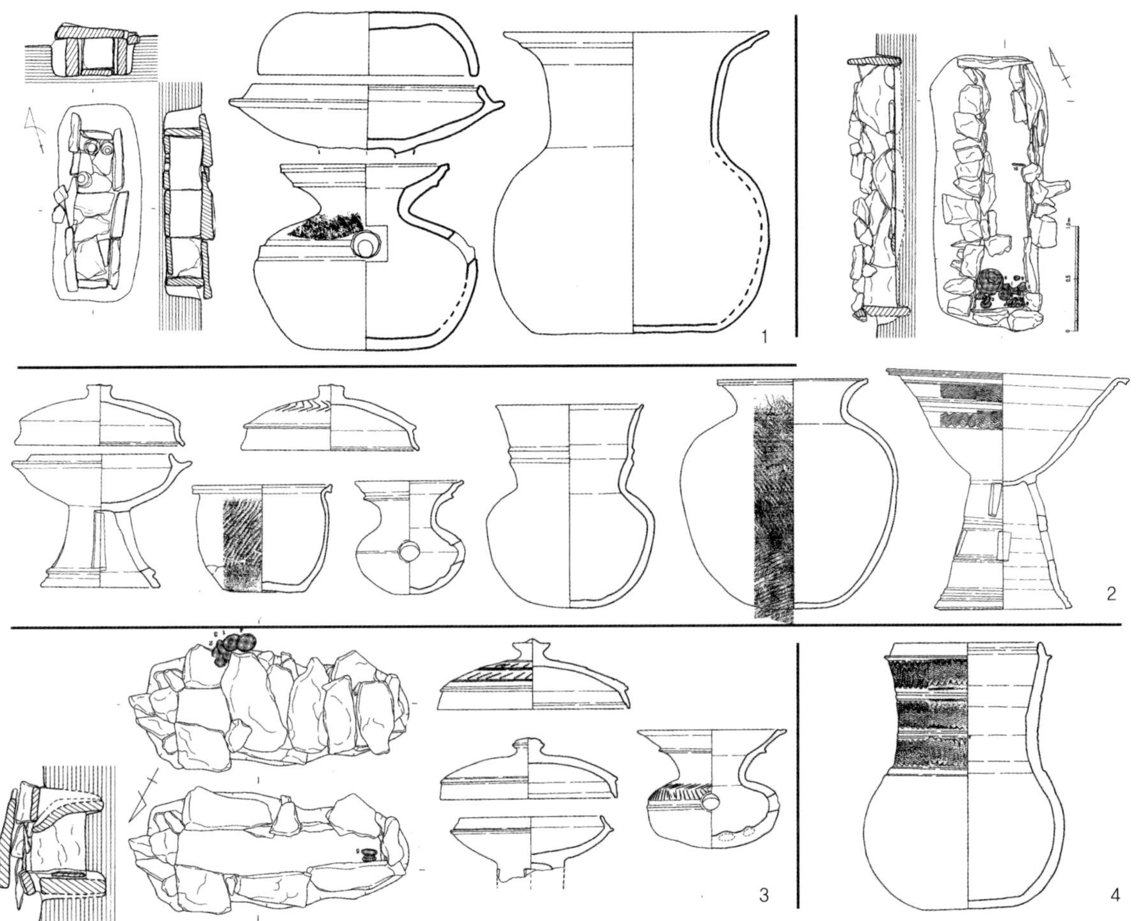

그림 15. 하동 지역 출토유물(1. 고이리, 2. 우복리 4호, 3. 우복리 5호, 4. 우복리 1호)

함께 가야토기와는 다소 이질적인 요소도 확인된다.

유공광구호는 나-15호 소형 석관계 석곽묘에서 출토하였으며, 개배, 광구장경호, 유리구슬과 함께 부장되었다. 광주 동림동 102호 구 출토품과 기형이 유사하며, 적갈색연질로 소성되었다. 광구장경호도 평저의 적갈색 연질제 소성품이며 일단장방형투창 고배의 대각을 떼어낸 것과 완형의 평저완을 개배로 활용하였다. 고배 1점을 제외하고 소가야식 토기와는 이질적인 면이 강해 호남지역과의 관련성이 상정된다.

② 하동 우복리 유적[40]

하동 우복리 유적에서는 주구묘[41], 수혈식석곽묘가 조사되었는데, 유공광구호
는 4호와 5호 수혈식석곽묘에서 각기 1점씩 출토되었다. 4호분에서는 피장자의
발치쪽에 방추차, 유개고배, 고배, 연질옹, 광구호, 단경호, 발형기대 등과 함께
출토되었다. 공반유물은 모두 소가야식토기로 분류할 수 있으며, 윤정희의 Ⅱ단
계, 하승철의 Ⅶ단계, 김규운 Ⅵ단계에 속하며 6세기 1/4분기로 편년된다.

5호분은 유구의 서쪽 단벽쪽에서 유공광구호 1점과 철촉이 출토되었으며,
고배 1점, 개 3점은 개석 위에서 확인되었다[42]. 고배는 대각부를 의도적으로 깨뜨
린 것으로 생각되며, 개 3점은 지산동 44호분과 동 단계로 추정된다.

이 외에 하동 월운리 주라곡 유적[43]에서도 유공광구호 1점이 지표에서 채집
되었으며, 우복리와 동형식으로 분류할 수 있다. 확인된 유구는 모두 장방형 수
혈식석곽묘이며 고이리 및 우복리와 거의 같은 시기에 조성된 것으로 보인다.

③ 광양 도월리 유적[44]

광양 도월리 유적은 행정구역상 전라남도에 속하며, 서쪽으로 순천시, 동쪽으로
는 섬진강을 경계로 하동군이 자리한다. 이곳에서는 삼국시대 고분 1기와 주거
지 등의 수혈이 조사되었다. 장기간의 경작으로 인한 훼손과 삭평으로 고분의
매장주체부는 확인되지 않았지만, 보고자는 최초 조성 당시 대형 원분이었을 것
으로 추정하였다[45]. 분구 내에 일부 할석과 냇돌이 남아있는 것으로 보아 석곽 혹은 석실묘를 매장주체부로 한 분구묘로 생각된다.

유공광구호는 분구 둘레의 주구에서 1점이 출토하였는데, 하동, 고성지역에서 출토되는 것과 같은 형식으로 생각된다. 그 외 소가야식 수평구연호, 신라식 대부

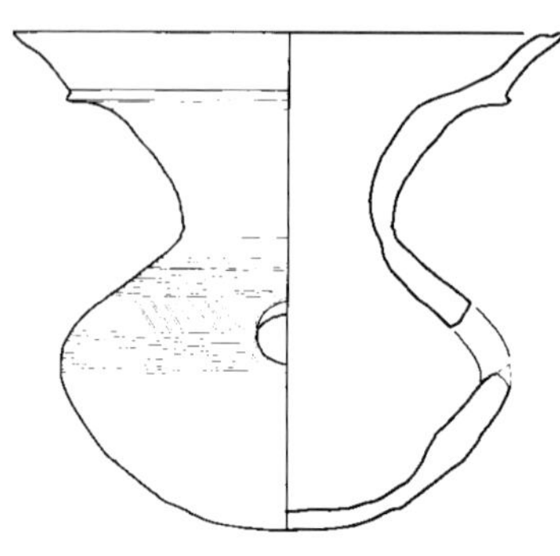

그림 16. 광양 도월리 출토품

40) 경상대학교 박물관, 2003, 『하동 우복리 유적』

41) 주구묘에서는 백제식 평저호
도 출토되어 호남지방과의
관련성이 추정되며, 보고자
는 이를 4세기 전반으로 판
단하였다.

42) 지산동 44호분 6호, 11호 석
곽의 경우, 토기를 파쇄하여
개석 위에 매납한 양상을
보이며 보고자는 이를 제사
관련 행위의 결과로 추정하
였다. 우복리에서도 고령토
기가 부장되며, 이러한 매납
양상도 고령지역과 관련지
어 볼 수 있다.

43) 경상대학교박물관, 1990,「부
록-하동군 진교면 지표조사
유적」『하동 고이리 유적』

44) 전남문화재연구원, 2010, 『광
양 도월리유적 Ⅰ·Ⅱ』

45) 이러한 대형 봉토분이 수기
존재했던 것으로 전해진다.

완, 보주형 꼭지가 달린 개 등이 출토하는 등 5세기 말~6세기 중엽 무렵 가야지역 토기문화의 특색이 확인된다. 현재로서는 유적의 성격이 다소 모호하지만, 지리상의 입지를 고려할 때 영산강유역과 가야지역 토기문화가 광양지역을 중심으로 경계를 이룬 것으로 추정된다. 이 점은 앞으로 많은 검토가 필요한 부분이다[46].

5) 창원권 : 창원 천선동 고분군[47]

천선동 고분군에서는 수혈식석곽묘 17기가 조사되었는데, 대부분의 유구가 파괴, 유실 상태였다. 8호, 9, 10호분 등에서 무개식 삼각투창 고배, 수평 구연호 등 소가야식 토기가 출토하며, 12호분에서는 적갈색 연질 소성의 조족문토기가 출토되어 백제지역과의 관련도 상정된다.

유공광구호는 회백색 연질 소성품으로 지표에서 채집되었으며, 구연부가 하동 고이리, 나주 장등 3호분 출토품과 유사하다.

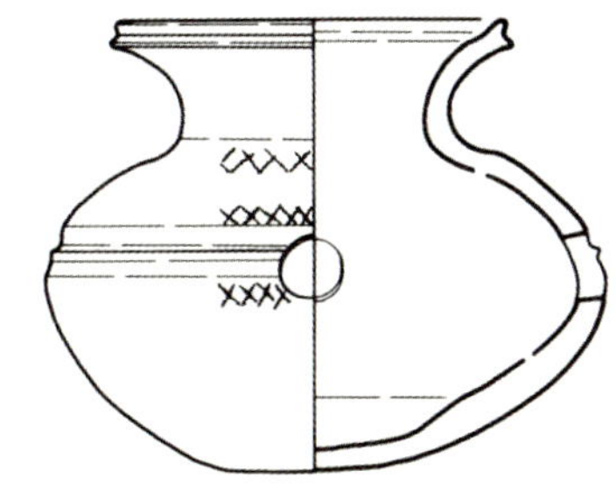

그림 17. 창원 천선동 채집

III. 가야지역 유공광구호의 성격

1. 지리상의 특징 – 문화의 점이지대

이상에서 살펴보았듯이 가야지역 출토 유공광구호는 고성을 중심으로 한 소가야지역에서 출토 빈도가 높으며 이 외, 함안, 고령, 부산, 김해 등지에서 출토된

46) 전남 동부지역에서도 가야계 수혈식석곽묘가 확인되며, 해안을 중심으로 순천, 여수의 주거지, 산성 유적에서 가야토기, 영산강토기와 함께 유공광구호 편이 출토되었다. 그런데 순천, 여수지역에서 출토되는 유공광구호는 영산강계통의 것으로 생각되며 인근 광양지역 출토품과는 차이가 있다. 물론 이러한 출토양상이 시기적인 차이일 가능성도 높아 추후 자료의 증가를 기대해 본다.

47) 창원대학교박물관, 2000, 『창원 천선동고분군』

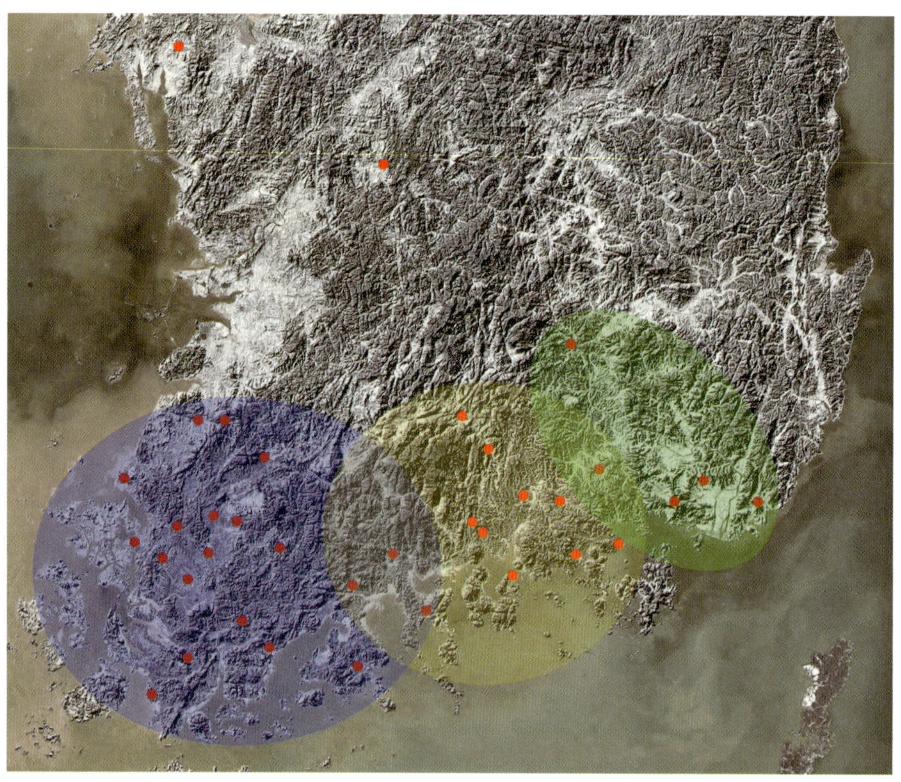

그림 18. 가야지역 내 유공광구호의 분포

다. 가야지역 내에서도 토기문화권에 따라서 유공광구호의 형태에 차이가 보이
는데, 출토 수량이 적기 때문에 아직 형식적으로 세분할 정도는 아니지만 앞으
로 출토량이 증가하면 지역권에 따라 더욱 세분할 수도 있겠다.

　현재까지의 자료에서 살펴보면 가야지역 출토 유공호는 크게 함안권, 대가
야권, 소가야권으로 나누어 볼 수 있다. 함안권은 도질토기 편년에서 5세기 중엽
무렵으로 추정되며 함안, 김해지역에서 출토된 광구소호형의 유공광구호이다.
그리고 대가야권에서는 편타원형의 동체부와 평저, 동최대경에 비해 구경이 좁
고 경부와 구경부 경계에 돌대 1조가 있는 유공광구호가 출토된다. 반면, 소가야
권에서는 편타원형의 동체부에 구연 내측 요철, 구경부 1조 돌대를 특징으로 하
는 유공호가 출토되는데, 대가야와 소가야 모두 5세기 후반~6세기대의 유구로

편년된다.

그리고 이들 유공호가 분포하는 지역을 살펴보면, 호남지역도 물론이거니와 해안, 강 등의 수계를 끼고 입지한다. 따라서 유공호의 분포가 당시 수상교통권과 밀접한 관련이 있으며, 더 나아가 한반도 남부지역 제 집단 간의 활발했던 교류관계를 유추해 볼 수 있다.

한편, 유공광구호의 가야지역 출토와 함께 주목되는 것이 서부경남지역 분묘의 특징이다. 가야지역에서는 5세기 이후 수혈식석곽묘를 주묘제로 채용한다. 그런데 서부경남지역에서는 주구묘와 분구묘 등 호남지역의 특징적인 묘제의 요소가 확인된다. 주구묘는 일찍부터 충청, 호남지역에서 확인되는 묘제로 목관 혹은 토광을 중심에 두고 주변에 주구를 파는 형태이다[48]. 이러한 형태의 분묘가 하동 우복리 10호분에서 확인된다. 수혈식석곽묘가 주를 이루는 유적으로 주구묘는 1기에 불과하지만, 이 지역의 발굴조사가 미진함을 고려한다면 더 분포할 가능성도 있다. 특히 부장유물에서 확인되는 평저단경호는 마한, 백제토기

48) 최완규, 2002, 「전북지방의 주구묘」 『동아시아의 주구묘』, 호남고고학회

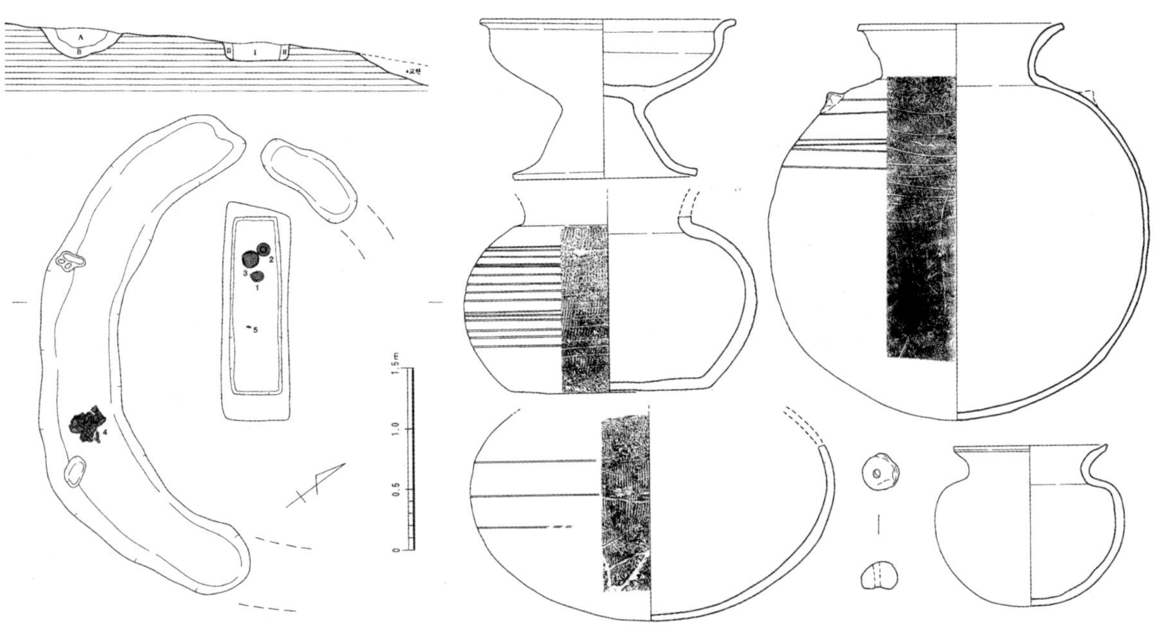

그림 19. 하동 우복리 10호 주구묘와 출토유물

의 주요 기종으로 가야지역에서는 유행하지 않는 토기 기형이다.

그리고 산청 명동, 생초, 의령 천곡리 유적 등에서는 수혈식석곽묘를 중심에 두고 눈썹형의 주구를 두른 분묘가 축조된다. 기존에 가야지역에서 주구의 전통이 확인되지 않는 것을 염두에 둔다면, 가야지역과 호남지역의 무덤 축조방식이 융합된 것으로 볼 수 있겠다.

5세기 중엽이후 낙동강 이서지역에서 확인되는 수혈식석곽묘는 최하단에 판석을 수적垂積하고 그 위에 작은 할석이나 판석을 2~3단 정도 평적平積 하는 형태와 판석을 횡으로 평적하는 방식으로 크게 나누어 볼 수 있다. 분묘 축조방식은 시간성은 물론 분묘의 규모와도 밀접하게 관계되는데 소형분에서는 전자의 방식이 채용되며, 고령과 고성의 다곽식 분묘에서는 주곽의 축조방법이 전자를 채용하다가 점차 후자로 이행 한다[49].

고령을 비롯한 대가야 지역의 분묘는 주곽을 중심으로 주변에 여러 개의 순장곽이 배치되는 다곽식구조이다. 반면 소가야 지역에서는 산청지역에서 확인되는 주구를 이용하여 분묘를 구획하고 2개의 석곽을 나란히 배치하는 구조[50]와 함께 송학동, 내산리, 율대리 등 고성지역 대형분을 중심으로 주곽의 주변에 여러 개의 석곽을 배치하는 구조가 확인된다. 고성지역의 다곽식분묘는 고령과 같은 순장곽으로 보이지 않으며, 부장유물의 양상에 약간의 시간차가 보이며 대소에 차이가 있어 가족단위의 분묘로 이해된다[51].

하나의 묘역 내에 여러 개의 석곽을 배치하는 이러한 다곽식 묘제는 대가야와 일면 상통하지만 차이점도 확인된다. 즉, 고령지역에서는 분묘를 축조하고 봉토를 쌓지만, 고성지역에서는 분구를 먼저 축조한 후, 봉토를 파고 석곽을 축조하는 방식이다. 이는 순장곽과 추장곽이라는 석곽 성격의 차이를 반영한 것이지만, 이러한 분구묘적 특징은 영산강 유역에서 주로 확인되는 분묘축조법이다. 나주 복암리 3호분은 하나의 분구 안에 옹관묘에서 석실에 이르기까지 다양한 묘제가 장기간에 걸쳐서 구축된다.

분묘의 축조에 있어서 소가야지역에서는 가야지역의 다곽식구조와 영산강 지역의 분구묘적 특징이 융합된 형태의 소가야식 묘제가 확인된다. 그리고 소가

49) 그리고 이후 횡혈식 혹은 횡구식 석실분이 주 묘제로 채용된다. 이러한 분묘의 축조방식은 규모와 함께 피장자의 정치적, 경제적 지위를 반영하는 것으로 볼 수 있다.

50) 이렇게 배치된 두 기의 석곽은 규모에 차이가 있다. 주구로 구획된 것으로 보아 부부관계의 묘역일 가능성이 높은 것으로 생각된다.

51) 이성주, 2000, 「소가야지역의 고분과 출토유물」『묘제와 출토유물로 본 소가야』, 국립창원문화재연구소

야의 제 지역에서도 호남지역에 가까운 서쪽으로 갈수록 주구묘, 평저호 등[52] 영산강문화 요소의 비율이 높아지고 반대로 동쪽으로 갈수록 가야의 색채가 짙은 문화가 확인된다. 소가야 지역은 양 지역 문화의 점이지대로 그 나름의 특징적인 문화를 꽃피웠다고 할 수 있다.

2. 새로운 기형의 도입

토기의 경우 그 생산지에 따라 재지생산품과 이입품으로 나눌 수 있는데, 유공광구호는 토기 형태가 다양하여 이를 구분하기 쉽지 않다. 하지만 진주 상촌리 토기요와 같이 유공광구호를 직접 제작한 것으로 보이는 생산 유적이 존재하고, 공반유물과 동일 요窯 소성품인 개체가 확인되는 것으로 보아, 가야지역에서 유공광구호를 직접 생산했음을 알 수 있다.

토기를 비롯한 유구의 상대편년에서 가야지역 분묘 출토품 중 가장 이른 것으로 추정되는 것이 함안 도항리 13호분 출토품이다. 공반유물과 비교하면 재지생산품인 것으로 추정되며, 기형은 3세기 후반부터 가야지역에서 출토하는 광구소호와 유사하다. 영산강유역에서 이러한 기형의 유공광구호는 확인되지 않으므로, 함안지역에서 초출한 것일 가능성과 토기 기형에 대한 모티브를 차용한 것일 가능성이 있다.

유공광구호는 구경부 형태가 직선으로 외반하는 것(Ⅱ·Ⅳ형식 구경)과 각이 지게 꺾이는 것(Ⅲ형식 구경)으로 나눌 수 있다. 전자는 가야지역에서, 후자는 영산강유역에서 출토빈도가 높다. 한편, 일본에서는 하소우가 초현기 단계부터 스에키의 주요 기종으로 제작된다. TG232단계 하소우의 직립하는 짧은 구연과 둥근 저부 등은 영산강유역 출토품 보다는 영남지역의 5세기 전반 원저 광구소호의 기형과 유사하다. 이 외 스에키의 기종에서도 김해, 부산 지역을 비롯한 함안 지역 등의 토기제법의 영향이 있는 것으로 확인되므로[53], 도항리 13호분 출토 유공광구호도 일본 스에키와의 관련성이 유추된다[54]. 즉, 초기 스에키에서 영산강

52) 출토유물은 주로 교류의 흔적으로 해석되는데, 이는 홍보식2006, 이노우에치카라 2007의 논고에서 상세히 다루고 있다.

53) 신경철, 2000, 「고대의 낙동강, 영산강 그리고 왜」 『한국의 전방후원분』, 충남대학교출판부

54) 小池寛(1999)은 일본 내 스에키 제작 기술 도입이 가야계에서 하소우를 제작하는 영산강계로 전환함을 근거로 하소우의 초현기에 보이는 굴곡하는 구연부를 가진 것과 직선적으로 외반하는 구연부를 가진 것이 출자가 다를 가능성을 제시하였다.

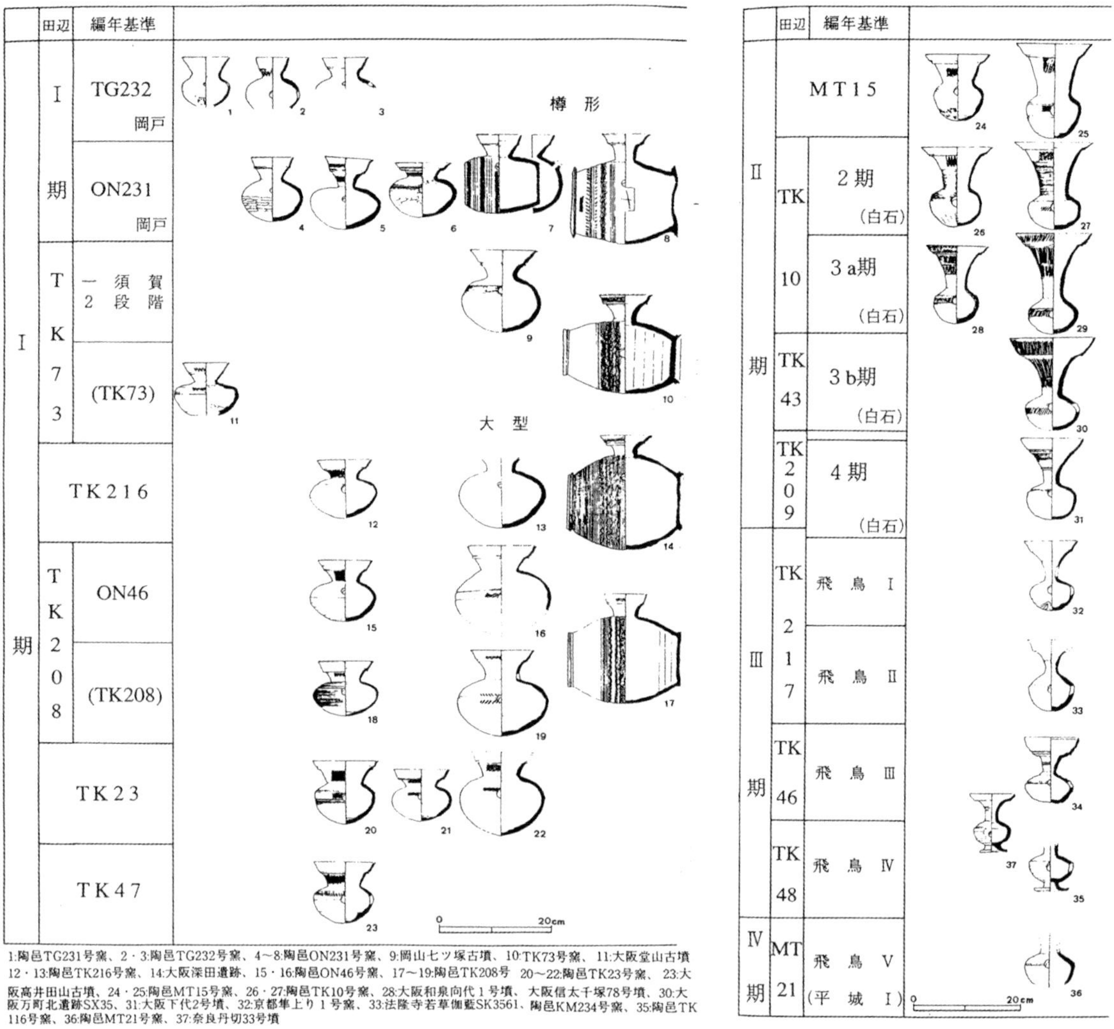
田辺
編年基準
TG232
岡戸
ON231
岡戸
一須賀2段階
(TK73)
TK216
ON46
(TK208)
TK23
TK47
樽形
大型
MT15
TK 2期 (白石)
TK10 3a期 (白石)
TK43 3b期 (白石)
TK209 4期 (白石)
TK217 飛鳥 I
飛鳥 II
TK46 飛鳥 III
TK48 飛鳥 IV
MT21 飛鳥 V (平城 I)
0 20cm
1:陶邑TG231号窯、2・3:陶邑TG232号窯、4～8:陶邑ON231号窯、9:岡山七ツ塚古墳、10:TK73号窯、11:大阪堂山古墳
12・13:陶邑TK216号窯、14:大阪深田遺跡、15・16:陶邑ON46号窯、17～19:陶邑TK208号 20～22:陶邑TK23号窯、23:大阪高井田山古墳、24・25:陶邑MT15号窯、26・27:陶邑TK10号窯、28:大阪和泉向代1号墳、大阪信太千塚78号墳、30:大阪万町北遺跡SX35、31:大阪下代2号墳、32:京都隼上り1号窯、33:法隆寺若草伽藍SK3561、陶邑KM234号窯、35:陶邑TK116号窯、36:陶邑MT21号窯、37:奈良丹切33号墳

그림 20. 일본 출토 하소우의 편년(田辺昭三 편년안에 의한 小池寬 1999 인용)

유역의 요소가 확인되지 않는 점, 하소우에서 말각평저나 평저가 확인되지 점 등에서 도항리에서 기존 광구소호형 유공광구호가 제작되었고 이것이 일본 하소우에 영향을 주었을 가능성을 상정해 볼 수 있다. 그리고 후행하는 ON23단계에서 굴곡하는 구경부, 파상문 장식, 유공장군의 제작 등 영산강유역의 색채가 확인된다[55].

55) 하소우에서는 한반도 출토 유공공구호의 제 속성들이 확인된다. 영산강유역 유공호에서 특징적으로 나타나는 구경부, 파상문의 시문, 서부 경남지역에서 특징적인 구연단부 요철, 즐묘점열문 시문 등이 하소우에 단계적으로 확인된다. 그리고 하소우가 정형화 되는 TK23~47단계에 이르면 양 지역의 요소가 복합적으로 반영된다.

한편, 5세기 전반대 함안지역과 호남지역의 교류관계를 알 수 있는 유물이 탐진댐 수몰지구 장흥 상방촌 A유적 22, 25호 주거지, 광양 용강리 기두 유적 2호 수혈에서 확인되었다[56]. 이러한 교류관계를 염두에 두면, 함안지역에 영산강유역의 유공광구호 모티브가 전해졌을 가능성도 생각해 볼 수 있다. 그리고 이러한 관계는 5세기 후반대에 정형성을 가지고 생산되는 소가야 지역 유공광구호의 생산개시와는 별개의 것으로 생각된다[57]. 어쨌든 전반대의 양상은 함안, 영산강, 일본이 서로 영향 관계에 놓여 있고 선후, 우위관계를 따지는 것은 민감한 문제이기 때문에 앞으로 자료 축적과 면밀한 검토가 필요하다[58].

이 외 창원 천선동 유적 채집품과 하동 고이리 유적 출토품이 영산강유역 출토품과 비교했을 때 형식학적으로 비교적 이른 유공광구호로 생각된다. 천선동에서는 조족문토기, 고이리에서는 주구묘가 확인되어 호남지역과 일찍부터 관계했음을 알 수 있다. 기형은 오히려 영산강유역 출토품과 유사하기 때문에 이입품일 가능성도 있다. 하지만 기형의 유사성 외에는 비교자료가 없기 때문에 시기 문제에서 비롯되는 가야지역 초현자료로는 부족함이 있다.

3. 소가야식 토기문화로의 정착

고성을 중심으로 진주, 산청, 하동 등 소위 소가야지역에서 출토되는 유공광구호는 구연단 안쪽에 요철, 구경부에 돌대, 편타원형 동체를 가진다. 필자는 전고에서 이를 Ⅳ형식으로 분류하였는데, 저부에 격자 타날흔을 그대로 남기는 등 서부 경남지역에서 출토되는 호류에서 확인되는 제작기법이 적용된다. 또 개에 주로 시문되는 즐묘점열문 장식이 구경부나 동체부에 시문되기도 한다.

소가야지역 토기 편년에 따르면 유공광구호가 출토되는 분묘는 대체로 5세기 후반의 늦은 단계나 6세기 전반대에 속한다. 소가야지역에서는 대형분을 중심으로 6세기 전반 이후 대가야식 토기들이 부장되기 시작한다. 유공광구호 출토 분묘를 중심으로 부장유물을 살펴보면 하동 우복리 5호 출토 개와 고배는 지

56) 홍보식, 2008, 전게서 한반도 남해안 지역의 교류관계는 꾸준히 이루어졌음을 알 수 있는데, 호남지역에서는 특히 5세기 전반에는 함안양식토기, 5세기 말경에는 고성양식토기의 출토양이 많다. 홍보식은 5세기 전반대의 함안과 호남지역(특히 섬진강 이서 남서해안 지역)의 교류를 철의 유통에서 찾고 있는데, 금관가야의 쇠퇴에 의한 가야권역의 철 유통 장악세력의 해체로 아라가야가 우위를 선점하게 되고 백제, 왜에 철을 공급하였을 가능성을 제시하였다.

57) 고성지역에서 확인되는 조족문 토기, 수평구연호의 계통에서 소가야식 토기의 형성배경에 호남지역 의 영향이 보이며(박승규, 1993, 「경남 서남부지역출토 도질토기에 대한 연구」『경상사학』9), 유공광구호도 그러한 연장선에서 해석할 수 있다.

58) 토기 외의 유용한 비교자료로 갑옷을 들 수 있다. 제작 기술 등의 분석을 통해 지역관계를 밝힐 수 있는데 유공호 출토지 중 도항리 13호분에서 삼각판혁철판갑, 지산동 32호분에서 횡장판정결갑, 두곡리 43호분에서 횡장판정결충각부주, 삼각판혁결판갑 등이 출토하였다. 또 고흥 길두리 안동고분, 장성 만무리 출토 횡장판정결판갑 등 호남지역에서도 출토예가 있다. 본고에서 다루지 못하였지만 이 시기 한반도와 일본의 관계를 고찰하는데 반드시 검토해야할 자료로 생각된다.

산동 44호분 출토품, 내산리 8호분은 생초 M22호분, 지산동 45호분 출토품과 동
단계의 것으로 추정된다. 가야지역의 유공광구호는 분구묘 등과 함께 하동 등
내륙교역루트를 통해[59], 혹은 한반도 남해안의 해상교역루트[60] 등 영산강유역과
의 관계에서 점화되었고 이를 소가야지역 나름의 특징적인 형태로 제작한 것으
로 볼 수 있다.

또, 유공광구호는 분구묘 등 다곽식석곽묘에서 소형석곽에 먼저 부장된다.
즉 2기 이상의 석곽묘가 하나의 그룹으로 형성된 경우에 소형분에만 부장되는
데, 이러한 현상이 시기적인 문제일 수도 있고 유물 부장에 있어서 계층성의 문
제일 수 있다. 이후 주곽에서도 유공광구호가 부장되는데, 소형분 부장품과는
약간의 시간차가 보인다. 한편, 내산리, 송학동 등 횡혈식석실분이 도입된 이후
에는 장경화한 유공광구호 혹은 하소우가 무덤에 부장된다.

스에키, 스에키계 유공광구호는 TK216~TK47단계의 것이 산청 생초, 고령 지
산동에서, MT15~TK10단계의 것이 고성, 나주지역에서 출토된다. 후자 형식의
유공호 동체부 형태를 비교하면 고성지역은 원형, 나주지역은 역삼각형이다. 이
는 스에키 유입의 시기 차, 제작공인 혹은 이입지의 차이일 수 있다[61]. 그리고 고
성과 나주에서는 스에키계 유공광구호의 부장을 끝으로 유공호는 더 이상 부장
되지 않는다.

소가야지역에서 유공광구호의 초현에서 소멸까지는 대략 50~70년 내외의
짧은 기간 동안 급격히 이루어진다. 이는 토기의 용도와 밀접한 관련이 있을 것
으로 생각되며, 유공광구호가 특별한 의식용으로 제작되었다면 이는 호남지역,
일본열도와도 밀접한 관련이 있는 행위였을 것이다.

Ⅳ. 맺음말

본고에서는 가야지역 출토 유공광구호와 공반유물의 소개에 충실하고자 했다.

59) 井上美奈子, 전게서
60) 홍보식, 2007, 「신라·가야
권역의 마한·백제계 문물」
『4~6세기 가야·신라 고분
출토의 외래계 문물』, 제16
회 영남고고학회 학술발표
회, 영남고고학회
영산강유역 출토 유공호를 5
세기 후반, 소가야 출토를 5
세기 말경으로 보고 소가야
권에서 영산강유역의 유공광
구호에 대한 정보를 입수하
여 제작한 것으로 보았다.
61) 조영제, 2004, 「소가야(연맹
체)와 왜계문물」『한일교류
의 고고학』, 제6회 합동고고
학대회, 영남·구주고고학회
본고에서는 소가야 지역 출
토 왜계 유물을 분석하면
서 영산강 지역과 서부 경
남 지역에서 발견되는 왜계
유물은 그 양상에서 차이를
보이며, 이는 양 지역의 왜
계문물 담당자가 달랐던 것
으로 볼 수 있다고 하였다.

가야지역에서는 5세기 중엽 무렵 유공광구호가 출토하며 초출형태는 광구소호형에 가깝다. 5세기 후엽 이후 소가야 지역을 중심으로 가야식 유공광구호가 제작되는 등, 호남지역과는 다른 특징적인 형식의 것이 제작·부장된다. 그리고 가야문화의 몰락과 더불어 신라계 유물로의 교체 속에서 한반도에서는 더 이상 유공광구호가 제작·부장되지 않고 일본열도에서만 그 명맥을 유지해 나간다.

삼국시대 토기를 대상으로 하는 연구는 대체로 당시 정치세력의 영역 혹은 권력 문제로 귀결된다. 특히, 정치적 영향력이 큰 집단에서 작은 집단으로 또는 중심에서 주변으로 선진지역의 토기 문화가 단선적으로 후진지역에 파급되는 뉘앙스가 많다. 하지만 현대사회에서도 알 수 있듯이 유행은 반복되며, 모방과 창조가 끊임없이 이루어지고 있다. 유공광구호가 한반도 남부지역에서 다양한 형태로 제작되는 것도 단선적인 토기문화의 파급으로 볼 것이 아니라, 일본열도까지 포함한 제 지역의 다양한 영향 혹은 교류가 있었음을 방증하는 것으로 생각할 수 있겠다.

유공광구호는 초출, 조형, 연대문제 등 아직 많은 의문이 남아 있는 토기이다. 이 단일 기종의 비교만으로 5~6세기 한반도의 정황을 논하기에는 어렵겠지만, 출토양과 범위가 점차 증가하고 있어 앞으로 더욱 구체적으로 다루어질 수 있을 것이라 기대한다.

연번	유적명	유구명		규격					유공호
		호수	성격	기고	구경	동최대경	공경	저경	형식
1	고령 지산동	(영)5곽	수혈식석곽	9.0	10.2	9.6	1.0		V
2	고령 지산동	44호분	수혈식석곽	(9.7)	·	13.0	·	6.5	Ⅱ?Ⅲ?
3	고령 지산동	73호분	수혈식석곽	·	·	·	·	·	Ⅱ?Ⅲ?
4	고성 내산리	63호	옹관	(7.2)	·	9.7	2.0	·	
5	고성 내산리	8호3곽	수혈식석곽	9.4	9.8	9.6	1.3	·	Ⅳ
6	고성 내산리	8호주곽	수혈식석곽	15.7	14.4	14.2	1.7	·	Ⅳ
7	고성 내산리	34호주곽	석실	12.1	11.7	9.6	1.5	·	Ⅳ
8	고성 내산리	34호주곽	석실	10.4	9.9	8.8	1.5	·	Ⅳ
9	고성 내산리	1호4곽	수혈식석곽	11.0	11.5	10.2	1.5	·	Ⅳ
10	고성 내산리	60호	석실	12.8	11.6	9.1	2.0	·	Ⅳ
11	고성 내산리	64호	석실	11.3	10.8	9.0	1.5	·	Ⅳ
12	고성 송학동	1A-4	수혈식석곽	10.5	10.6	10.2	1.6	·	Ⅳ
13	고성 송학동	1A-6	수혈식석곽	(6.2)	·	9.7	1.7	·	·
14	고성 송학동	1A-7	수혈식석곽	9.6	9.6	9.4	1.4	·	Ⅳ
15	고성 송학동	1A-11	수혈식석곽	13.3	13.0	9.7	1.7	·	V
16	고성 송학동	1B-1	석실	11.5	11.4	11.4	1.6	·	Ⅳ
17	고성 송학동	1B-1	석실	14.0	12.7	10.1	1.5	·	V
18	고성 송학동	1B-1	석실	14.3	12.0	9.9	1.5	·	V
19	고성 송학동	1B-1	석실	14.1	12.1	9.5	1.5	·	Ⅳ
20	고성 송학동	1B-1	석실	18.6	14.5	11.3	1.8	·	V
21	고성 송학동	1B-2	수혈식석곽	9.9	10.3	9.7	1.5	·	Ⅳ
22	고성 송학동	1B-3	수혈식석곽	10.1	10.1	9.5	1.9	·	Ⅳ
23	고성 기월리	1호분	수혈식석곽	·	·	·	·	·	Ⅳ
24	고성 신용리			·	·	·	·	·	·
25	고성 율대리	2-2곽	수혈식석곽	(3.7)	9.6	·	·	·	·
26	김해 두곡리	49호분	수혈식석곽	10.0	7.3	10.3	1.1	·	Ⅱ
27	동래 복천동	1호	수혈식석곽	10.0	7.3	9.7	1.0	·	V
28	사천 늑도 1	패총 2층	패총	(3.3)	9.0	·	·	·	Ⅳ?V?
29	사천 늑도 2	패총 2층	패총	11.0	8.8	10.8	1.0	·	Ⅱ
30	사천 늑도 3	패총 2층	패총	(6.8)	·	10.2	·	·	Ⅳ
31	산청 명동	I7-2호	수혈식석곽	10.3	9.4	9.0	1.5	·	Ⅳ
32	산청 명동	I25-2호	수혈식석곽	9.9	8.9	8.9	1.5	·	Ⅳ
33	산청 명동	I78-1호	수혈식석곽	10.1	10.4	10.3	·	·	Ⅳ
34	산청 명동	II14호분	수혈식석곽	10.4	10.4	·	·	·	V
35	산청 생초	M22-3호	수혈식석곽	7.7	5.1	·	0.7	6.3	Ⅱ?
36	진주 상촌리	37호	수혈	(15.1)	·	·	·	23.0	Ⅳ
37	진주 상촌리	65호	토기요	·	·	·	·	·	Ⅳ
38	진주 우수리	11호	석곽외 수혈	10.3	9.5	10.8	1.2	·	Ⅱ
39	창원 천선동	6009	지표	8.8	7.5	10.9	1.3	·	Ⅰ
40	하동 고이리	나-15호	석관계석곽	10.4	9.2	12.4	1.4	7.2	Ⅰ

연번	유적명	유구명		규격					유공호 형식
		호수	성격	기고	구경	동최대경	공경	저경	
41	하동 우복리	4호	수혈식석곽	8.9	8.3	8.6	1.0	·	IV
42	하동 우복리	5호	수혈식석곽	9.4	11.4	10.4	1.5	·	IV
43	하동 월운리	경318	수혈식석곽	(9.1)	·	9.6	1.4	·	·
44	함안 도항리	(경)13호	목곽	8.4	6.9	8.4	0.9	4.2	II
45	함안 도항리	소장품	미상	11.2	11.2	12.4	1.6	6.8	II
46	경상대학교	경상528		10.1	5.8	10.7	1.0	·	II
47	경북대학교	795		11.6	11.6	11.1	1.5	·	IV
48	경북대학교	981		9.7	8.3	9.2	1.2	·	IV
49	경북대학교	1110		10.9	9.3	10.6	1.5	·	II
50	계명대학교	1136		11.8	8.0	11.0	1.6	·	I
51	계명대학교	1137		9.1	9.4	9.3	1.5	·	IV
52	김해박물관	13751	구입	12.5	13.4	8.9	1.8	6.2	IV
53	대구카톨릭대	1324	소장품	·	·	·	·	·	
54	대구카톨릭대	2775	소장품	·	·	·	·	·	
55	대구카톨릭대	2778	소장품	·	·	·	·	·	
56	부산대학교	2447	구입	10.2	11.6	10.8	1.4	·	II
57	부산대학교	2540	구입	10.3	10.8	10.1	1.6	·	IV
58	부산대학교	20315	구입	10.9	8.7	11.5	1.3	·	IV
59	영남대학교	696	소장품	9.4	10.3	10.3	1.5	·	IV
60	영남대학교	698	소장품	11.0	11.0	9.5	1.3	·	IV
61	영남대학교	892	소장품	12.0	11.6	11.0	1.4	·	IV
62	영남대학교	908	소장품	11.4	11.0	10.7	1.0	·	II
63	영남대학교	989	소장품	8.9	10.0	10.6	1.5	·	I
64	영남대학교	990	소장품	9.3	9.9	9.5	1.4	·	IV
65	영남대학교	991	소장품	10.4	8.3	11.9	1.3	·	II
66	영남대학교	992	소장품	9.5	8.4	11.3	1.2	·	II
67	영남대학교	993	소장품	11.3	12.8	10.1	1.7	·	IV
68	영남대학교	994	소장품	11.5	9.9	11.8	1.3	·	II
69	영남대학교	995	소장품	9.2	9.7	9.2	1.2	·	IV
70	의령박물관	·	소장품	·	·	·	·	·	IV

표 2. 가야지역 출토 유공광구호 목록

참고문헌

김세기, 2003, 「묘제로 본 가야사회」『가야고고학의 새로운 조명』, 혜안

권용대, 2006, 「후기가야 석곽묘 연구」『연구논문집』, 호남문화재연구원

노미선, 2004, 「有孔廣口小壺 小考」『研究論文集』4집, 호남문화재연구원

柳澤一男, 2006, 「5~6世紀の韓半島西南部と九州-九州系埋葬施設を中心に-」『가야, 낙동강에서 영산강으로』제12회 가야사국제학술회의

목포대학교박물관, 2008, 『장흥 상방촌A유적』

木下亘, 2000, 「韓半島 出土 須恵器(系) 土器에 대하여」『백제연구』37집, 충남대학교백제문화연구소

박승규, 2000, 「고고학을 통해 본 소가야」『고고학을 통해 본 가야』, 한국고고학회

______ , 2003, 「대가야토기의 확산과 관계망」『한국고고학보』49집, 한국고고학회

박천수, 1998, 「대가야권 분묘의 편년」『한국고고학보』39집, 한국고고학회.

______, 2003, 「地域間 並行關係로 본 加耶古墳의 編年」『가야 고고학의 새로운 조명』, 혜안

山本孝文, 2001, 「가야지역 횡혈식석실의 출현배경-묘제 변화의 제측면에 대한 예비고찰-」『백제연구』34집, 충남대학교백제문화연구소

서현주, 2006, 「영산강유역 삼국시대 토기 연구」, 서울대학교박사학위논문

순천대학교박물관, 2003, 『광양 용강리 기두 유적』

윤정희, 1997, 「소가야토기의 성립과 전개」, 경남대학교석사학위논문

이은창, 1978, 「「有孔廣口小壺」考」『고고미술』136·7집, 한국미술사학회

酒井清治, 2001, 「倭における初期須恵器の系譜と渡来人」『4~5世紀東亞細亞社會와 加耶』, 제7회 가야사국제학술회의

________, 2004, 「5·6세기의 토기에서 본 나주권력」『百濟研究』39집, 충남대학교백제문화연구소

하승철, 2001, 「가야 서남부지역 출토 도질토기에 대한 일고찰」, 경상대학교석사학위논문

日本列島 출토 쓰에키 하소우壺[1]에 대하여

기노시타 와타루(나라현립가시하라고고학연구소)

1) 이글의 필자는 하소우(壺)를 하소우(壺), 통형 하소우(樽形壺) 이중 하소우(二重壺)로 분류하고 있다. 이를 우리말로 번역하면 유공광구소호, 장군 또는 유공횡병(有孔橫瓶, 徐賢珠 2006), 이중 유공광구소호 등으로 불리는 기종이다. 이중 통형 하소우(樽形壺)는 장군 혹은 유공 횡병으로 부르고 있으나 형태적인 특징을 잘 이해하기 위해서 "장군"으로 번역하였다. 또한 현재 한국고고학에서 위 3가지 기종을 총칭하는 용어가 없는 점에서 일본어의 발음을 그대로 적어 "하소우(壺)"라 하였다. 독자의 양해를 구하고자 한다.(徐賢珠, 2006, 『榮山江流域 古墳土器 研究』, 學研文化社. 참조)

Ⅰ. 시작하며

古墳時代 中期에 한반도에서 日本列島에 전래된 陶質土器 生産의 技術은 회전대의 사용과 대규모 가마窯의 축조 등 종래의 토기제작과는 크게 다른 새로운 기술을 가지고 있다. 또한 쓰에키須恵器가 높은 保水性을 가지고 있다 일컫는 특성은 지금까지 일본 재래의 토기가 가지고 있지 않은 큰 특징이기도 하다. 초기에는 그 특성을 살린 대옹 등이 활발히 제작된다. 이러한 재래의 토기에는 보이지 않는 우수한 면을 가진 점에서 그 기술은 日本列島 각지에 급속하게 수용되어 널리 퍼지게 된다. 새로운 기술이 수용된 후 대략 반세기만에 큐슈에서 관동지역까지 넓은 범위에 걸쳐 쓰에키의 생산이 이루어지게 된다.

古墳時代 中期 이후의 시기 결정에는 쓰에키가 공통의 기준으로 취급되어지는 경우가 많다고 할 수 있다. 오늘날 須恵器 編年은 세부적인 지역차를 제외하고 대개 확립되어 있다고 하여도 좋을 것이다.

須恵器의 編年은 1960年代부터 精力的으로 진행된 오사카부大阪府 쓰에무라[2]의 발굴조사에 의해 古墳時代부터 헤이안平安時代까지 그 器種・器形의 변천과정이 밝혀지게 되었다. 쓰에무 라 요지군은 고분시대의 쓰에키 생산유적으로서는 일본열도에서 쓰에키생산 초기의 가마터를 포함하여 최대의 규모를 자랑하는 중요한 요지군이다.

본고에서는 쓰에무라 古窯址群 출토 자료로 구축된 쓰에키 편년에 기초하여 고분시대 쓰에키에 보이는 하소우甁의 시기적인 형태 변천과 특징에 대하여 기술하고자 한다.

여기에서는 본고와 관련한 5세기~7세기 초에 이르는 각 형식의 순서를 아래와 같이 정리하여 둔다.

TG232・231—TK73—TK216—(ON46)TK208—TK23—TK47—MT15—TK10(MT85)—TK43—TK209—TK217

이하, 이상의 편년관에 기초하여 논의를 진행하고자 한다.

2) (陶邑) 古窯址群「陶邑古窯址群Ⅰ」平安学園考古学クラブ 1966
「陶邑Ⅰ」『大阪府文化財調査報告書 第28集』大阪府教育委員会 1976
「陶邑Ⅱ」『大阪府文化財調査報告書 第29集』大阪府教育委員会 1977
「陶邑Ⅲ」『大阪府文化財調査報告書 第30集』大阪府教育委員会 1978
「陶邑Ⅳ」『大阪府文化財調査報告書 第31集』大阪府教育委員会 1979
「陶邑Ⅴ」『大阪府文化財調査報告書 第33集』大阪府教育委員会 1980
「陶邑Ⅵ」『大阪府文化財調査報告書 第35集』大阪府教育委員会 1988
「陶邑Ⅶ」『大阪府文化財調査報告書 第37集』大阪府教育委員会 1990
「泉州における遺跡の調査Ⅰ陶邑Ⅷ」『大阪府文化財調査報告書 第46集』大阪府教育委員会 1995
「野々井西遺跡・ON231号窯跡」『(財)大阪府文化財教会調査報告書 第86輯』大阪府教育委員会財団法人大阪府文化財協会 1994
「濁り池須恵器窯址」信太山遺跡調査団濁り池窯址斑 1999
「年代のものさし—陶邑の須恵器—」大阪府立近つ飛鳥博物館 2006

II. 하소우[瓸]의 종류와 변천

쓰에키 중에서 하소우[瓸]로 부르는 기종으로는 원래 일반적으로 보이는 유공광구소호[有孔廣口小壺]와 함께 횡병의 모양을 나타내는 장군형 하소우, 동체부의 구조가 이중으로 되어있는 이중 유공광구소호, 혹은 기대[器臺]에 올려놓는 것으로 큰 것 안에 작은 것이 들어있어 이중으로 보이는 하소우라는 특수한 器形도 포함된다. 여기서는 이들을 총칭하여 하소우라 하여 둔다.

이들 토기는 출토된 총 수량으로 보면 유공광구소호·장군·이중 유공광구소호의 순으로 그 수량은 적어진다. 앞으로도 이러한 경향의 변화는 없을 것으로 생각된다.

또한 하소우는 같은 시기의 개배, 고배 등과 같이 각각의 형식변화를 파악하기 쉬운 기형의 하나이기도 하다. 따라서 본고에서는 먼저 가장 출토 사례가 많은 유공광구소호의 변천 과정을 기본적으로 살펴보고, 더불어 출토 수가 한정된 기형에 대해서도 그 변천의 모습을 살펴보고자 한다. 특히 장군에 대해서는 최근 한반도에서도 적지 않게 출토 사례가 증가하고 있어, 여기서 정리하여 두는 것도 다소의 의미가 있을 것으로 생각된다.

(1) 유공광구소호의 형태 변천과 그 특징

동체부 중앙에 구멍을 뚫은 특징적인 기형인 유공광구소호는 초기 쓰에키인 TG232호 가마에서 출토되고 있어 쓰에키 생산 초기부터 나타나는 기형이다. TG232호 가마 출토 유공광구소호는 출토 수량이 적어 전모를 파악하기에는 불충분하다. 보고서에 의하면 대략 기형이 판명되는 것은 2점뿐이다. (2)는 구연부가 직선적으로 밖으로 벌어진 것으로 胴體部 最大徑과 구연부 직경이 대략 같다. 구연부, 동체부 모두 무문이다. (3)은 구연부에 돌대가 있고 곡선적으로 외반하는 것으로 동체부 최대경에 비해서 구연부 직경이 작은 구연부가 달려있다. 이러한 구연부의 형태는 기본적으로 뒤 시기로 이어지지 않는 형태이다.[3] TK73호 가마에

3) 「陶邑·大庭寺遺跡IV」『(財)大阪府文化財協會調查報告書 第90輯』大阪府敎育委員会財團法人大阪府文化財協會 1995

서 출토된 유공광구소호는 구연과 목, 동체부 모두 무문이며, 어깨가 넓고 약간 뾰족한 저부를 갖는 특징이 있다(8~10). 한반도에서 자주 보이는 평저의 유공광구소호는 야마쿠마山隈窯址 출토품(1)[4] 중에 유사한 예가 알려져 있으나, 쓰에무라陶邑 요지에서는 기본적으로 둥근丸底 저부이다. 대개 이 시기까지 유공광구소호는 목·동체부 모두 무문으로 외면을 장식하지 않는 것이 많은 경향이 있다. 그러나 다음의 TK216 형식 병행기에 이르면 구연·목·동체 각 부분에 각각 집선문[5]을 중심으로 한 장식이 시문되게 된다. 집선문도 시문 후에 위아래를 횡방향으로 물손질하여 문양의 폭을 일정하게 분할하는 등 세련된 수법이 확인된다.

구연부·동체부에 작은 점토를 붙여 장식한 사례로서 효고兵庫현 가코가와加古川시 이나미노印南野 2호분(20)[6], TK85호 가마(16) 출토 자료 등을 들 수 있다. 무엇보다도 동체부의 문양대 위에 낱알 모양粒狀의 점토를 붙인 것으로서 매우 장식적이다. 기본적으로 동체부에 점토를 붙인 장식은 쓰에키에서는 극히 드문 사례로서 특징적이다.

한반도에서는 전라남도 월송리 造山古墳에서 출토한 유공광구소호의 구연부 돌대 위쪽에 일정한 간격으로 낱알모양의 점토를 붙여 장식하고 있다. 또한 광주 月桂洞 1호분 출토 유공광구소호는 동체부 중앙에 2단, 구연부 외면에는 1단으로 원형의 낱알모양 점토를 장식한 것이다. 무안 良將里 30호 주거지의 출토 사례에는 동체부 구멍의 위치에 등 간격으로 원형의 작은 점토를 붙이고, 그 위와 아래에 파상집선문을 시문하였다. 무엇보다도 일본열도나 한반도 모두 이러한 붙인 장식을 가진 사례는 극히 적은 것이라 할 수 있다.

TK208 형식에서는 전체적으로 깔끔하게 만든 완성도가 높은 제품이 생산된다. 어깨가 넓은 동체부, 약간 뾰족한 저부, 동체부의 최종 정면 조정은 목판 긁기가 종종 베풀어진다. 이 시기까지의 저부는 기본적으로 마연 깎기로 표면을 매끈하게 마무리하는 경우가 많다. 또한 유공광구소호는 기본적으로 저부를 타날하여 둥글게 바닥을 마무리하는 것이 일반적이다. 외면은 깨끗하게 정면 조정하는데, 타날 흔적을 마연하여 지우는 경우가 많다. 그러나 내면에는 내박자 흔적이 뚜렷하게 남는 것이 많다. 이 시기까지 소형품과 함께 대형품의 생산도 이루

4) 九州大学考古学研究室「山隈窯蹟群の調査─福岡県朝倉郡三輪町所在の初期須恵器窯跡群─」『九州考古學』第65号 九州考古學會 1990

5) 토기 시문된 문양에 대하여 原文에 표현된 용어를 아래와 같이 번역하였다.
櫛描狀文 → 집선문, 櫛描波狀文 → 파상집선문, 櫛描列点文 → 점열문, 櫛描直線文 → 직선집선문

6)「印南野─その考古学的研究─1(加古川工業用水ダム古墳群発掘調査報告)」『加古川市文化財調査報告3』加古川市教育委員會 1965

어져 유공광구소호에는 大小 2종류가 존재하게 된다.

다음으로 TK23 형식 이후 유공광구소호는 저부에 타날 흔적을 그대로 남긴 사례가 보이게 되지만, 서서히 회전 주걱 깎기를 이용하면서 저부를 최종 정면하는 것으로 변화되어 간다. 이것은 TK47 형식 이후에도 계속적으로 시행되는 저부 정면기법이라 할 수 있다.

6세기에 들어선 MT15 형식 단계에는 동체부와 접합되는 경부 아래 부분이 커져가면서 경부가 위쪽으로 길어지는 형태상 큰 변화가 보이게 된다. 또한 동체부 높이와 구경부 높이가 대략 같아지는 상황이 나타난다.

TK10 형식에서는 구연부가 위로 길어지며 목이 시작되는 지점에서 외반하여 넓어지게 된다. 목부분의 문양대에는 파상집선문이 계속 보인다.

TK43 형식에서는 더욱 목이 발달하여 크게 위쪽으로 늘어나고, 구연부가 밖으로 크게 벌어지는 것이 중심이 된다. 문양은 구연부·경부에 모두 시문되는 것이 많아지나, 파상집선문은 감소하고, 점열문이 많아지면서 직선집선문 등이 추가되는 경우도 많다. 또한 목이 크게 길어지면서 경계선에 의해 2단 아니면 3단으로 경부를 분할하여 문양대를 구성하게 된다.

6세기 말엽부터 7세기에 걸친 시기에는 전체적인 기형이 소형화함에 따라 유공광구소호도 소형화가 진행된다. 그것과 더불어 저부에 대각을 붙인 것이 출현한다(56~58). 59는 원래 台脚 달린 有蓋壺 혹은 長頸壺로 생각되는 것이지만, 동체부에 구멍을 뚫어 유공광구소호로 변형시킨 것으로서 일반적인 기형이 아니며 그다지 많이 보이지는 않는다. 또한 동체부 구멍의 주위를 注口 형태로 돌출시킨 것 등이 나타나게 된다. 소형화가 진행된 시기 이후, 기본적으로 유공광구소호는 생산되지 않게 된다. 쓰에키 생산 개시기부터 계속 계승되어 온 유공광구소호라는 기형은 이 시기를 마지막으로 끝을 맞이하게 된다.

(2) 이중 유공광구소호의 형태적 변천과 그 특징

日本列島 특유의 기형으로써 이중 유공광구소호를 들 수 있다. 유공광구소호의

동체부가 이중 구조로 되어있는 것으로 동체부 외측에는 많은 透窓이 만들어져 있다. 또한 이중으로 된 동체부에는 작은 돌 등을 넣어 방울의 기능을 가진 것도 있다. 이와 관련하여 방울의 기능을 가진 쓰에키는 이중 유공광구소호에 한정되는 것은 아니다. 미에三重縣 세렌지青蓮寺고분[7]에서는 방울이 들어있는 대부 완이, 시마네島根현 킨자키金崎고분[8]에서는 방울 달린 단각 무개고배가 출토되었다. 킨자키金崎고분 출토 무개고배는 脚部에 뚜껑을 만들고 그 안에 작은 구슬을 넣은 것으로, 脚部를 방울로 만든 것이다.

이중 유공광구소호는 생산유적으로서 TK85(60) 가마에 그 출토 예가 있으나, 하소우류 중에서 일반적으로 장군형 보다도 그 출토 사례가 적은 것이라 한다. 이중 유공광구소호의 출현기는 TK85호 가마에서 출토되고 있는 점에서 대략 TK73 형식 병행기부터 존재하는 것으로 생각되며, 그 후 대략 MT15 형식 전후를 마지막으로 생산되지 않게 된다. 그러나 생산의 중심 시기는 그 초기이며 이와시미즈 스게타니岩清水スゲ谷古墳[9]등 6세기 대에 속하는 출토사례는 극히 희소한 것이라 할 수 있다.

이중 유공광구소호의 형식 변화는 일반적인 유공광구소호와 기본적으로는 같은 변천을 거친다. 그러나 출토 사례가 극히 적고, 개개 토기마다의 차이가 큰 것으로 알려져 있다. 도바야마鳥羽山洞穴(61)[10]출토 사례와 같이 평저의 것은 기본적으로 희소하며, 일반적인 유공광구소호처럼 둥근 저부가 많다. 형태상으로는 동체부 중앙을 경계로 2분하여, 경계선을 그려 넣고 각각 위아래에 장방형의 투창을 배치하는 것이 일반적이다. 또 확실히 투창이 많은 것이 선행한다. 이것과 근사한 자료로서 아이치愛知현 니시다이몬西大門유적[11]의 출토 사례 등이 있다. 이것은 동체부 중앙의 경계선 사이에 투창을 넣은 흐트러진 수법의 이중 유공광구소호이다.

MT15 형식 병행기인 이와시미즈 스게타니岩清水スゲ谷古墳(63) 출토품은 투창이 저부에만 배치되어 있다. 더구나 투창도 매우 드문드문 배치한 것이라는 점에서 생략화가 진행되고 있는 것이라 할 수 있다. 하나씩 수작업으로 잘라내 만든 투창의 배열은 매우 많은 제작시간이 요구되는 것이라 할 수 있다. 확실히 이 부

7) 田辺昭三 『須恵器大成』 角川書店 1981 344項 圖342-A・B

8) 田辺昭三 『陶磁大系 第4巻 須恵』 平凡社 1975 96項 圖21・22

9) 「宇陀郡大宇陀町 岩清水スゲ谷古墳發掘調査報告書」 『奈良県文化財調査報告書』 第99集 奈良県立橿原考古學研究所 2003

10) 関孝一・永峯光一 「鳥羽山洞穴─古墳時代葬所の素描と件究─」 鳥羽山洞穴調査団 2000
木下亘 「長野県下出土の古式須恵器概観─北信・東信地域の資料を中心として─」 『史跡 森将軍塚古墳─保存整備事業發 掘調査報告書─』 更埴市教育委員会 1992

11) 田辺昭三 『須恵器大成』 角川書店 1981 321項 圖319

분을 간략화 함으로써 많은 제작시간을 단축하고 있는 모습이 뚜렷하게 인정된다. 이중 유공광구소호 로서 그 생산말기에 해당하는 자료는 후쿠이福井현 마루야마즈카丸山塚고분 출토 사례를 들 수 있다[12]. 이 고분의 매장 주체부는 偏在式 횡혈식석실로서 출토된 쓰에키로 보아 TK10 형식 병행기로 생각된다.

이상과 같이 이중 유공광구소호는 출토 수량이 적을 뿐, 쓰에키 생산 초기부터 확인되는 기형으로서 성행기는 5세기대라 할 수 있다. 5세기 후반부터는 급격히 출토 양이 감소하여 대략 6세기 중엽에 이르러 자취를 감추는 기형이라 생각해도 좋을 것이다.

(3) 장군의 변천

장군은 쓰에키 생산의 시작부터 보이는 기형의 하나이다. 쓰에무라 가마에서는 TG232 · 231호 단계에 확인되지 않지만, TK85 · 73(67 · 68) 등 초기의 가마에서 출토 예가 알려져 있어 대략 쓰에키 생산 개시기부터 존재하는 기형으로 보아도 좋을 것이다.

그러면 장군의 형태적 변천에 대하여 살펴보자. 장군은 그 출토 수량이 다른 기종에 비해 적고, 기형에 보이는 각 개체간의 변이도 크다고 할 수 있다.

초기 장군의 큰 특징으로서 대형인 점을 들 수 있다. 또한 동체부는 좌우 비대칭인 경우가 많고, 동체부 최대경과 측면 직경에 큰 차이가 보이지 않아 원통형에 가까운 형태인 점도 이 시기의 특징이라 할 수 있다. 동체부 최대경 위치에 통상적으로 구연부가 붙지만, 구연부의 형태는 동시기 유공광구소호의 구연부와 차이가 보이지 않는다. 희소한 사례이지만 대형의 장군 중에는 동체부 양 측면에 파수를 붙인 사례도 있다(74·75).

장군 중에는 극소수이지만 동체부의 구멍 부분에 원통형의 注口를 붙인 것이 알려져 있다. ON231호 가마 출토품(70)은 전체적인 형태를 알 수 있는 자료로서 그 외에 注口 파편(71)도 출토하고 있는 점에서, 이 가마에서 생산된 장군 중에는 적지 않게 주구를 붙인 것이 있었을 것이라 한다. TK87호 요지도 그러한 주구

12) 『福井県史 資料編 13 考古
　　—本文編—』福井県 1986

를 가진 장군형 토기가 알려져 있다. 이밖에 유례가 없는 매우 특수한 토기로서 장군형 토기(69)가 보고서에 도면이 게재되어 있다. 그러나 ON231호 요지의 注口를 붙인 장군의 존재가 밝혀진 점에서 장군으로 이해함이 자연스러울 것이다[13]. 이러한 주구를 가진 장군도 그 생산 시기는 그 초기에 극히 한정되어 일시적이라 한다.

다음으로 정형화가 진행된 TK208 단계에 이르면, 동체부는 좌우 대칭으로 균형 있게 조정되어 배부른 통모양의 장군이 나타나게 된다. 도면에 제시된 TK208호 가마(76), 가메이·시로야마龜井·城山 2호분 (78)[14], 쓰에무라·후카다陶邑·深田 유적(77)[15] 등이 좋은 사례라 할 수 있다. 문양대는 동체부 중앙의 최대경을 중심으로 시문되며 측면 부분 근처까지 시문되는 것은 없다.

현재까지 출토된 자료로 보면, 장군은 MT15 병행 단계에서 대략 소멸하는 것으로 생각된다. 5세기 후반에서 6세기에 걸쳐 이 단계의 장군은 급격히 소형화가 진행되는 것으로 알려져 있다.

소형화된 장군의 대표적인 사례로서 돗토리鳥取현 스기사키杉崎 18호분 출토품(79)[16]을 들 수 있다. 공반된 다른 쓰에키로 보아 TK23~47 형식에 대응하는 시기로 생각되는 자료로서 높이 12.3cm, 구경 8.7cm, 동체부 폭 8.1cm 정도로 매우 소형화가 진행되어 있다. 동체부 폭과 구연부 직경이 대략 같은 크기라는 점도 새로운 특징이라 할 수 있다. 동체부의 문양대도 1줄 뿐으로 간략화가 진행된 것이라 할 수 있다. 스기사키杉崎 18호분과 대략 같은 시기의 자료로서 히로시마廣島현 이케노우치池ノ內 3호분 출토(80) 장군을 들 수 있다. 이 장군은 구연부 직경 5.5cm, 높이 9.2cm 정도로서 다시 소형화가 진행된 자료이다. 시기는 공반된 자료 등에서 TK23~TK47 형식 병행기로 생각된다[17].

장군은 6세기 전반의 MT15 단계는 양적으로 적지 않을 만큼 생산되는 것으로 판단된다. 군마群馬현 에게惠下고분(81)[18] 출토품이 좋은 예로서 돗토리鳥取현 스기사키杉崎 18호분 출토품보다는 대형이지만 이것도 동체부 폭이 15cm 정도로 5세기대의 자료에 비해 소형화가 뚜렷하다. 이미 본래의 기능을 상실한 일시적인 토기로써 장군형의 모습만 남아있는 것이라 해도 좋을 것이다.

13) 酒井清治 「陶邑TK87號窯出土の樽形土器の再檢討－樽形の可能性を求めて－」『人類史研究』第11號 人類史研究會 1999

14) 「龜井・城山」『寢屋川南部流域下水道事業長吉ポンプ場築造工事關連埋藏文化財發掘調査報告書』財團法人大阪文化財センター 1980

15) 「陶邑・深田」『大阪府文化財調査抄報』第2輯 大阪文化財センター 1973

16) 寺西健一「鳥取県杉崎18號墳出土の須惠器」『古文化談叢』第15集 九州古文化研究會 1985

17) 広島県教育委員会『県營駅家住宅団地造成地内埋藏文化財發掘調査報告』1976
新谷武夫「安芸・備後の古式須惠器」『古文化談叢』第5集 九州古文化研究會 1978

18) 小野山節・本村豪章「上毛野・伊勢崎市惠下古墳出土のガラス玉と須惠器と馬具」『MUSEUM』第357號 東京国立博物館 1980

외면의 문양은 주로 파상집선문을 시문하고 있다. 초기의 것은 동체부에 몇 줄의 띠 모양 突線을 돌리고 그 突線 사이를 문양대로 구성하고 있다. 각 문양대 사이에는 복수의 파상집선문이 시문된 경우가 많고, 양측면의 돌출된 띠 가장자리까지 파상문으로 채워진 것도 존재한다. 이 시기의 것으로서 사이타마埼玉현 요노与野시 하치오오지八王子유적(66)[19]과 TK85호 가마의 출토품을 들 수 있다. 초기의 문양구성은 주로 파상집선문을 중심으로 연속점열문이 병용되는 사례가 많아지나, 시기가 내려오면서 연속점열문이 중심 문양으로 바뀌어 간다. 문양구성의 변천은 유공광구소호의 변천과 같다.

제작기법으로 보면 장군는 처음부터 끝까지 대체로 일관되게 같은 제작방법을 채용하고 있다.

먼저 한쪽 측면의 원판을 기초로 동체부를 말아 올리고, 마지막으로 별도로 제작된 원판으로 반대쪽 측면을 막는다. 그 후 구연부 밑 부분 크기에 맞추어 동체부에 뚫은 부분에 따로 제작한 구연부를 접합하는 공정을 거친다. 이러한 점토 원판 폐쇄기법은 자라병提瓶과 평병平瓶과 같이 좌우 비대칭으로 제작되는 토기에 공통적으로 보이는 특징적인 기법이다.

장군은 쓰에무라 요지군을 중심으로 한 지역에서는 TK208 형식까지 생산의 성행기이고, 이후 대략 생산은 마무리되는 것이라 할 수 있다. TK23~MT15 형식과 같이 5세기 후반부터 6世紀에 걸친 자료는 쓰에무라와 같은 요업생산 중심지역 보다 오히려 멀리 떨어진 지역에서 출토한 사례가 많다.

이 시기는 이미 지방요地方窯가 생산을 개시하고 있었으며, 이들 토기도 지방요의 생산품으로 생각해도 좋을 것이다. 지방요의 제품 중에는 때때로 쓰에무라에서는 이미 그 생산이 끝난 기형이 뒤늦게 나타나는 경우가 확인된다. 요컨대 중심지 가마의 생산 성행기와 시기가 벗어나는 경우가 존재하는 것이다.

예를 들면 쓰에무라 요지군과 같은 오사카부 북부에 위치하는 사쿠라이타니櫻井谷 요지군[20]에서는 TK43 형식 병행기의 가마에서 다공 시루가 출토되고 있음이 알려져 있다. 쓰에무라 가마에서 시루의 생산은 대략 그 초기에 한정되며 6세기 대에는 생산되지 않는다. 이러한 현상은 기형뿐만 아니라 제작기법에도 나

19) 青木義脩「浦和市白鍬発見の須恵器と土師器」『埼玉考古』第4号　埼玉考古學會 1966
「浦和市史　第１巻　考古資料編」浦和市 1974
20) 鍋島敏也・藤原学「千里古窯跡群」1974
「下村町池窯跡」豊中市教育委員会 1974
「桜井谷窯跡群　2–19窯跡・2–24窯跡—北豊中団地建設にともなう確認調査—」桜井谷窯跡分群発掘調査団 1977
「桜井谷窯跡群—範囲確認調査—」豊中市教育委員会　1977
「桜井谷窯跡群　2–17窯跡—府立少路高等学校建設工事に伴う調査報告—」少路窯跡遺跡調査団 1982
「桜井谷窯跡群　2–29窯跡」『豊中市文化財調査報告　第38集』豊中市教育委員会 1996

타나며 이른 양상으로 보이는 제작기법이 갑자기 나타나는 사례도 상통하는 것으로 생각된다. 같은 양상으로 사쿠라이타니櫻井谷 요지군에서는 TK209 형식 병행기의 가마에서 주걱깎기를 한 뚜껑이 출토되고 있다.

　　이처럼 이들 지방의 가마에서는 중심지역의 가마에서 이미 보이지 않는 기형 또는 제작기법이 근소하게나마 돌연 나타나는 현상이 알려지고 있다. 쓰에무라 가마와 사쿠라이타니 가마는 같은 오사카 남부와 북부라는, 어떤 의미에서는 근접한 지역, 바꿔 말하면 가장 가까운 중앙요와 지방요의 관계라 할 수 있다. 여기에서 마저도 이러한 현상이 나타난다는 사실을 생각하면 더 멀리 소재하는 지방요에서는 보다 명확하게 표출할 가능성을 가지고 있다. 이것은 지방요 성립기에 있어서 쓰에키생산 실태의 한 측면을 보여주는 것이라 할 수 있다.

　　효고兵庫현 토요오카豊岡시 이치바칸나시市場神無 유적군에서 조사된 7세기대의 쓰에키 가마에서는 외면에 승석문이 타날된 옹의 동체부편이 다수 발견되었다[21]. 일반적으로 승석문 타날에 의해서 성형된 쓰에키는 종래의 자료로 보면 대략 TK73호 가마를 비롯한 초기 쓰에키의 단계에 한정되어 있다. 해당 자료는 확실하게 이 가마에서 소성된 자료로 판단되는 점, 쓰에무라를 비롯한 중앙요에서는 이미 소멸된 기법이 지방요에서 채용되고 있는 현상을 단적으로 보여주신 좋은 예라 할 수 있을 것이다.

III. 맺으며

21) 『市場神無遺跡群 現地説明会資料』豊岡市立出土文化財管理センター 2011
市場神無遺跡群 5호窯에서 外面에 繩蓆文이 타날된 甕의 동체부 파편 80여점이 출토되었다.

이상으로 일본열도에서 출토하는 유공광구소호·이중 유공광구소호·장군에 대하여 그 변천과 주된 특징에 대하여 기술하였다. 쓰에키 생산개시 후 유공광구소호는 고분시대부터 아쓰카飛鳥시대까지 계속 생산되었으나, 다른 기종들은 그 생산량이 한정되었으며 대략 5세기 대에 그 생산이 끝나게 된다.

쓰에키생산 도입시기에 있어서 그 초기부터 계속적인 생산이 이어지는 기형과 일정기간 동안에 생산이 마무리되는 기형의 2가지로 나누어진다. 전자는 일반적인 유공광구소호, 후자는 장군과 이중 유공광구소호가 해당된다고 하겠다. 이것은 쓰에키 생산 개시기 이후 기형이 일본화하여 가는 과정에서 기종이 선택적으로 수용된 결과로 생각된다. 사용하는 측의 의지에 따라 수시로 기종의 선택이 이루어졌던 결과가 그 기종의 소멸과 성장에 반영되었던 것이라 할 수 있다.

쓰에키 생산기술이 도입되었던 시점에서 이러한 기종·기형에 대한 선택적 수용은 현저하게 나타난다. 예를 들면 한반도에서는 일반적으로 인식되는 角杯 등이 그 좋은 예이라 하겠다. 각배는 TG232·TK73을 비롯한 초기 쓰에키 가마의 무엇 때문인지 출토되지 않으므로 그 시점에서는 선택되지 않았던 기형 중의 하나로 생각해도 좋을 것이다. 요컨대 당초 생산 목록에 들어있지 않았던 기형이라 할 수 있다[22].

기종·기형 중에는 도입 시기에 선택되지 않고 생략되어진 것, 수용되었지만 단기간에 그 생산이 멈추어진 것, 계속적으로 생산이 확대되어진 것 등 기종·기형에 따라 여러 가지 방향을 거치게 된다.

다음으로 하소우의 사용방법에 대하여 살펴보자.

시즈오카静岡현 하마마쓰浜松시 코우가히라郷ヶ平 9호분[23]이나 사이타마埼玉현 후카야深谷시 시로야마白山 2호분[24]에서 유공광구소호를 양손으로 받들고 있는 인물 하니와人物埴輪가 잘 알려져 있다. 또한 후쿠시마福島현 모토미야마치本宮町 텐노단天皇壇고분에서는 연질의 장군이 하니와류와 함께 출토하였다[25]. 인물 하니와人物埴輪와 직접 관계되는 것은 아니지만 아마도 인물 하니와에 달린 장군을 받들고 있는 모습으로 복원되는 자료로 생각된다. 인물 하니와의 출현 시기로 보면 이들은 5세기 말엽에서 6세기대의 자료이지만 당시 음식 의례의 양상을 보여주는 것으로 생각되며, 유공광구소호 등의 구체적인 사용방법을 검토하는데 참고할 수 있다. 그릇을 받들고 있는 인물 하니와의 사례는 유공광구소호에 한정되는 것이 아니라 다른 기형에서도 비교적 많이 확인된다.

22) 木下亘 「日本列島出土の角杯をめぐって」『日本基層文化論叢 椙山林継先生古稀記念論集』雄山閣 2010

23) 田辺昭三『陶磁大系 第4巻 須恵』平凡社 1975 92項 圖13

24) 「考古学からみた古代の女性巫女王卑弥呼の残影」『大阪府立近つ飛鳥博物館 平成20年度特別展』大阪府立近つ飛鳥博物館 2008 59項 圖版98

25) 「天皇壇古墳」『本宮町文化財調査報告書 第8集』福島県本宮町教育委員会 1984

군마群馬현 오다太田시에 소재하는 츠카마와리塚廻り고분군은 6세기 말엽에 축조된 고분군이다[26]. 3호분은 전체길이 약 31m로 추정되는 평면 가리비모양帆立貝式고분이다. 전방부에서 출토된 각종 인물 하니와들 중 의자에 앉아 잔을 받들고 있는 무녀상이 포함되어 있다. 왼손으로 잔을 받치고 구연부에 오른손을 대고 있는 듯이 가슴 앞에 잔을 받든 상황을 표현하고 있다.(85) 츠카마와리塚廻り 4호분은 전체길이 약 29m 남짓 측정되는 평면 가리비모양의 고분인데, 전방부에서 왼손에 잔을 높이 쳐들고 있는 여자인물상 2개체가 출토되었다.(86·87)

도쿠시마德島현 이타노板野군 가미이타쵸上板町에 소재하는 쇼부타니 니시야마菖蒲谷西山A유적에는 壺를 손으로 받들고 있는 인물 하니와가 출토되었다.(84) 시기는 공반된 쓰에키로 보아 5세기 후반으로 편년된다[27]. 이렇듯 하니와 인물상에는 다양한 그릇을 가진 표현이 보인다. 실제 사용된 그릇의 종류는 더욱 많은 기종이 있었을 것으로 상상된다.

그렇다면 이러한 인물 하니와의 표현에 보이는 토기류는 당초 어떻게 사용하였던 것일까. 고분의 돌출부에서 출토하는 토기의 상황으로 그 일단을 파악할 수 있는 단서가 있다. 몇 가지 고분에 대하여 간단히 소개하여 보겠다.

효고兵庫현 가코가와加古川시 쿄자츠카行者塚고분은 전체 길이 약 100m 남짓의 규모로서 5세기 전반의 전방후원분이다. 이 고분에는 후원부와 전방부가 만나 꺾이는 부분과 후원부에 2개소, 합계 4개소의 돌출부가 확인되었다. 그 중 발굴조사가 실시된 서쪽의 돌출부에서 원통형 하니와로 둘러싼 중앙부에 집 모양 하니와가 집중적으로 발견되었고, 주변에서 하지키와 토제품이 한데 모여 출토하였다. 토제품에는 물고기 모양, 새 모양, 전복, 떡 모양, 마름의 씨앗 모양, 잘린 몸체와 같은 원래의 형상을 추정하기 어려운 것과 함께 봉상, 뿔 모양, 뿔기둥 모양과 같은 것들이 많이 출토되었다[28].

같은 5세기 전반에 축조된 나라奈良현 카와이쵸河合町 오토네야마乙女山고분은 전체 길이 130m 남짓의 평면 가리비형 고분으로 유명하다. 후원부의 돌출부에서 집 모양 등 형상 하니와류와 함께 바구니형 토기가 출토되었다. 또한 분구에 둘러싼 원통형 하니와 열에서 미니어쳐 호와 토제 원반 등이 발견되었다[29].

26) 「塚廻り古墳群」群馬県教育
   委員会 1980
27) 「四国縦貫自動 車道建設に伴
   う埋蔵文化財発掘調査報告
   13」『徳島県埋蔵文化財センタ
   ー調査報告 第13集』徳島県教
   育委員会・財団法人徳島県埋
   蔵文化財センター・日本道路
   公団 1995
28) 「行者塚古墳発掘調査概報」
   『加古川市文化財調査報告書
   15』加古川市教育委員会 1997
29) 「史跡乙女山古墳 付高山2号
   墳―範囲確認調査報告―」『河
   合町文化財調査報告 第2集』
   河合町教育委員会 1988

5세기 중엽에 축조된 나라시에 소재하는 우와나베ウワナベ고분은 전체 길이 270m에 이르는 대형 전방후원분으로 서측의 굴곡부에 돌출부가 만들어져 있다. 이 돌출부의 상면에서 대량의 쓰에키류와 함께 소형의 미니어쳐 토기, 바구니모양 토기, 물고기 모양과 같은 토제품이 출토하였다[30]. 또한 오사카大阪부 하비키노羽曳野시에 소재하는 혼다고뵤야마譽田御廟山고분에서 갈거미蛸·오징어鳥賊·물고기와 같은 어패류의 출토가 알려져 있다[31].

이러한 어패류를 비롯하여 음식물의 형태를 본 뜬 토제품은 많은 고분에서 출토되어 알려져 있으며, 시기는 5세기 대에 집중된다. 현재까지 수십 기의 고분에서 이러한 토제품의 출토가 알려져 있다[32].

이들 음식물을 표현한 토제품은 미니어쳐 토기로 활발하게 제작되어 고분의 돌출부에 공양물로 바친 것으로 보이며, 공양의례의 모습을 나타내는 것으로 생각된다. 당초에는 실물로서 음식물이 공양된 것으로 생각되나 시기가 내려옴에 따라 대체품인 토제품으로 변화되어 온 것이라 하겠다. 원래 하소우瓠도 그러한 공양의 장면에서 사용된 것으로 생각된다. 그와 같은 구체적인 모습은 하소우瓠를 받든 인물 하니와가 보여주는 것이라 생각할 수 있다.

또한 유공광구소호 그 자체가 분명하게 장송의례와 수반하여 제작된 것으로 생각되는 사례도 있다. 후쿠오카福岡현 하네토羽戸유적에서 출토된 유공광구소호는 통형기대 위에 놓는 것으로서, 이른바 소호장식 유공광구소호이다. 한반도의 사례로는 고창 봉덕리 1호분 4호 석실에서 출토된 소호장식 유공광구소호를 들 수 있다. 출토 상황으로 보아도 분명하게 대형의 무개고배와 세트를 이루는 자료이다.

최근 한반도에서도 유공광구소호나 장군의 출토 사례가 증가하고 있다. 그 중에서도 유공광구소호에는 분명하게 일본열도에서 생산되어 가지고 온 쓰에키로 생각되는 자료와 한반도에서 생산된 것의 2가지가 있는 것이 밝혀지고 있다. 경상남도 지역에서는 분명하게 쓰에키로 인식되는 자료와 재지산 토기가 공반되고 있으나, 전라도 지역에서는 모방토기가 증가하여 복잡한 양상이다.

한반도에 일본열도로부터 가지고 온 것으로 생각되는 쓰에키가 증가하는

30) 「平城宮発掘調査報告Ⅵ —平城京左京一条三坊の調査—」『奈良国立文化財研究所学報 第23册』奈良国立文化財研究所 1975
31) 「大阪府史蹟名勝天然記念物調査報告 第五輯」大阪府 1934
32) 이밖에 나라奈良県 나가레야마ナガレ山古墳·카와라즈카瓦塚1號墳, 오사카大阪부 고보야마御廟山古墳·노나카 미야야마野中宮山古墳·카루사토 오오츠키輕里大塚古墳 等, 간사이關西 지방을 중심으로 토제품의 출토가 알려져 있다. 무엇보다도 魚·蛸·鳥賊과 같은 어패류, 圓盤·球狀·棒狀·板狀과 같은 것 등이 출토되고 있다.

시기는 현재까지 자료의 형식으로 볼 때 TK23~MT15 형식에 집중되는 것으로 생각된다. 기종으로는 개배·고배·유공광구소호·자라병 등 비교적 소형의 토기가 많다.

한반도 출토 쓰에키 유공광구소호 중 일본열도에서 대체적으로 확실히 가지고 온 것으로 생각되는 자료로서 좁은 소견으로 언급하면 아래와 같은 자료를 들 수 있다.

고령 지산동 1-5호분(TK23) · 고성 송학동 1호분 1A-11호 유구 · 동 1B-1호 유구, 나주 복암리 1호분 · 나주 복암리 3호분 · 무안 맥포리 · 무안 사창리 덕암고분

위의 자료로 보면 한반도에서 출토된 유공광구소호는 전라남도 지역에서 출토된 사례가 시기적으로 선행하고 TK216~208 형식에 대응하는 것이 포함되어 있다. 그러나 그 이외의 지역에서는 대개 TK23 형식에서 MT15 형식에 이르는 각 형식에 해당하는 자료가 많은 것으로 생각된다.

다음으로 장군에 대하여 살펴보자.

한반도에 확실하게 일본열도에서 생산하여 가지고 온 것으로 생각되는 자료는 현 시점에서는 확인되지 않는다. 향후 출토될 가능성이 있으나, 유공광구소호에 비해 적은 것은 사실이라 하겠다.

한반도에서 생산된 것이라 판단되는 장군을 살펴보면, 초기 쓰에키로 보이는 대형품은 극히 적어 현재의 상황에서 출토 사례는 극히 희박하다. 유일하게 대형품으로 포함해도 좋은 것으로 국립중앙박물관에 최영도 기증 자료로서 소장되어 있는 장군을 들 수 있다. 기증 자료이기 때문에 한반도에서 출토된 것인지 아닌지 명확하지 않은 점이 아쉽다. 만약 한반도에서 제작된 것이라 한다면 형식적으로 볼 때 가장 오랜 양상을 보이는 토기라 하겠다. 동체부를 그은 경계선에 의해 9개의 문양대로 분할하고 각각의 문양대에 파상집선문을 시문하여 극히 장식적이다. 구연부를 중심으로 한 경우 동체부는 좌우 균형이 맞지 않는다. 또한 동체부 중앙이 배부른 장군이라 하기보다는 원통형에 가까운 형태를 나타내고 있다.

한반도에서 출토되는 장군의 한 특징으로서 바로 세워 놓을 경우 동체부 아래 면에 평탄면이 보인다는 점을 들 수 있다. 같은 시기의 유공광구소호와 같이 평저를 인식한 것인지 혹은 제작 공정 중에서 생긴 것인지 판단할 수 없으나, 일본의 장군과는 큰 차이라고 할 수 있다. 이와 관련하여 밑면이 평탄하게 된 장군의 사례는 고창 봉덕유적 가지구 1호 溝 출토품, 광주 하남동 5호 溝 출토품, 광주 산정동 9호 방형건물지 출토품 등의 자료가 있다. 또한 영암 만수리 고분군 제1호 옹관 주변 출토품도 그 후보이다.

일본열도에서 생산되어 한반도에 들어 온 것으로 생각되는 유공광구소호는 TK23~MT15 형식에 상당하는 자료가 많다는 점은 앞서 기술한 바 있다. 정확히 이 시기는 일본열도 각지에서도 쓰에키 생산이 활발해지는 시기에 해당한다. 예를 들어 이 시기에 조업이 이루어진 지방의 가마는 오사카大阪부 사쿠라이 타니桜井谷요지군, 효고兵庫현 오진타니鬼神谷요지[33], 이시카와石川현 토리야鳥谷요지, 나가노長野현 마 츠노야마松ノ山요지[34], 사이타마埼玉현 사쿠라야마桜山요지[35], 시즈오카静岡현 에몬사카衛門坂요지·아케도오리明通り요지·아쿠로安久路요지·아리타마有玉요지[36], 아이치愛知현 수이진水神요지, 미에三重현 히사이久居요지[37], 시마네島根현 다카바타高畑요지[38]·가도우야 마네門生山根1호요지[39], 사가佐賀현 코우고이케神籠池요지[40], 후쿠이福井현 코우도우지興道寺요지[41], 효고兵庫현 아카네카와赤根川·가네가사키金ヶ崎요지[42] 등 九州에서 関東까지 넓은 지역에 걸쳐 많은 가마가 축조되어 쓰에키가 생산되게 된다.

한반도에서 발견되는 쓰에키가 위에 열거한 가마유적 가운데 어느 가마에서 생산된 것인가. 도질토기에 비해 지역차가 적은 쓰에키는 그 생산지 결정의 판단이 매우 어려운 것이라 한다. 그러나 향후 일본 열도산 쓰에키가 어느 지역에서 생산된 것인가 밝혀진다면, 한반도와 일본열도라는 두 지역 사이의 교류 양상도 보다 구체적으로 보이게 될 것이라 생각된다.

33) 「鬼神谷窯跡発掘調査報告」 兵庫県城崎郡竹野町教育委員会 1990

34) 笹沢浩・原田勝美「長野県か出土の須恵器(上・下)」『信濃』Ⅲ・26—9・11
「松ノ山窯跡」『長野県史 考古資料編 全1巻(2) 主要遺跡(北・東信)』長野県史刊行会 1982

35) 「日本住宅公団高坂丘陵地区埋蔵文化財発掘調査報告—Ⅵ—桜山窯跡群」『埼玉県埋蔵文化財調査事業団報告書 第7集』
財団法人埼玉県埋蔵文化財調査事業団 1982

36) 「静岡県の窯業遺跡(静岡県内窯業遺跡分布調査報告書)」『静岡県文化財調査報告書 第42集』静岡県教育委員会 1989

37) 「三重県一志郡久居窯址群発掘調査報告—2号窯, 4号窯—」久居古窯址群発掘調査団 1968

38) 「高畑遺跡詳細分布調査報告書」安来市教育委員会 1984
「窯業関係遺跡」『島根県生産遺跡分布調査報告書 3』島根県教育委員会 1985

39) 「安来市門生町所在 門生黒谷Ⅰ遺跡 門生黒谷Ⅱ遺跡 門生黒谷Ⅲ遺跡」『一般国道9號(安来道路)建設豫定地内埋蔵文化財発掘調査報告書 14』島根県教育委員会

40) 中村勝「佐賀県神籠池古窯跡の須恵器について」『古文化談叢』56 九州古文化研究会 2007

41) 「興道寺窯跡の試掘調査」『福井県埋蔵文化財調査報告書 第3集』福井県教育委員会 1979
「福井県史 資料編13 考古」福井県 1986

42) 「兵庫県明石市赤根川・金ヶ崎窯跡」『昭和63年度發掘調査概報』明石市教育委員会 1990

参考文献

【藤ノ木古墳】

「斑鳩 藤ノ木古墳第1次調査報告書」斑鳩町・斑鳩町教育委員会 1990

【牧野古墳】

「史跡　牧野古墳」『広陵町文化財調査報告 第1冊』広陵町教育委員会 1987

【三ツ塚古墳群9・10・11号墳】

「三ツ塚古墳群」『奈良県立橿原考古学研究所報告 第81冊』奈良県立橿原考古学研究所 2002

【竹内遺跡】

木下亘「須恵器から見た葛城の物流拠点」『韓式系土器研究IX』韓式系土器研究会 2006

도판

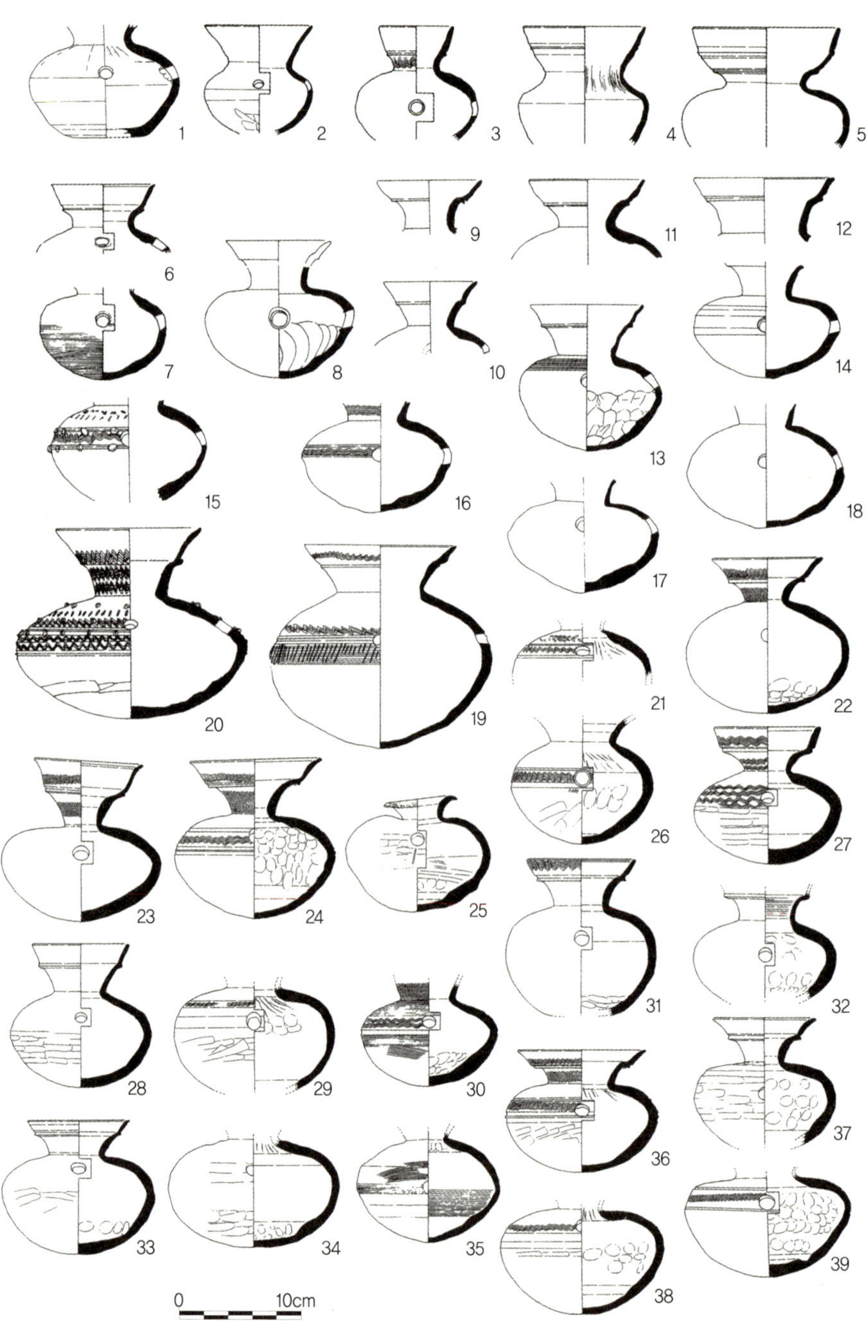

0 ____ 10cm

1 : 야마쿠마山隈요지군[후쿠오카현福岡県]   2∼5 : TG232호 요지[오사카부大阪府]
6·7 : TG231호 요지[오사카부大阪府]   8∼10 : TK73호 요지[오사카부大阪府]
11∼16 : TK85호 요지[오사카부大阪府]   17∼19 : TK87호 요지[오사카부大阪府]
20 : 이나미노印南野 2호분[효고현兵庫県]   21∼39 : ON231호 요지[오사카부大阪府]

40~42 : TK208호 요지[오사카부大阪府]　　　43~45 : TK23호 요지[오사카부大阪府]
46~48 : MT15호 요지[오사카부大阪府]　　　49 · 50 : TK10호 요지[오사카부大阪府]
51 · 52 : 후지노키藤ノ木고분[나라현奈良県]　　　53~55 : 마쿠야牧野고분[나라현奈良県]
56 : TK116호 요지[오사카부大阪府]　　　57 : 미쯔츠카三塚고분군 10호분[나라현奈良県]
58 : 미쯔츠카三塚고분군 9호분[나라현奈良県]　　　59 : 미쯔츠카三塚고분군 11호분[나라현奈良県]

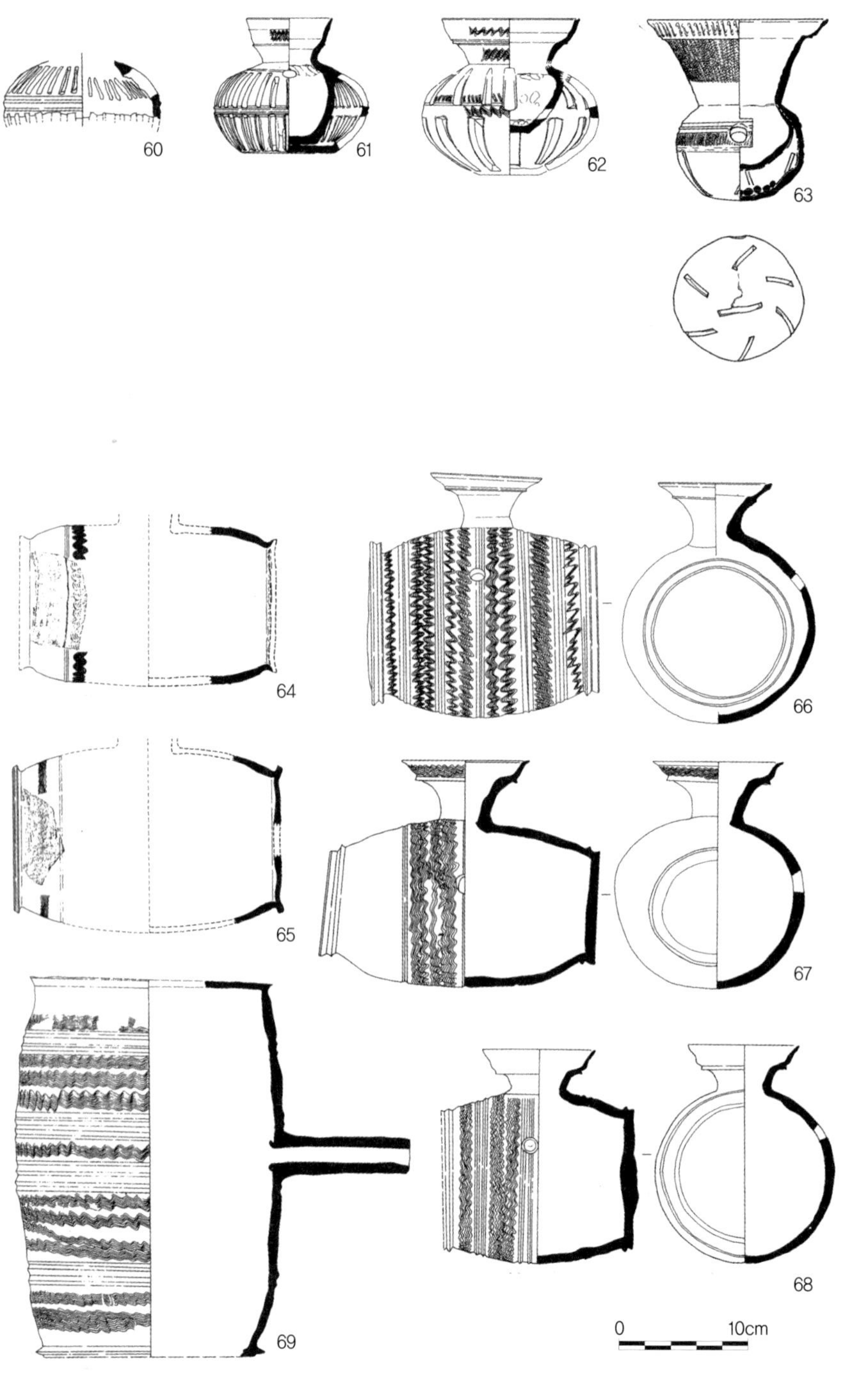

60 : TK85호 요지[오사카부大阪府]　　　61 : 도바야鳥羽山洞穴[나가노현長野県]
62 : 긴가이산金鎧山고분[나가노현長野県]　　　63 : 이와시미즈스게타니岩清水スゲ谷고분[나라현奈良県]
64·65 : 야마쿠마山隈요지군[후쿠오카현福岡県]　　　66 : 하치오우지八王子유적[사이타마현埼玉県]
67 : TK73호 요지[오사카부大阪府]　　　68 : TK85호 요지[오사카부大阪府]　　　69 : TK87호 요지[오사카부大阪府]

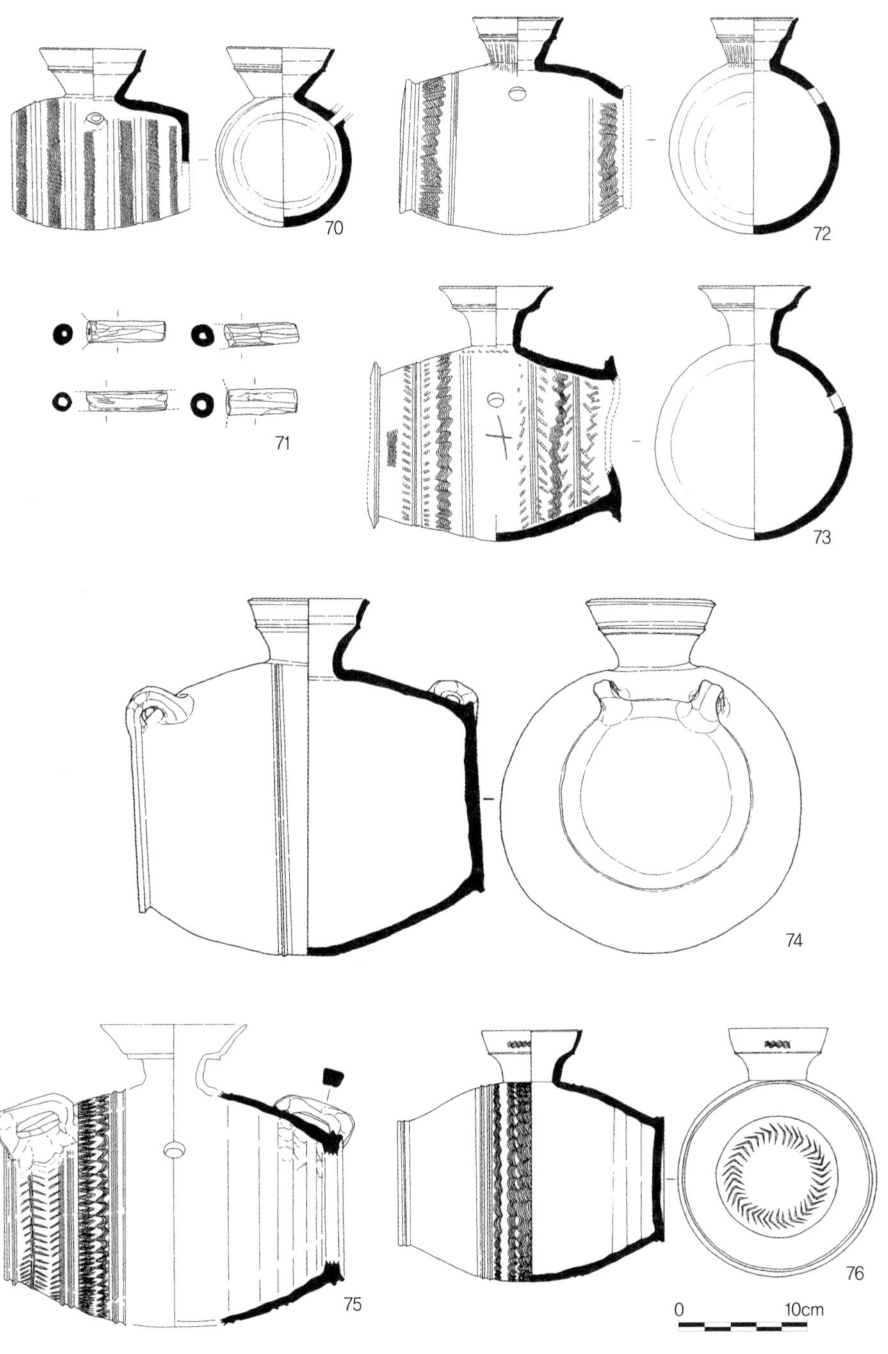

70~73：ON231호 요지[오사카부大阪府]　　74：오오바데라大庭寺유적[오사카부大阪府]
75：다케우치竹内유적[나라현奈良県]　　76：TK208호 요지[오사카부大阪府]

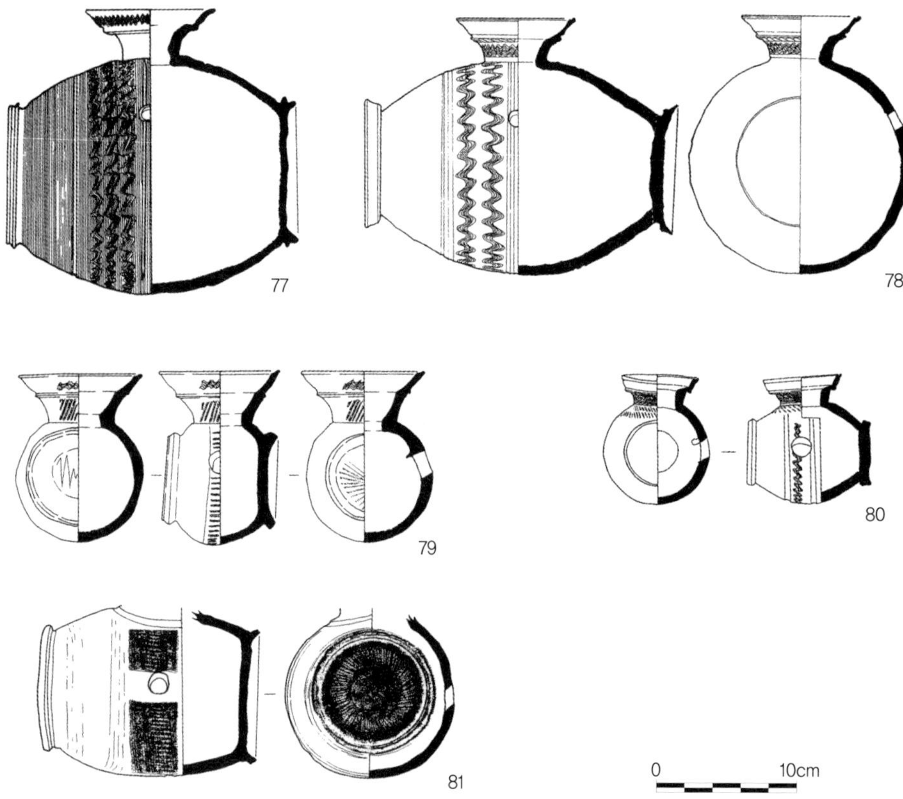

77 : 쓰에무라 · 후카다陶邑 · 深田유적[오사카부大阪府]　　78 : 가메이 · 시로야마亀井 · 城山2호분[오사카부大阪府]
79 : 스기사키杉崎18호분[돗토리현鳥取縣]　　80 : 이케노우치池ノ内3호분[히로시마현廣島縣]
81 : 에게恵下고분[군마현群馬縣]

82

83

84

85

86

87

82 : 유공광구소호를 받들고 있는 인물 하니와[시즈오카静岡현 하마마츠浜松시 코우가히라鄕ケ平9호분
83 : 연질의 장군[후쿠시마福島현 모토미야마치本宮町 텐노단天皇壇고분]
84 : 호를 받들고 있는 인물 하니와[도쿠시마德島현 이타노板野군 카미이타쵸上板町 쇼부타니 니시야마菖蒲谷西
     山A유적]
85 : 배를 받들고 있는 무녀 하니와[군마群馬현 오다太田시 츠카마와리塚廻リ3호분]
86~87 : 배를 들어 올리고 있는 인물 하니와[군마群馬현 오다太田시 츠카마와리塚廻リ3호분]

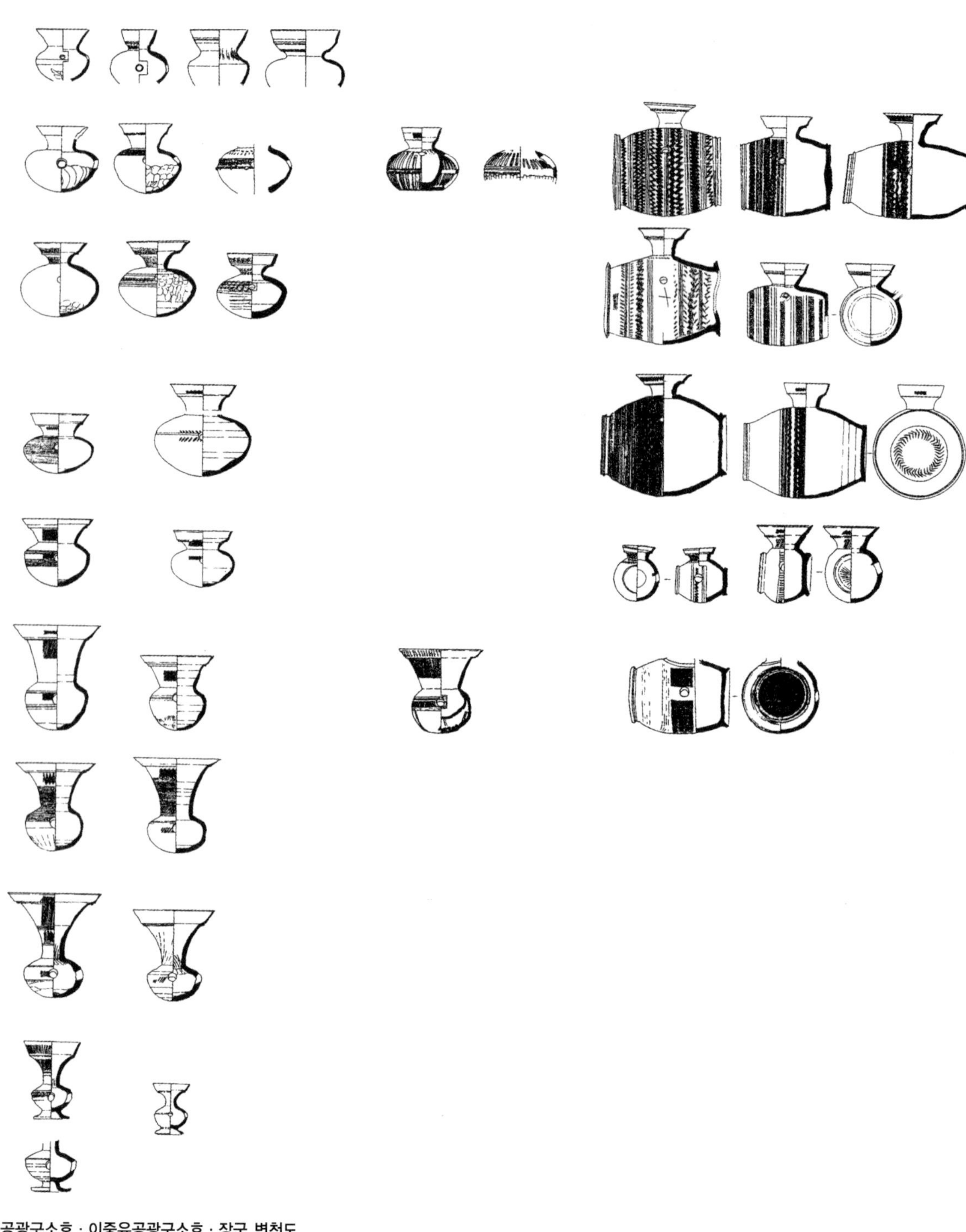

유공광구소호 · 이중유공광구소호 · 장군 변천도

日本列島出土
須恵器𤭯の変遷とその特徴

木下　亘(奈良県立橿原考古学研究所)

Ⅰ. はじめに

　古墳時代中期に韓半島から日本列島にもたらされた陶質土器生産の技術は、回転台の使用や大規模な窯の構築など在来の土器制作技術とは大きく異なる新技術を持っていた。また、須恵器の高い保水性を有すると言う特性は、今までの土器が持ち合わせていない大きな特徴でもあった。初期にはその特性を生かし大甕等が盛んに製作されている。この様な在来の土器には見られない優れた面を有する点から、その生産技術は日本列島各地に急速に受容され広まっていった。受容後、ほぼ半世紀余りで、九州から関東地域までの広範囲にその生産が行われるようになる。

　古墳時代中期以降の時期決定に関して、須恵器がその共通機軸として取り扱かわれる場合が多いと言える。今日、須恵器編年は細かな地方差を除けば、概ね確立していると言って良いであろう。

　須恵器の編年は、1960年代から精力的に進められた大阪府陶邑古窯址群（註1）の発掘調査によって、古墳時代から平安時代まで、その器種・器形の変遷過程が明らかにされてきている。陶邑古窯址群は古墳時代の須恵器生産遺跡としては、日本列島での須恵器生産初期の窯跡を含み、更にその規模としても最大の規模を誇る重要な窯跡群である。

　此処では、陶邑古窯址群出土資料で構築された須恵器編年に基づき、古墳時代須恵器に見られる𤭯の時期的な形態変遷とその特徴に就いて述べていく事にしたい。

　此処では発表に関わる5世紀～7世紀初めに至る各型式を以下のように整理しておく。

　TG232・231—TK73—TK216—(ON46)TK208—TK23—TK47—MT15—TK10(MT85)—TK43—TK209—TK217

　以下、この編年観に基づき、話を進めていきたい。

II. 瓼の種類と変遷

須恵器の中で瓼と総称される器種には、本来の一般的に見られる瓼と共に樽形を呈する樽形瓼、体部の構造が二重になっており二重瓼、或いは器台に載せ置かれる子持ち瓼と言った特殊な器形も含まれている。此処ではこれらを総称して瓼としておく。

　これらの土器は、出土総数から見ると、瓼・樽形瓼・二重瓼子持ち瓼の順にその数を減じていく。今後もこの傾向に変化は無いものと思われる。

　また、瓼は同時期の蓋杯、高杯等と共にその型式変化を捉えやすい器形の1つでもある。よって、此処では、先ず最も出土例が多い瓼をその変遷過程を基本に置き、出土数の限られる特殊な器形についても、併せてその変遷の姿を見ていく事にしたい。特に、樽形瓼については近年、韓半島でも少なからずその出土事例が増えてきており、此処で整理しておくのも多少の意味があるかと思われる。

（1）瓼の形態的変遷とその特徴

体部中央に孔をあけた特徴的な器形である瓼は、初期須恵器であるTG232窯でも検出されており、須恵器生産初期から見られる器形である。TG232号窯出土の瓼は、出土総数が少なく全体を知るには不十分である。報告書に依ればほぼ器形の判明したものは二点のみであった。（2）は口縁部が直線的に外方に広がるもので体部最大径と口縁部径がほぼ等しい。口縁部、体部共に無紋である。（3）は口縁部に陵を持ち屈曲して外反するもので、体部径にに比べて口径の小さな口縁部が附されている。この様な口縁部の形状は、基本的に後に続かない形態である。（註2）

　TK73号窯からは出土した瓼は、口頸部、体部共に無紋で、肩が張りやや尖り底の特徴を持っている（8〜10）。韓半島でよく見られる平底の瓼は、山隈窯出土品（1）（註3）の中に類例が知られるが、陶邑窯に於いては丸底のものを基本的としている。総じてこの時期まで、甑は口頸部・体部共に無紋で外面装飾が施されないものが多い傾向が見られる。然し、次のTK216型式併行期に至ると口縁部・頸部・体部といった各部分にそれぞれ櫛描状文を主体とした装飾が施されるようになる。櫛描状文も施文後にその波形の上下にヨコナデを施すことで波形の幅を一定に揃えるなど、丁寧な手法が認められる。

　口縁部・体部に貼付装飾を持つ事例として兵庫県加古川市印南野二号墳（20）（註4）、TK85号窯（15）出土資料などが挙げられる。何れも体部の文様帯上に粒状の貼付を行うもので極めて装飾的である。基本的に体部に貼付を持って加飾する事例は須恵器に於いては極めて少なく特徴的である。

　韓半島では全羅南道月松里造山古墳から出土した甑の口縁部稜線上に、一定の間隔で粒状の貼付装飾が成されている。また、光州月桂洞1号墳から出土した甑は、体部中央に二段、口縁部外面には一段の円形貼付浮文が施され加飾されるものである。務安ヤンジャンリ30号住居址から出土した事例では、体部孔の位置に等間隔で小さな円形浮文が貼付けられている。また、その上下を櫛描波状文によって加飾する。何れにしても日本列島、韓半島共にこの様な貼付装飾を持つ事例は極めて少ないと言えるであろう。

　TK208型式では全体にシャープな造りで、完成度の高い製品が生産されている。体部は肩が張り、やや尖り底、体部の最終調整にカキ目がしばしば用いられる。この時期まで底部は基本的に磨り消し調整が施され、平滑な器面に仕上げられる場合が多い。また、甑は基本的に底部を叩き出して丸底に仕上げるのが通常である。外面は丁寧に器面調整を加える事で叩き目痕跡を磨り消している場合が多い。然し、内面にはアテ具痕跡を顕著に残すものが多い。この時期まで小型品と共に大型品の生産が行われており、甑には大小二種が存在している。

　次のTK23型式以降、甑は底部に叩き目をそのまま残す事例が見られるようになるが、徐々に回転箆削りを利用し、底部の最終調整を行う様になる。

これはTK47型式以降も継続的に行われていく底部調整技法と言える。

　6世紀に入りMT15型式段階では、頸基部が太くなると共に頸部が上方に延びると言う、形態上大きな変化が見られる。また、体部高と口頸部高がほぼ等しい状況が見られる。

　TK10型式では、口縁部が長く上方に延び、頸基部から外反して広がるようになる。頸部の文様帯には、櫛描波状文がまだ見られる。

　TK43型式では、更に頸部が発達し大きく上方に延び、口縁部で屈曲し大きく外方へ広がるものが主体となる。文様は口縁部・頸部共にに施文されることが多いが、櫛描波状文は減少し、櫛描列点文を主体となる。これに櫛描直線文等が加わる場合も多い。また、頸部が大きく延びる事に伴い、界線によって2段ないしは3段に頸部を分割し、文様帯を構成する様になる。

　6世紀末葉から7世紀にかけて、全体的な器形の小型化に呼応し、𤭯も小型化が進行する。それと共に底部に脚台を附したものが出現する（56〜58）。59は、本来は脚台付有蓋壺あるいは長頸壺と考えられるものであるが、体部に孔を開け𤭯としたもので、一般的な器形ではなく、さほど多くは見られない。また、体部の孔の周囲を注口状に突出させたものなどが見られる様になる。小型化が進んだ時期以降、基本的に𤭯は生産されなくなる。須恵器生産開始期から連綿と受け継がれてきた𤭯という器形は、この時期を最後に器形としての終焉を迎える事になる。

（2）二重𤭯の形態的変遷とその特徴

日本列島特有の器形として二重𤭯が挙げられる。𤭯の体部が二重構造になっているもので、体部外側には多く透かし窓が施されている。また、二重になった体部には小石などを入れて鈴の機能を持たせたものも見られる。因みに、鈴としての機能を持たせた須恵器は、この二重𤭯に限ることではない。三重県青蓮寺古墳（註5）からは鈴入りの台付き椀が、島根県金崎古墳（註6）

からは、鈴付の短脚無蓋高杯が出土している。金崎古墳出土の無蓋高杯は脚部に蓋をし、中に小さな玉を入れる事で、脚部を鈴に仕立て上げたものである。

　二重𤭯は生産遺跡としてはTK85（60）にその出土例があるが、𤭯類の中では一般的に樽形𤭯よりもその出土事例は少ないと言える。二重𤭯の出現期はTK85号窯で出土している事からほぼTK73型式併行期から存在すると考えられ、その後、ほぼMT15型式前後を最後に生産されなくなるようである。然し、生産の中心はその初期にあり、岩清水スゲ谷古墳（註7）など、6世紀代に属する出土事例は極めて稀な事例と言える。

　二重𤭯の型式変化は、通常の𤭯と基本的には同様の変遷を辿る。然し、出土事例が極めて少ないこともあり、個体間の差異が大きいことが知られている。鳥羽山洞穴（61）（註8）出土事例のように平底のものは基本的に稀で、通常の𤭯同様丸底のものが多い。形態上は体部中央を界線によって二分し、その界線を挟んで上下それぞれに長方形の透かしを配置するものが一般的である。又、明らかに多窓のものが型式的に先行する。

　これと近い資料として愛知県西大門遺跡（註9）出土事例などがある。これは体部中央の界線間にも透かしを施す手の混んだ二重𤭯である。

　MT15併行の奈良県岩清水スゲ谷古墳（63）出土事例では透かしは底部のみに配置され、更にその配置も極めて疏らであると言う事が指摘出来る。透かし配置の省略化が進行していると言える。1つずつ手作業で切り込み形作られる透かしの配列は、非常に多くの製作時間を多く要すると言える。正にこの部分を簡略化することで大幅な製作時間の短縮を行っている様子が顕著に認められる。二重𤭯としてはその生産終末に相当する資料として福井県丸山塚古墳出土事例が挙げられる。（註10）当墳の内部主体は片袖式の横穴式石室で、出土した須恵器からTK10型式併行と考えられる。

　以上の様に、二重𤭯は数量は少ないものの生産初期から認められる器形で、盛行期は5世紀代にあると言える。5世紀後半からは急激にその量を減じ、ほぼ6世紀中葉までに姿を消す器形と考えて良いであろう。

（3）樽形𤭯の変遷

樽形𤭯は須恵器生産当初から見られる器形の1つである。陶邑窯では
TG232・231に於いては未検出であったが、TK85・73（67・68）といった初期の
窯址からはその出土が知られており、ほぼ、須恵器生産開始期から存在する
器形と考えて良いであろう。

　では、樽形𤭯の形態的な変遷について見ておこう。樽形𤭯はその出土
量も他の器種に比べれば少なく、器形に見られる個体間のばらつきも大きい
と言える。

　初期の樽形𤭯の大きな特徴として大型である事が挙げられる。また、体
部は左右非対称である場合が多く、体部最大径と側面部径に大きな差が見
られず、筒型に近い形状である点もこの時期の特徴と言えるだろう。体部の
最大径部分に通常口縁部が附されるが、口縁部形状は同時期の𤭯口縁部
と差異は見られない。希な事例ではあるが大型品の中には体部両側面に把
手を附けたものも知られている（74・75）。

　樽形𤭯の中には極少数ではあるが、体部の孔部分に筒状の注口を持つ
ものが知られている。ON231号窯（70）は全体の形状が判る資料で、他に注
口部分のみの破片（71）も出土している所から、当窯で生産された樽形𤭯に
は少なからず注口を持つものがあったようである。

　TK87号窯にもこの様な注口を持つ樽形土器が知られている。他に類例
のない極めて特殊な土器で樽形土器（69）として報告書に図面が掲載されて
いる。然しON231号窯の注口を持つ樽形𤭯の存在が明らかとなった現在、樽
形𤭯として理解するのが自然であろう。（註11）この様な注口を持つ樽形𤭯も
その生産時期はその初期の極めて限られた一時期であると言える。

　次に定型化の進んだTK208段階に至ると、体部は左右対称で均整のと

れたビア樽形を呈するようになる。図面に示したTK208号窯（76）、亀井・城山2号墳（78）（註12）、陶邑・深田遺跡（77）（註13）等の事例がその好例と言えよう。文様帯は胴部中央の最大径部分を中心に施され、側面部附近まで施されることは無い。

　現在まで出土している資料から、樽形𤭯はMT15併行段階でほぼ消滅するものと考えられる。5世紀後半から6世紀にかけて、この段階の樽形𤭯は急激に小型化が進む事が知られている。

　小型化した樽形𤭯の代表的な事例として、鳥取県杉崎18号墳出土（79）（註14）のものが挙げられる。供伴した他の須恵器からTK23〜47型式に対応する時期と考えられる資料で、器高12.3cm、口径8.7cm、体部幅8.1cm余りと非常に小型化が進んでいる。体部幅と口縁部径がほぼ等しくなってくるのも、新しい特徴と言えよう。体部に見られる文様帯も1条のみと、簡略化が進んだものと言える。杉崎18号墳とほぼ同時期の資料として、広島県池ノ内3号墳出土（80）の樽形𤭯が挙げられる。この樽形𤭯は口径5.5cm、器高9.2cmを計測するもので、更に小型化の進んだ資料である。時期は共伴した資料などからTK23〜TK47型式併行と考えられる。（註15）

　樽形𤭯は6世紀前半のMT15段階までは、量的には少ないものの生産され残る事が判っている。群馬県恵下古墳（81）（註16）から出土したものがその好例で、鳥取県杉崎18号墳のものよりは大型であるが、これも胴部幅が15cm程度となり5世紀代の資料と比べ小型化が著しい。もはや当初の機能は失われ仮器として、樽形と言うその姿だけを留めていると言っても良いであろう。

　外面に施される文様は、櫛描波状文を主体としている。初期のものは体部に数条1対となる突線からなる界線が複数条巡り、その界線間を文様帯として構成している。各文様帯間には複数の櫛描波状文が施される場合が多く、両側面の凸帯際まで波状文で埋め尽くされるものも存在する。この時期のものとして埼玉県与野市八王子遺跡（66）（註17）やTK85号窯のものが挙げられる。初期の文様構成は櫛描波状文主体に櫛描列点文が併用される事例が多いが、時期が下るにつれて櫛描列点文主体となっていく。文様構成の変遷は甑の文様変遷と同様である。

　製作技法から見ると樽形甑はその初めから終焉まで、その製作方法はほぼ一貫して同様の製作方法を採用している。

　先ず、片側側面の円盤を基礎に体部を巻き上げ、最後に別途作製した円盤で反対側側面を塞ぐ。その後、口縁部基部径に合わせて体部に切り込み部に、別に作製した口縁部を接続する工程を経ている。この様な粘土円盤閉塞技法は、提瓶や平瓶といった左右非対称に製作される土器に共通して見られる特徴的な製作技法である。

　樽形甑は陶邑古窯跡群を中心とした地域では、TK208型式迄をその生産の最盛期とし、以降ほぼその生産は収束していると言って良い。TK23〜MT15型式といった5世紀後半から6世紀にかけての資料は、陶邑と言う窯業生産中枢域からは寧ろ離れた地域での出土事例ある場合が多い。

　この時期は、既に地方窯がその生産を開始しているおり、これらの土器も地方窯の製品の可能性を考えて良い資料である。地方窯の製品中には、往々にして陶邑では既にその生産を収束している器形が、時期を下って生産される場合が見受けられる。つまり中枢窯での生産盛行期と時期がずれる場合が存在するのである。

　例えば、一例を挙げると陶邑窯跡群とは同じ大阪府北部に位置する桜井谷窯跡群(註18)では、TK43型式併行期の窯跡から多孔式甑の出土が知られている。陶邑窯では甑の生産はほぼその初期に限られており、6世紀代では生産されていない。この様な現象は、器形のみならず製作技法にも現れており、古相を示す製作技法が突如出現する事例とも呼応している。同様に桜井谷窯跡群からはTK209型式併行期の窯から、手持ち篦削りを施す蓋が検出されている。

　この様にこれら地方窯に於いては、中枢窯では既に見られなくなった器形或いは製作技法が、僅かではあるものの突如現れる現象が知られてきている。陶邑窯と桜井谷窯は、同じ大阪府の南部と北部という、ある意味近接した地域、言い換えれば最も近い中枢窯と地方窯の関係と言える。ここに於いてさえもこの様な現象が現れると言う事実を考えれば、更に遠隔地に所在する地方窯に関しては、より明確に表出する可能性を持っている。これは地方窯成立期に於ける須恵器生産実態の一側面を示すものと言える。

　兵庫県豊岡市市場神無遺跡群に於いて発掘調査された7世紀代に築かれた須恵器窯跡からは、外面に縄蓆文叩きを持つ甕胴部破片が多数発見されている。(註19)通常、縄蓆文の叩きによって成形される須恵器は、従来の資料からはほぼTK73号窯を初めとする初期須恵器の段階に限られていた。当該資料は確実にこの窯で焼成された資料と考えられる点、陶邑を初めとする中枢窯では既に消滅している技法が地方窯に於いて採用されているという現象を端的に示す好例と考えて良いであろう。

Ⅲ. おわりに

以上、日本列島から出土する甑・二重甑・樽形甑についてその型式変遷と主な特徴について述べてきた。須恵器生産開始後、甑は古墳時代から飛鳥時代まで継続的に生産されているが、他の二器種はその生産量も限られる上に、ほぼ五世紀代でその生産を終了してしまう。

　須恵器生産導入時期に於いては、その初期から継続的な生産が行われていく器形と、一定期間を経て生産を収束する器形の2つに分ける事が出来る。前者は一般的な甑、後者は樽形甑や二重甑が該当するであろう。これは、須恵器生産開始期以降、器形が日本化していく過程に於いて、器種に対する選択的受容が成された結果と考えられる。使用する側の意志に基づき随時器種の選択が成されていった結果が、その器種の消長に反映されたものと言える。

　須恵器生産技術が導入された時点で、この様な器種・器形に対する選択的受容は顕著に

　現れている。例えば、韓半島では一般的に認められる角杯等はその好例であろう。角杯はTG232・TK73を初めとする初期須恵器窯の何れからも検出されておらず、その時点では選択されなかったものと器形の1つと考えて良いであろう。つまりは当初の生産リストに加えられなかった器形と言える。（註20）

　器種・器形の中には導入時に選択されず省かれてしまうもの、受容されたものの短日時でその生産を収束してしまうもの、継続的に生産が拡大していくものなど、器種・器形により様々な方向を辿ることになる。

　次ぎに甑の使用方法に就いて見てみよう。

　静岡県浜松市郷ケ平9号墳（註21）や埼玉県深谷市白山2号墳（註22）から甑を両手で捧げ持つ人物埴輪が出土している事が良く知られている。

　また、福島県本宮町の天皇壇古墳からは埴輪質の樽形甑が埴輪類と共に出土している。（註23）人物埴輪と直接接合する資料ではないが、恐らくは人物埴輪に付随し、樽形甑を捧げ持つ姿に復原できるものと考えられている。人物埴輪の出現時期からして、これらの資料は5世紀末葉から6世紀代の資料ではあるが、当該時期に於ける飲食儀礼の様相を示すものと考えられ、甑などの具体的使用方法を考える上で参考となろう。

　器を捧げ持つ人物埴輪の事例は甑に限られる事はなく、他の器形についても比較的多く認められる。

　群馬県太田市に所在する塚廻り古墳群は、6世紀中葉に築造された古墳群である。（註24）

　3号墳は、全長約31mと推定される帆立貝式古墳である。前方部からは各種の人物埴輪が出土しているが、その中に椅子に腰掛け、杯を捧げる巫女像が含まれている。左手に杯を持ち、右手はその杯の口縁部に添えるか

　の如く、胸の前に杯を捧げ持つ状況を表現している。(85)

　同じく塚廻り4号墳は全長29m余りを計測する帆立貝式古墳であるが、前方部から左手に杯を持ち、その手を高く差し上げる女子人物像が二体検出されている。(86・87)

　徳島県板野郡上板町に所在する菖蒲谷西山A遺跡からは、壺を手に捧げ持つ人物埴輪が検出されている。(84)時期的には共伴した須恵器から5世紀後半に位置づけられている。(註25)

　この様に埴輪人物像には、様々な器を持つ表現が見られる。実際の器類には更に多くの器種があったと想像される。

　では、この様な人物埴輪の表現に見られる土器類は、当初どのように使用されていたのであろうか。古墳に見られる造り出しから出土する土器の状況に、その一端を知る手掛かりがある。その幾つかの古墳について簡単に紹介しておく。

　兵庫県加古川市行者塚古墳は、全長約100m余りを計測する5世紀前半の前方後円墳である。本墳からは両くびれ部及び後円部に二箇所、合計四箇所に造り出しが確認されている。この内、発掘調査が実施されたくびれ部西造り出しからは、円筒埴輪で囲まれた中央部に家形埴輪の集中が見られ、その周辺から土師器や土製品が纏まって検出されている。土製品には魚形、鳥形、アケビ状、餅状、菱の実状、切り身状と言った本来の形状を推定できるものと共に、棒状、角状、角柱状と言ったもの等が多数検出されている。(註26)

　同じく5世紀前半に位置付けられる奈良県河合町乙女山古墳は全長130m余りの帆立貝式古墳として著名である。後円部に見られる造り出しからは、家形などの形象埴輪類と共に籠目土器が出土している。また、墳丘を囲繞する円筒埴輪列内からミニチュアの壺や土製円盤等が発見されている。(註27)

　5世紀中葉に築造された奈良市に所在するウワナベ古墳は、全長約270

mを測る大型前方後円墳で、西側くびれ部に造り出しが附設されている。この造り出し上面からは、大量の須恵器類と共に小型のミニチュア土器や籠目土器、魚形といった土製品が出土している。(註28)

また、大阪府羽曳野市に所在する誉田御廟山古墳からはも蛸・烏賊・魚といった魚介類の出土が知られている。(註29)

この様な魚介類を初めとして食物をかたどった土製品は、多くの古墳からその出土が知られており、時期的には5世紀代にその集中が認められる。現状では数十基の古墳からこの様な土製品の出土が知られている。(註30)

これらは食物を表す土製品はミニチュア土器に盛りつけられ、造り出しに供献されたものと見られ、供献儀礼の姿を示すものと考えられる。本来は実物としての食物が献じられたと考えられるが、時期が下るにつれて、代替品である土製品へと変化していくのであろう。本来甑もこの様な供献の場面で使用されたと考えられる。そのような具体的な姿をこの甑を捧げ持つ人物埴輪は示すものと考えられよう。

また、甑自体が明らかに葬送に伴う器として製作されたと考えられる事例も存在する。福岡県羽戸から出土した甑は、筒形器台の上に載せ置かれるもので、所謂子持ち甑である。韓半島での類例は高敞鳳徳里1号墳4号石室から出土した子持ち甑が挙げられよう。出土状況から見ても、明らかに大型の無蓋高杯とセットをなす資料である。

近年、韓半島に於いても甑や樽形甑の出土事例が増加しつつある。この中でも甑に関しては、明らかに日本列島で生産され持ち込まれた須恵器と考えられる資料と、韓半島で生産されたものの二種が含まれている事が明らかになっている。慶尚道地域では明らかに須恵器と認識できる資料と地元産土器が共伴しているが、全羅道地域ではこれに模倣土器が加わり様相が複雑化している。

韓半島で日本列島から持ち込まれたと考えられる須恵器の出土が増加する時期は、現在までの所、型式的に見てTK23〜MT15型式にその集中が見られるようである。器種としては、蓋杯・高杯・甕・堤瓶等で比較的小型のものが多い。

　韓半島出土須恵器甕の内、日本列島からほぼ確実に持ち込まれたと考えられる資料には、管見に触れたものとして以下のような資料が挙げられる。

池山洞1－5号墳：TK23
固城松鶴洞1号墳　1A—11号遺構
固城松鶴洞1号墳　1B—1号遺構
羅州伏岩里1号墳
羅州伏岩里3号墳
務安麥浦里
務安社倉里　德岩古墳

　これらの資料から見て、韓半島から出土する甕は全羅南道地域から出土する事例が時期的に先行し、TK216～208型式に対応するものが含まれている。然しそれ以外の地域では大凡TK23型式からMT15型式に至る各型式に該当する資料が多いと考えられる。

　次ぎに樽形甕について見てみよう。

　韓半島に於いて確実に日本列島で生産され持ち込まれたと考えられる資料は、現時点では確認していない。今後、出土する可能性は否定できないが、甕に比べて少ないのは事実であろう。

　韓半島で生産されたと考えられる樽形甕に就いて見てみると、初期須恵器に見られるような大型品が極めて少なく、現状ではその出土事例は希薄だと言える。唯一、大型品に含めて良いと言えるものとして国立中央博物館にチェヨンド寄贈資料として収蔵されている樽形甕が挙げられる。寄贈資料のため、韓半島での出土品か否か明確で無い点が惜しまれるが、仮に韓半島での製作とすれば、型式的に見て最も古相を示す土器と言える。体部を沈線による界線によって9つの文様帯に分割し、それぞれに櫛描波状文を施文するもので、極めて装飾性が強い。口縁部を中心した場合、体部は左右均整がとれていない。また、全体にビヤ樽形と言うよりは筒状に近い形態を示している。

　韓半島で出土している樽形𤭯に特徴的な点の1つとして、正置な状態で置いた場合に体部下面に平坦面が見られる事が挙げられる。当該期の𤭯同様、平底を意識したものか或いは製作上、その工程の中で生じたものなのか、その答えを持ち合わせていないが、日本の樽形𤭯とは1つ大きく異なる点だと言える。因みに底面に平坦面を持つ樽形𤭯の事例としては、高敞鳳徳遺跡力地区溝1からの出土品、光州河南洞5号溝出土品、光州サンチョン洞9号方形建物址出土品等の資料が挙げられる。

　また、霊岩万樹里古墳群第1号甕棺周辺からの出土品もその候補に挙げられる。

　日本列島で生産され韓半島に持ち込まれたと考えられる𤭯は、TK23〜MT15型式に相当する資料が多い点は先に述べた。

　ちょうどこの時期は、日本列島各地でも独自の須恵器生産が活発になる時期に相当している。例えばこの時期に操業が行われている地方窯として、大阪府桜井谷窯跡群、兵庫県鬼神谷窯跡（註31）、石川県鳥谷窯跡、長野県松ノ山窯跡（註32）、埼玉県桜山窯跡（註33）、静岡県衛門坂窯跡・明通り窯跡・安久路窯跡・有玉窯跡（註34）、愛知県水神窯跡、三重県久居窯跡（註35）、島根県高畑窯跡（註36）、門生山根1号窯跡（註37）、佐賀県神籠池窯跡（註38）、福井県興道寺窯跡（註39）、兵庫県赤根川・金ヶ崎窯跡（註40）など九州から関東まで広い地域に渡って、多くの窯が築かれ須恵器が生産されている。

　韓半島で発見される須恵器が、これら列島各地で営まれた窯の内、どちらの窯で生産されたものなのか、陶質土器に比べて地域差に乏しい須恵器に於いては、その生産地決定の判断が極めて難しいと言える。然し、今後は

列島産の須恵器が、日本のどの地域で生産されたものなのかを明らかにする事
により、韓半島と日本列島と言う二地域間交流の様相も、より具体的に示せるも
のと思われる。

【註】

(註1)「陶邑古窯址群Ⅰ」平安学園考古学クラブ　1966

　　　「陶邑Ⅰ」『大阪府文化財調査報告書 第28集』大阪府教育委員会　1976

　　　「陶邑Ⅱ」『大阪府文化財調査報告書 第29集』大阪府教育委員会　1977

　　　「陶邑Ⅲ」『大阪府文化財調査報告書 第30集』大阪府教育委員会　1978

　　　「陶邑Ⅳ」『大阪府文化財調査報告書 第31集』大阪府教育委員会　1979

　　　「陶邑Ⅴ」『大阪府文化財調査報告書 第33集』大阪府教育委員会　1980

　　　「陶邑Ⅵ」『大阪府文化財調査報告書 第35集』大阪府教育委員会　1988

　　　「陶邑Ⅶ」『大阪府文化財調査報告書 第37集』大阪府教育委員会　1990

　　　「泉州における遺跡の調査Ⅰ　陶邑Ⅷ」『大阪府文化財調査報告書 第46
　　　　集』大阪府教育委員会　1995

　　　「野々井西遺跡・ON231号窯跡」『(財)大阪府文化財教会調査報告書 第86
　　　　輯』大阪府教育委員会・財団法人大阪府文化財教会 1994

　　　「濁り池須恵器窯址」信太山遺跡調査団濁り池窯址斑　1999

　　　「年代のものさし―陶邑の須恵器―」大阪府立近つ飛鳥博物館　2006

(註2)「陶邑・大庭寺遺跡Ⅳ」『(財)大阪府文化財教会調査報告書 第90輯』大
　　　阪府教育委員会・財団法人大阪府文化財協会 1995

(註3)　九州大学考古学研究室　「山隈窯跡群の調査―福岡県朝倉郡三輪
　　　　町所在の初期須恵器窯跡群―」『九州考古学 第65号』九州考古学会
　　　　1990

（註4）「印南野―その考古学的研究―1（加古川工業用水ダム古墳群発掘調査報告）」『加古川市文化財調査報告3』加古川市教育委員会　1965

（註5）　田辺昭三『須恵器大成』角川書店　1981　344頁　図342-A・B

（註6）　田辺昭三『陶磁大系　第4巻　須恵』平凡社　1975　96頁　図21・22

（註7）「宇陀郡大宇陀町　岩清水スゲ谷古墳発掘調査報告書」『奈良県文化財調査報告書 第99集』　奈良県立橿原考古学研究所　2003

（註8）　関孝一・永峯光一『鳥羽山洞穴―古墳時代葬所の素描と件究―』 鳥羽山洞穴調査団　2000
　　　　木下亘「長野県下出土の古式須恵器概観―北信・東信地域の資料を中心として―」『史跡　森将軍塚古墳―保存整備事業発掘調査報告書―』更埴市教育委員会　1992

（註9）田辺昭三『須恵器大成』角川書店　1981　321頁　図319

（註10）『福井県史　資料編13　考古―本文編―』　福井県　1986

（註11）酒井清治「陶邑TK87号窯出土の樽形土器の再検討－樽形の可能性を求めて－」『人類史研究 第11号』人類史研究会　1999

（註12）「亀井・城山」『寝屋川南部流域下水道事業長吉ポンプ場築造工事関連埋蔵文化財発掘調査報告書』財団法人 大阪文化財センター　1980

（註13）「陶邑・深田」『大阪府文化財調査抄報　第2輯』大阪文化財センター　1973

（註14）寺西健一「鳥取県杉崎18号墳出土の須恵器」『古文化談叢　第15集』九州古文化研究会　1985

（註15）広島県教育委員会『県営駅家住宅団地造成地内埋蔵文化財発掘調査報告』1976
　　　　新谷武夫「安芸・備後の古式須恵器」『古文化談叢　第5集』九州古文化

（註16）研究会　1978
　　　　小野山節・本村豪章「上毛野・伊勢崎市恵下古墳出土のガラス玉と須恵器と馬具」『MUSEUM　第357号』東京国立博物館　1980

（註17） 青木義脩「浦和市白鍬発見の須恵器と土師器」『埼玉考古第4号』埼玉
　　　　考古学会　1966

（註18）「浦和市史　第1巻　考古資料編」浦和市　1974
　　　　鍋島敏也・藤原学「千里古窯跡群」1974
　　　　「下村町池窯跡」豊中市教育委員会　1974
　　　　「桜井谷窯跡群　2－19窯跡・2－24窯跡―北豊中団地建設にともなう
　　　　確認調査―」桜井谷窯跡分群発掘調査団　1977
　　　　「桜井谷窯跡群―範囲確認調査―」豊中市教育委員会　1977
　　　　「桜井谷窯跡群2－17窯跡―府立少路高等学校建設工事に伴う調査報
　　　　告―」少路窯跡遺跡調査団　1982
　　　　「桜井谷窯跡群2-29窯跡」『豊中市文化財調査報告　第38集』豊中市教
　　　　育委員会　1996

（註19）『市場神無遺跡群　現地説明会資料』豊岡市立出土文化財管理センタ
　　　　ー2011
　　　　市場神無遺跡群5号窯から外面に縄蓆文叩きを施した甕体部破片80点
　　　　余りが検出されている。

（註20） 木下亘「日本列島出土の角杯をめぐって」『日本基層文化論叢　椙山林
　　　　継先生古稀記念論集』雄山閣　2010

（註21） 田辺昭三　『陶磁大系　第4巻　須恵』平凡社　1975　92頁　図13

（註22）「考古学からみた古代の女性　巫女王卑弥呼の残影」『大阪府立近つ飛
　　　　鳥博物館平成20年度特別展』大阪府立近つ飛鳥博物館　2008　59頁
　　　　図版98

（註23）「天皇壇古墳」『本宮町文化財調査報告書　第8集』福島県本宮町教育委
　　　　員会　1984

（註24）「塚廻り古墳群」群馬県教育委員会　1980

（註25）「四国縦貫自動　車道建設に伴う埋蔵文化財発掘調査報告　13」『徳島
　　　　県埋蔵文化財センター調査報告第13

集』 徳島県教育委員会・財団法人徳島県埋蔵文化財センター・日本道
　　　　路公団　1995

（註26）　「行者塚古墳発掘調査概報」『加古川市文化財調査報告書　15』　加古
　　　　川市教育委員会　1997

（註27）　「史跡乙女山古墳　付高山2号墳―範囲確認調査報告―」『河合町文化
　　　　財調査報告 第2集』 河合町教育委員会　1988

（註28）　「平城宮発掘調査報告Ⅵ　―平城京左京一条三坊の調査―」『奈良国
　　　　立文化財研究所学報第23冊』奈良国立文化財研究所　1975

（註29）　「大阪府史蹟名勝天然記念物調査報告　第五輯」　大阪府　1934

（註30）　他に奈良県ナガレ山古墳・瓦塚1号墳、大阪府御廟山古墳・野中宮山古
　　　　墳・軽里大塚古墳等、関西を中心に土製品の出土が知られている。何
　　　　れも魚・蛸・烏賊と言った魚介類、円盤・球状・棒状・板状と言ったものな
　　　　どが検出されている。

（註31）　「鬼神谷窯跡発掘調査報告」兵庫県城崎郡竹野町教育委員会　1990

（註32）　笹沢浩・原田勝美「長野県か出土の須恵器（上・下）」『信濃』Ⅲ・26-9・11
　　　　「松ノ山窯跡」『長野県史　考古資料編　全1巻（2）主要遺跡（北・東信）』
　　　　長野県史刊行会　1982

（註33）　「日本住宅公団高坂丘陵地区埋蔵文化財発掘調査報告―Ⅵ―桜山窯
　　　　跡群」『埼玉県埋蔵文化財調査事業団報
　　　　告書　第7集』財団法人埼玉県埋蔵文化財調査事業団　1982

（註34）　「静岡県の窯業遺跡（静岡県内窯業遺跡分布調査報告書)」『静岡県文
　　　　化財調査報告書　第42集』静岡県教育委員会　1989

（註35）　「三重県一志郡久居窯址群発掘調査報告―2号窯、4号窯―」久居古窯
　　　　址群発掘調査団　　1968

（註36）　「高畑遺跡詳細分布調査報告書」安来市教育委員会　1984
　　　　「窯業関係遺跡」『島根県生産遺跡分布調査報告書 3』島根県教育委員
　　　　会　1985

(註37)　「安来市門生町所在　門生黒谷Ⅰ遺跡　門生黒谷Ⅱ遺跡　門生黒谷Ⅲ
　　　　　遺跡」『一般国道9号(安来道路)建設予定地内埋蔵文化財発掘調査報
　　　　　告書14』島根県教育委員会

(註38)　中村勝「佐賀県神籠池古窯跡の須恵器について」『古文化談叢 56』九
　　　　　州古文化研究会　2007

(註39)　「興道寺窯跡の試掘調査」『福井県埋蔵文化財調査報告書　第3集』福
　　　　　井県教育委員会　1979
　　　　　「福井県史　資料編13　考古」福井県　1986

(註40)　「兵庫県明石市赤根川・金ケ崎窯跡」『昭和63年度発掘調査概報』明石
　　　　　市教育委員会　1990

参考文献

【藤ノ木古墳】
「斑鳩　藤ノ木古墳第1次調査報告書」斑鳩町・斑鳩町教育委員会　1990

【牧野古墳】
「史跡　牧野古墳」『広陵町文化財調査報告　第1冊』広陵町教育委員会　1987

【三ツ塚古墳群9・10・11号墳】
「三ツ塚古墳群」『奈良県立橿原考古学研究所報告　第81冊』奈良県立橿原考
古学研究所 2002

【竹内遺跡】
木下亘「須恵器から見た葛城の物流拠点」『韓式系土器研究Ⅸ』韓式系土器研
究会 2006

図版

1：山隈窯址群（福岡県）

2〜5：TG232号窯（大阪府）

6・7：TG231号窯（大阪府）

8〜10：TK73号窯（大阪府）

11〜16：TK85号窯（大阪府）

17〜19：TK87号窯（大阪府）

20：印南野2号墳（兵庫県）

21〜39：ON231号窯（大阪府）

40〜42：TK208号窯（大阪府）

43〜45：TK23号窯（大阪府）

46〜48：MT15号窯（大阪府）

49・50：TK10号窯（大阪府）

51・52：藤ノ木古墳（奈良県）

53〜55：牧野古墳（奈良県）

56：TK116号窯（大阪府）

57：三ツ塚古墳群10号墳（奈良県）

58：三ツ塚古墳群9号墳（奈良県）

59：三ツ塚古墳群11号墳（奈良県）

60：TK85号窯（大阪府）

61：鳥羽山洞穴（長野県）

62：金鎧山古墳（長野県）

63：岩清水スゲ谷古墳（奈良県）

64・65：山隈窯址群（福岡県）

66：八王子遺跡（埼玉県）

67：TK73号窯（大阪府）

68：TK85号窯（大阪府）

69：TK87 号窯（大阪府）

70〜73：ON231号窯（大阪府）

74：大庭寺遺跡（大阪府）

75：竹内遺跡（奈良県）

76：TK208号窯（大阪府）

77：陶邑・深田遺跡（大阪府）

78：亀井・城山2号墳（大阪府）

79：杉崎18号墳（鳥取県）

80：池ノ内3号墳（広島県）

81：恵下古墳（群馬県）

82：甑を捧げ持つ人物埴輪（静岡県浜松市郷ケ平9号墳）

83：埴質樽形甑（福島県本宮町天皇壇古墳）

84：壺を捧げ持つ人物埴輪（徳島県板野郡上板町　菖蒲谷西山A遺跡）

85：杯を捧げ持つ巫女埴輪（群馬県太田市塚廻り3号墳）

86〜87：杯を差し上げる人物埴輪（群馬県太田市塚廻り4号墳）

고대인의 바람과 다짐이 깃든 성스러운 토기, 有孔小壺

名品 78選

자료협조 : 국립광주박물관, 국립나주문화재연구소
국립전주박물관, 국립진주박물관
(재)대한문화유산연구센터, 동신대학교 박물관
목포대학교 박물관, (재)호남문화재연구원

광주 동림동
10호 구상유구 출토_

有孔小壺

원저

2조 돌대

파상문

5세기

광주 동림동 10호 구상유구 | 국립광주박물관 | 높이 10.0㎝ | 구경 8.8㎝

광주 동림동
60호 구상유구 출토__

有孔小壺

말각평저

무돌대

소문

5세기

● 광주 동림동 60호 구상유구 ┃ 국립광주박물관 ┃ 높이 5.4㎝

광주 동림동
82호 구상유구 출토_

有孔小壺

?
무돌대
소문
5세기

● 광주 동림동 82호 구상유구 ｜ 국립광주박물관 ｜ 높이 7.5㎝ ｜ 구경 8.7㎝

광주 동림동
101호 구상유구 남서쪽구(1) 출토_

有孔小壺

평저

1조돌대

소문

5세기

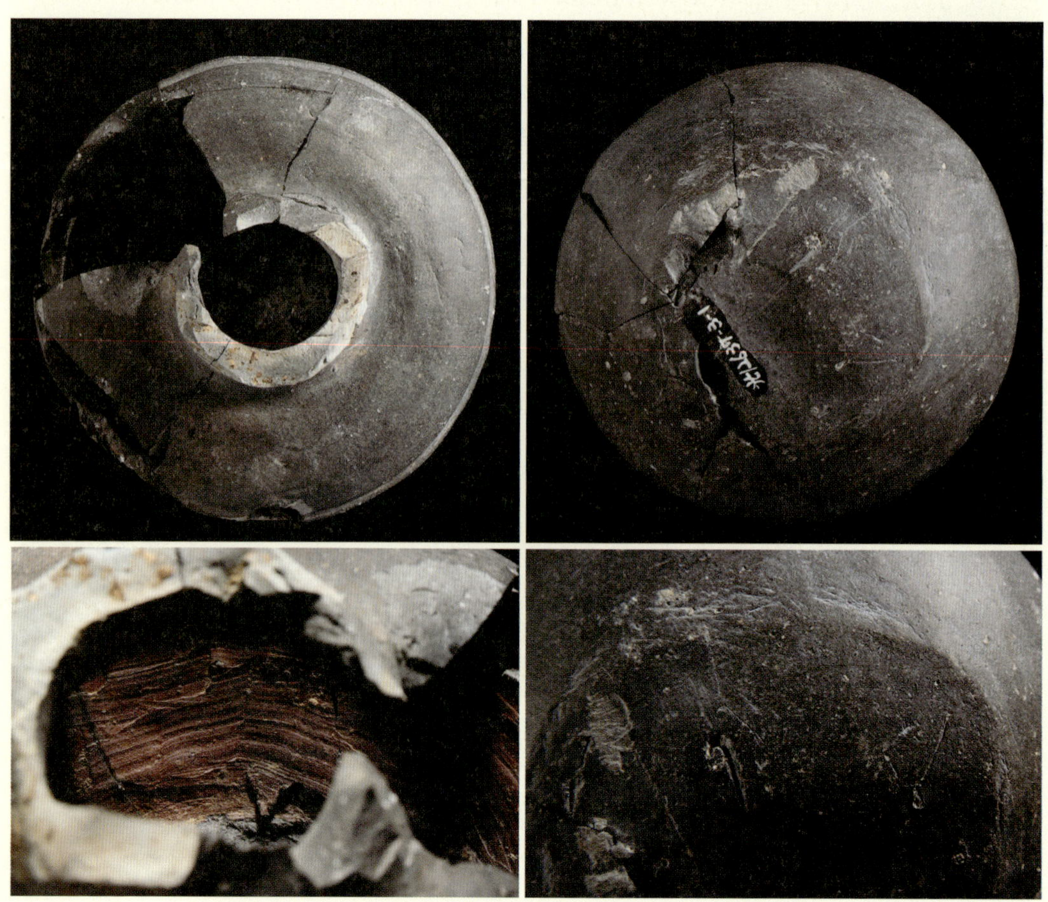

● 광주 동림동 101호 구상유구 남서구 ｜ 국립광주박물관 ｜ 높이 7.8㎝

광주 동림동
101호 구상유구 남서쪽구(2) 출토_

有孔小壺

평저

1조돌대

소문

5세기

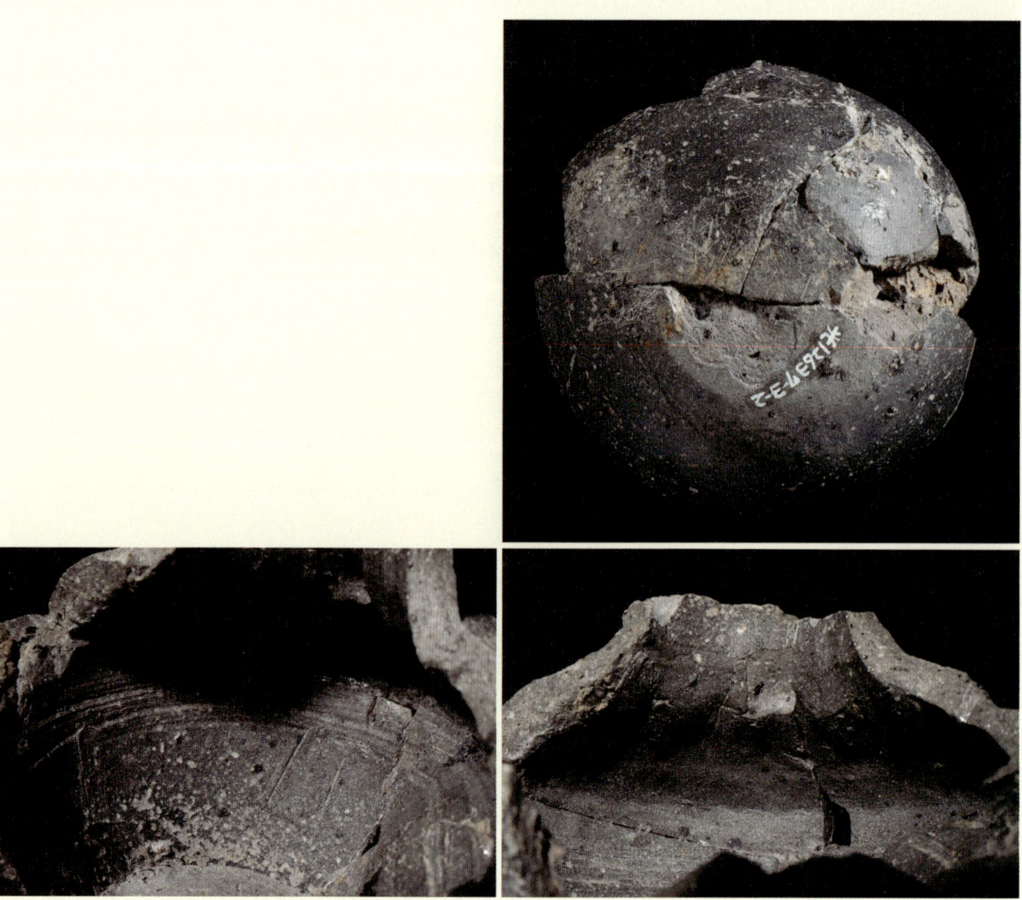

● 광주 동림동 101호 구상유구 남서구 ∣ 국립광주박물관 ∣ 높이 6.3㎝

광주 동림동
101호 구상유구 북동쪽구(1) 출토_

有孔小壺

?

무돌대

파상문

5세기

광주 동림동
101호 구상유구 북동쪽구(2) 출토_

有孔小壺

말각평저

1조돌대

소문

5세기

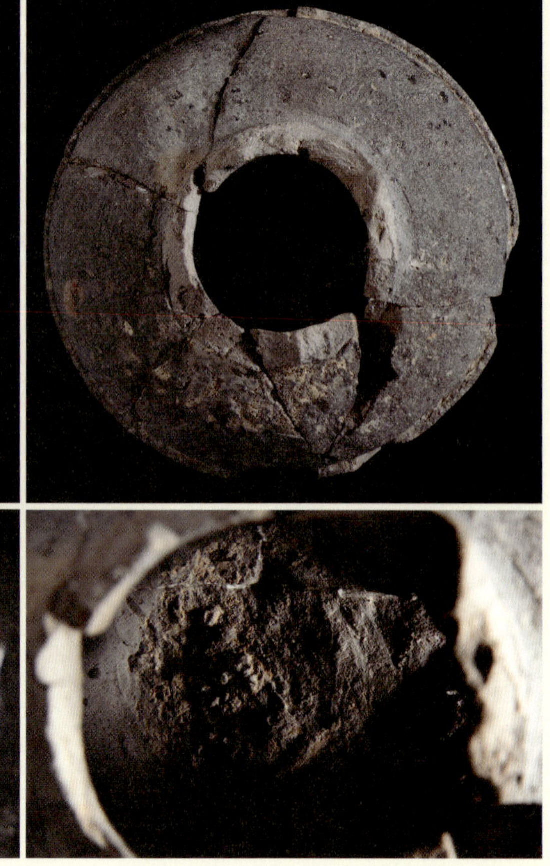

● 광주 동림동 101호 구상유구 북동구 | 국립광주박물관

광주 동림동
101호 구상유구 북동쪽구(3) 출토_

有孔小壺

말각평저

1조돌대

격자문

5세기

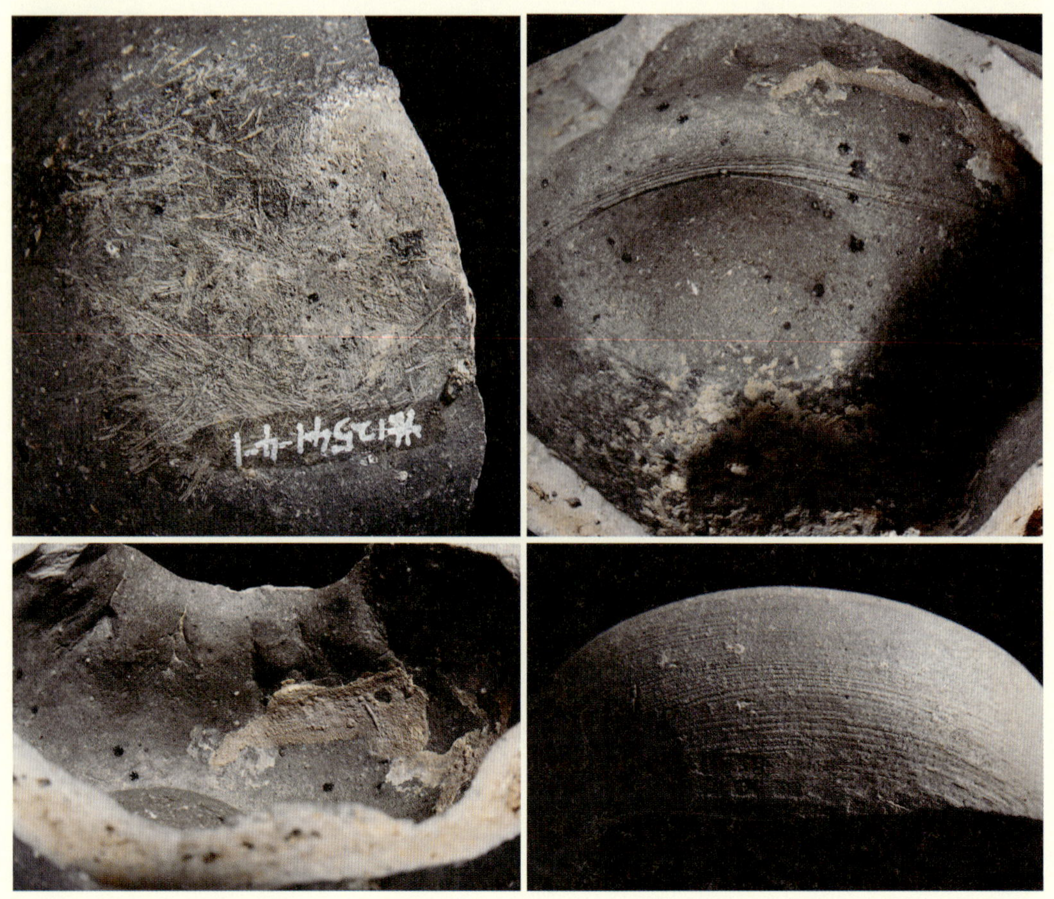

● 광주 동림동 101호 구상유구 북동구 | 국립광주박물관 | 높이 7.1㎝

광주 동림동
101호 구상유구 북동쪽구(4) 출토_

有孔小壺

?

무돌대

즐묘문

5세기

● 광주 동림동 101호 구상유구 북동구 | 국립광주박물관 | 높이 4.8㎝

광주 월계동
1호분 출토_

有孔小壺

원저

2중돌대

파상문, 장식

6세기

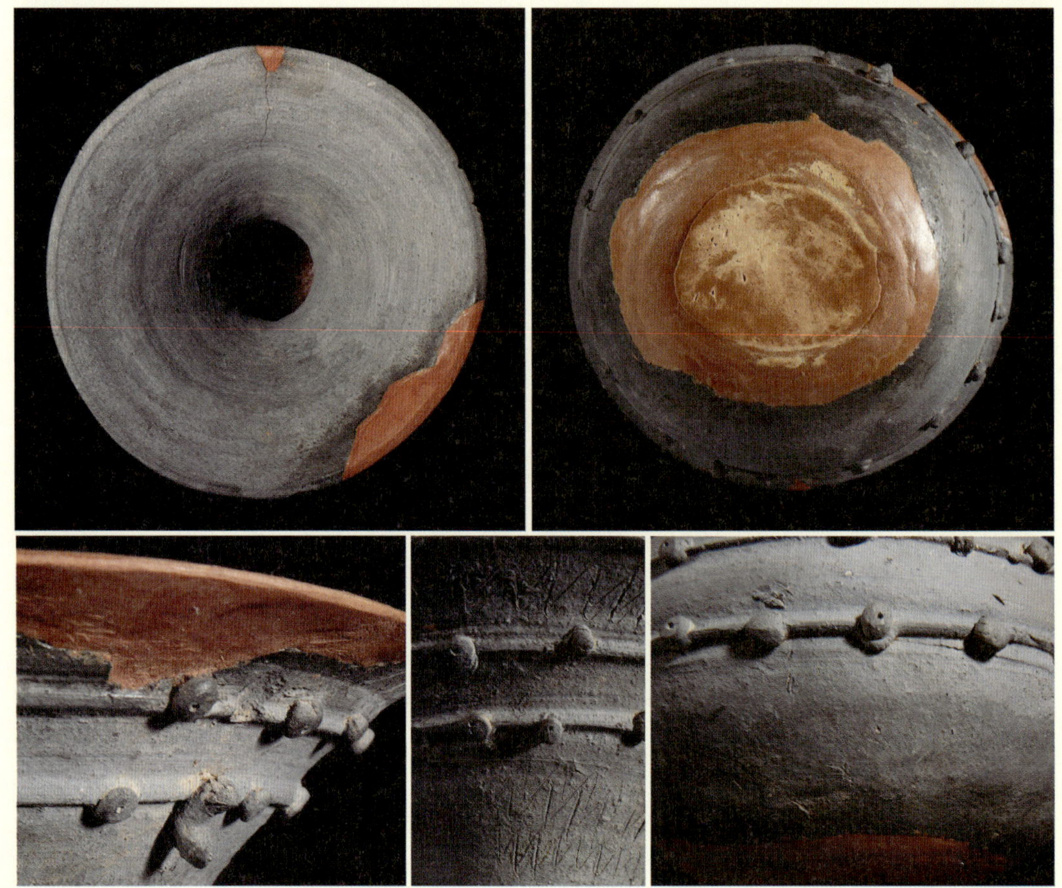

● 광주 월계동 1호분 I 국립광주박물관 I 높이 12.0㎝ I 구경 12.0㎝

광주 하남
1호 구상유구 출토_

有孔小壺

말각평저

2중돌대

파상문, 집선문

5세기

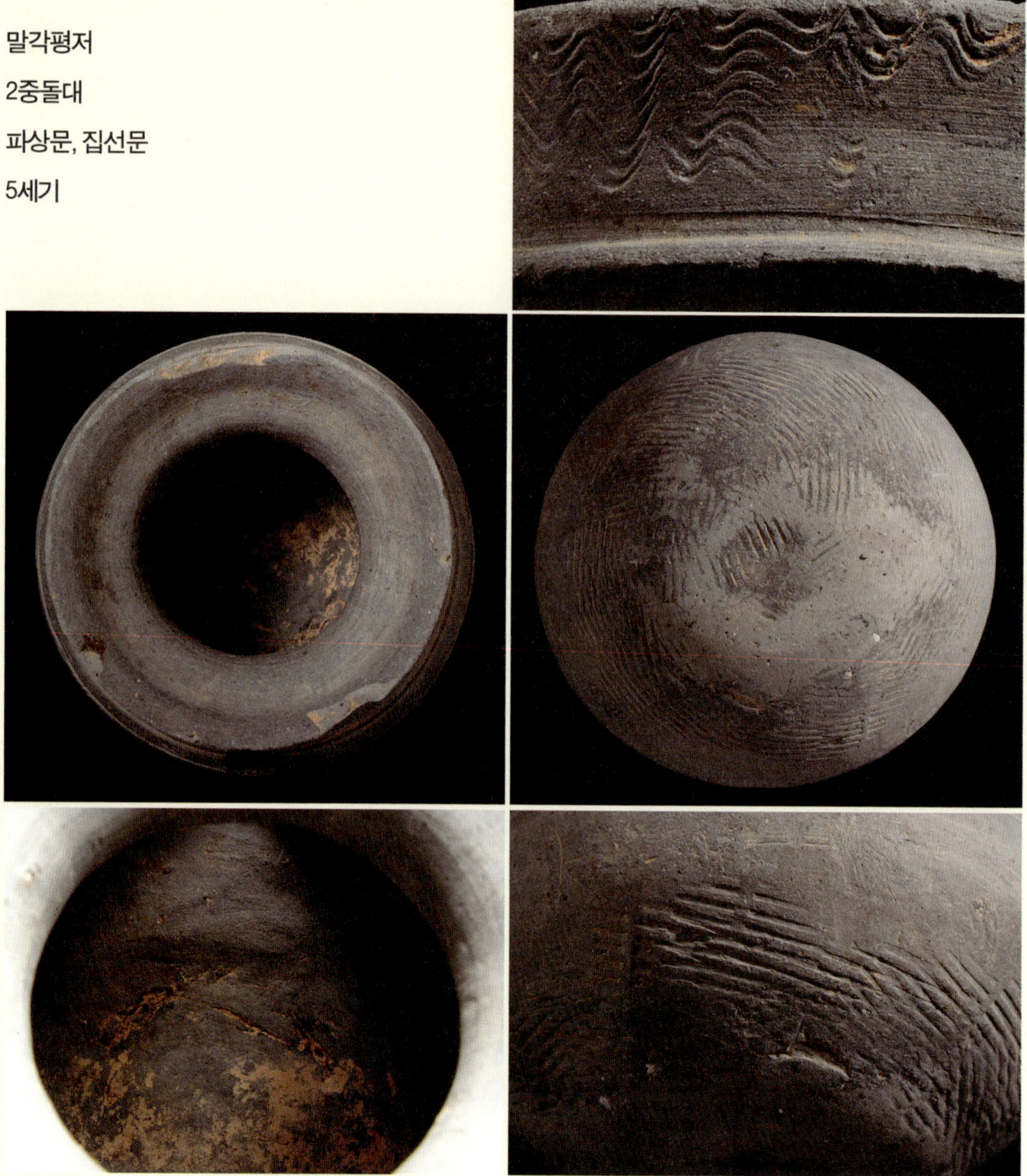

광주 하남동 1호 구상유구 ∣ 호남문화재연구원 ∣ 높이 8.7㎝ ∣ 구경 8.5㎝

광주 하남
6호 구상유구 출토_

有孔小壺

원저

1조돌대

집선문

5세기

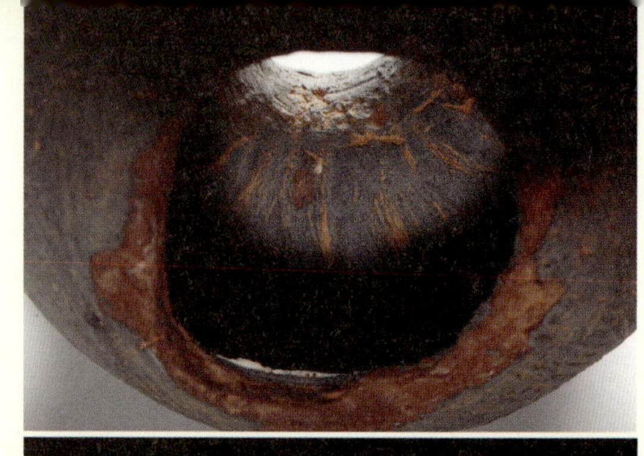

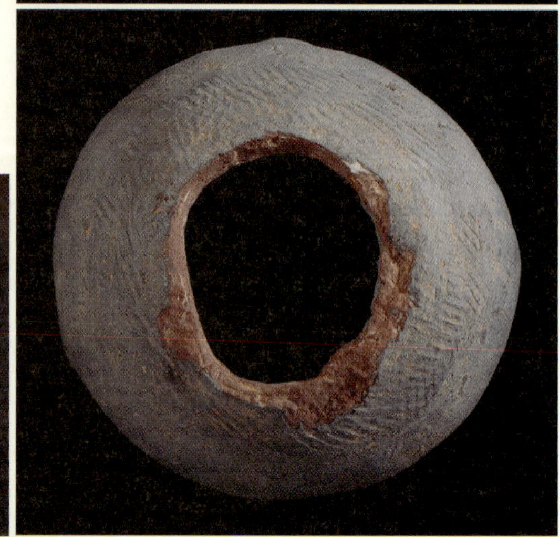

● 광주 하남동 6호 구상유구 ┃ 호남문화재연구원 ┃ 높이 6.8㎝ ┃ 구경 11.9㎝

광주 하남
9호 구상유구(1) 출토 _

有孔小壺

원저

1조돌대

소문

5세기

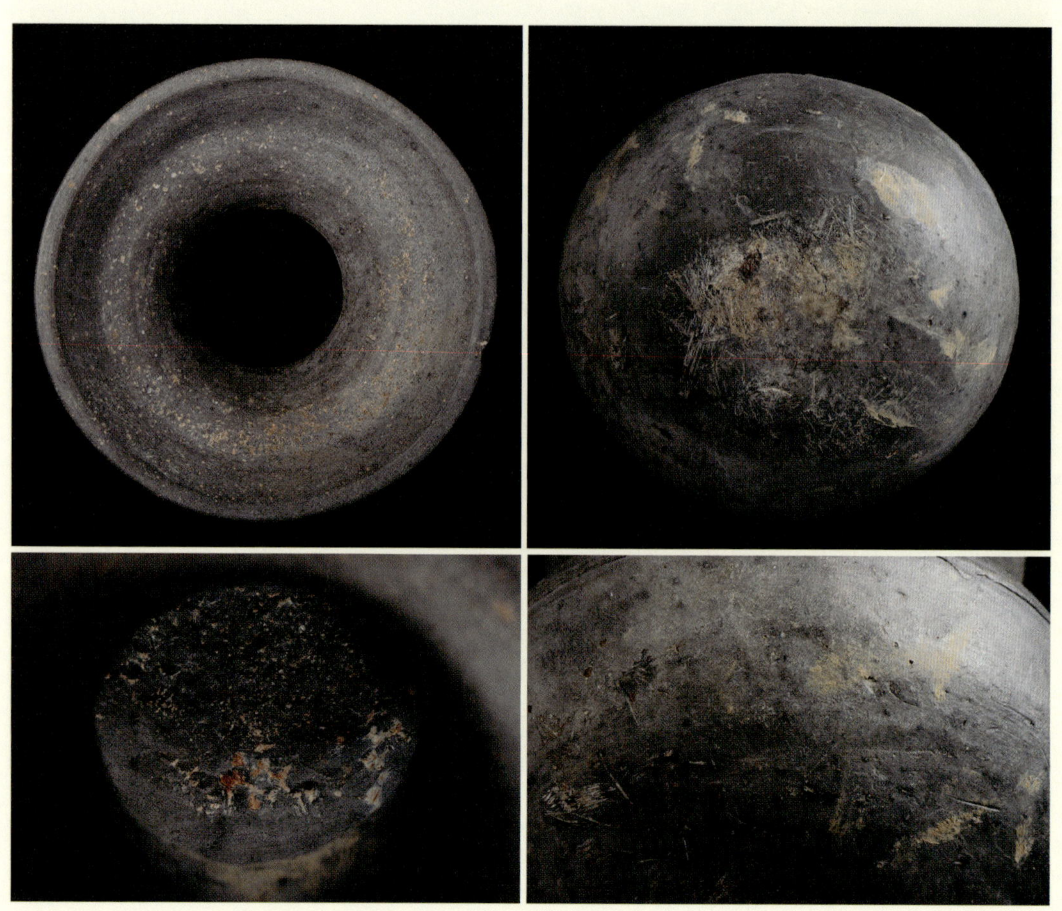

● 광주 하남동 9호 구상유구 ｜ 호남문화재연구원 ｜ 높이 11.2㎝ ｜ 구경 11.3㎝

광주 하남
9호 구상유구(2) 출토_

有孔小壺

원저

무돌대

집선문

5세기

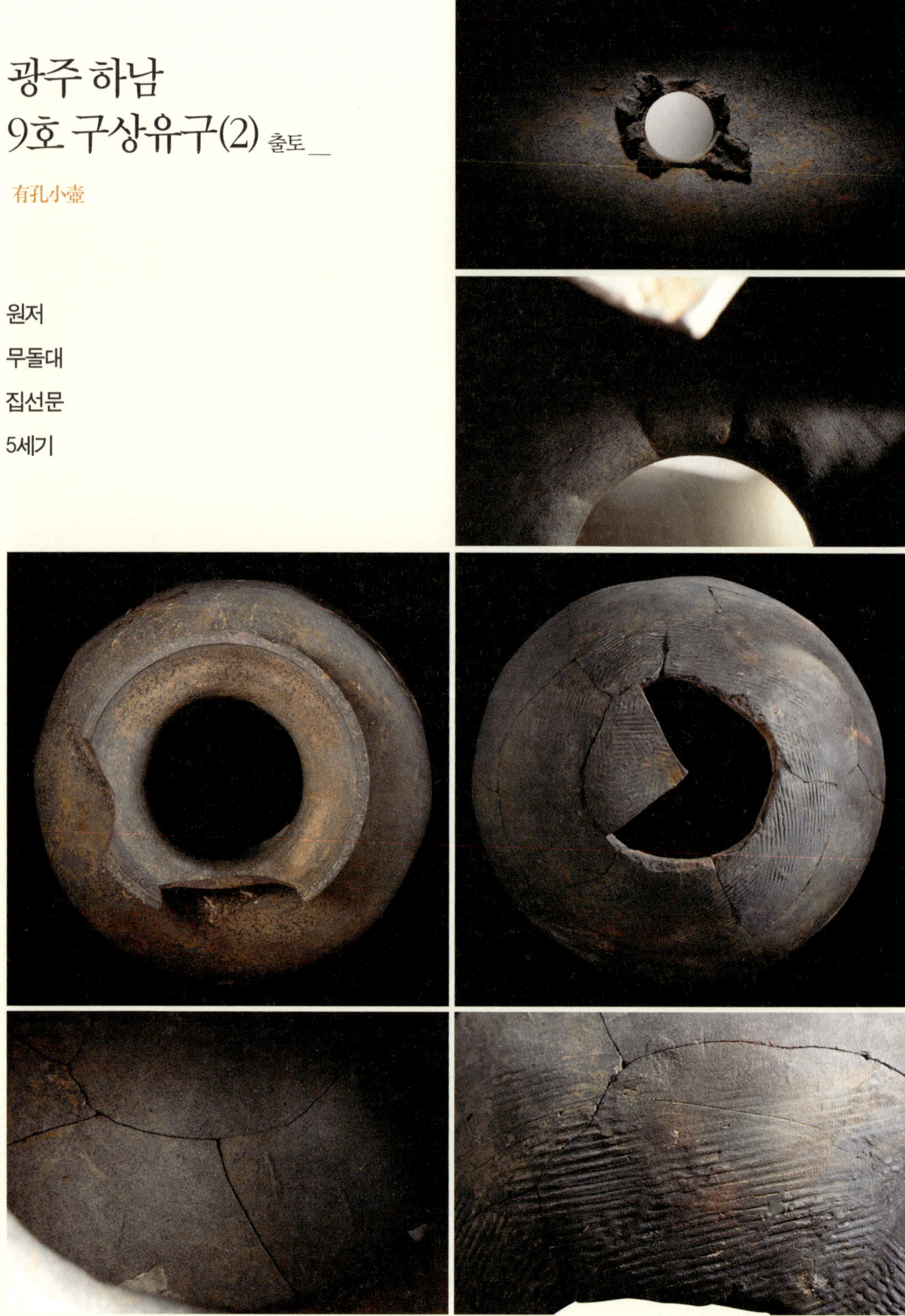

● 광주 하남동 9호 구상유구 | 호남문화재연구원 | 높이 20.0㎝ | 구경 12.9㎝

광주 향등
3호주거지 출토_

有孔小壺

말각평저

1조돌대

집선문

5세기

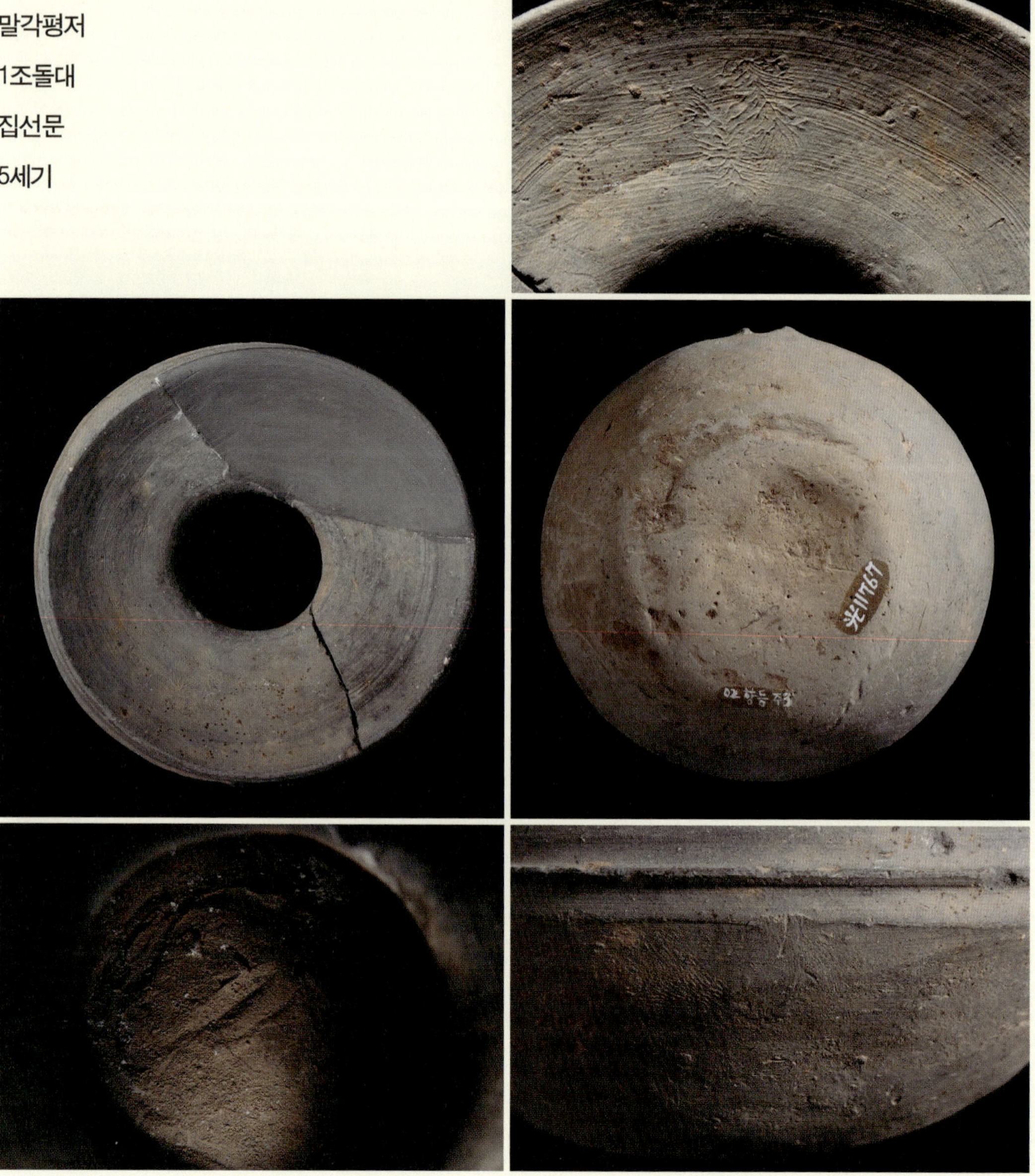

광주 향등
10호주거지 출토__

有孔小壺

말각평저

1조돌대

집선문

6세기

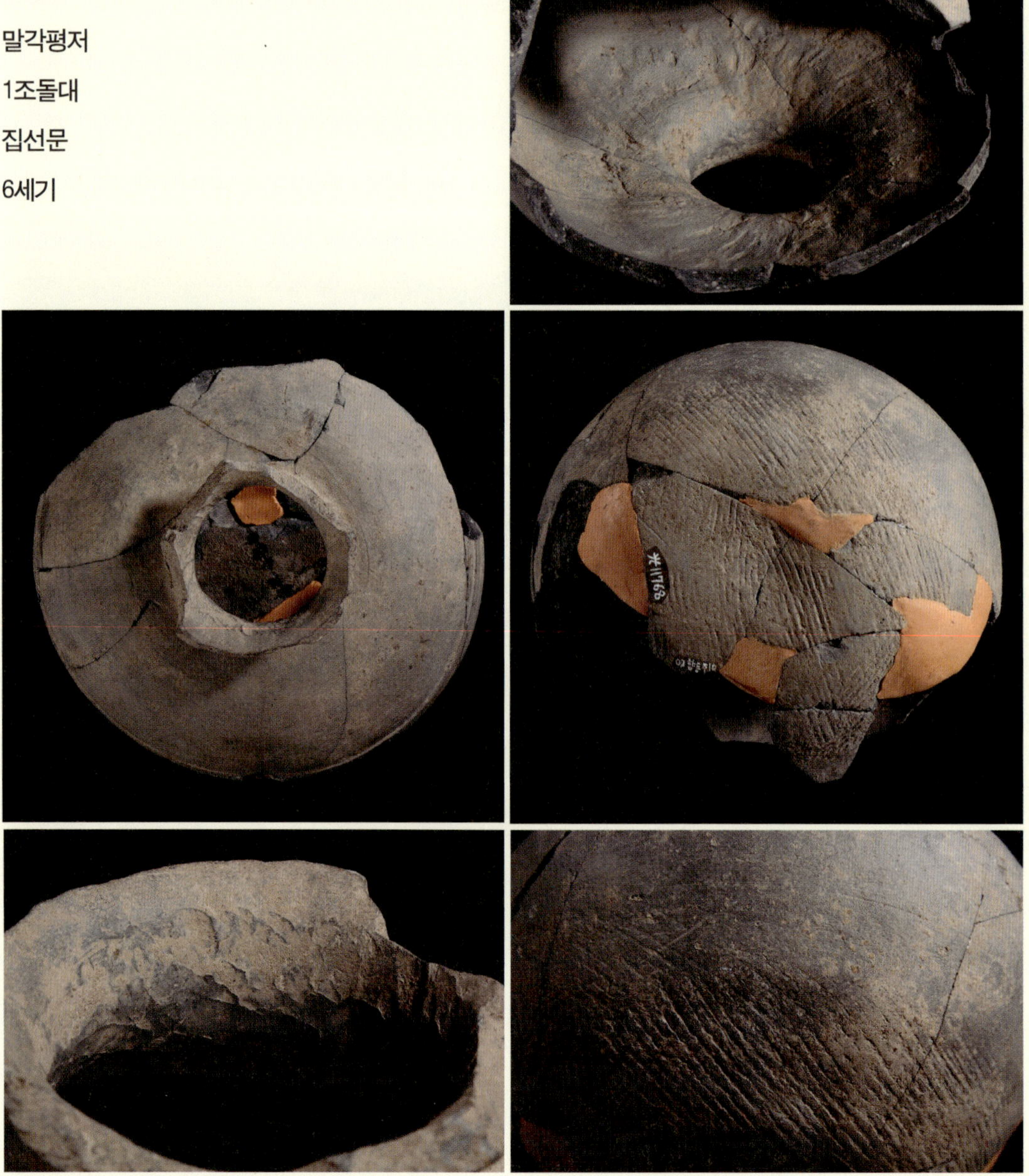

● 광주 향등 10호 주거지 ｜ 국립광주박물관 ｜ 높이 12.6㎝

나주 당가
1호 가마 출토_

有孔小壺

평저

1조돌대

집선문

6세기

● 나주 당가 1호 가마 ┃ 동신대학교 ┃ 높이 12.8㎝ ┃ 구경 12.6㎝

나주 복암리
3호분 96석실묘(1) 출토_

有孔小壺

원저

무돌대

유충문, 파상문

6세기

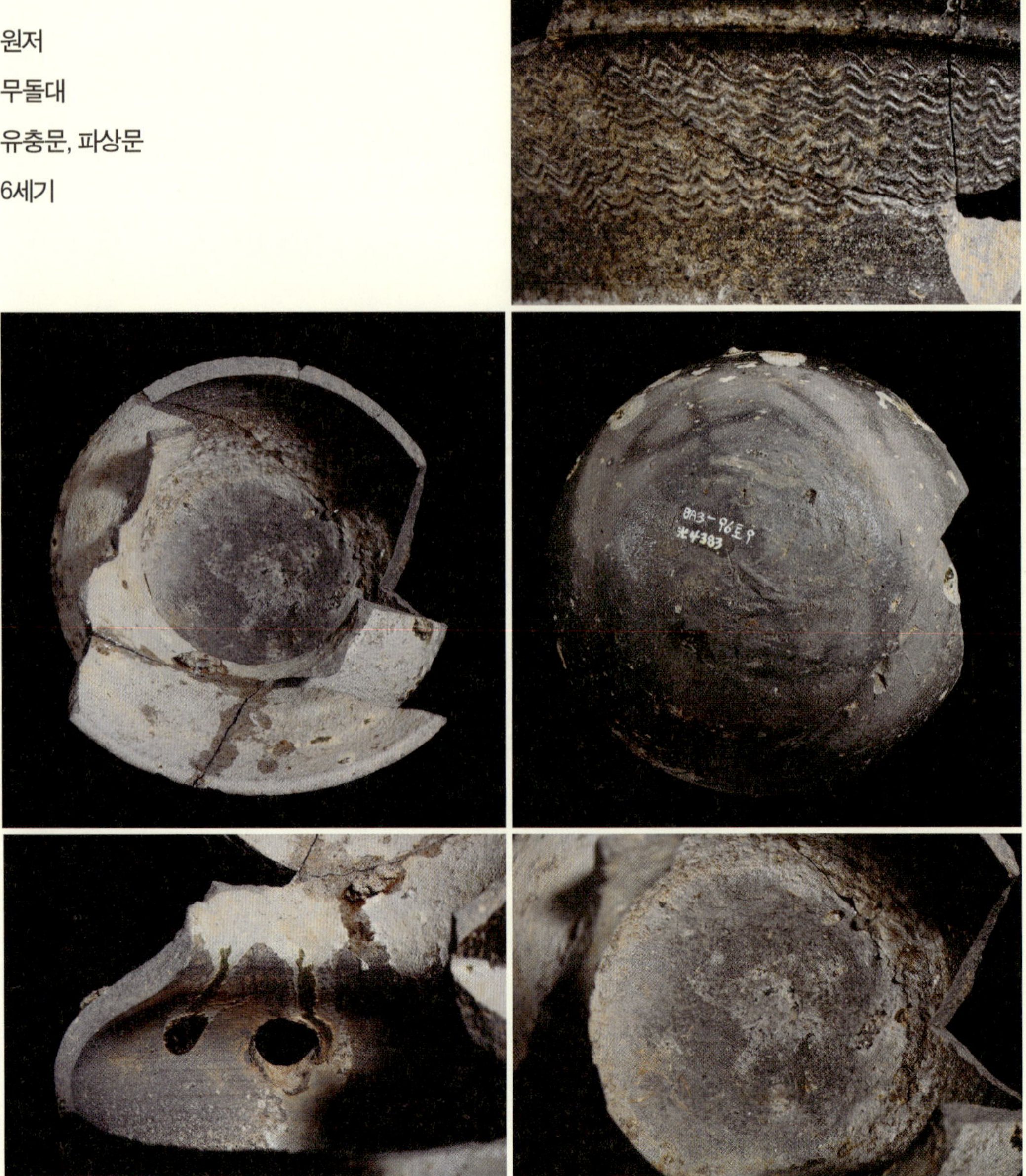

● 나주 복암리 3호분 96석실묘 ┃ 국립광주박물관 ┃ 높이 12.3㎝ ┃ 구경 13.0㎝

나주 복암리
3호분 96석실묘(2) 출토_

有孔小壺

원저

2조돌대

즐묘문

6세기

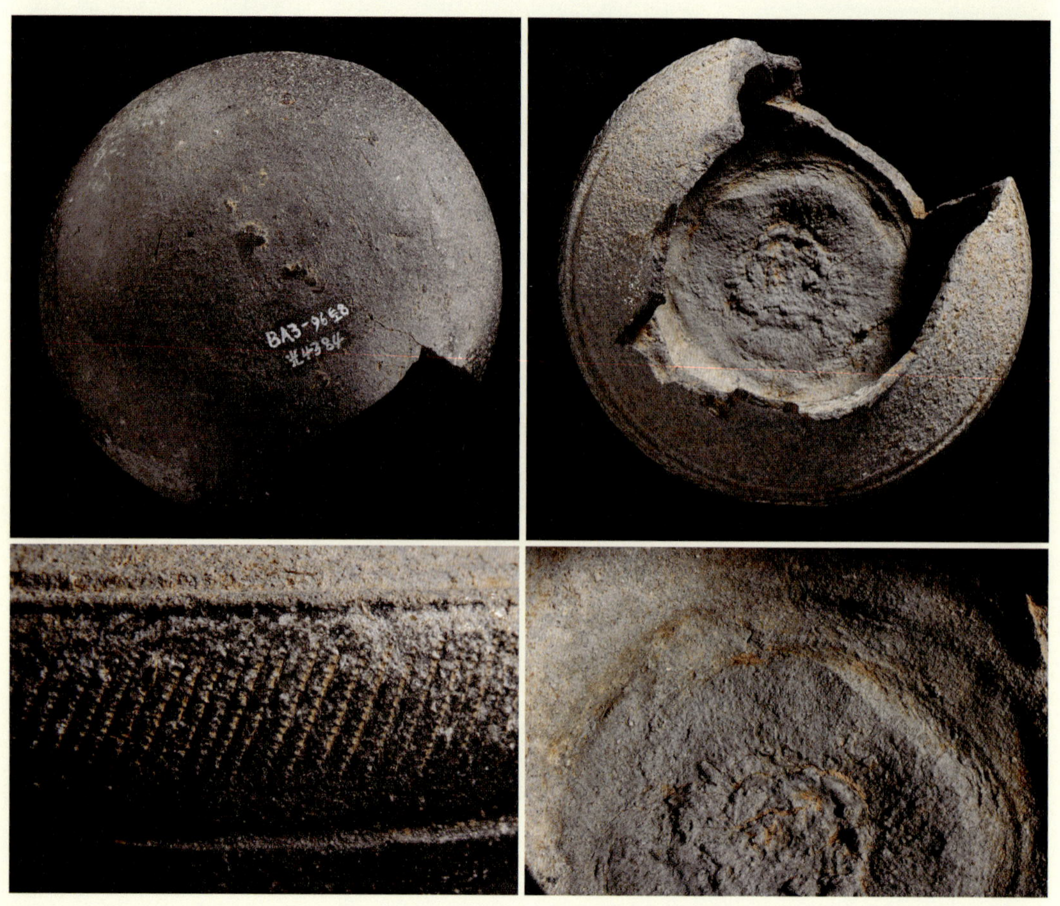

● 나주 복암리 96호 석실묘 ┃ 국립광주박물관 ┃ 높이 8.7㎝

나주 복암리
3호분 9호옹관묘 출토_

有孔小壺

평저

무돌대

소문

6세기

● 나주 복암리 3호분 9호 옹관묘 ┃ 국립광주박물관 ┃ 높이 12.5㎝ ┃ 구경 14.0㎝

나주 복암리
3호분 18호 옹관묘 출토_

有孔小壺

원저

1조돌대

소문

6세기

● 나주 복암리 3호분 18호 옹관묘 ┃ 국립광주박물관 ┃ 높이 9.7㎝ ┃ 구경 8.5㎝

나주 복암리
3호분 성토층 서북 출토__

有孔小壺

평저

1조돌대

집선문

6세기

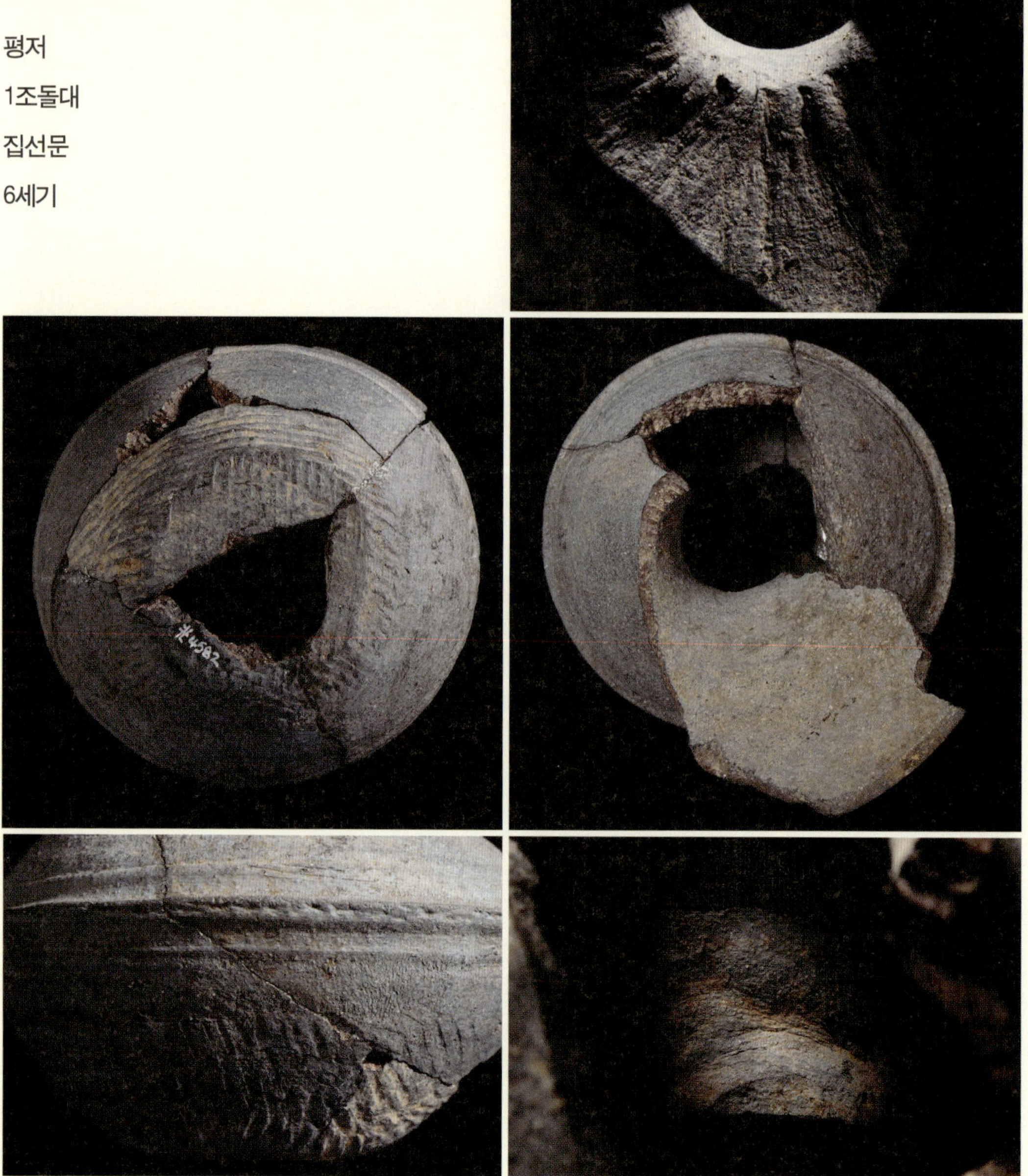

● 나주 복암리 3호분 성토층 서북 ┃ 국립광주박물관 ┃ 높이 11.4㎝ ┃ 구경 12.0㎝

나주 복암리
3호분 분구 성토층(1) 출토_

有孔小壺

평저
1조돌대
집선문
6세기

● 나주 복암리 3호분 성토층 ㅣ 국립광주박물관 ㅣ 높이 10.5㎝ ㅣ 구경 11.5㎝

나주 복암리
3호분 분구 성토층(2) 출토_

有孔小壺

평저

1조돌대

집선문

6세기

나주 복암리 3호분 성토층 ┃ 국립광주박물관 ┃ 높이 10.5㎝ ┃ 구경 12.0㎝

나주 신촌리
9호분 동편 주구 출토_

有孔小壺

평저

1조돌대

집선문

5세기

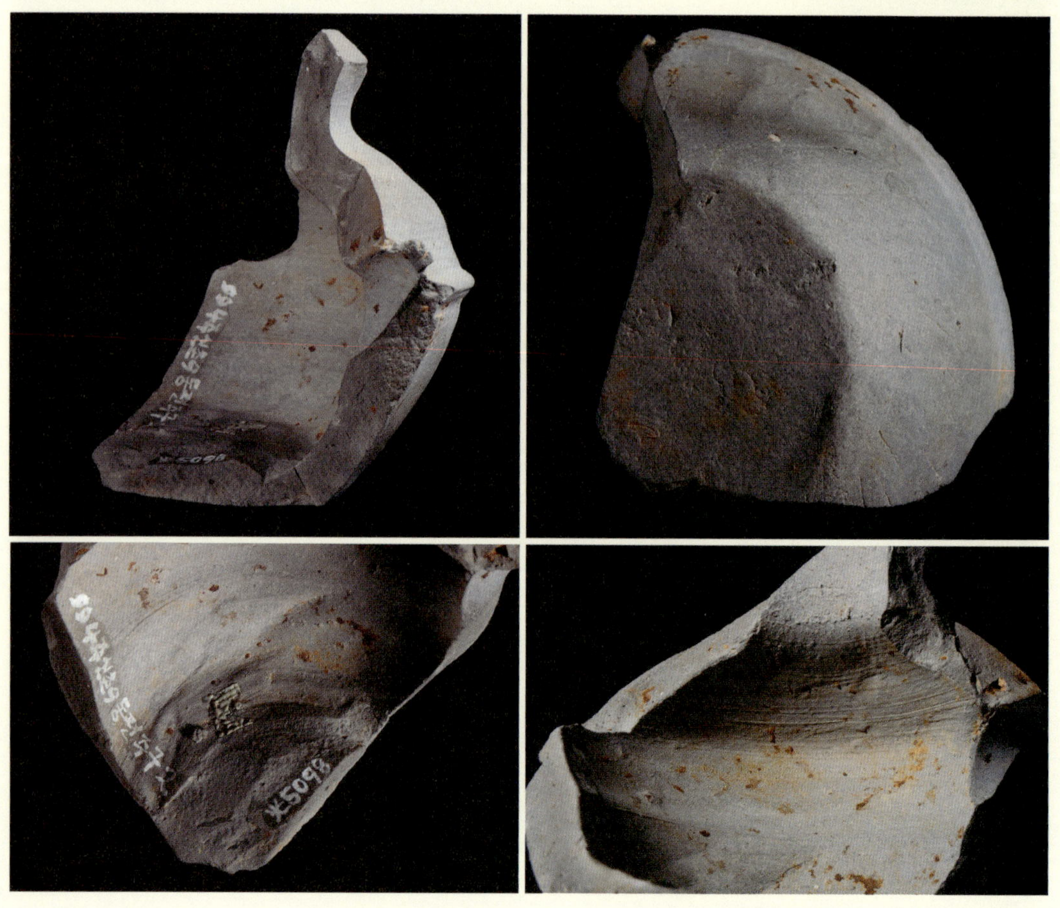

● 나주 신촌리 9호분 동편 주구 | 국립나주문화재연구소 | 높이 6.3㎝

나주 신촌리
9호분 북편 주구(1) 출토_

有孔小壺

말각평저

1조돌대

소문

5세기

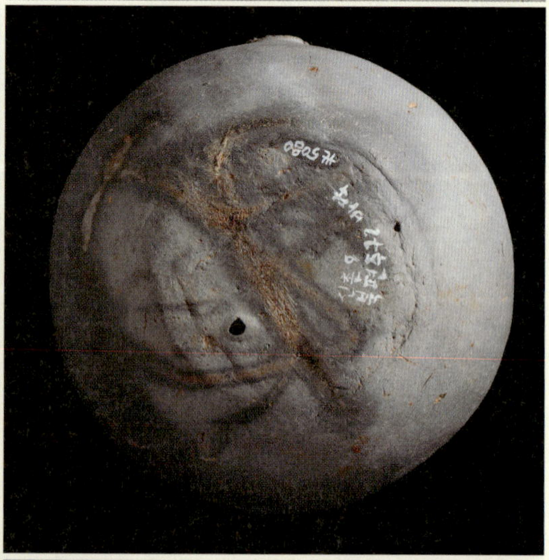

● 나주 신촌리 9호분 북편 주구 ∣ 국립나주문화재연구소 ∣ 높이 9.0㎝

나주 신촌리
9호분 북편 주구(2) 출토_

有孔小壺

평저

1조돌대

파상문

5세기

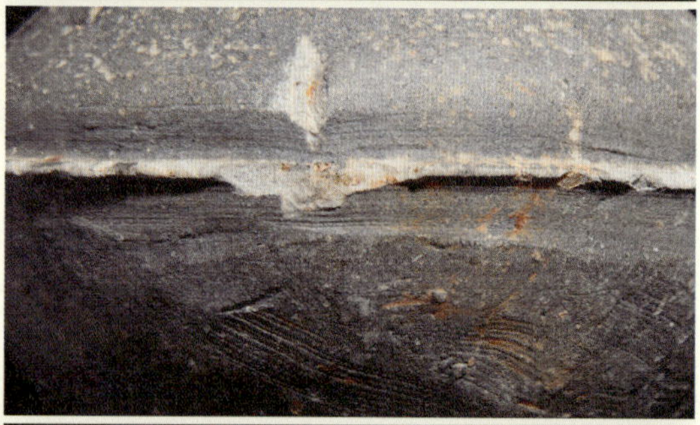

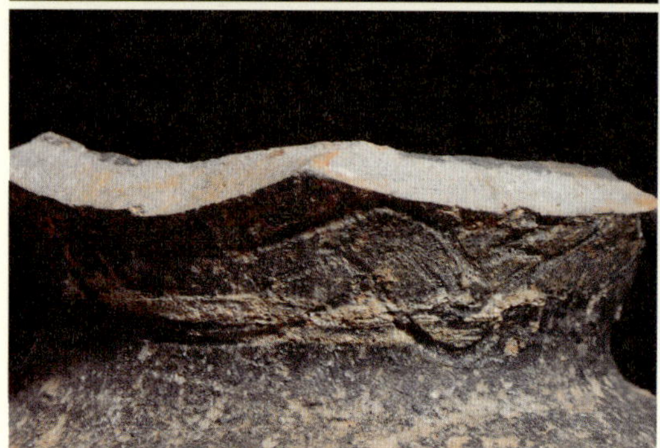

나주 신촌리 9호분 북편 주구 I 국립나주문화재연구소 I 높이 6.9㎝

나주 영동리
1호분 출토_

有孔小壺

말각평저

1조돌대

집선문

6세기

● 나주 영동리 1호분 ┃ 동신대학교 ┃ 높이 12.3㎝ ┃ 구경 12.3㎝

나주 영동리
3호분 출토_

有孔小壺

원저

무돌대

소문

6세기

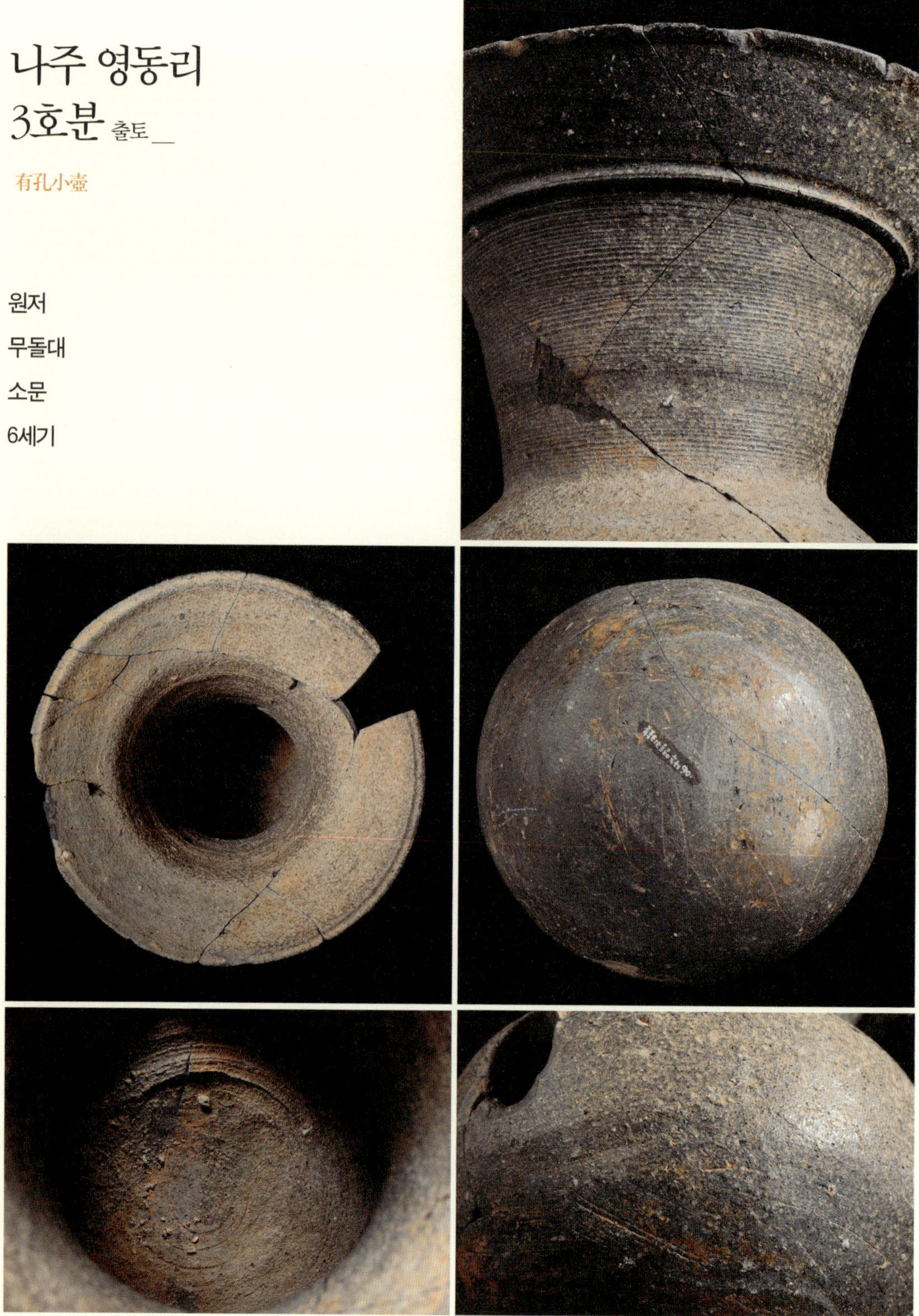

● 나주 영동리 3호분 ┃ 동신대학교 ┃ 높이 14.3㎝ ┃ 구경 12.9㎝

나주 화정리
마산 3호분 출토_

有孔小壺

말각평저

2조돌대

파상문

5세기

● 나주 화정리 마산 3호분 ┃ 동신대학교 ┃ 높이 9.1㎝ ┃ 구경 9.1㎝

무안 덕암
남분 1호 옹관(1) 출토 _

有孔小壺

말각평저

1조돌대

소문

5세기

● 무안 덕암 남분 1호 옹관 ǀ 대한문화유산연구센터 ǀ 높이 10.9㎝ ǀ 구경 10.7㎝

무안 덕암
남분 1호 옹관(2) 출토_

有孔小壺

말각평저

1조돌선

파상문, 장식

5세기

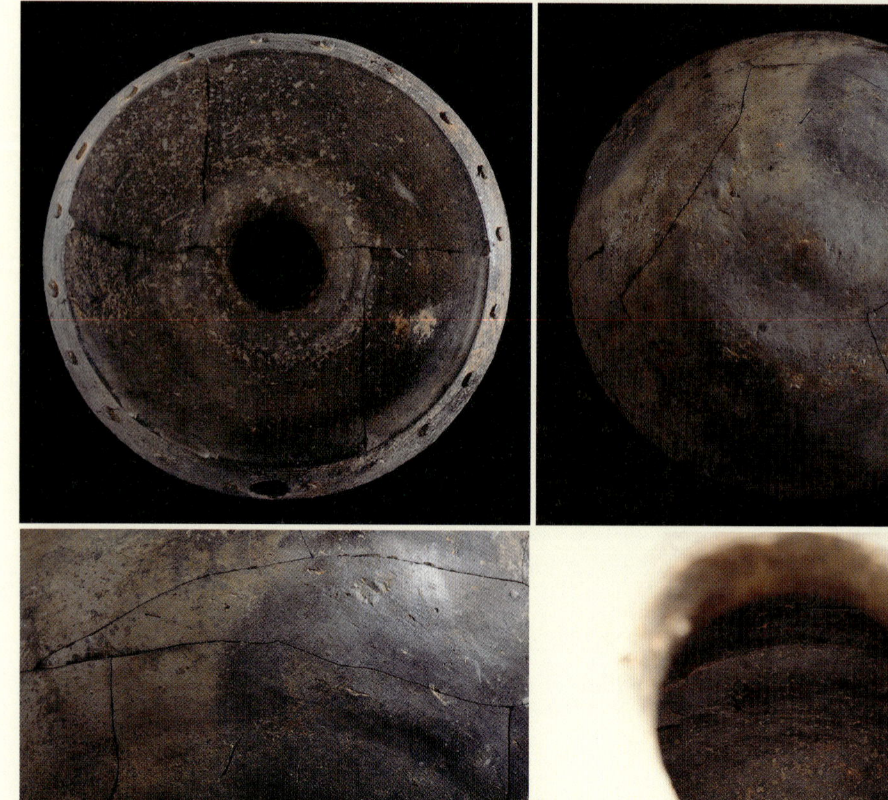

● 무안 덕암 남분 1호 옹관 ǀ 대한문화유산연구센터 ǀ 높이 17.4㎝ ǀ 구경 14.2㎝

무안 덕암
북분 3호 옹관 출토_

有孔小壺

말각평저

1조돌대

파상문

5세기

무안 덕암 북분 3호 옹관 ┃ 대한문화유산연구센터 ┃ 높이 11.6㎝ ┃ 구경 11.2㎝

무안 덕암
북분 4호 옹관 출토 _

有孔小壺

원저

무돌대

파상문

5세기

● 무안 덕암 북분 4호 옹관 I 대한문화유산연구센터 I 높이 11.2㎝ I 구경 10.2㎝

무안 덕암
북분 7호 옹관 _{출토}_

有孔小壺

원저

1조돌대

집선문, 유충문, 파상문

5세기

● 무안 덕암 북분 7호 옹관 | 대한문화유산연구센터 | 높이 8.5㎝

무안
매곡리 수습⑴ _

有孔小壺

말각평저

1조돌대

격자문, 파상문

5세기

무안 매곡리 수습 ㅣ 국립광주박물관 ㅣ 높이 9.7㎝ ㅣ 구경 9.3㎝

무안
매곡리 수습⑵ __

有孔小壺

말각평저

1조집선

파상문

5세기

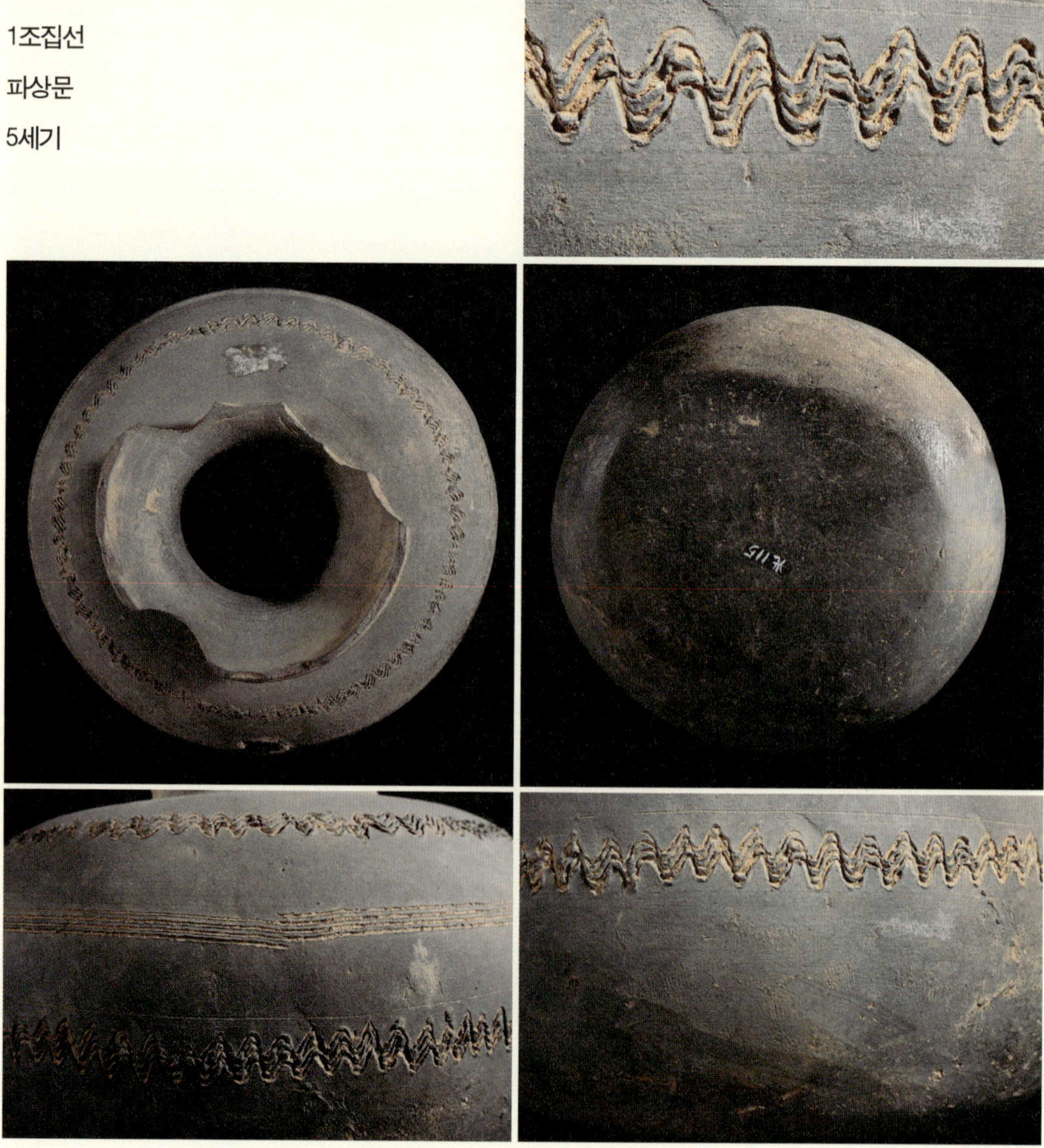

● 무안 매곡리 수습 ┃ 국립광주박물관 ┃ 높이 14.3㎝ ┃ 구경 10.5㎝

무안
맥포리 _{수습}_

有孔小壺

원저

2조침선

집선문, 파상문

5세기

무안 맥포리 수습 ｜ 국립광주박물관 ｜ 높이 10.8㎝ ｜ 구경 10.0㎝

무안 사창리
노루봉 서록옹관묘 ^{수습}_

有孔小壺

원저

1조돌대

파상문

5세기

무안 사창리 노루봉 서록옹관묘 ┃ 국립광주박물관 ┃ 높이 8.8~8.9㎝ ┃ 구경 10.0㎝

무안 사창리
옹관묘 수습⑴ __

有孔小壺

말각평저

1조돌대

소문

5세기

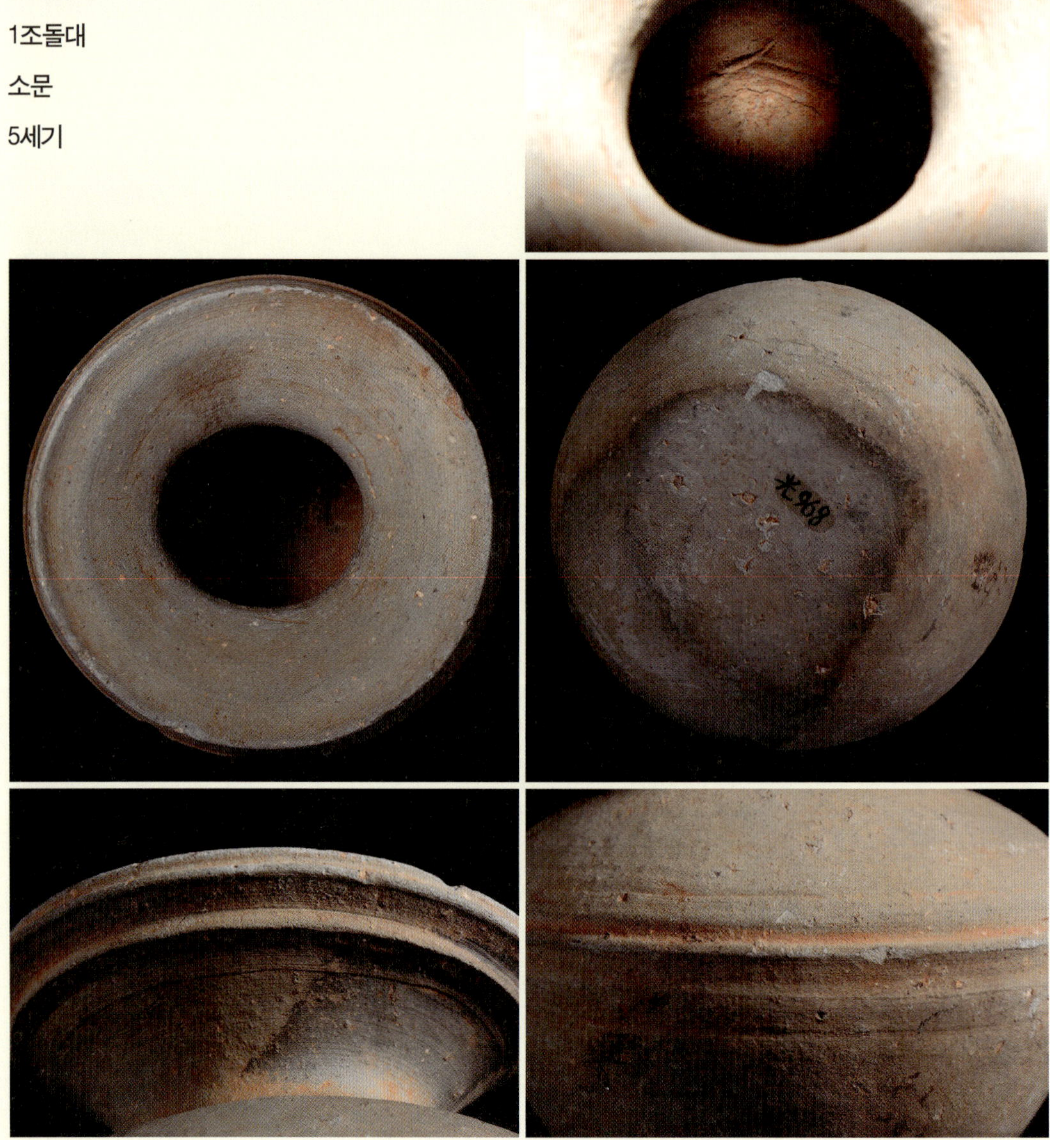

● 무안 사창리 옹관묘 수습 ┃ 국립광주박물관 ┃ 높이 10.0㎝ ┃ 구경 8.7㎝

무안 사창리
옹관묘 수습⑵ __

有孔小壺

원저

무돌대

소문

5세기

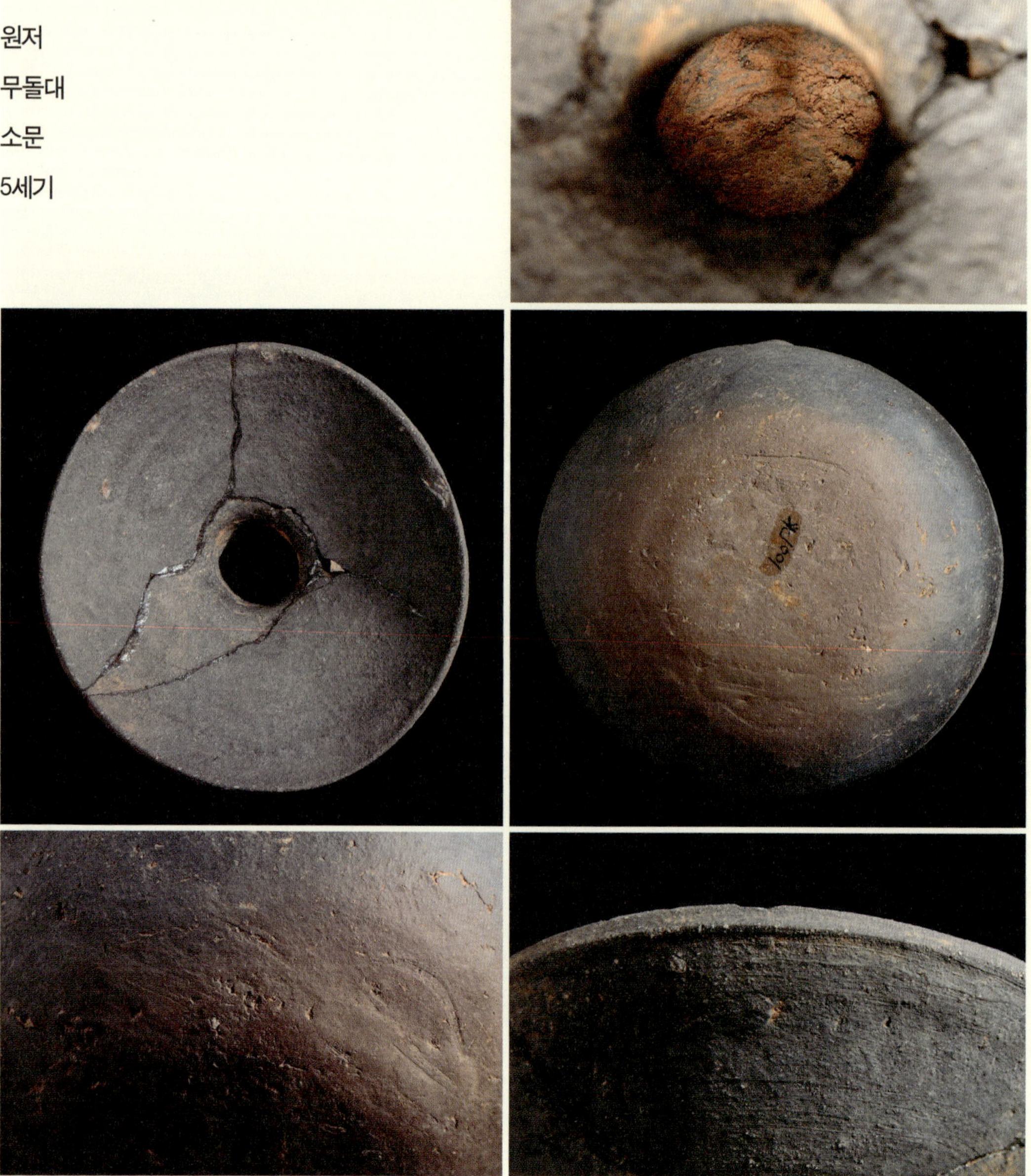

● 무안 사창리 옹관묘 수습 | 국립광주박물관 | 높이 10.4㎝ | 구경 10.0㎝

무안 양장리
나지구 유물포함층 _{출토}_

有孔小壺

원저

1조돌대

소문

5세기

무안 양장리 나지구 유물포함층 l 목포대학교 l 높이 9.2㎝

무안 양장리
30호주거지 _{출토}_

有孔小壺

말각평저

1조돌대

소문

5세기

● 무안 양장리 30호 주거지 ┃ 목포대학교 ┃ 높이 11.5㎝

영광 학정리
대천 4호분 출토_

有孔小壺

평저

무돌선

소문

5세기

● 영광 학정리 대천 4호분 ｜ 목포대학교 ｜ 높이 11.3㎝ ｜ 구경 11.0㎝

영암
만수리 1호분 출토_

有孔小壺

말각평저

1조돌대

파상문

5세기

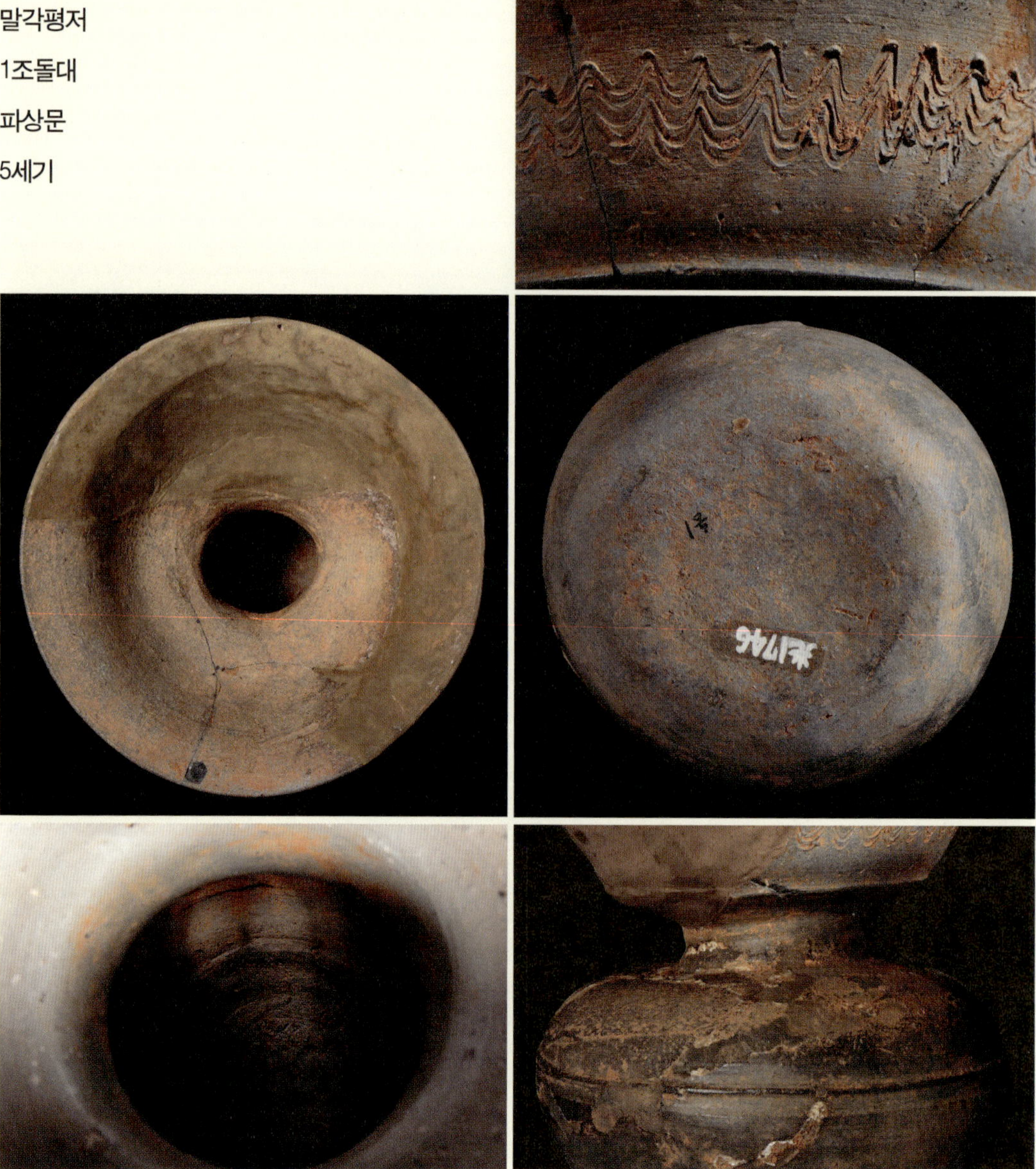

영암 만수리 1호분 ❙ 국립광주박물관 ❙ 높이 10.6㎝ ❙ 구경 11.2㎝

영암
만수리 1호옹관 주변 출토_

有孔小壺

평저

2조돌대

파상문

5세기

영암 만수리 1호옹관 주변 ┃ 국립광주박물관 ┃ 높이 5.9㎝

영암
만수리 4호 옹관 주변 출토_

有孔小壺

평저
1조돌대
파상문
5세기

● 영암 만수리 4호옹관 주변 | 국립광주박물관 | 높이 10.0㎝ | 구경 11.0㎝

영암
만수리 지표 _{수습}_

有孔小壺

말각평저
무돌대
소문
5세기

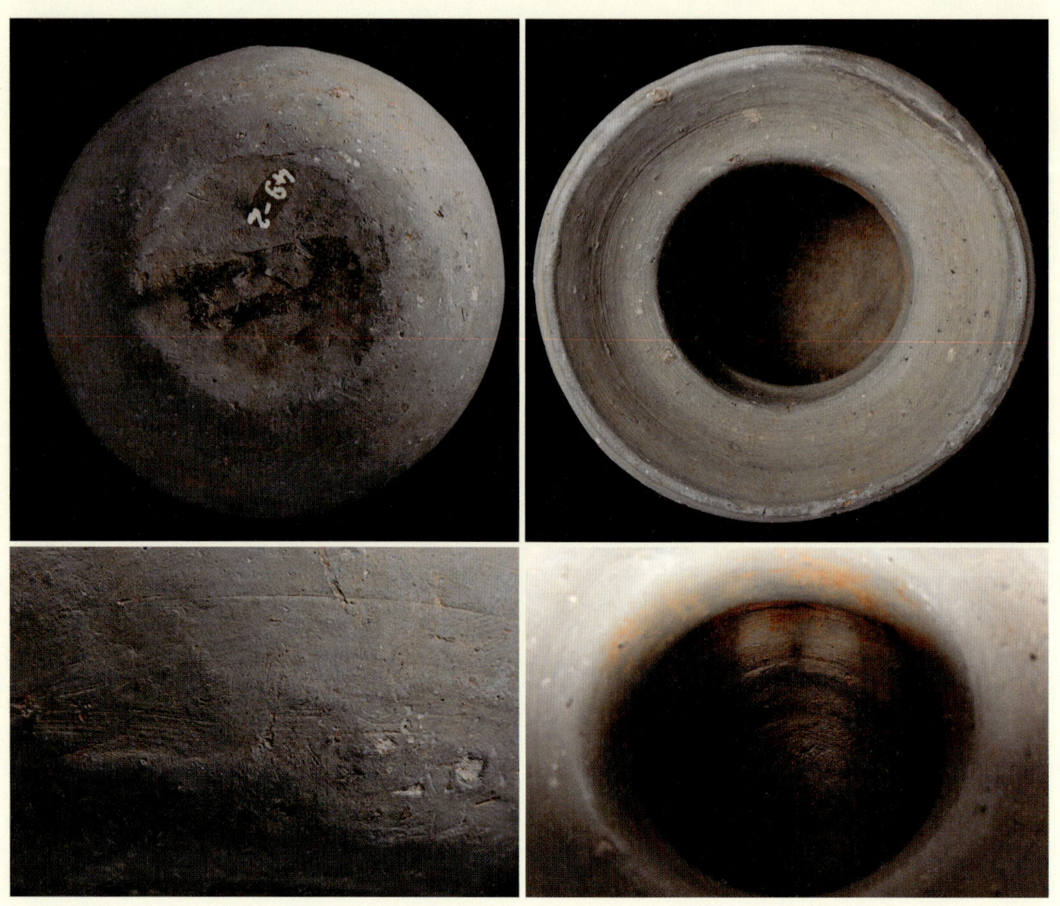

영암
만수리 수습(1) __

有孔小壺

말각평저

1조돌대

집선문

5세기

● 영암 만수리 수습 ┃ 국립광주박물관 ┃ 높이 9.7㎝ ┃ 구경 9.2㎝

영암
만수리 수습(2) _

有孔小壺

원저(?)
무돌대
소문
5세기

영암 만수리 수습 | 국립광주박물관 | 높이 7.7㎝ | 구경 7.4㎝

장성
만무리고분 수습_

有孔小壺

대부원저

1조돌대

점열문, 집선문

5세기

장성 만무리 수습 ㅣ 국립광주박물관 ㅣ 높이 10.1㎝ ㅣ 구경 8.9㎝

장흥 상방촌A
47호주거지 출토_

有孔小壺

원저

1조돌대

유사점열문, 파상문

5세기

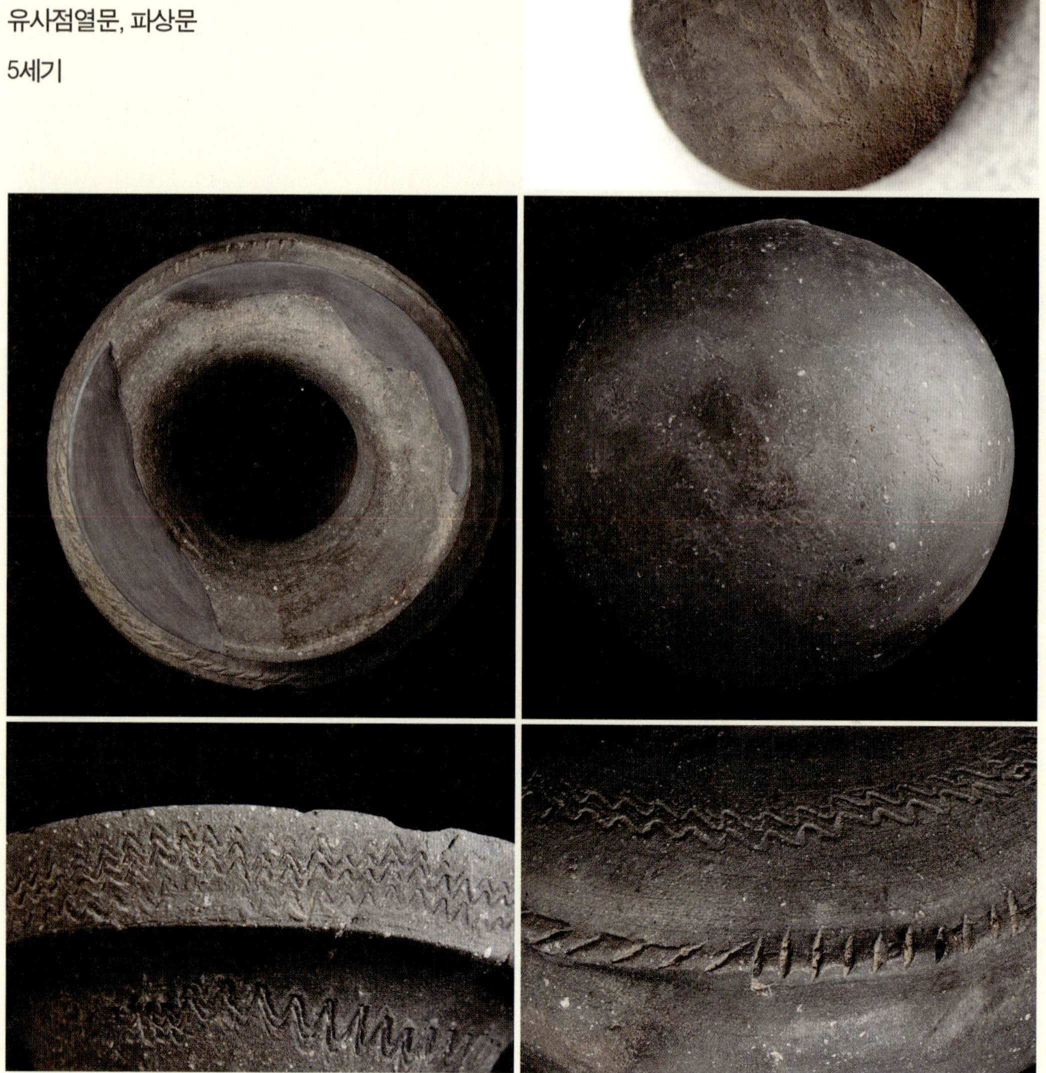

장흥 상방촌A 47호주거지 l 목포대학교 l 높이 11.2㎝ l 구경 9.0㎝

장흥 상방촌A
2호 주구토광묘 _{출토}_

有孔小壺

말각평저

무돌대

소문

5세기

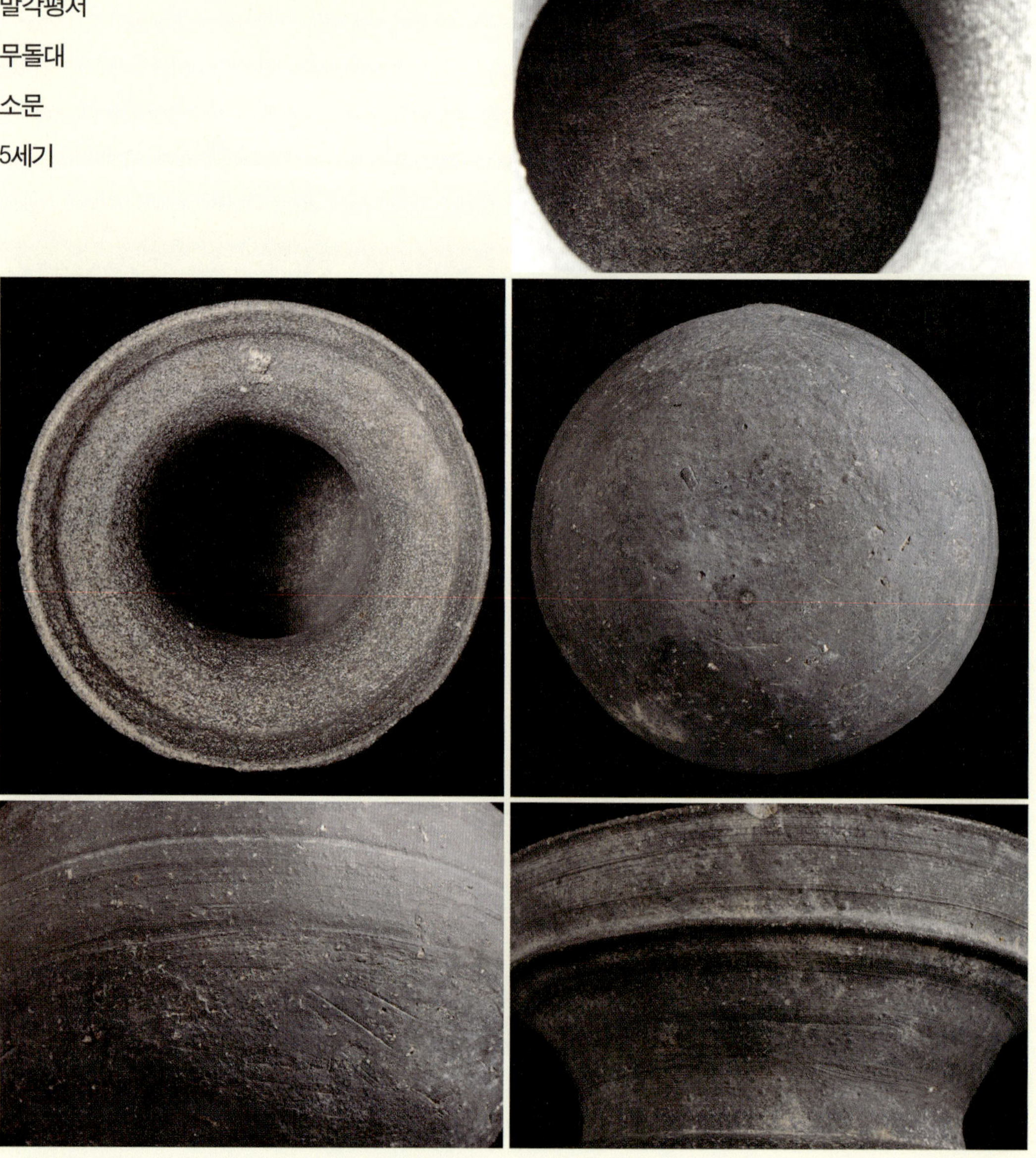

장흥 상방촌A 2호주구 토광묘 ┃ 목포대학교 ┃ 높이 11.8㎝ ┃ 구경 12.0㎝

장흥
상방촌 지표 수습⑴ _

有孔小壺

원저

1조돌대

파상문

5세기

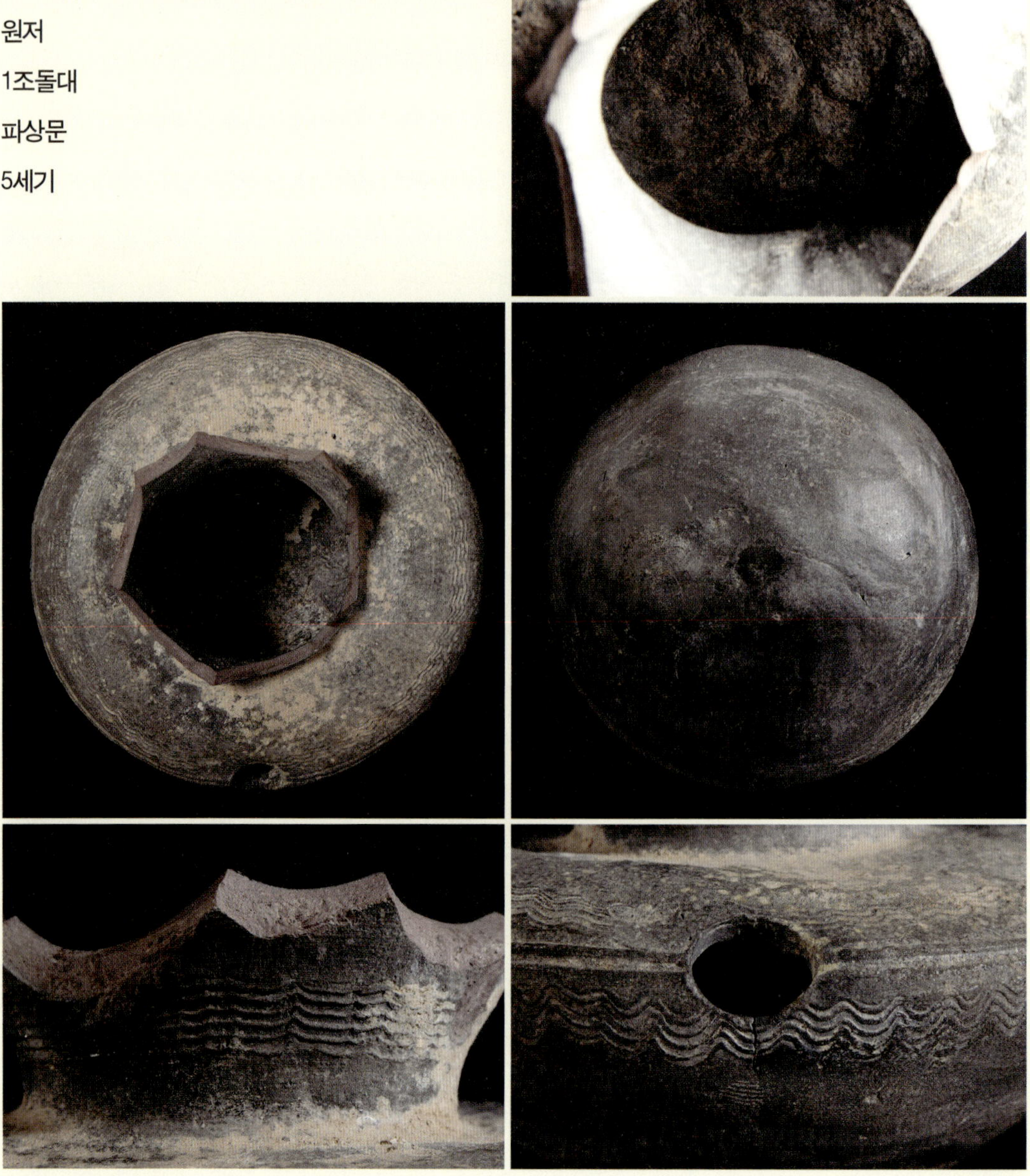

장흥 상방촌A 지표수습 ┃ 목포대학교 ┃ 높이 9.1㎝

장흥
상방촌 지표 수습⑵ __

有孔小壺

말각평저

무돌대

소문

5세기

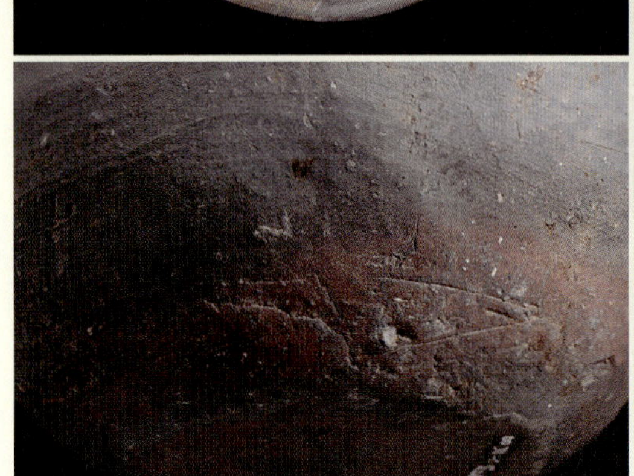

● 장흥 상방촌A 지표수습 ┃ 목포대학교 ┃ 높이 9.0㎝ ┃ 구경 10.0㎝

해남
가산리 _{수습}_

有孔小壺

말각평저

1조돌대

소문

5세기

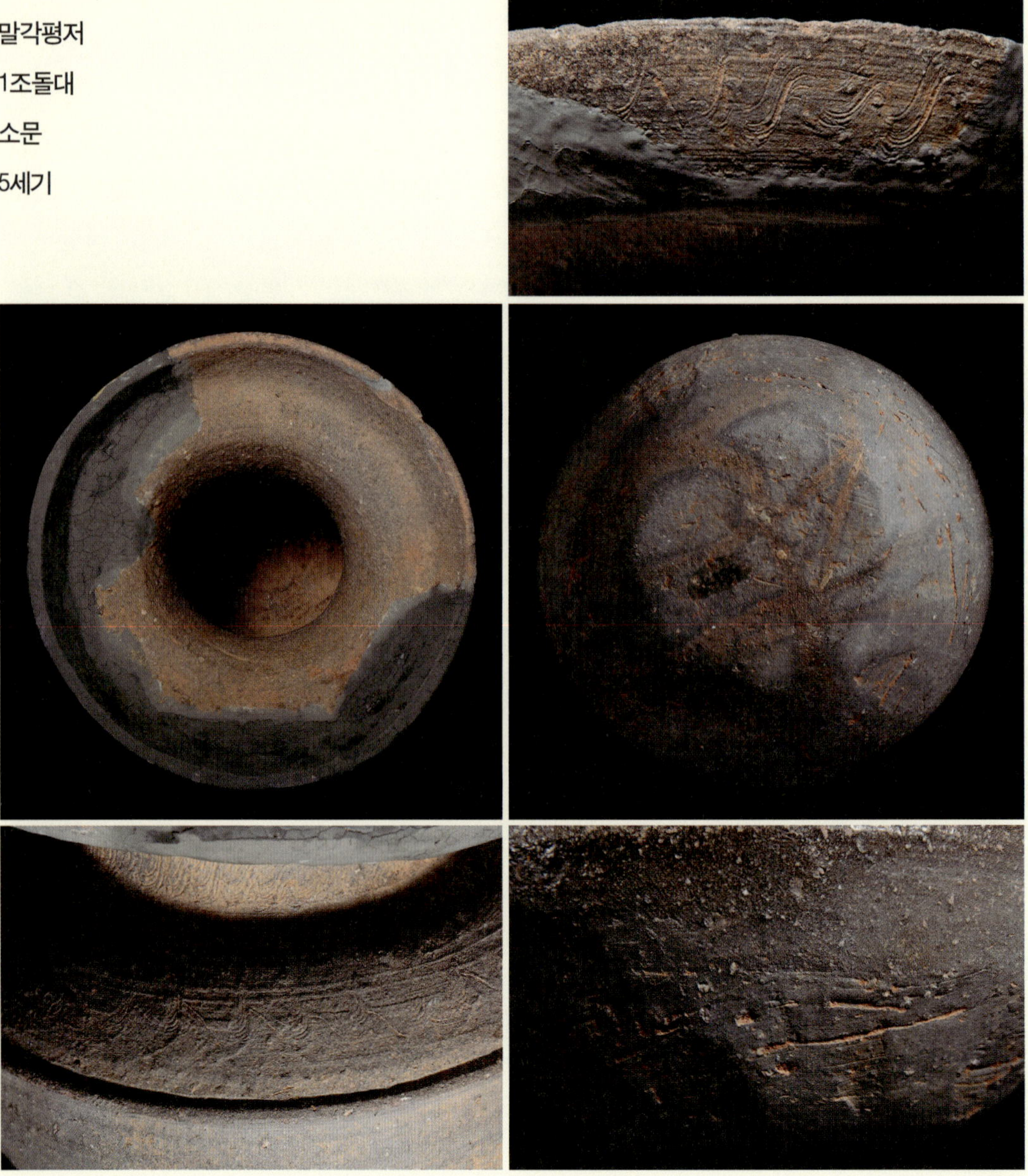

● 해남 가산리 수습 I 국립광주박물관 I 높이 8.7㎝ I 구경 10.1㎝

해남
월송리 석실분(1) 출토_

有孔小壺

말각평저

무돌대

소문, 장식

6세기

● 해남 월송리 석실분 | 국립광주박물관 | 높이 13.0㎝ | 구경 13.0㎝

해남
월송리 석실분(2) 출토_

有孔小壺

말각평저

1조돌대

소문

6세기

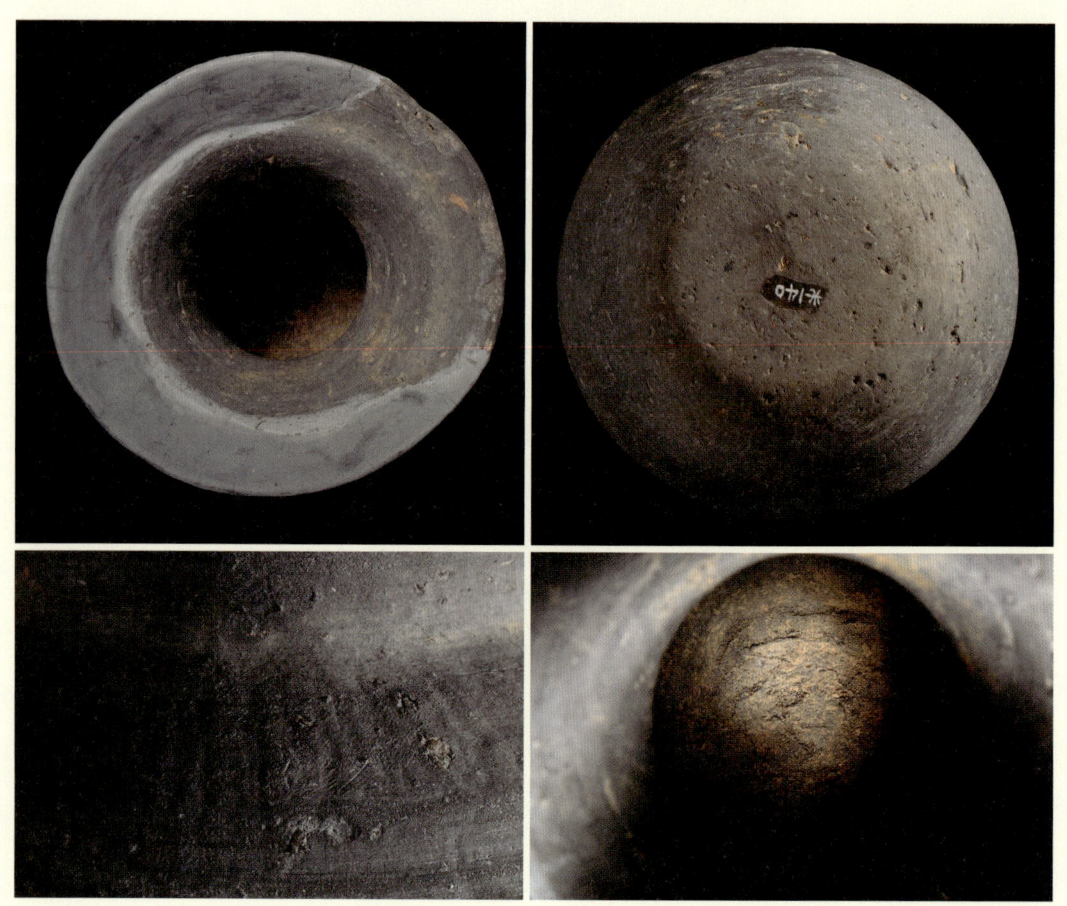

● 해남 월송리 석실분 │ 국립광주박물관 │ 높이 10.4㎝ │ 구경 9.9㎝

국립광주박물관
기증품

有孔小壺

평저

1조돌대

격자문, 파상문

6세기

기증품 | 국립광주박물관 | 높이 10.3㎝

고창 봉덕리
방형추정분 북쪽주구(1) 출토_

有孔小壺

말각평저
무돌대
유사점열문
5세기

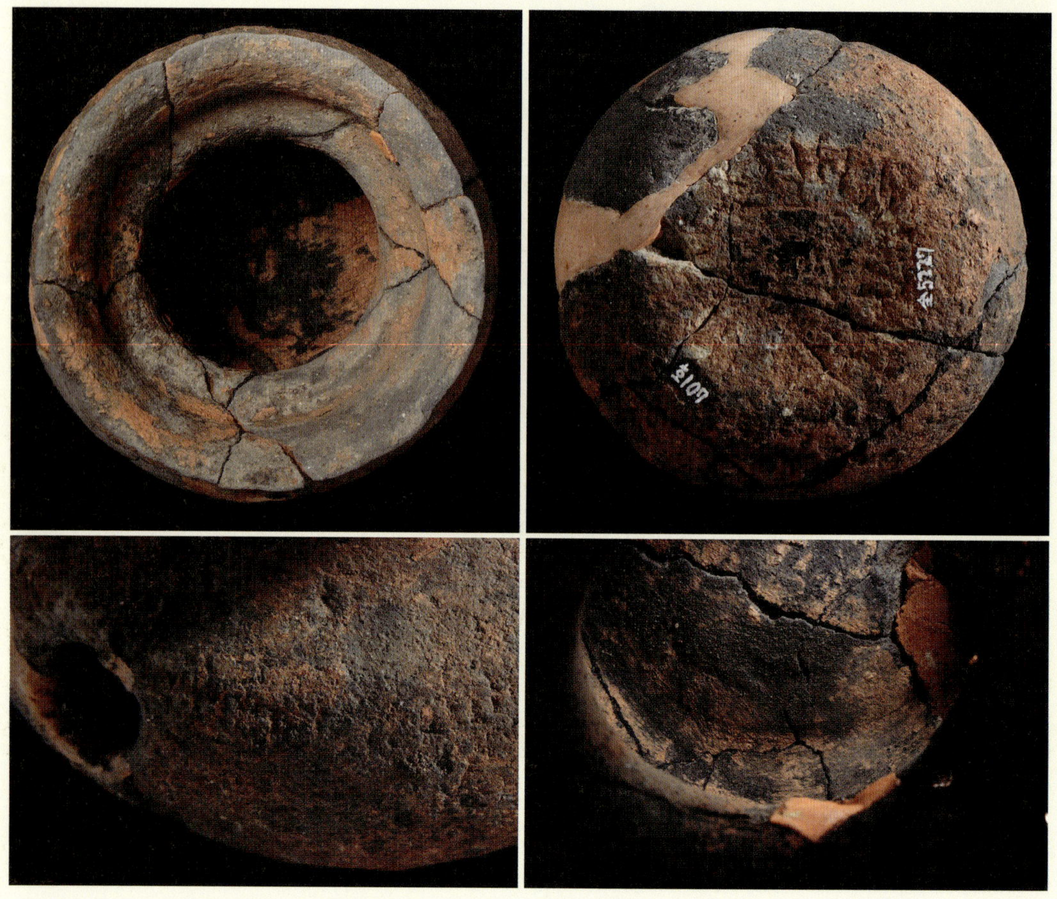

고창 봉덕리 방형추정분 북쪽주구 ┃ 국립전주박물관 ┃ 높이 9.2㎝ ┃ 구경 9.1㎝

고창 봉덕리
방형추정분 북쪽주구(2) _{출토__}

有孔小壺

대부원저

무돌대

점열문, 파상문

5세기

고창 봉덕리 방형추정분 북쪽주구 | 국립전주박물관 | 높이 9.1㎝ | 구경 8.4㎝

고창 봉덕리
방형추정분 북쪽주구(3) 출토_

有孔小壺

대부평저

무돌대

소문

5세기

고창 봉덕리 방형추정분 북쪽주구 ｜ 국립전주박물관 ｜ 높이 9.0㎝ ｜ 구경 8.5㎝

고창 봉덕리
방형추정분 남쪽주구(1) 출토_

有孔小壺

원저

무돌대

소문

5세기

고창 봉덕리 방형추정분 남쪽주구 ┃ 국립전주박물관 ┃ 높이 12.0㎝ ┃ 구경 9.3㎝

고창 봉덕리
방형추정분 남쪽주구(2) 출토 _

有孔小壺

대부평저

1조돌대

소문

5세기

● 고창 봉덕리 방형추정분 남쪽주구 | 국립전주박물관 | 높이 9.4㎝ | 구경 5.8~8.8㎝

고창 봉덕리
방형추정분 남쪽주구(3) 출토_

有孔小壺

말각평저

무돌대

소문

5세기

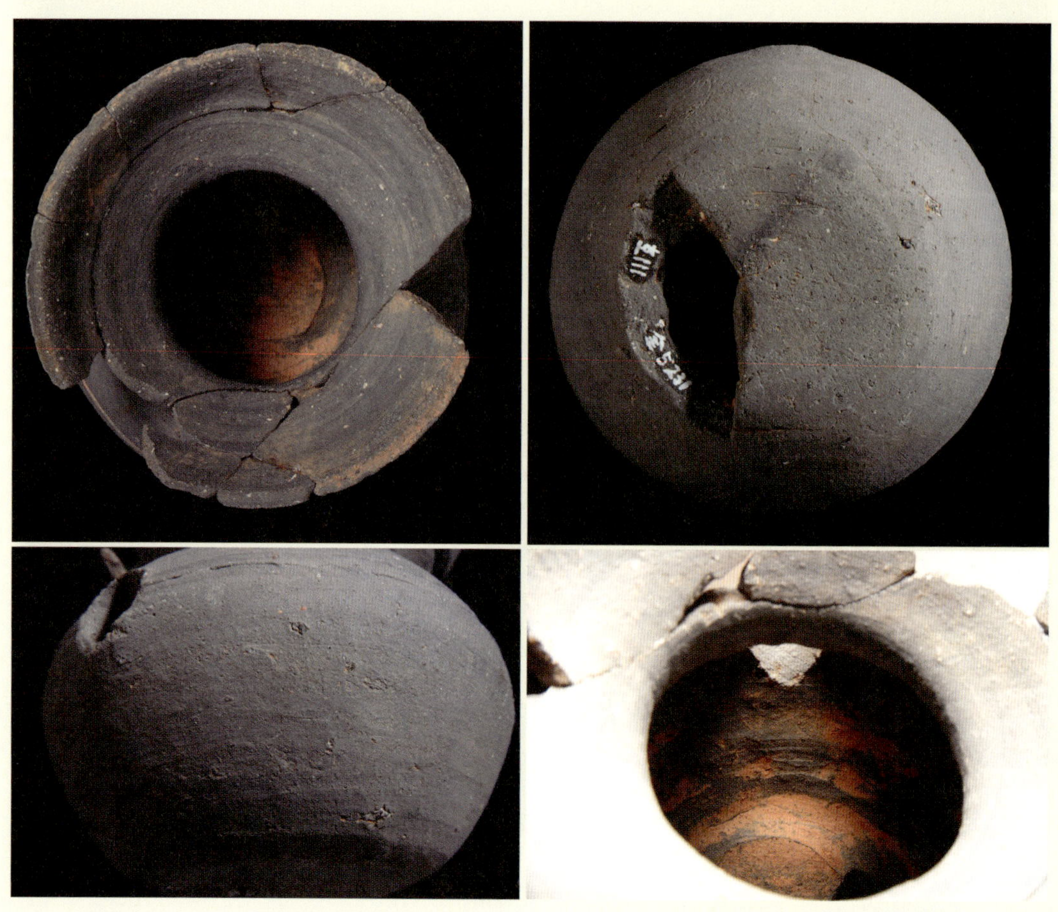

● 고창 봉덕리 방형추정분 남쪽주구 | 국립전주박물관 | 높이 9.1㎝ | 구경 9.8㎝

고창 봉덕리
방형추정분 남쪽주구(4) 출토_

有孔小壺

말각평저(?)

1조침선

소문

5세기

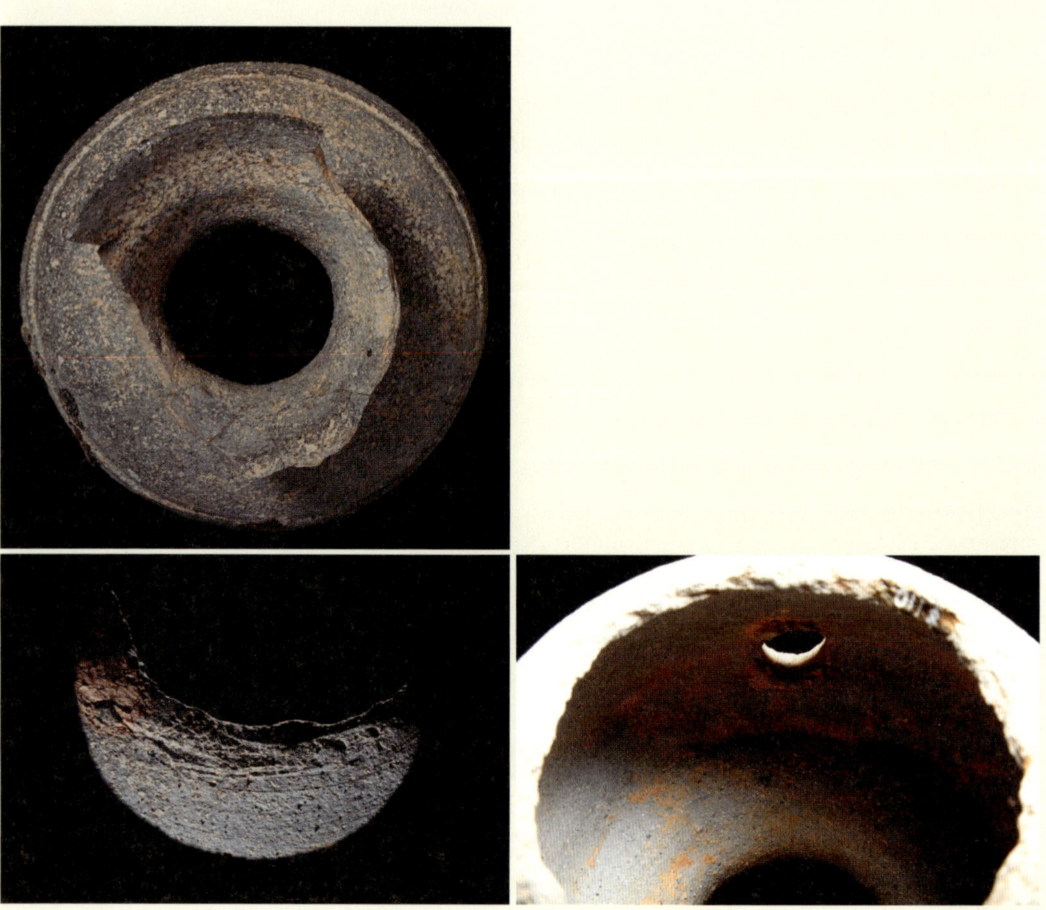

고창 봉덕리 방형추정분 남쪽주구 | 국립전주박물관 | 높이 9.4㎝ | 구경 9.3㎝

고창 봉덕리
가지구 구상유구5 출토_

有孔小壺

평저

무돌대

소문

5세기

고창 봉덕리 가지구 구상유구5 ｜ 국립전주박물관 ｜ 높이 12.8㎝ ｜ 구경 8.6㎝

고창 봉덕리
나지구 구1(1) 출토__

有孔小壺

원저

1조돌대

소문

5세기

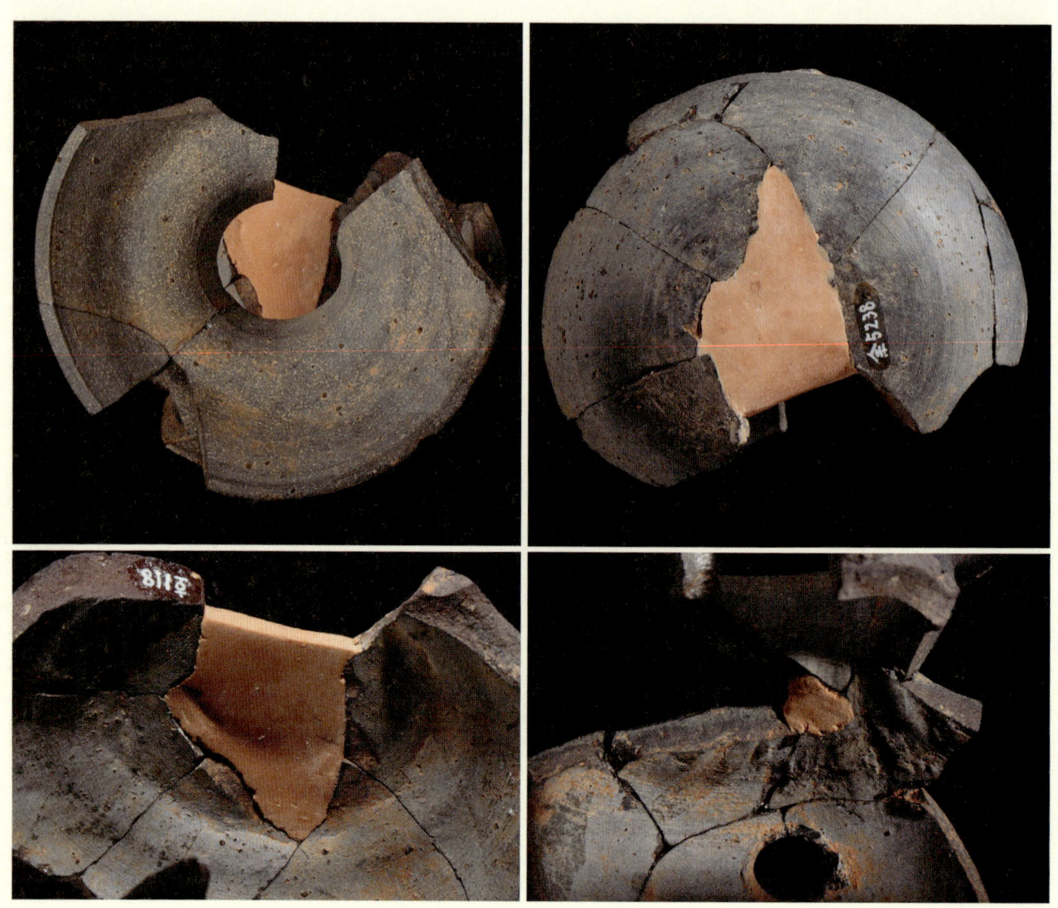

● 고창 봉덕리 나지구 구1 ┃ 국립전주박물관 ┃ 높이 9.2㎝ ┃ 구경 9.0㎝

고창 봉덕리
나지구 구1(2) 출토_

有孔小壺

말각평저

무돌대

소문

5세기

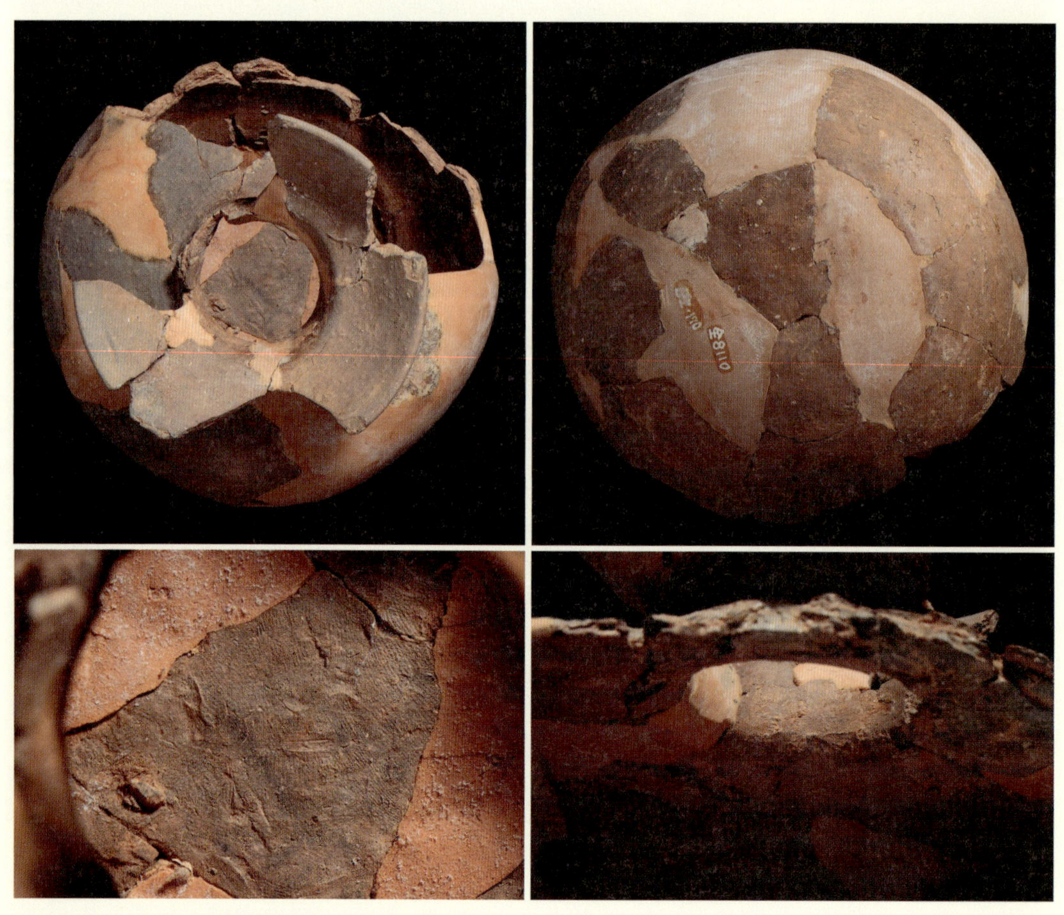

고창 봉덕리 나지구 구1 ┃ 국립전주박물관 ┃ 높이 14.5㎝ ┃ 구경 11.8㎝

고창 봉덕리
나지구 구1(3) 출토_

有孔小壺

말각평저

1조돌대

소문

5세기

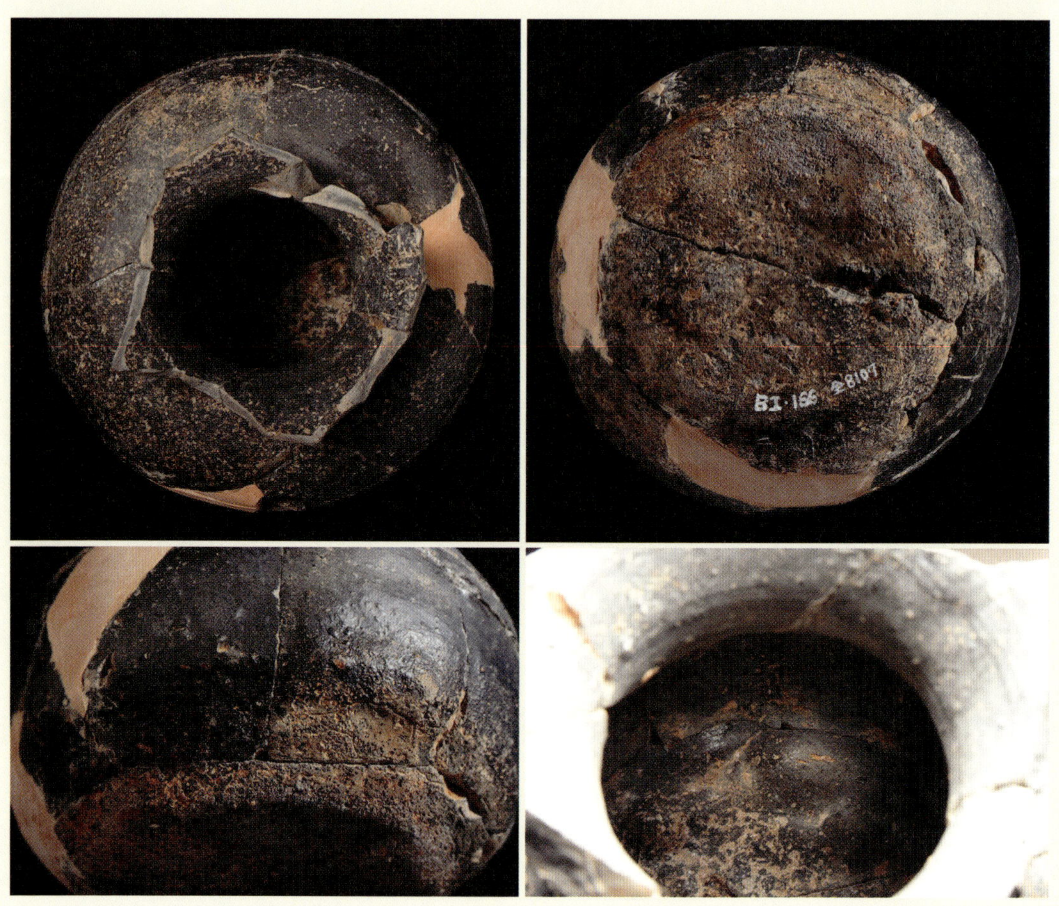

● 고창 봉덕리 나지구 구1 ｜ 국립전주박물관 ｜ 높이 10.0㎝

고창
신월리 고분 수습_

有孔小壺

원저

무돌대

소문

5세기

● 고창 신월리 고분 수습 ┃ 국립전주박물관 ┃ 높이 10.6㎝ ┃ 구경 9.2㎝

익산
신동리유적 출토_

有孔小壺

말각평저

1조돌대

집선문, 파상문

5세기

● 익산 신동리 수습 ┃ 국립전주박물관 ┃ 높이 11.3㎝

고성 내산리
고분군 1호분 4곽 출토_

有孔小壺

원저

무돌대

유사점열문

5세기

고성 내산리 1호분 4곽 | 국립진주박물관 | 높이 11.0㎝ | 구경 11.5㎝

고성 내산리
고분군 34호 주곽 출토_

有孔小壺

원저

무돌대

점열문

6세기

● 고성 내산리 34호 주곽 ┃ 국립진주박물관 ┃ 높이 10.4㎝ ┃ 구경 9.9㎝

산청 명동 1지구
석곽묘 7-2호분 출토_

有孔小壺

원저

무돌대

유사즐묘문

5세기

산청 명동 1지구 석곽묘 7-2호분 ┃ 국립진주박물관 ┃ 높이 10.3㎝ ┃ 구경 9.4㎝

산청 명동 1지구
석곽묘 25-2호분 _{출토}_

有孔小壺

원저

무돌대

유사즐묘문

5세기

● 산청 명동 1지구 석곽묘 25-2호분 ┃ 국립진주박물관 ┃ 높이 10.3㎝ ┃ 구경 9.4㎝

산청 명동 1지구
석곽묘 78-1호분 출토_

有孔小壺

원저

무돌대

소문

5세기

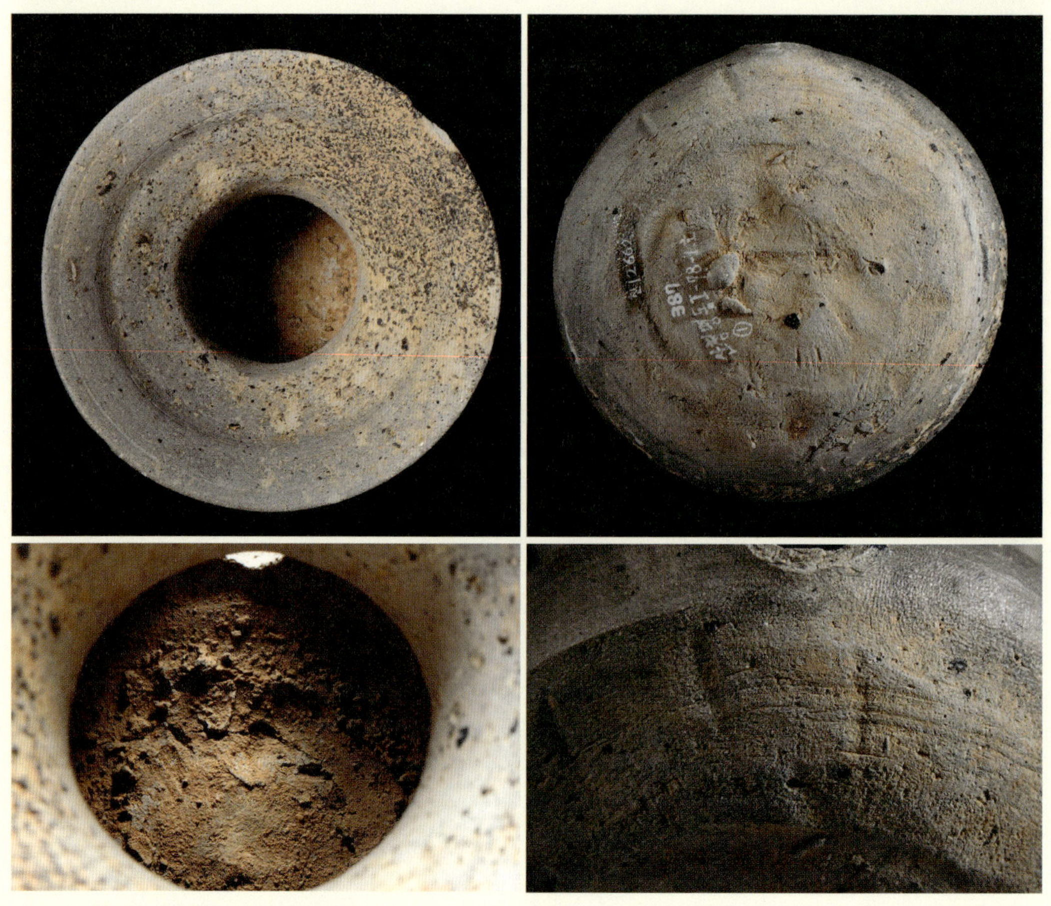

● 산청 명동 1지구 석곽묘 78-1호분 ǀ 국립진주박물관 ǀ 높이 10.1㎝ ǀ 구경 10.4㎝

진주 우수리
11-1호 수혈 출토_

有孔小壺

원저

무돌대

유사점열문

5세기

● 진주 우수리 11-1호 수혈 ┃ 국립진주박물관 ┃ 높이 10.3㎝ ┃ 구경 9.5㎝

도면

전남지역

광주 동림동

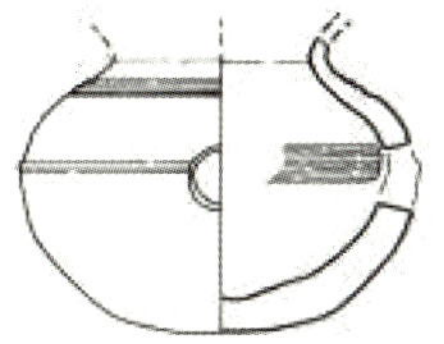

광주 동림동 151호 구 2218

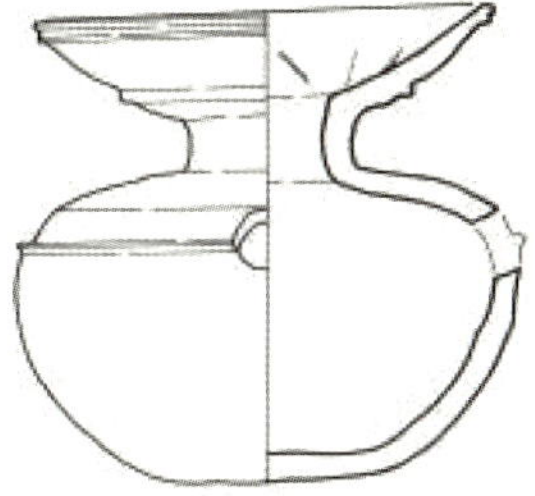

광주 동림동 102호 구 1882

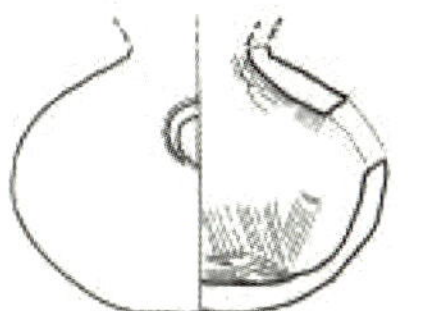

광주 동림동 102호 구 1881

광주 동림동 102호 구 1880

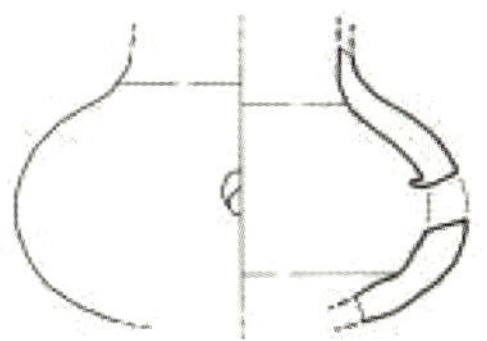

광주 동림동 101호 구 1608

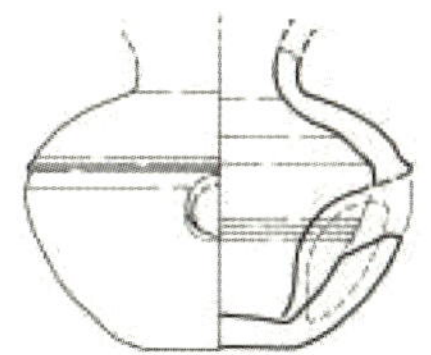

광주 동림동 101호 구 1607

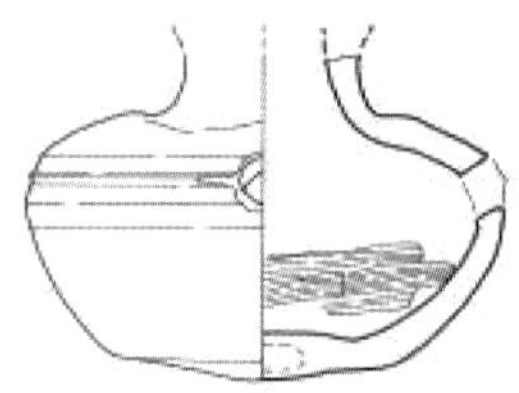

광주 동림동 101호 구 1606

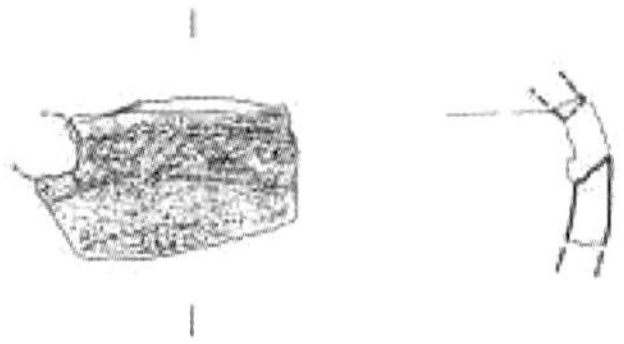

광주 동림동 101호 구 1228

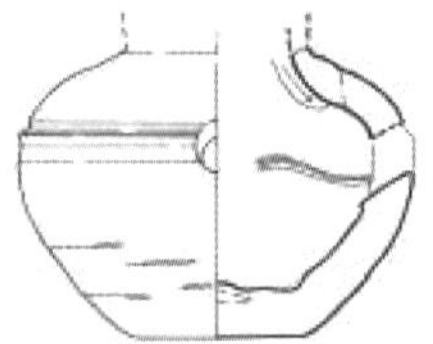

광주 동림동 101호 구 1227

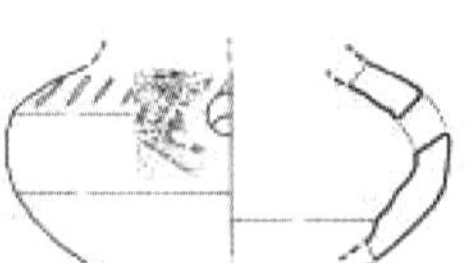

광주 동림동 101호 구 1226

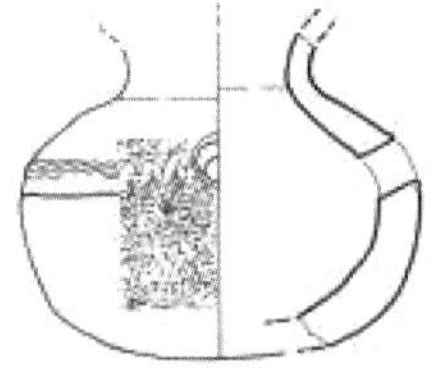

광주 동림동 101호 구 1225

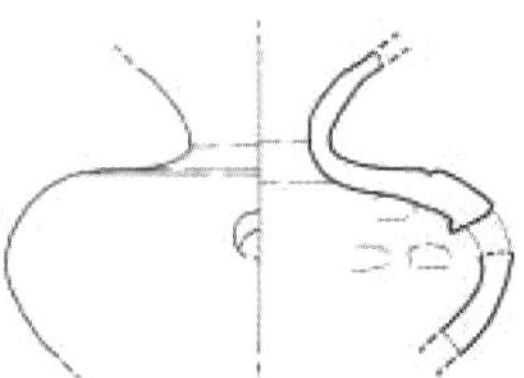

광주 동림동 101호 구 1224

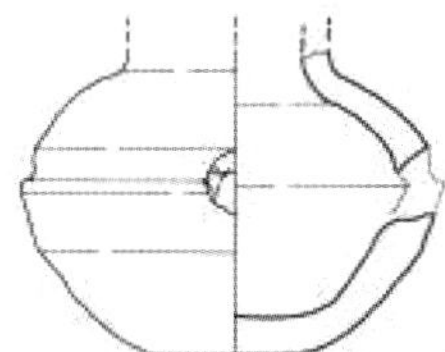

광주 동림동 101호 구 1223

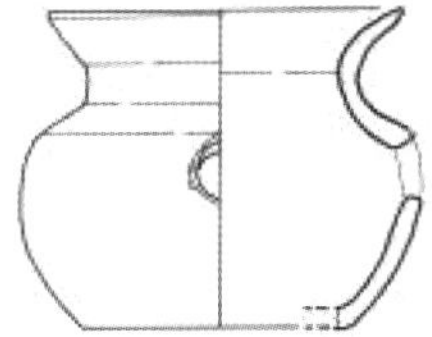

광주 동림동 82호 구 667

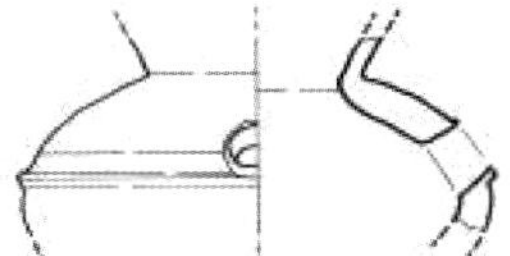

광주 동림동 70호 구 533

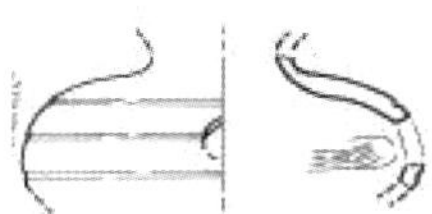

광주 동림동 70호 구 532

광주 동림동 60호 구 261

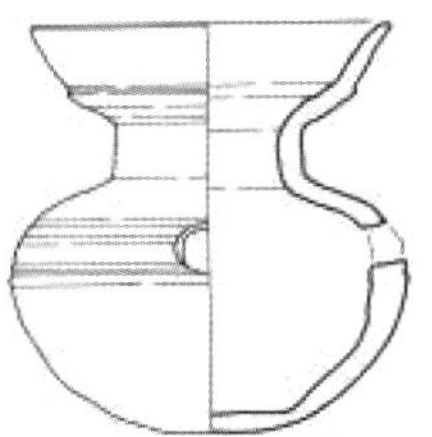

광주 동림동 10호 구 10

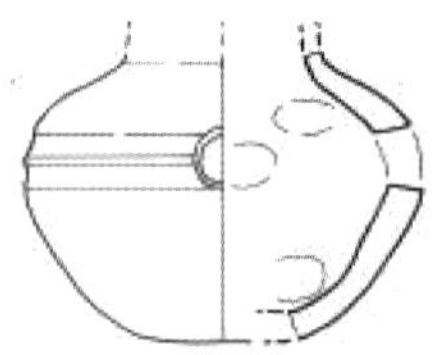

광주 동림동 151호 구 2219

광주 하남동

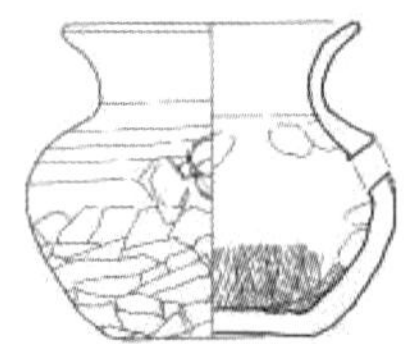

광주 하남동 100호 주거지 191

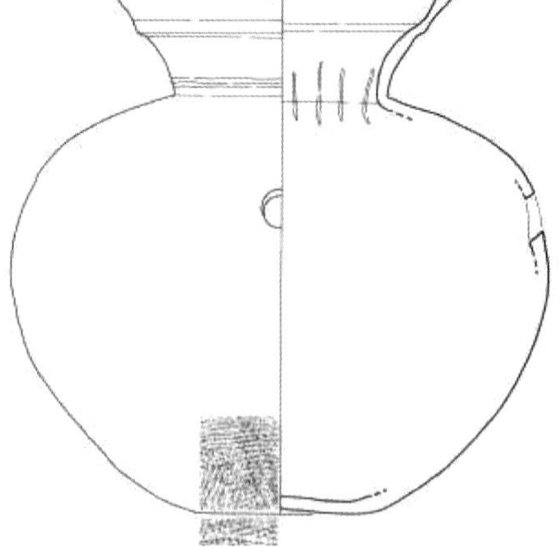

광주 하남동 9호 구 11지점 342

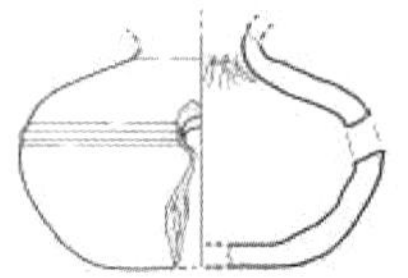

광주 하남동 17호 구 375

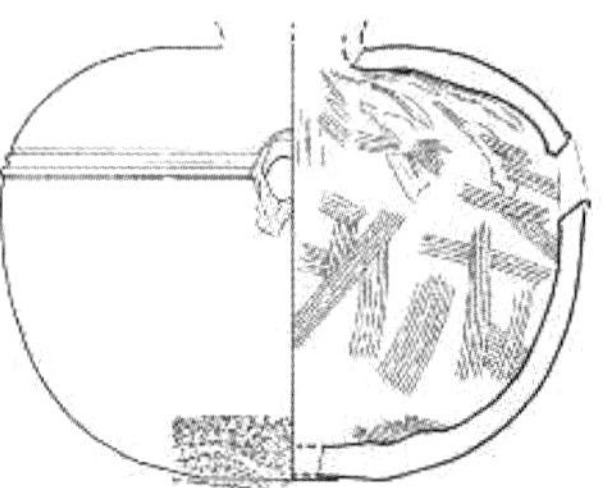

광주 하남동 55호구 472

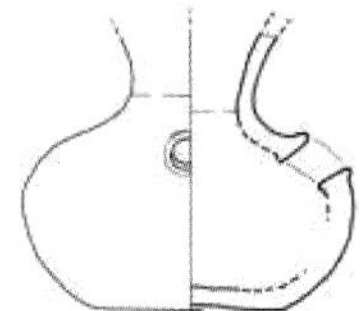

광주 하남동 9호 구 101

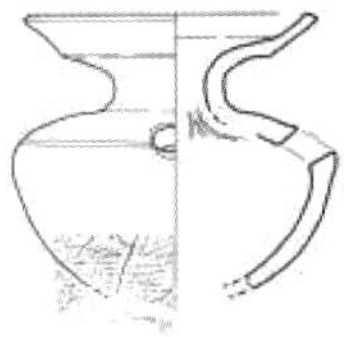

광주 하남동 6호 구 49

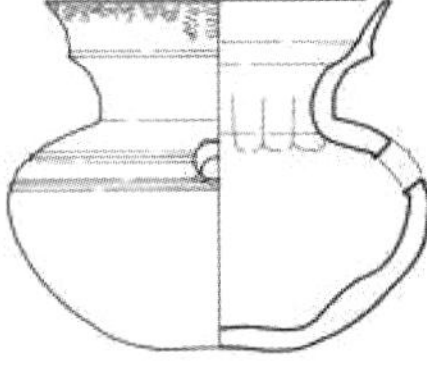

광주 하남동 1호 구 7

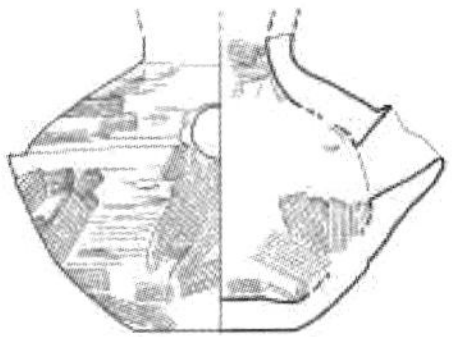

광주 하남동 5호분 48

광주 기곡

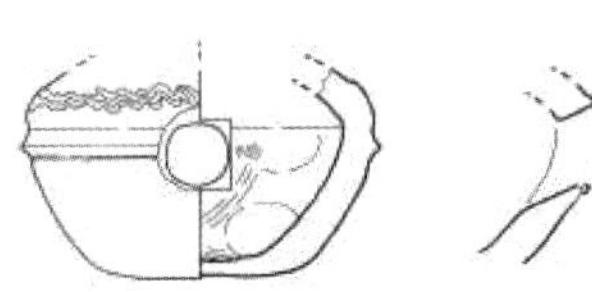

광주 기곡 구 2

광주 월계동

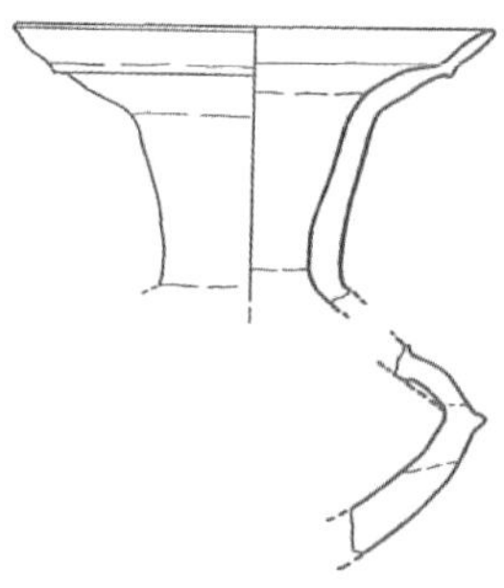

광주 월계동 1호 장고분 석실

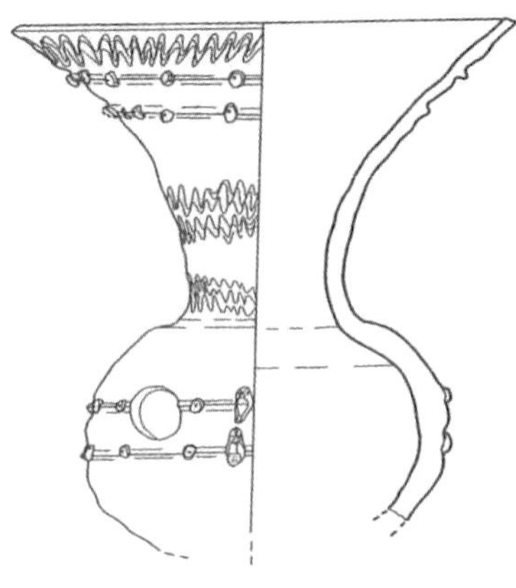

광주 월계동 1호 장고분

광주 쌍암동

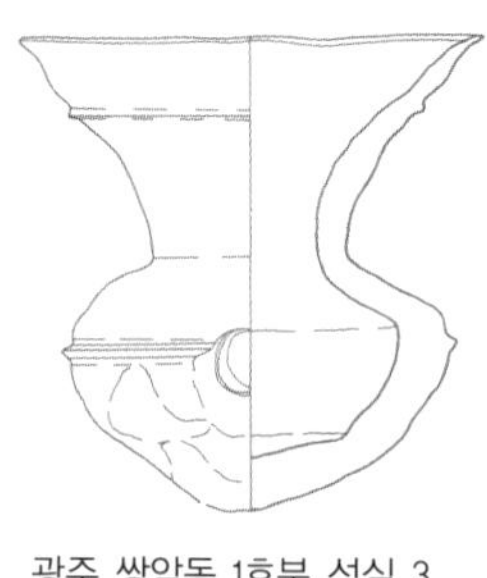

광주 쌍암동 1호분 석실 3

광주 신월동 포산

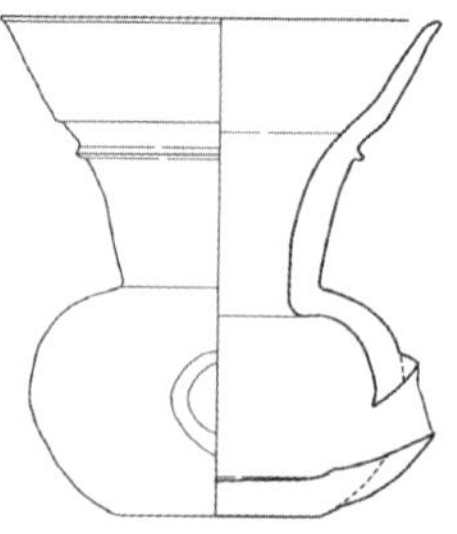

광주 신월동 포산 움무덤

광주 벽진동

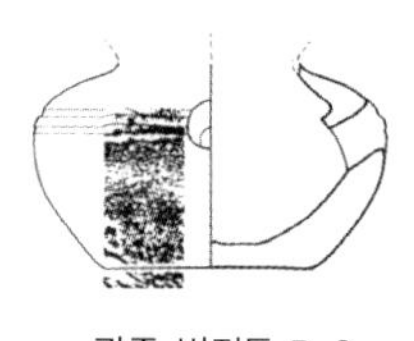

광주 벽진동 B-2

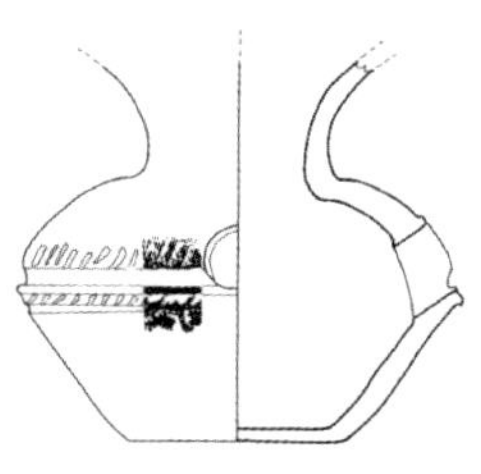

광주 벽진동 B-2

광주 치평동

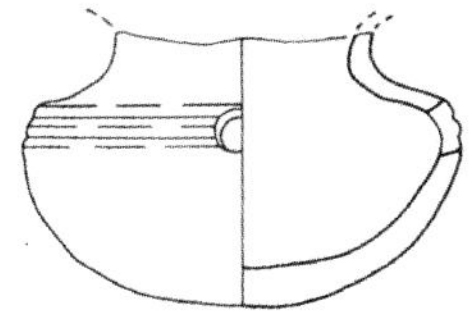

광주 치평동 유물포함층

광주 월전동

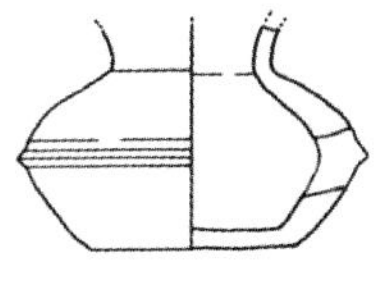

광주 월전동 1호 수혈

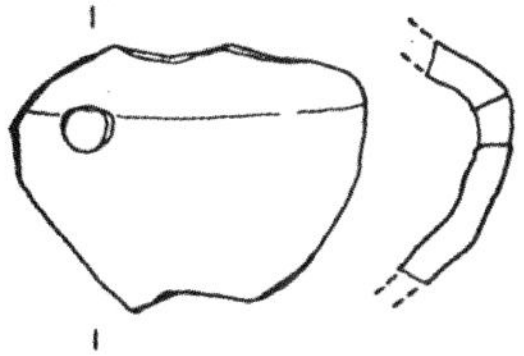

광주 월전동 1지구

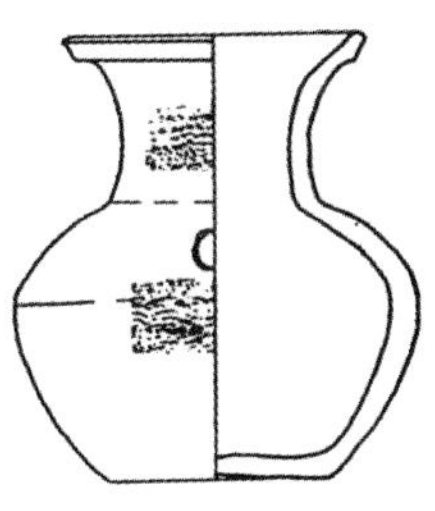

광주 월전동 2지구

광주 월전동 지표수습 1

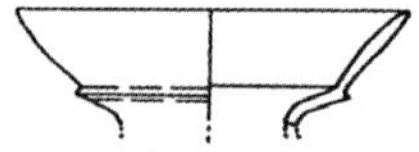

광주 월전동 지표수습 2

광주 향등

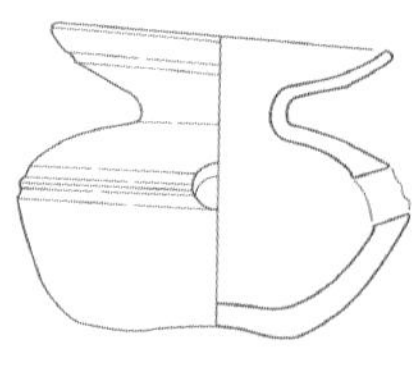

광주 향등 3호 주거지

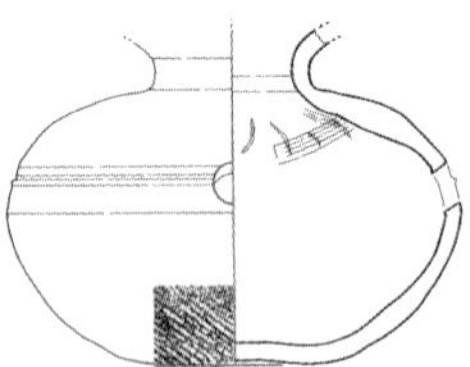

광주 향등 10호 주거지

광주 산정동

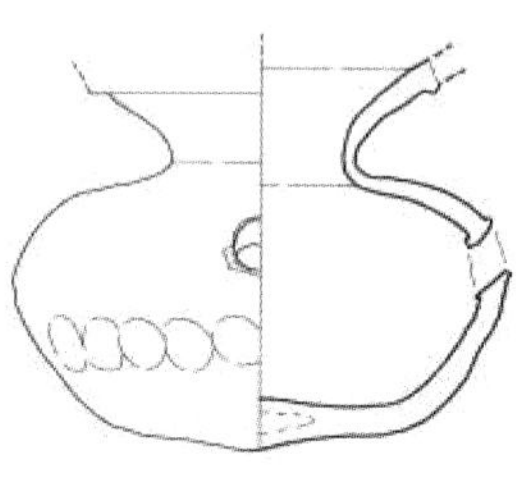

광주 산정동 지표수습 606

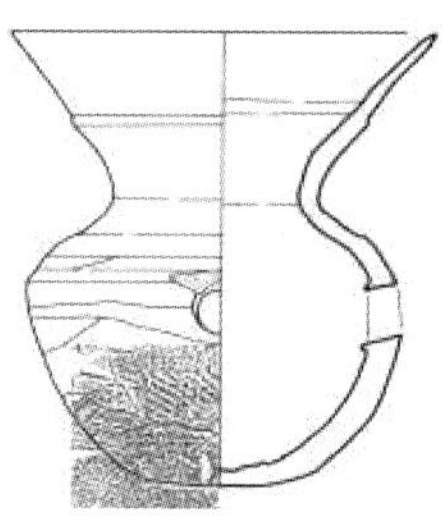

광주 산정동 3호 고분

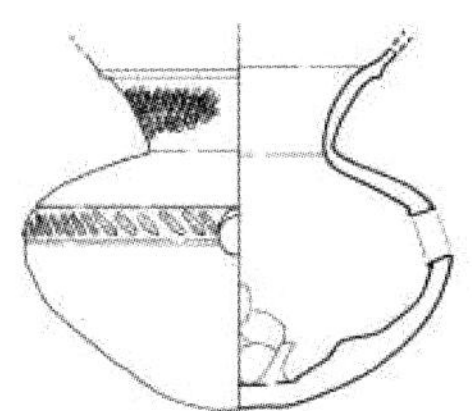

광주 산정동 16호 구 472

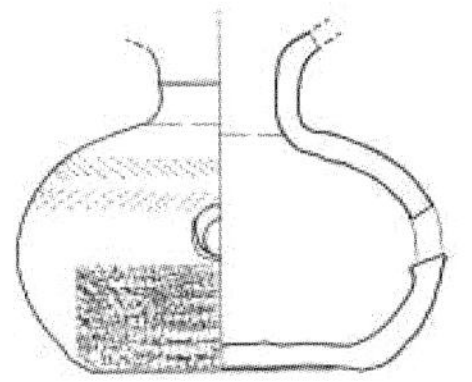

광주 산정동 1호 수혈 362

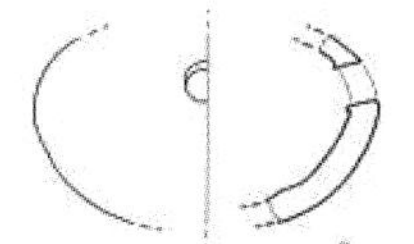

광주 산정동 7호 방형건물지 274

광주 산정동 4호 방형 건물지 237

나주 대안리

나주 낭동

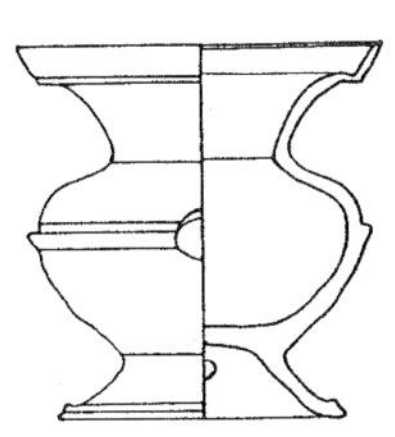

나주 대안리 9호분 경관

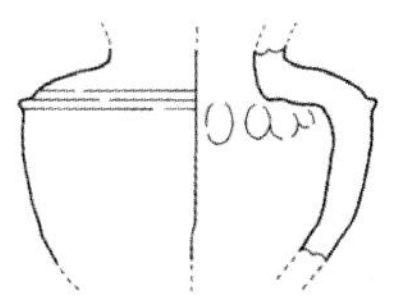

나주 낭동 수습

나주 신촌리

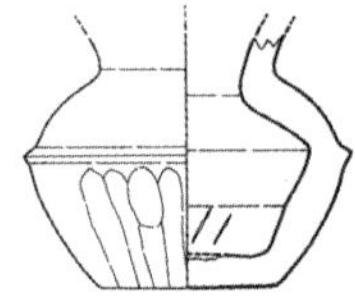

나주 신촌리 9호분 동편 주구

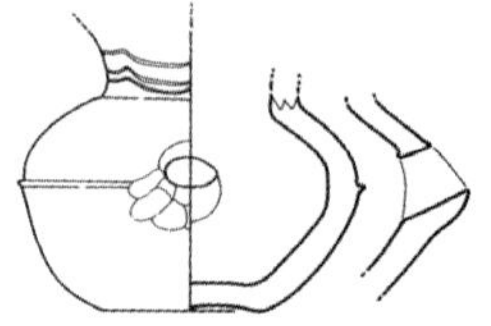

나주 신촌리 9호분 북편 주구

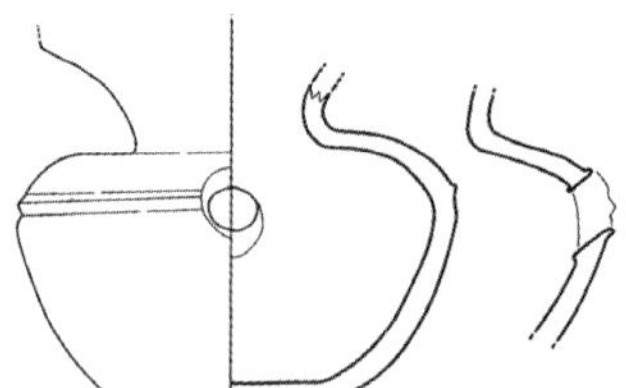

나주 신촌리 9호분 북편 주구

나주 덕산리

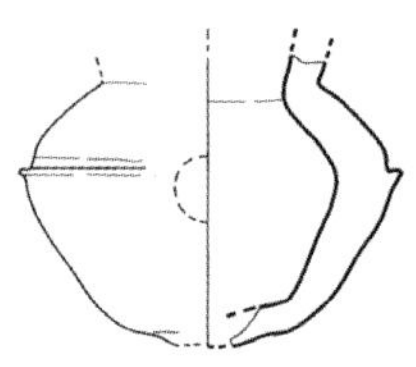

나주 덕산리 7호 주구

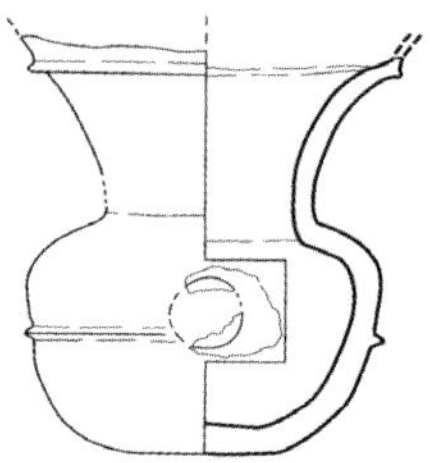

나주 덕산리 8호 주구

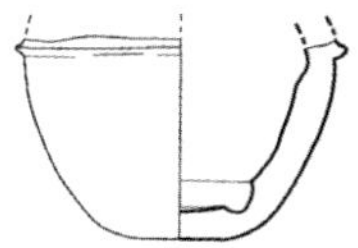

나주 덕산리 8호 주구 1

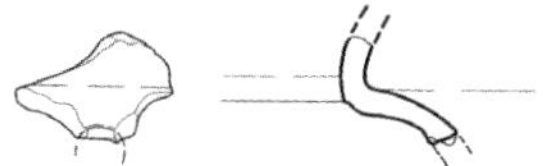

나주 덕산리 9호 주구 1

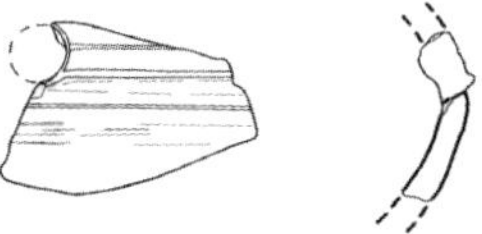

나주 덕산리 9호 주구 2

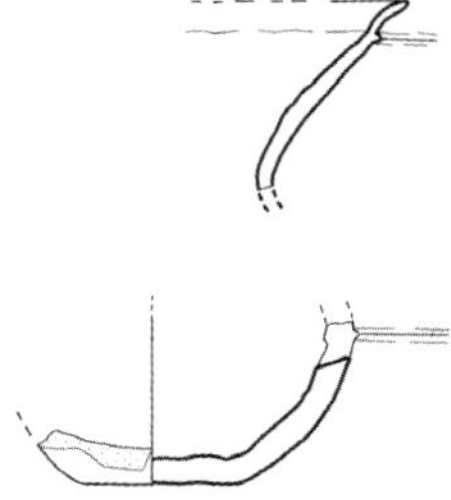

나주 덕산리 11호 주구

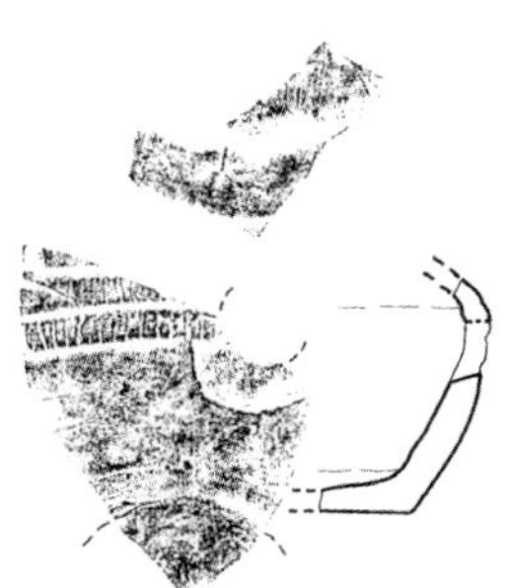

나주 덕산리 14호 주구

나주 복암리

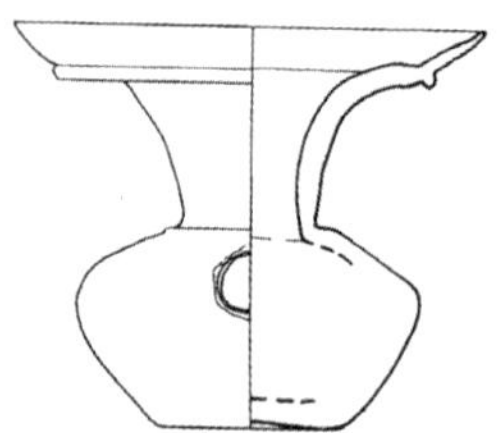

나주 복암리 1-2호분 사이 90-5

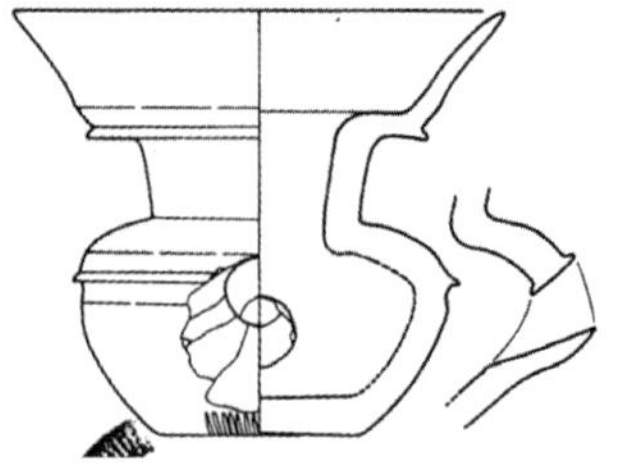

나주 복암리 3호분 성토층 북사면

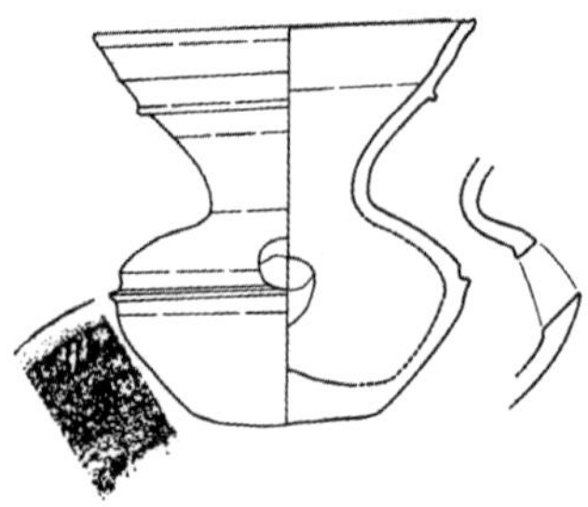

나주 복암리 3호분 성토층 서북

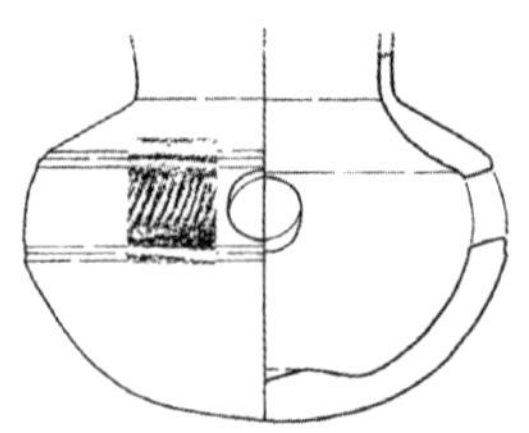

나주 복암리 3호분 96호 석실 1호 옹 2

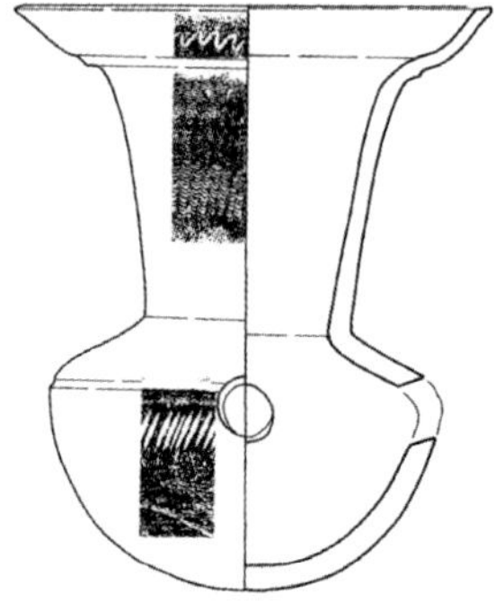

나주 복암리 3호분 96석실 4호 옹

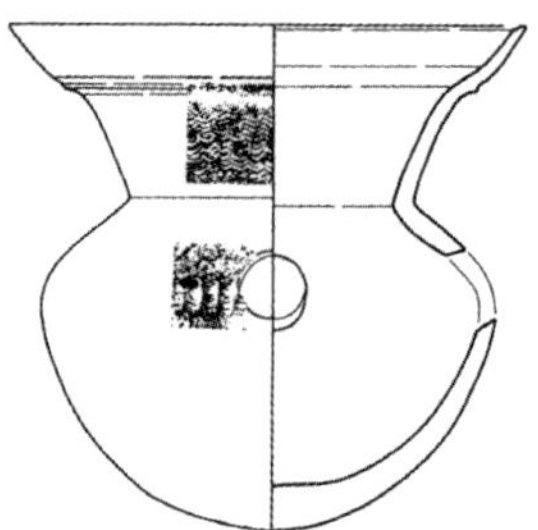

나주 복암리 3호분 96석실 1호 옹 1

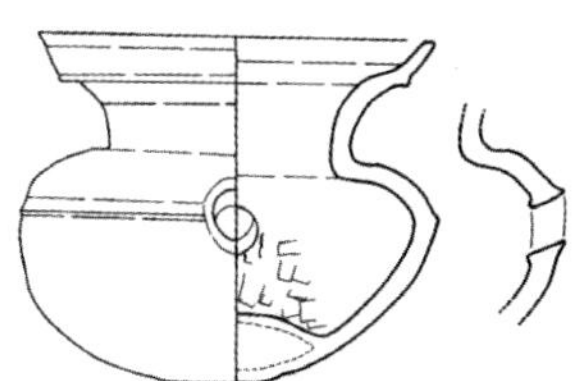

나주 복암리 3호분 18호 옹

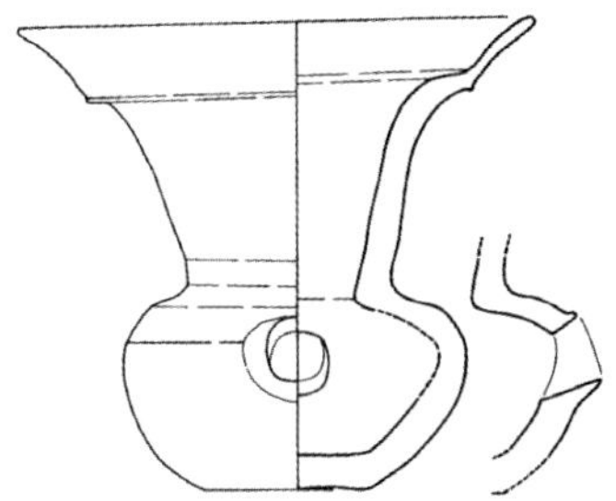

나주 복암리 3호분 9호 옹

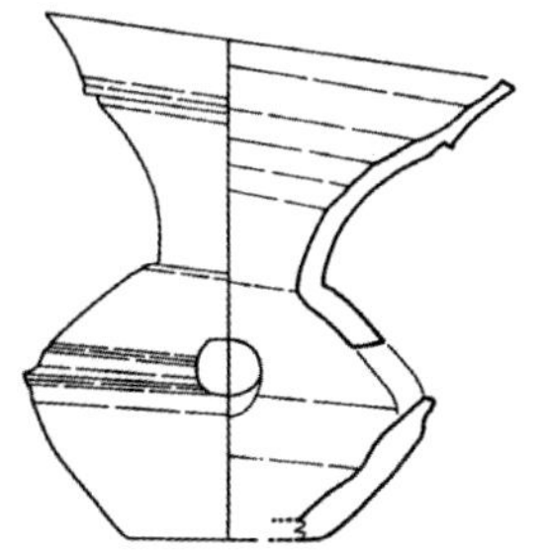

나주 복암리 3호분 2호 석실

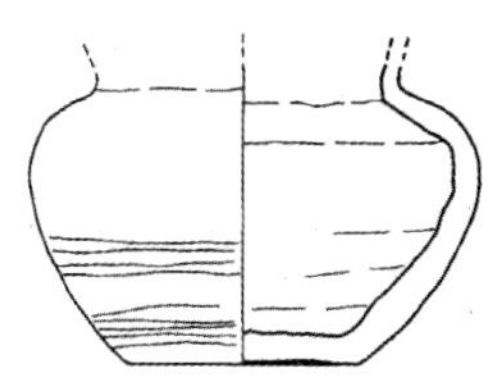

나주 복암리 2호분 북주구

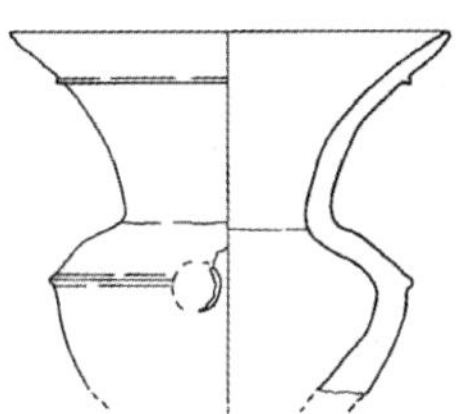

나주 복암리 1호분 주구 22-22

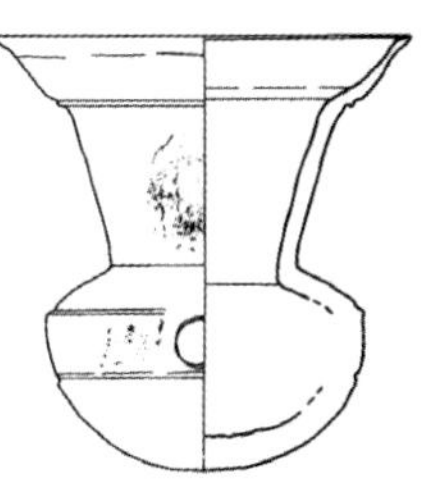

나주 복암리 1호분 주구 29-13

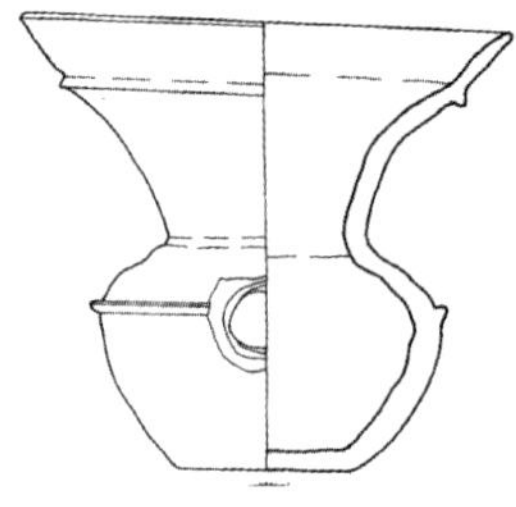

나주 복암리 2호분 북주구 100

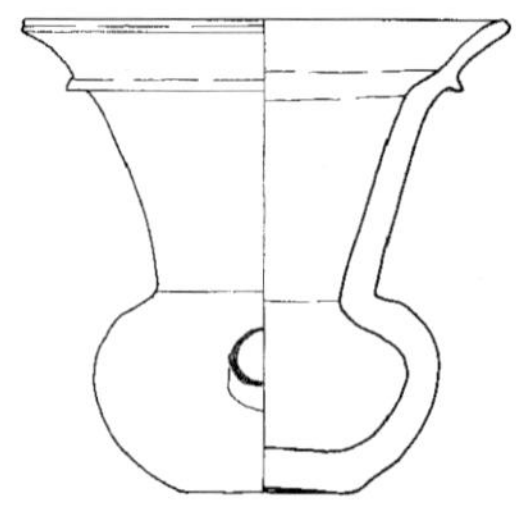

나주 복암리 2호분 북주구 101

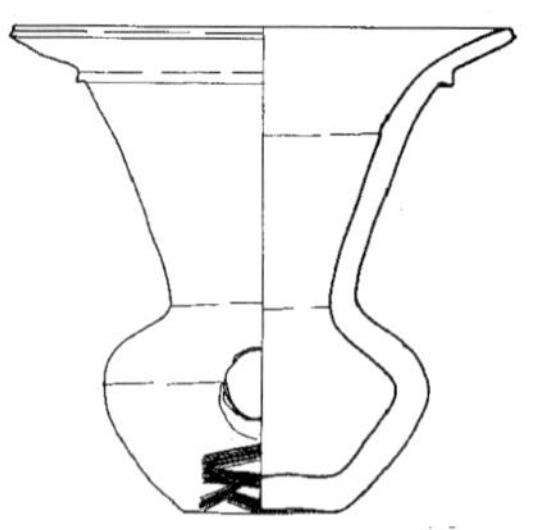

나주 복암리 2호분 북주구 102

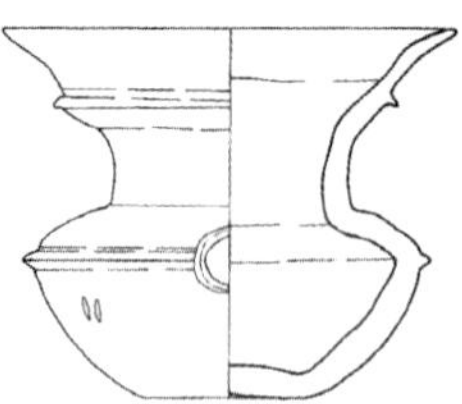

나주 복암리 2호분 남주구 21

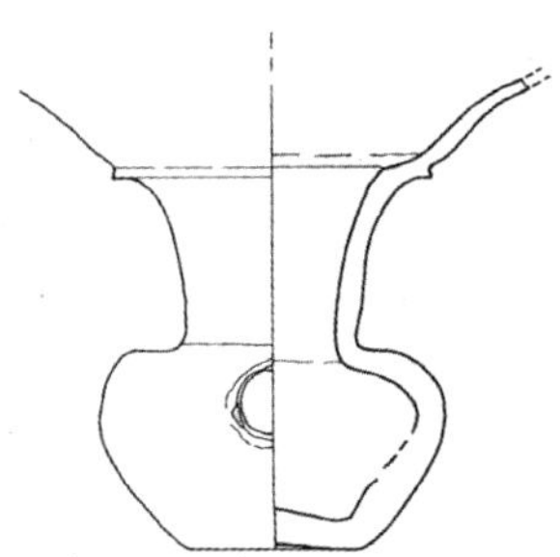

나주 복암리 1-2호분 사이 84-6

나주 다시들

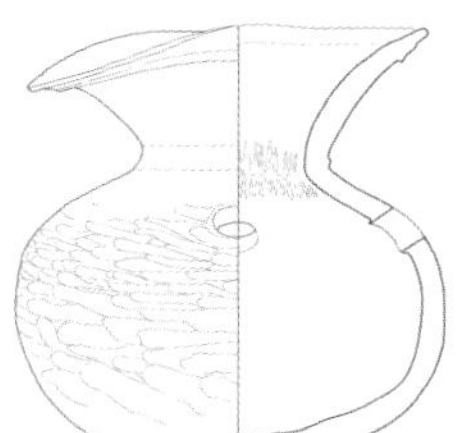

나주 다시들 8호 옹 30

나주 영동리

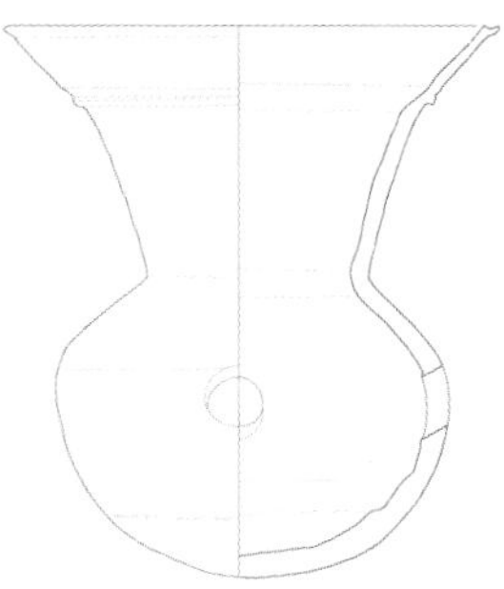

나주 영동리 동746

나주 장등

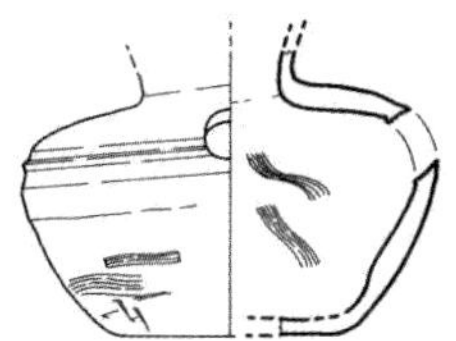

나주 장등 2호분 주구 84

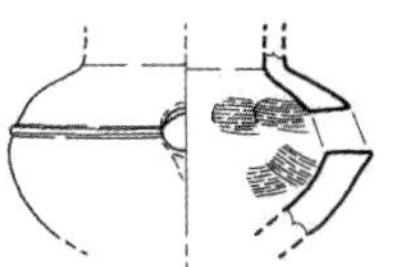

나주 장등 2호분 85

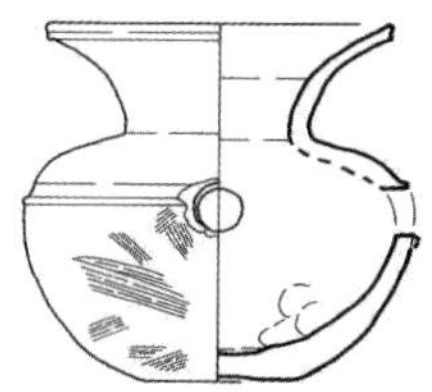

나주 장등 3호분 230

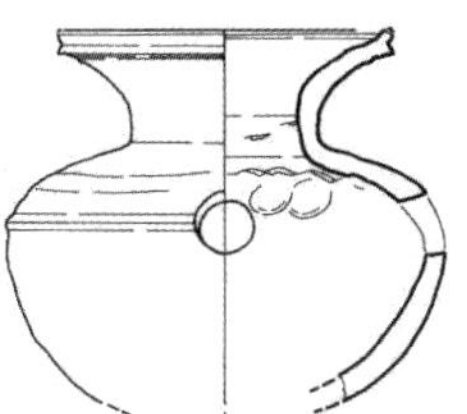

나주 장등 3호분 231

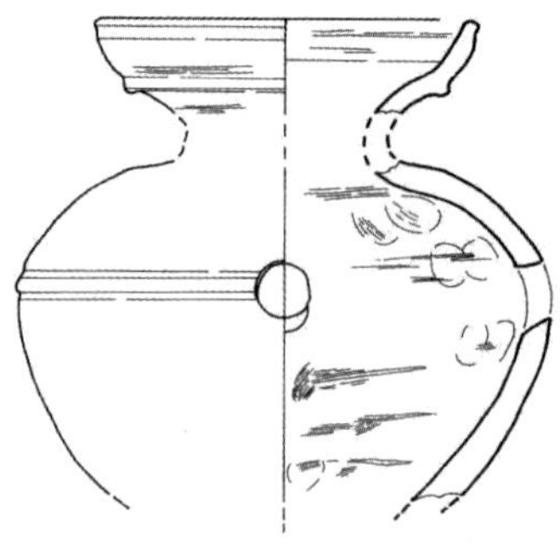

나주 장등 3호분 232

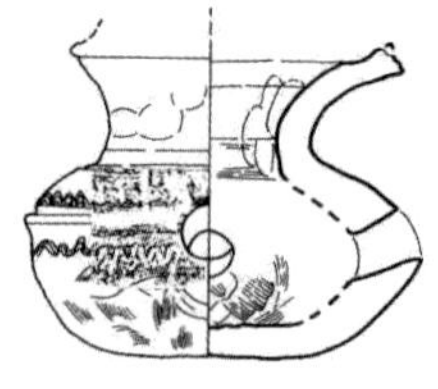

나주 장등 233

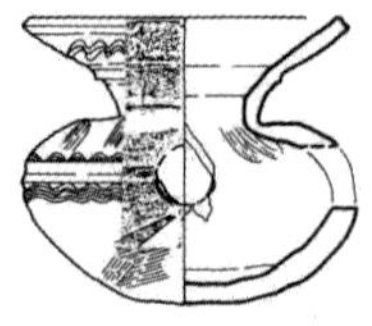

나주 장등 234

담양 오산

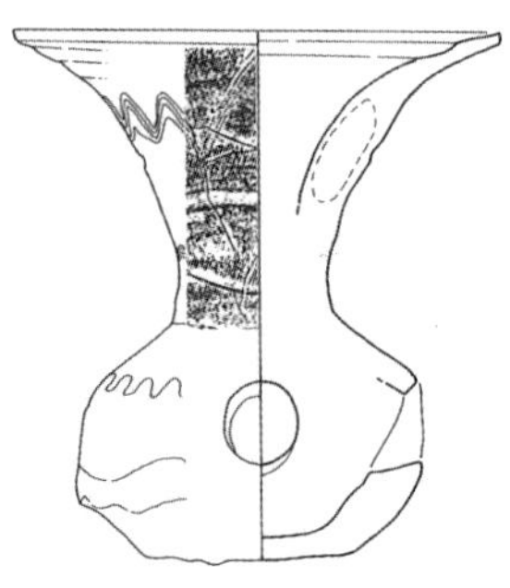

담양 오산 1호 석실 226

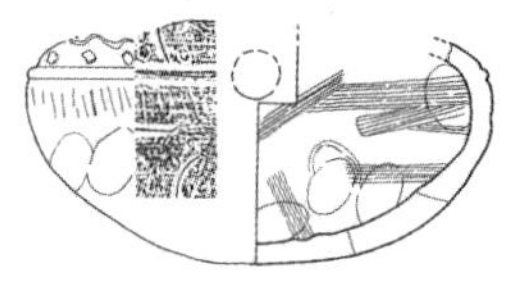

담양 오산

담양 성산리

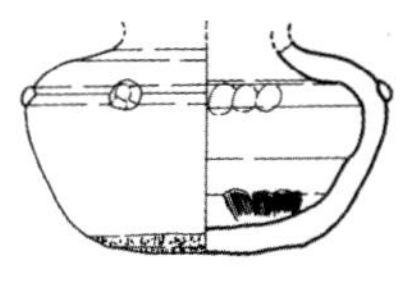

담양 성산리 1호 주거지

무안 덕암고분

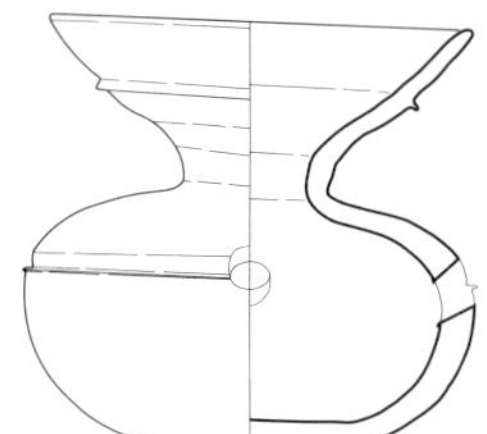

무안 덕암고분 남분 1호 옹 1

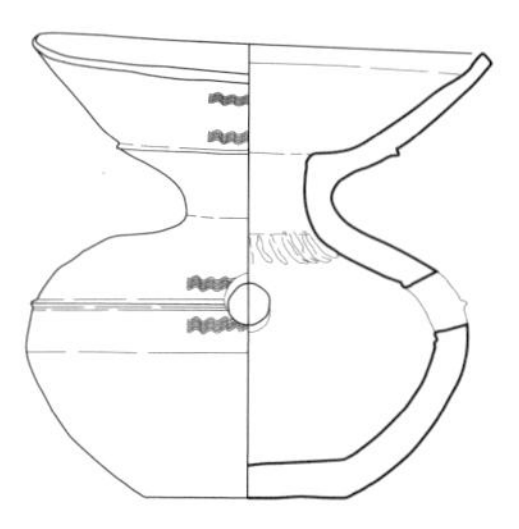

무안 덕암고분 북분 3호 옹

무안 하묘리 두곡

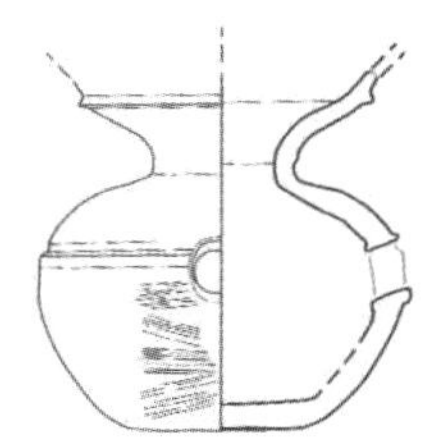

무안 하묘리 두곡 1호고분 160

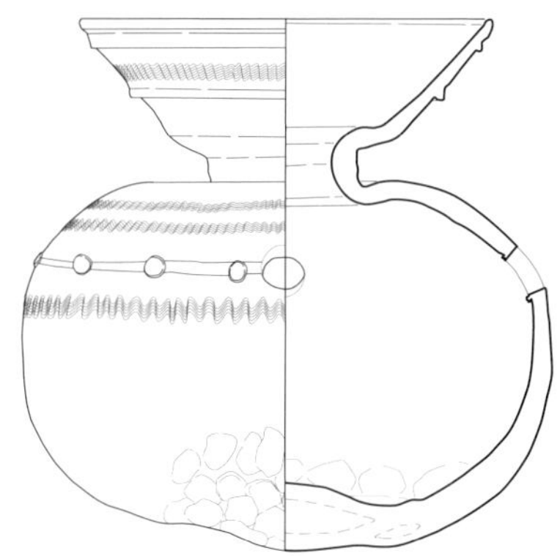

무안 덕암고분 남분 1호 옹 2

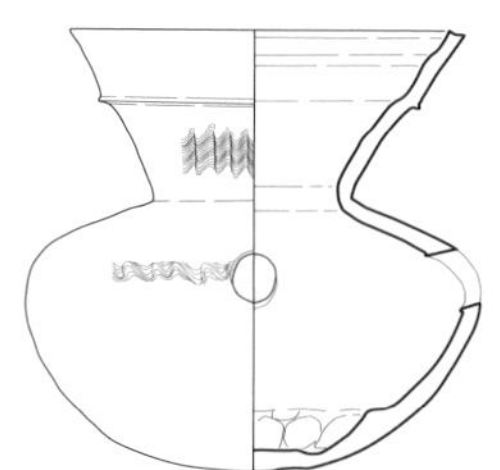

무안 덕암고분 북분 4호 옹

해남 가좌리

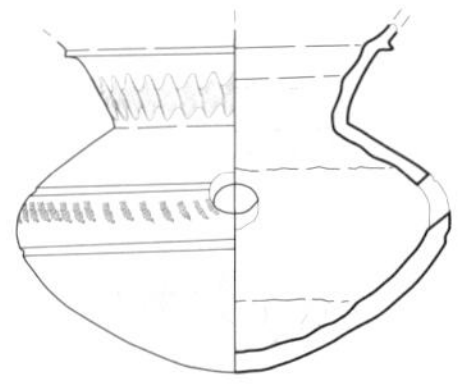

무안 덕암고분 북분 7호 옹

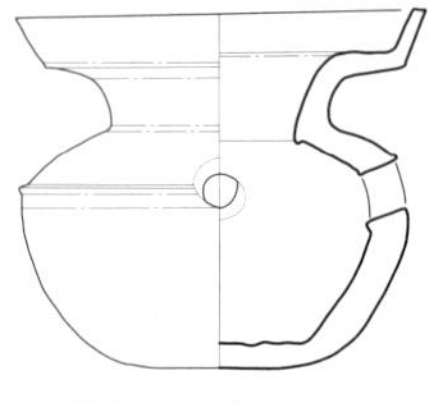

해남 가좌리 광 189

무안 사창리

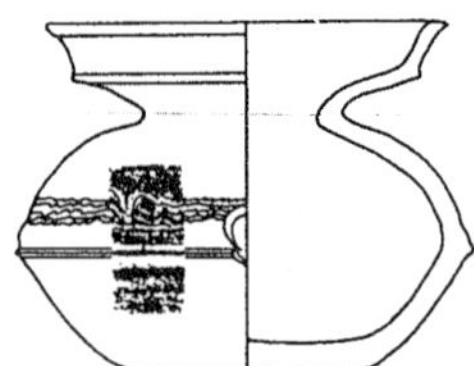

무안 사창리 서록옹관 6-7

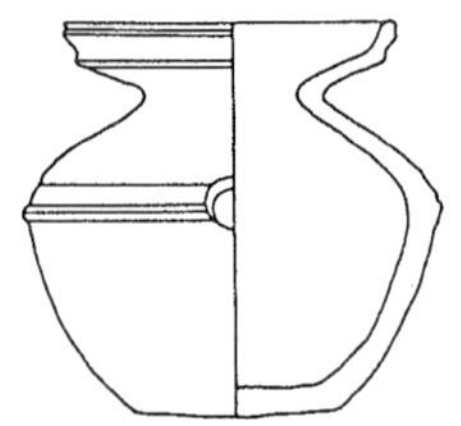

무안 사창리 옹관묘추정 6-5

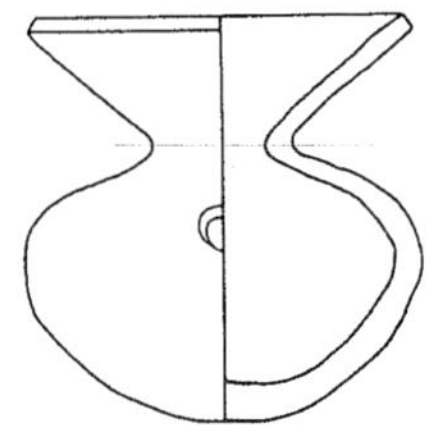

무안 사창리 옹관묘추정 6-6

무안 양장리

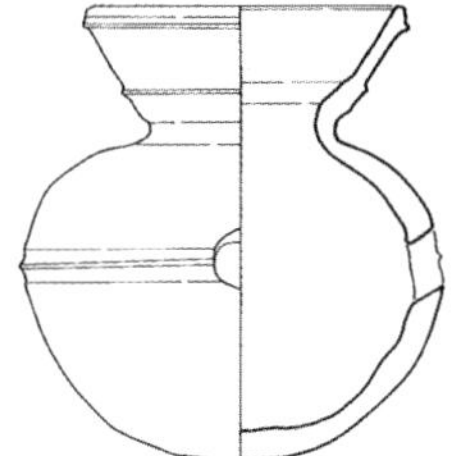

무안 양장리 나지구 230-1

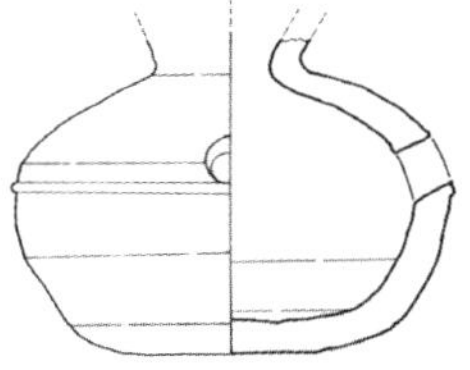

무안 양장리 유물포함층 3

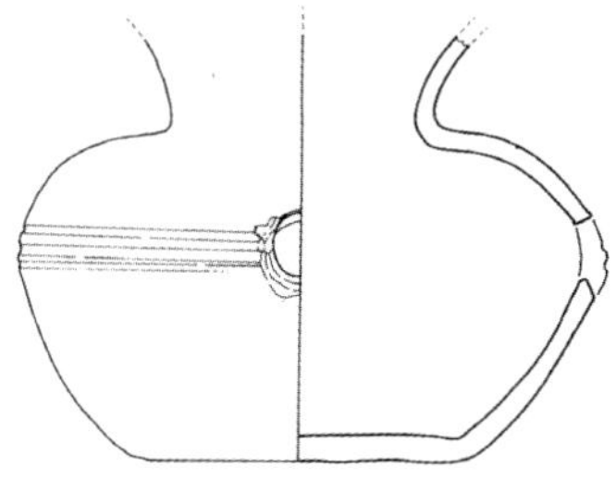

무안 양장리 30호 주거지

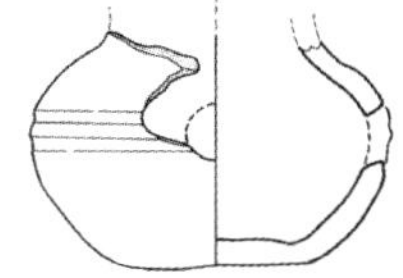

무안 양장리 97-수로

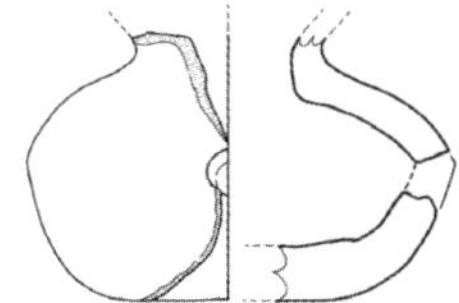

무안 양장리 94-8호 주

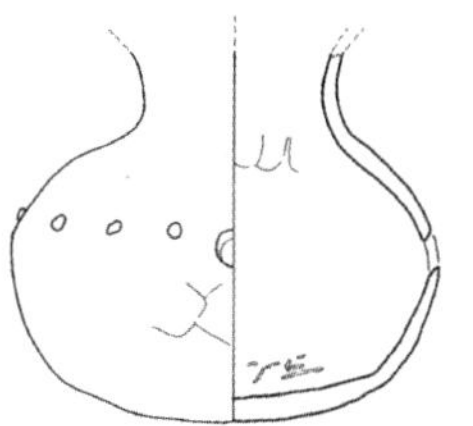

무안 양장리 나지구 유물포함층 4

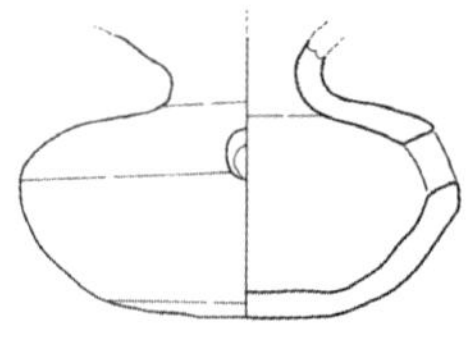

무안 양장리 NH-2

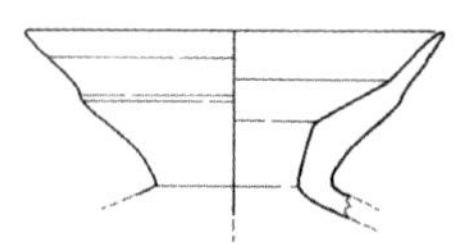

무안 양장리 나지구 유물포함층 5

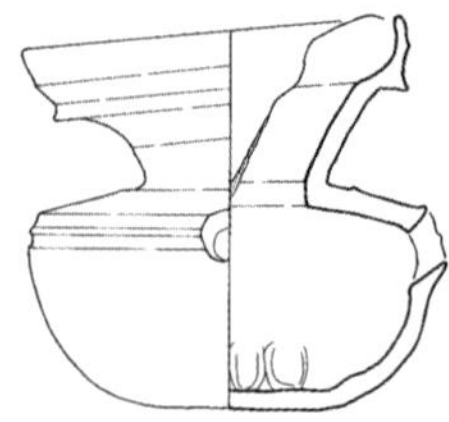

무안 양장리 나지구 230-2

무안 고절리

무안 맥포리

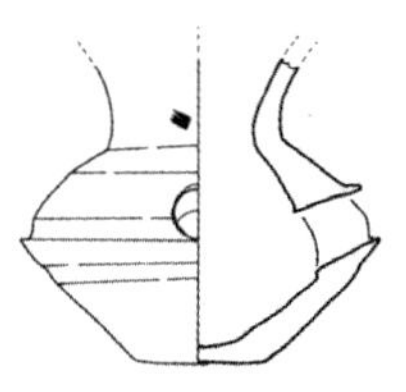

무안 고절리 남동 Tr.

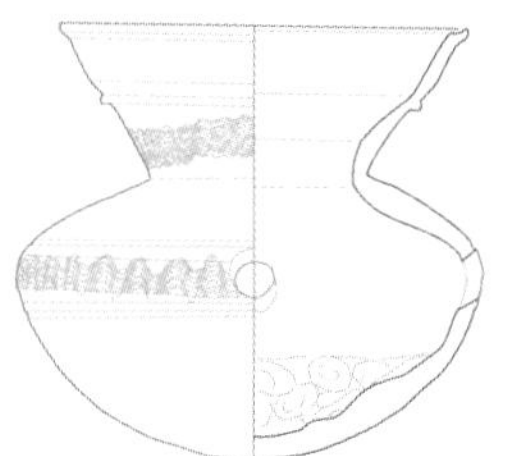

무안 맥포리 광262

무안 매곡리

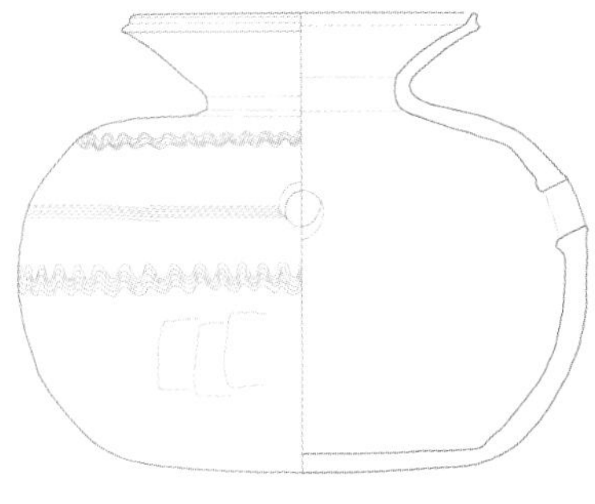

무안 매곡리 광115

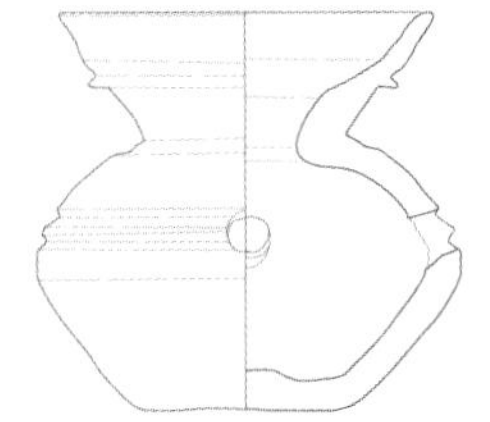

무안 매곡리 광116

영암 금계리

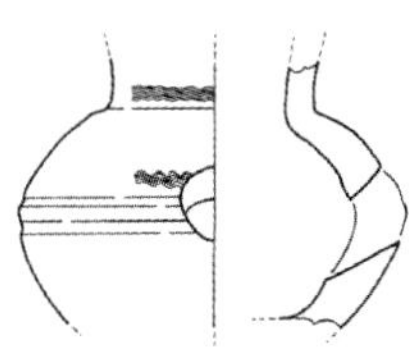

영암 금계리 26토

영암 옥야리

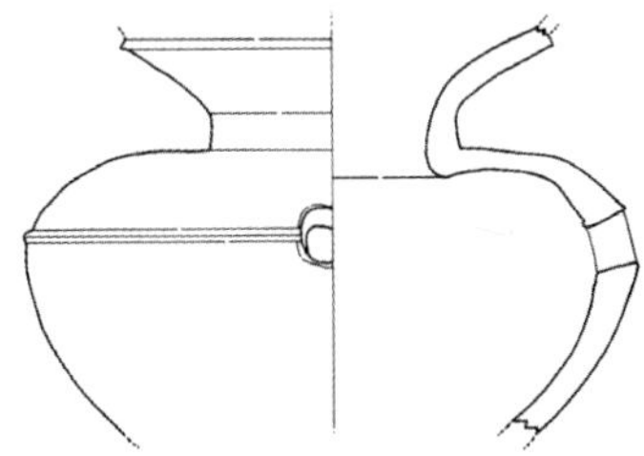

영암 옥야리 6호분 봉토

영암 내동리

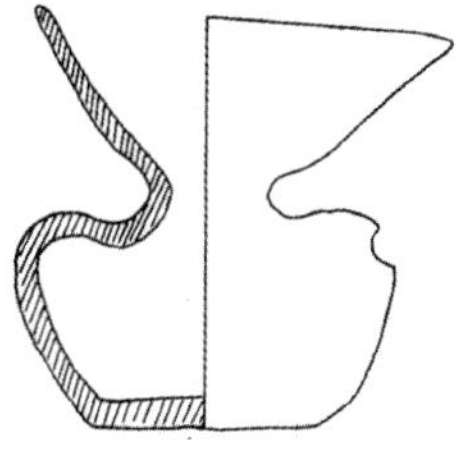

영암 내동리 2호분

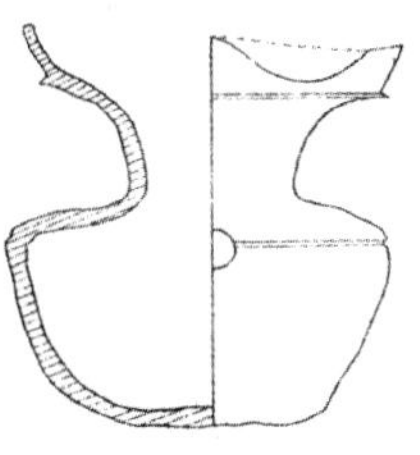

영암 내동리 5호분

영암 만수리

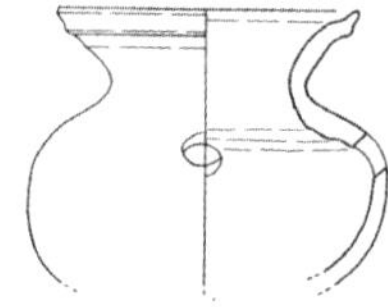

영암 만수리 4호분 2호 옹 1

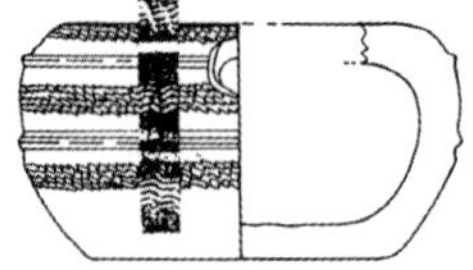

영암 만수리 2호분 1호

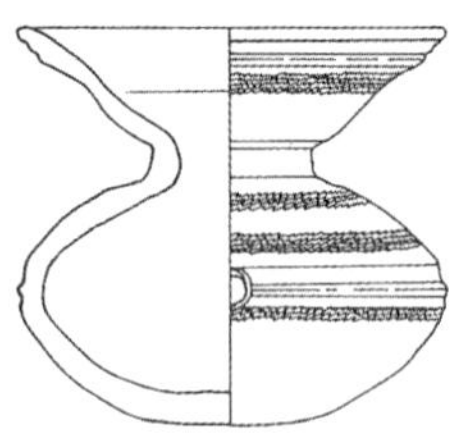

영암 만수리 2호분 4호 옹 12-1

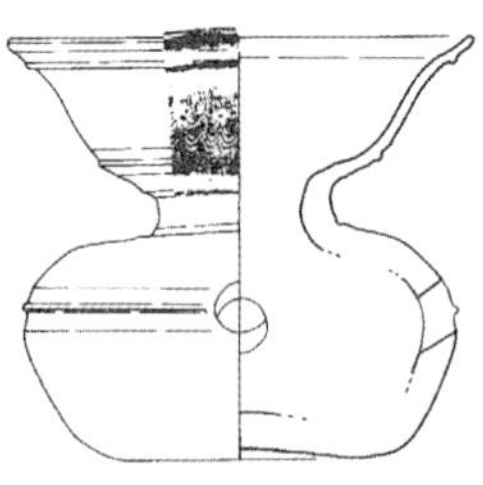

영암 만수리 4호분 1호 목 5-1

함평 예덕리 만가촌

함평 중랑

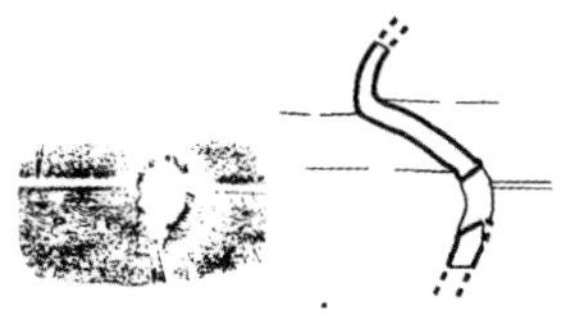

함평 예덕리만가촌 1호 주구

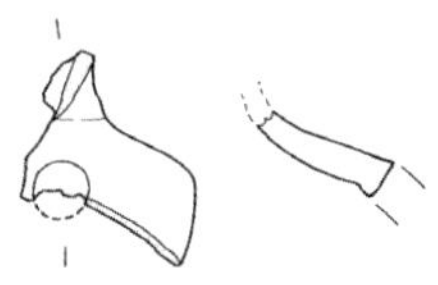

함평 중랑 남쪽 주구

장성 만무리

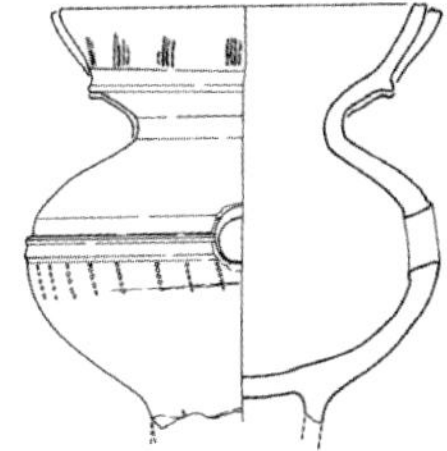

영광 학정리 대천

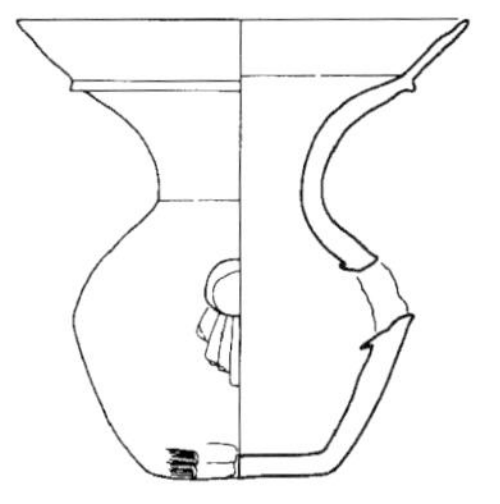

영광 학정리 대천 4호분 38-6

장흥 상방촌 A

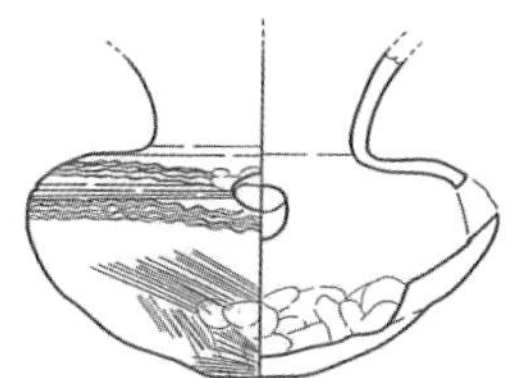

장흥 상방촌A 수습 508

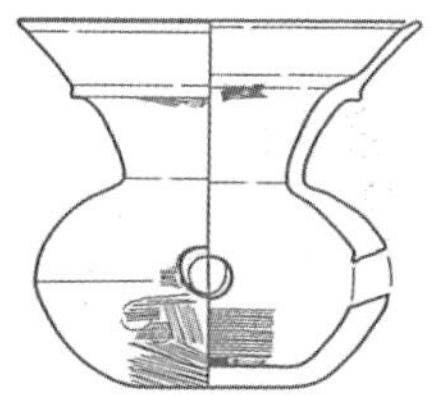

장흥 상방촌A 수습 509

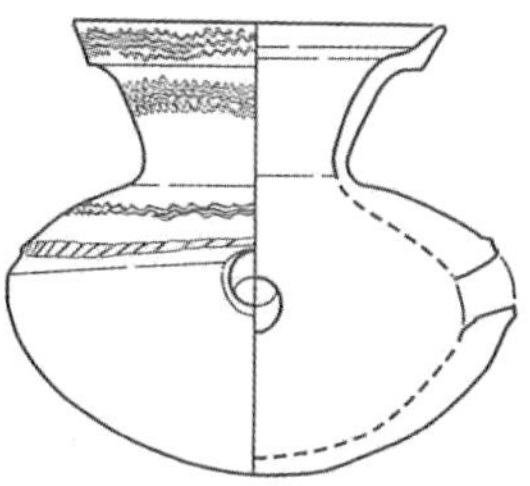

장흥 상방촌A 47호 주거지 283

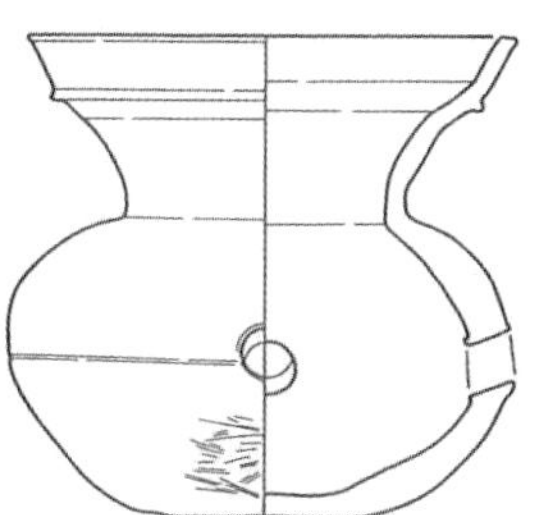

장흥 상방촌A 2호 주구토광

장흥 상방촌 B

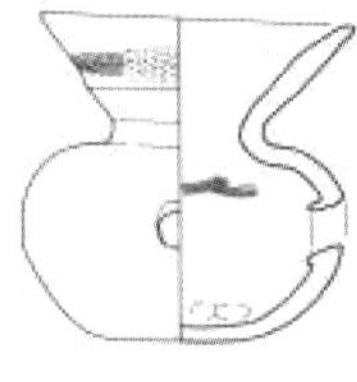

장흥 상방촌

장흥 지천리

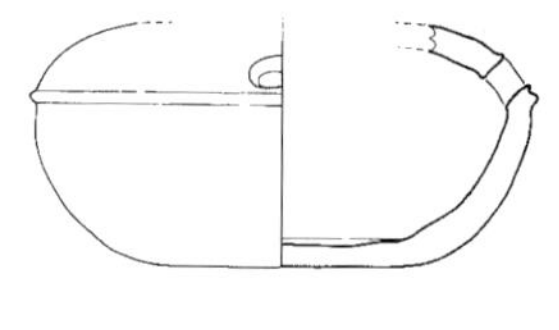

장흥 지천리

해남 월송리 조산

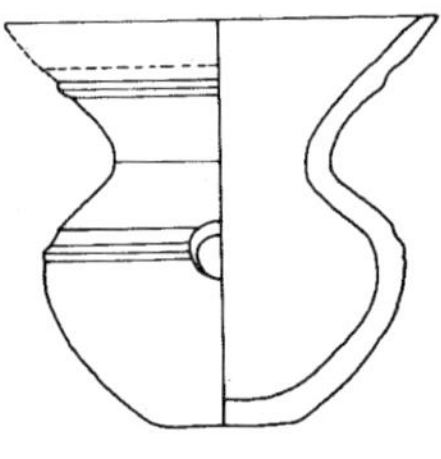

해남 월송리 조산 고분 4-6

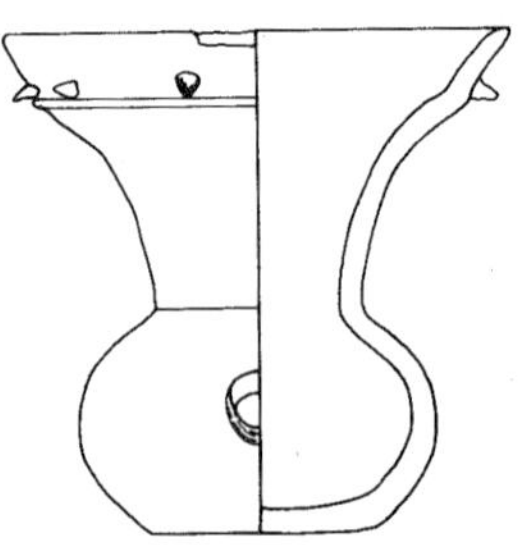

해남 월송리 조산 고분 4-7

순천 검단산성

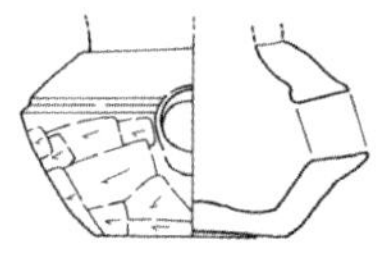

순천 검단산성 수습

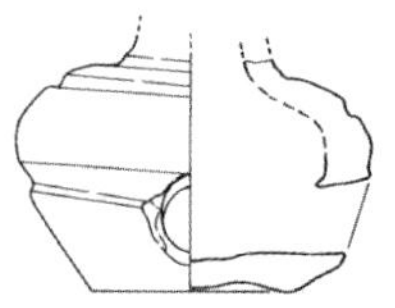

순천 검단산성 건물

순천 월평

순천 월평

여수 고락산성

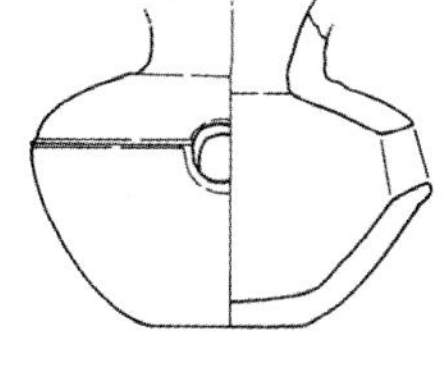

여수 고락산성

고흥 장덕리

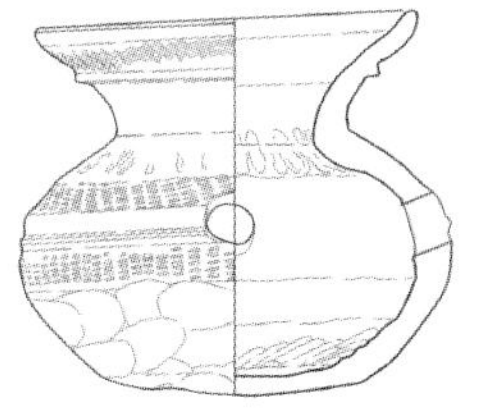

고흥 장덕리 장동 1호 목곽묘 91

무안 사창리

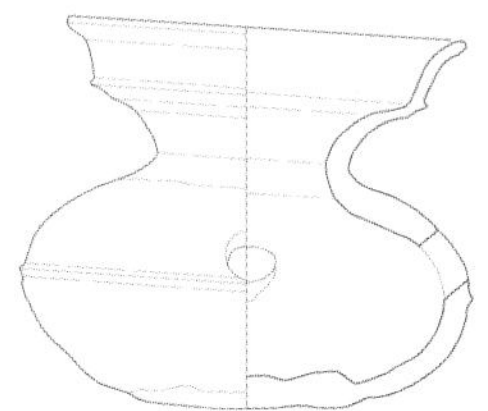

무안 사창리 수습

전북지역

고창 봉덕

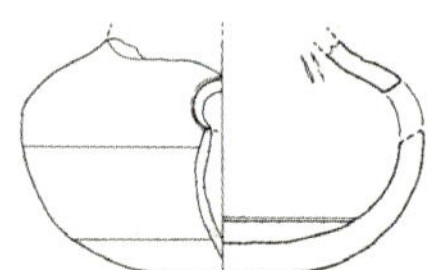

고창 봉덕 가 구5

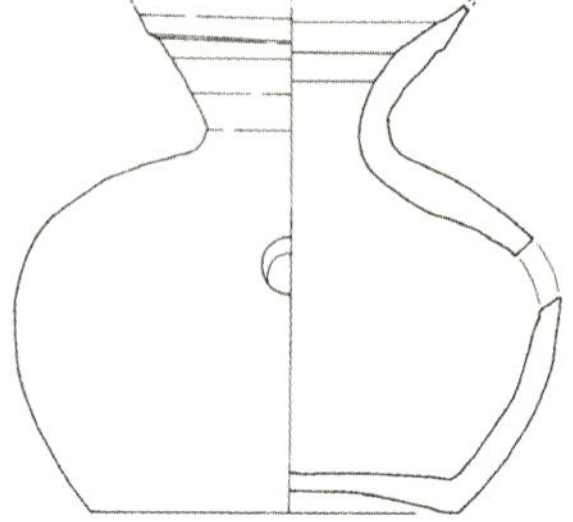

고창 봉덕 가 구5-2

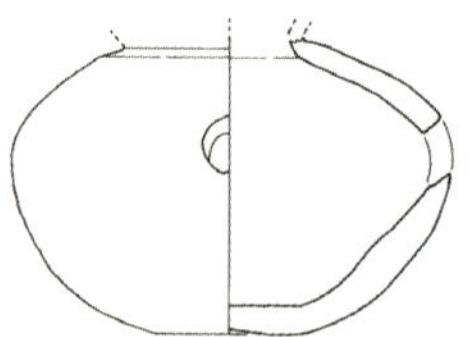

고창 봉덕 북주 4

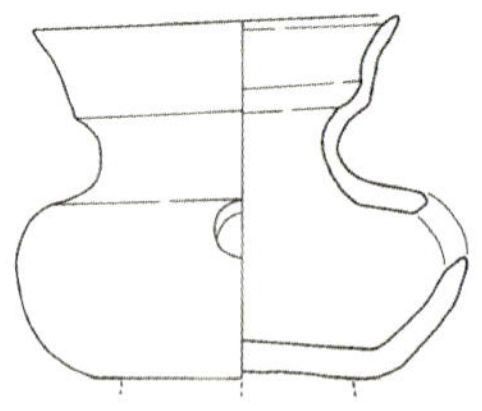

고창 봉덕 북주3

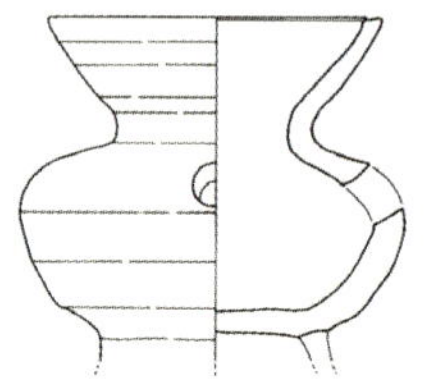

고창 봉덕 북주2

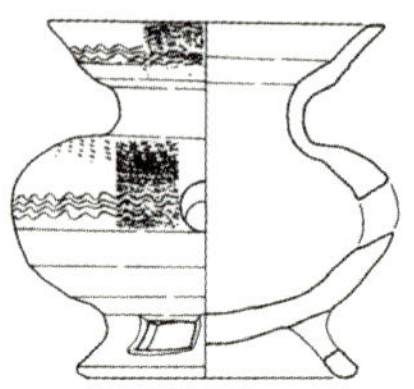

고창 봉덕 북주1

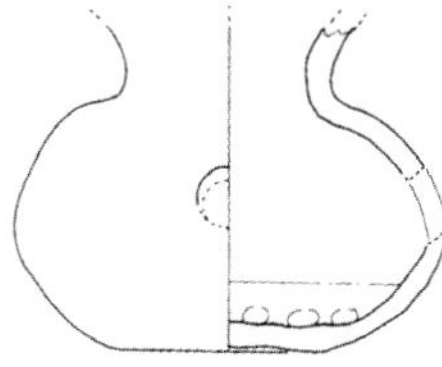

고창 봉덕 동주1

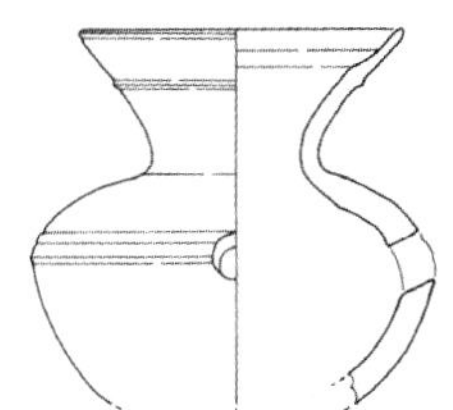

고창 봉덕 남주6

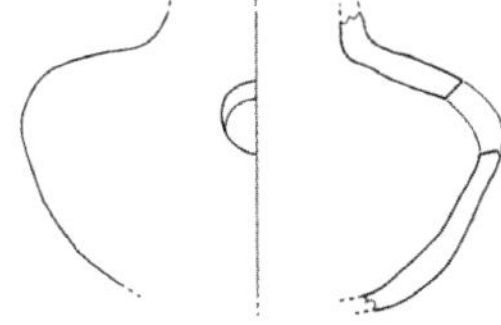

고창 봉덕 남주5

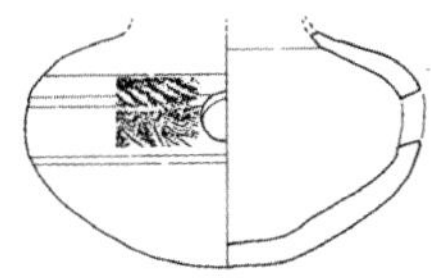

고창 봉덕 남주4

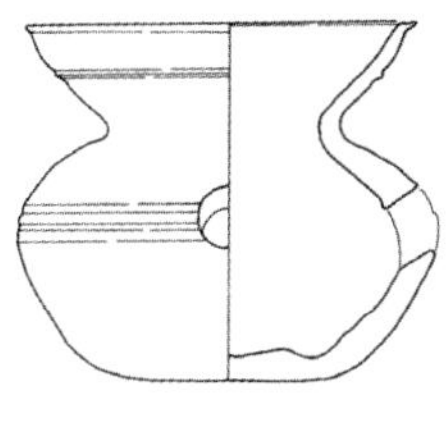

고창 봉덕 남주3

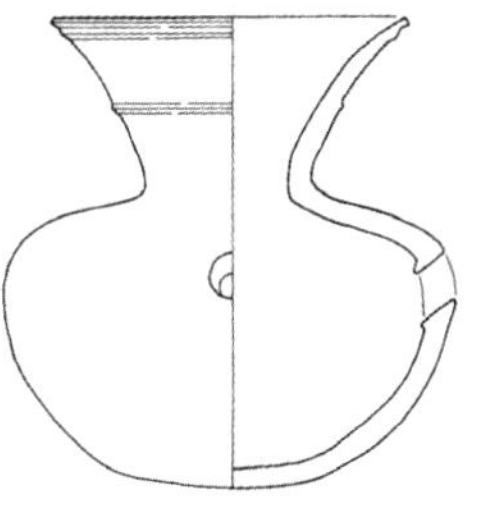

고창 봉덕 남2

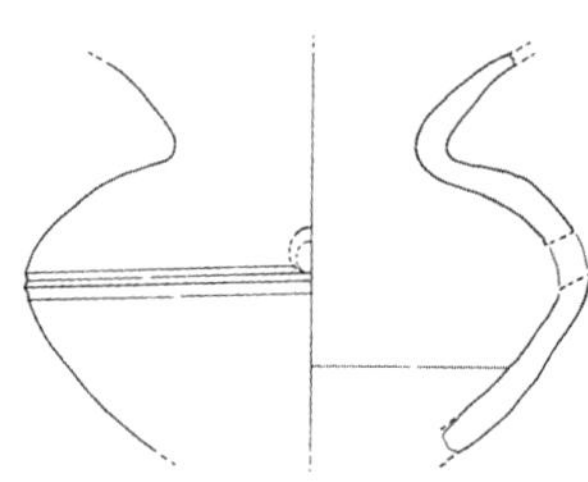

고창 봉덕 나구 1-9

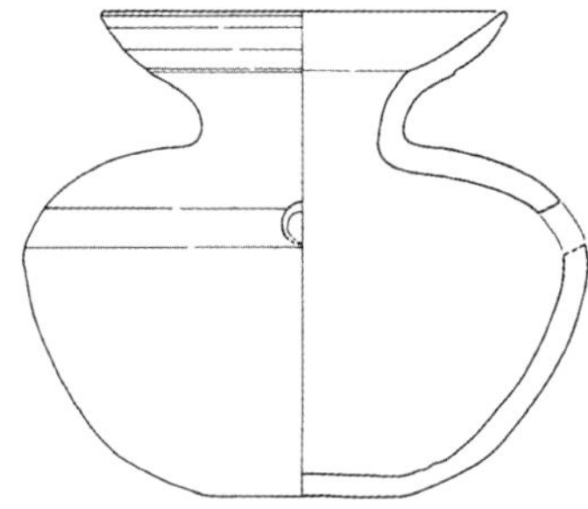

고창 봉덕 나구 1-8

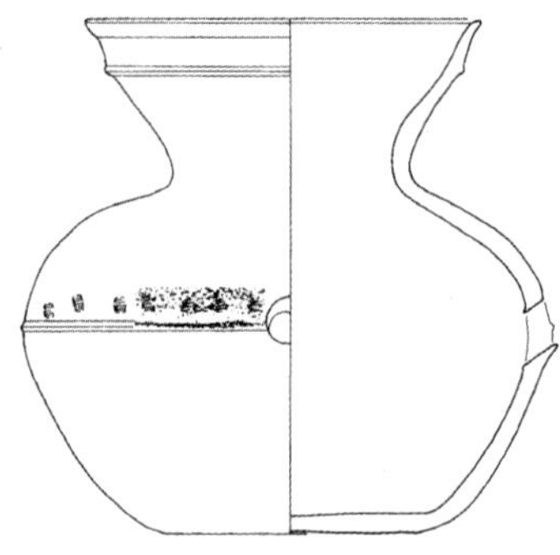

고창 봉덕 나구 1-7

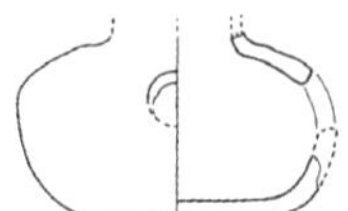

고창 봉덕 나구 1-5

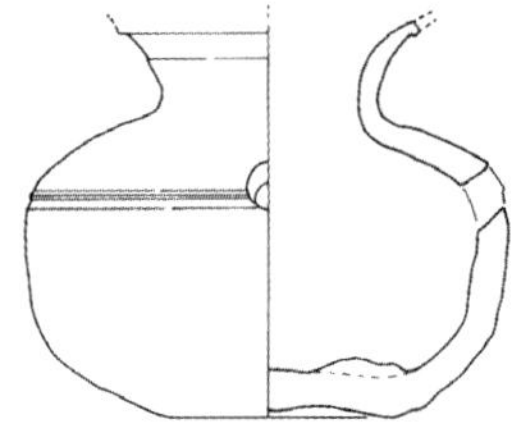

고창 봉덕 나구 1-4

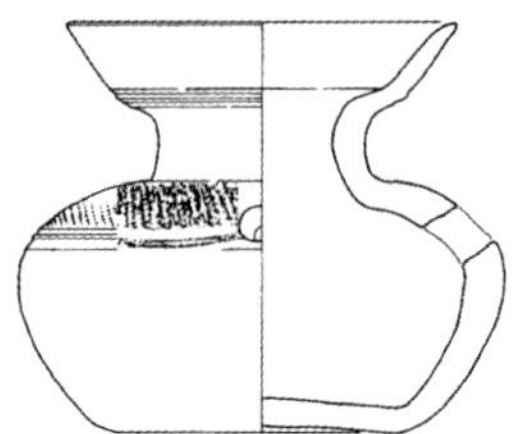

고창 봉덕 나구 1-2

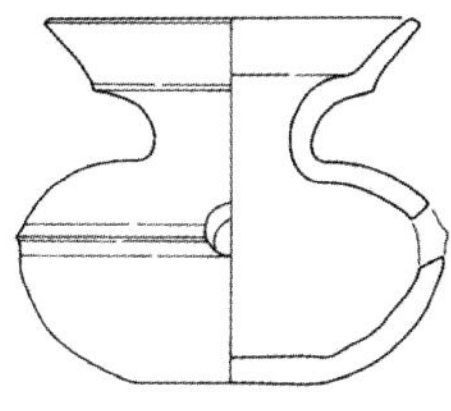

고창 봉덕 나구 1-1

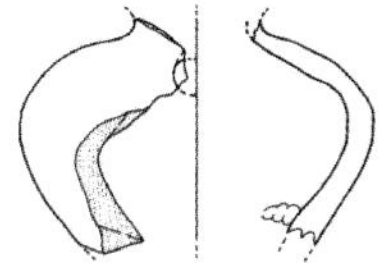

고창 봉덕 나구 1-6

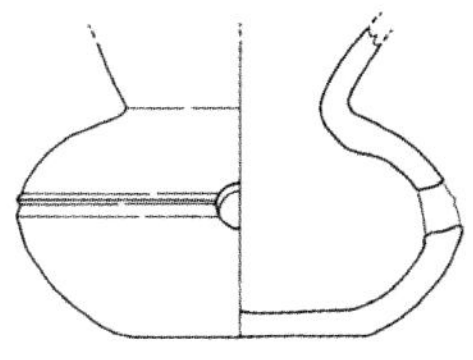

고창 봉덕 나구 1-3

고창 신월리

고창 중월리

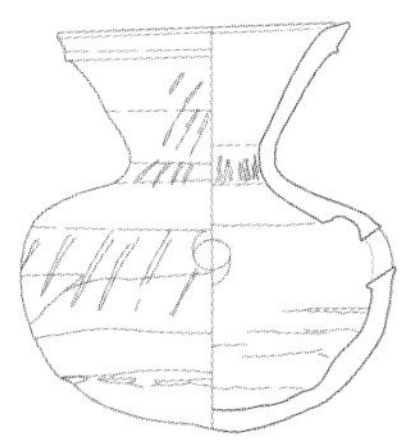

고창 신월리 수습 전409

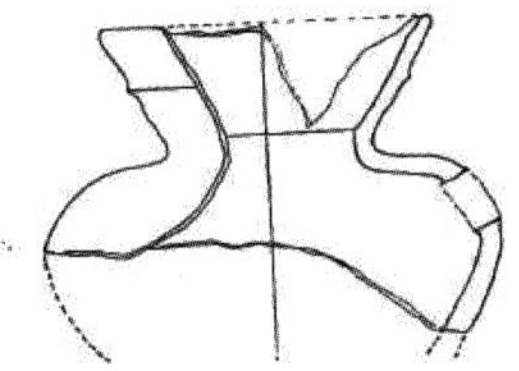

고창 중월리

전주 장동

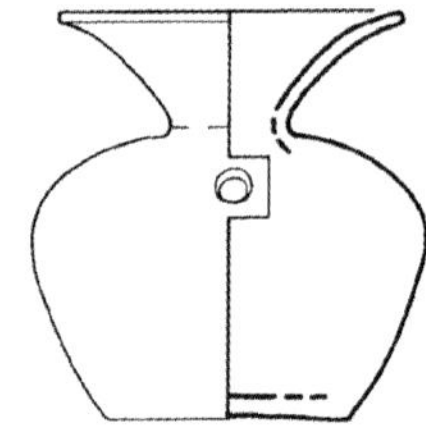

전주 장동 2호 분구묘 3호묘

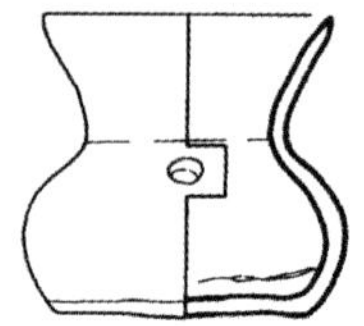

전주 장동 II-1호 주거지

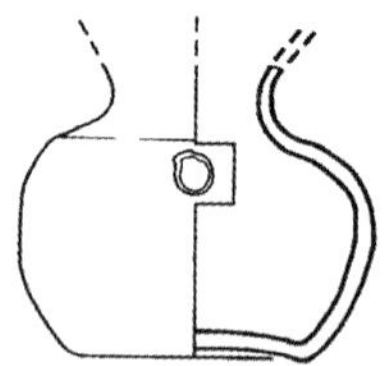

전주 장동 II-1호 주거지

완주 상운리

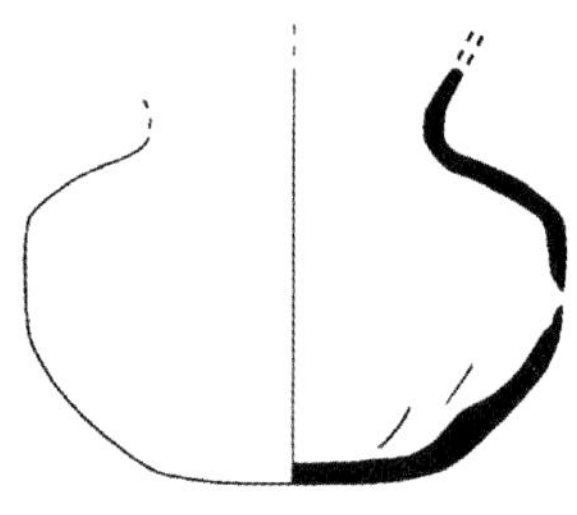

완주 상운리 나지구 1-3호 옹관묘

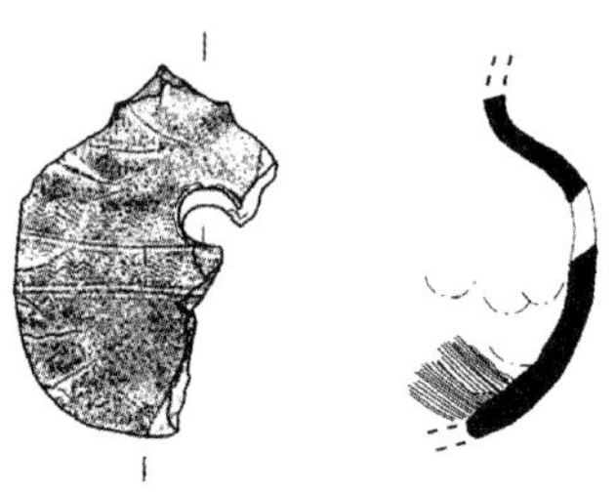

완주 상운리 지표수습

전주 마전

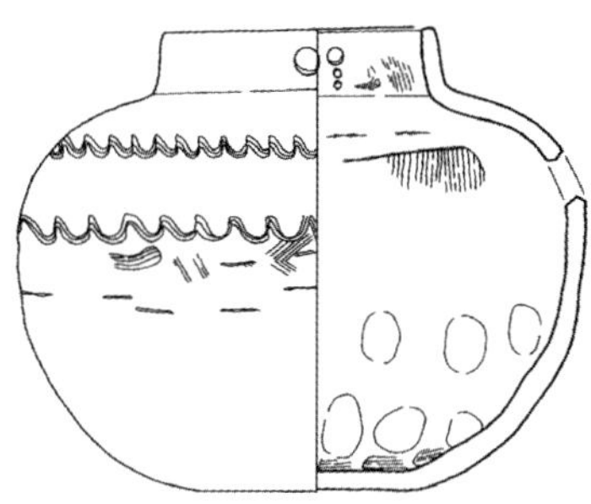

전주 마전 3호분 2호 석곽묘

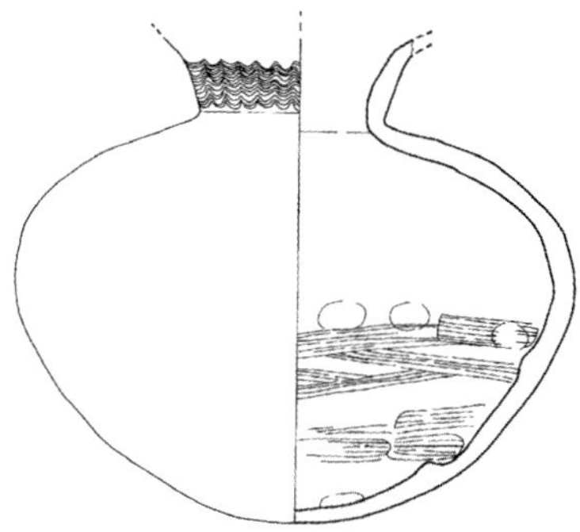

전주 마전 5호분 2호 토광묘

김제수습

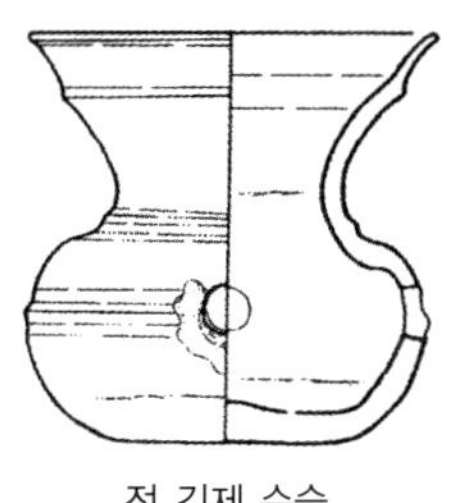

전 김제 수습

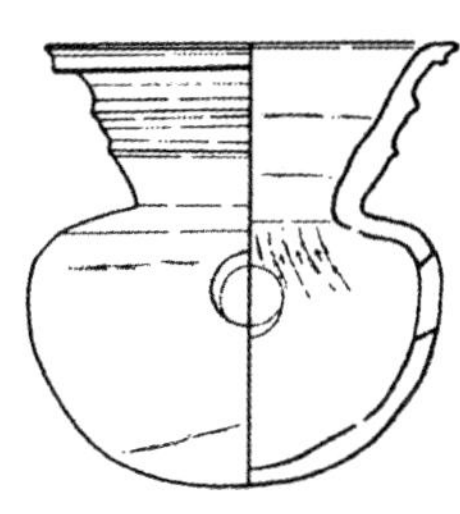

김제 금산사 소장

완주 상운리

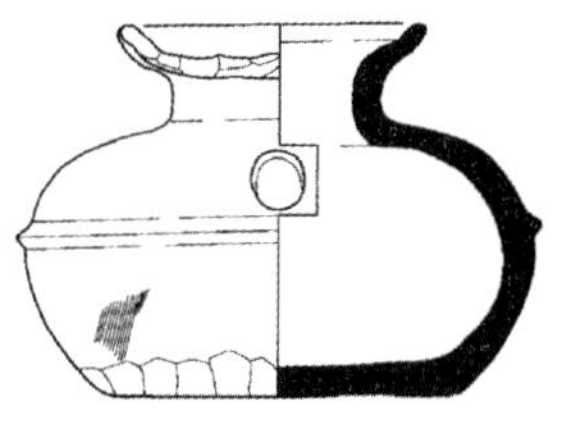

완주 상운리 라지구 1-9호 목관묘

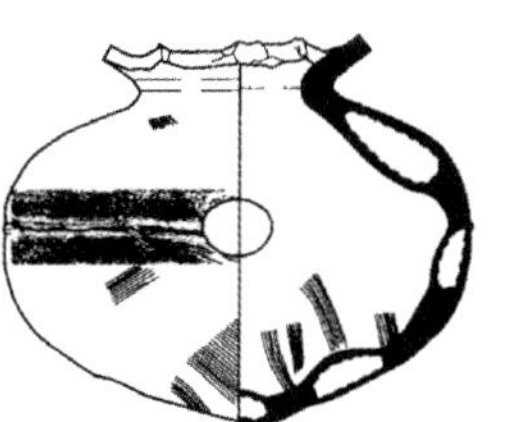

완주 상운리 라지구 3-1호 석곽묘

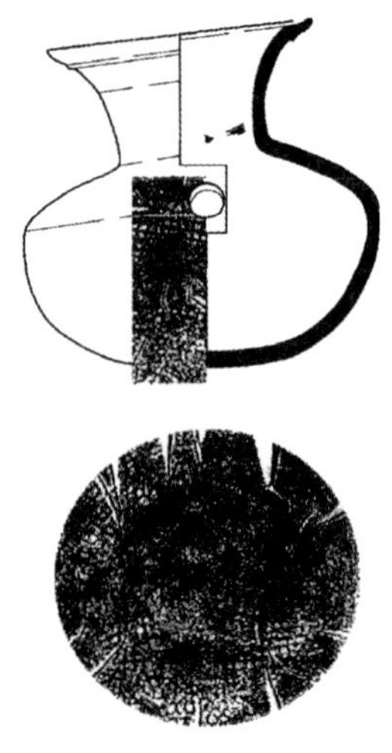

완주 상운리 라지구 1–27호 목관묘

가야지역

고령 지산동

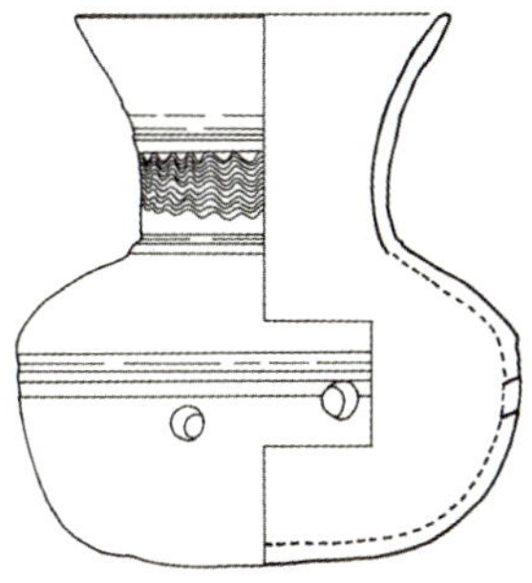

고령 지산동 32NW-2

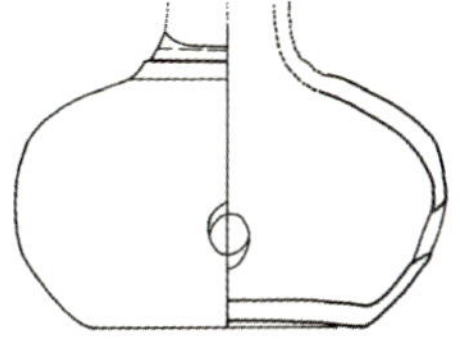

고령 지산동 32SW-5

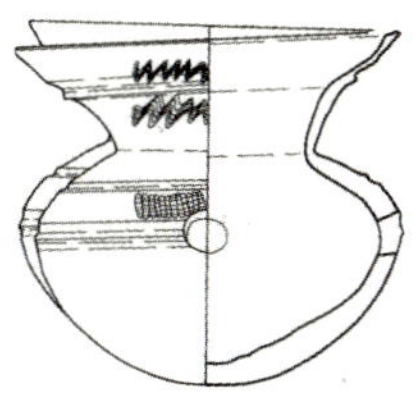

고령 지산동 5호 석곽

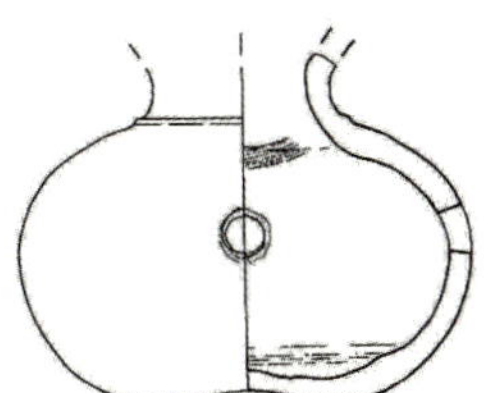

고령 지산동 44호분

고령 내산리

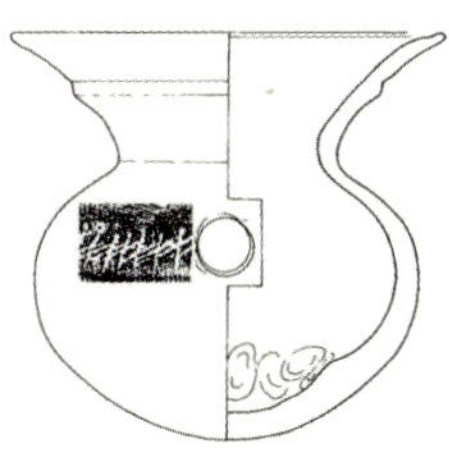

고령 내산리 1호 4곽

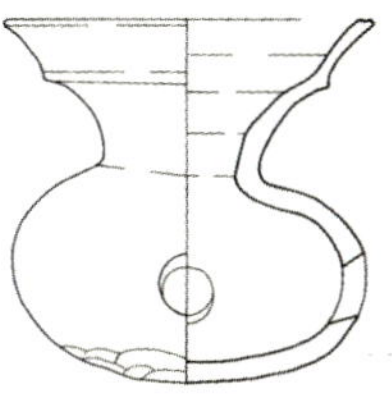

고령 내산리 8호 3곽

0　　　　　10cm

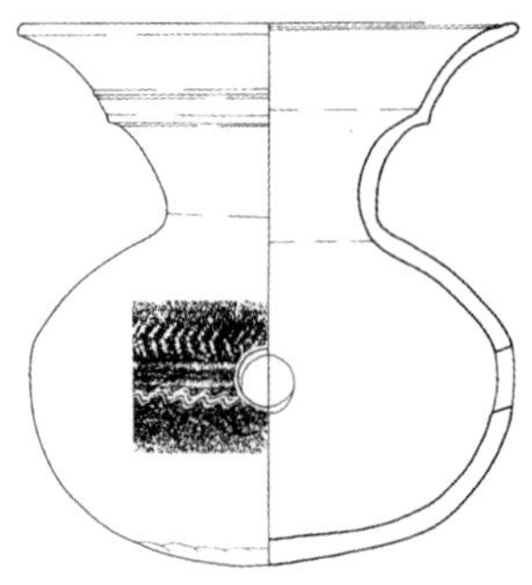

고령 내산리 8호 주곽

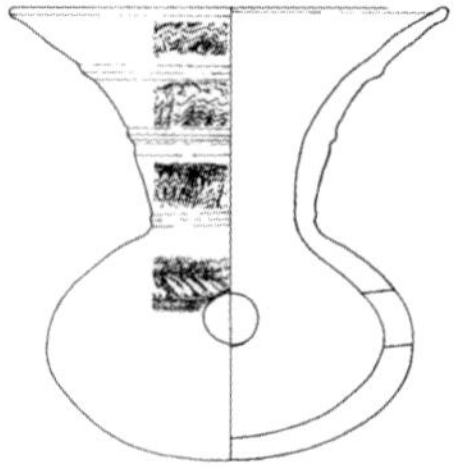

고령 내산리 34호 1

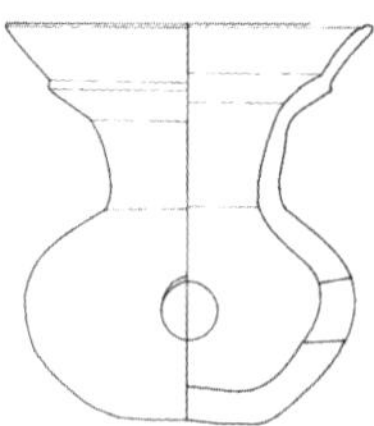

고령 내산리 34호 2

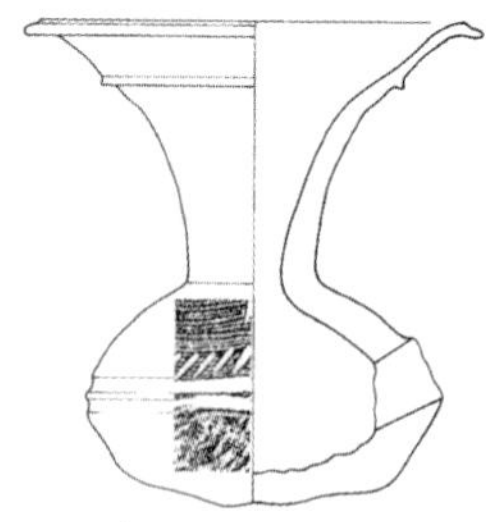

고령 내산리 60호

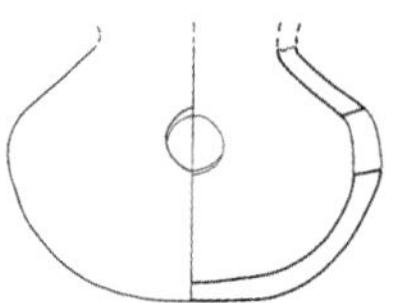

고령 내산리 63호 옹관

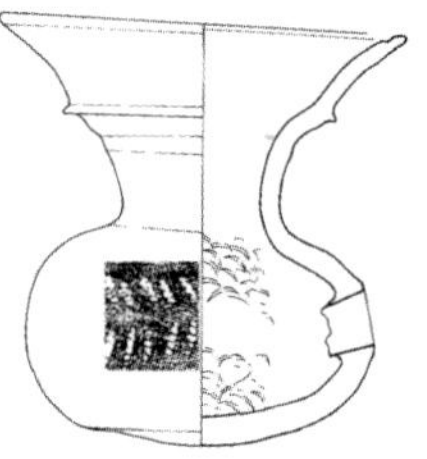

고령 내산리 64호

고성 송학동

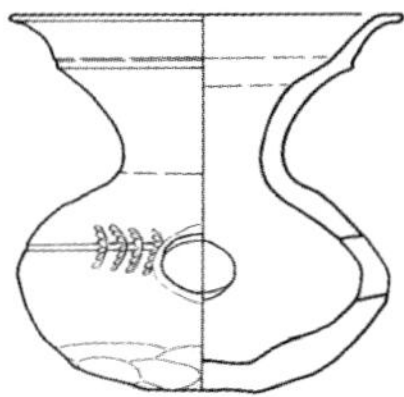

고성 송학동 1B-2

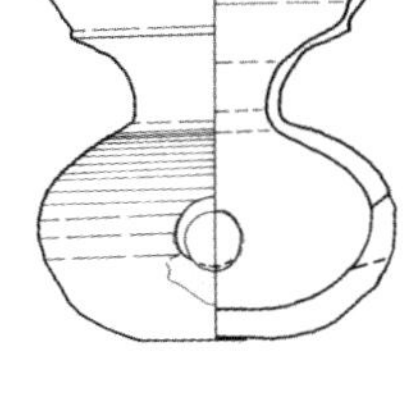

고성 송학동 1B-3

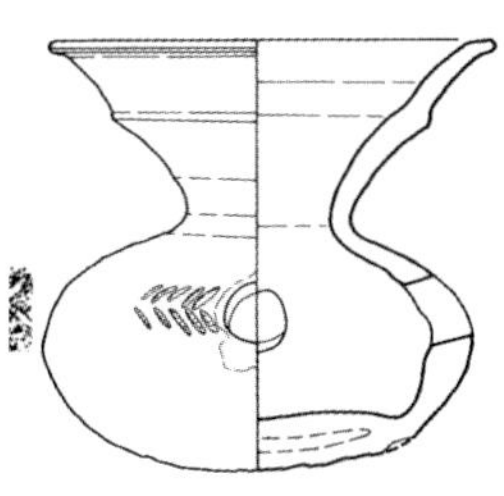

고성 송학동 1B-1 1

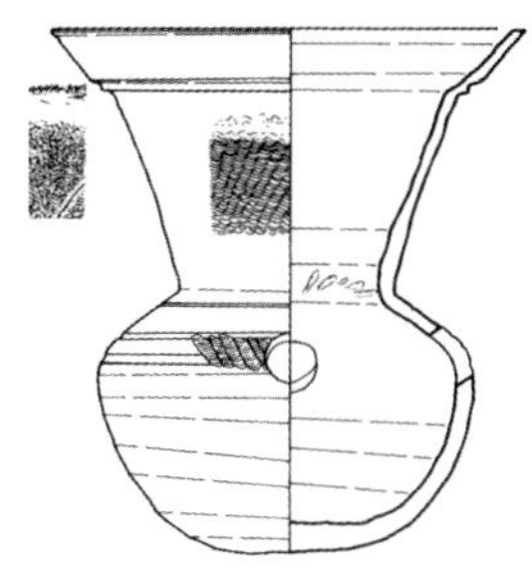

고성 송학동 1B-1 2

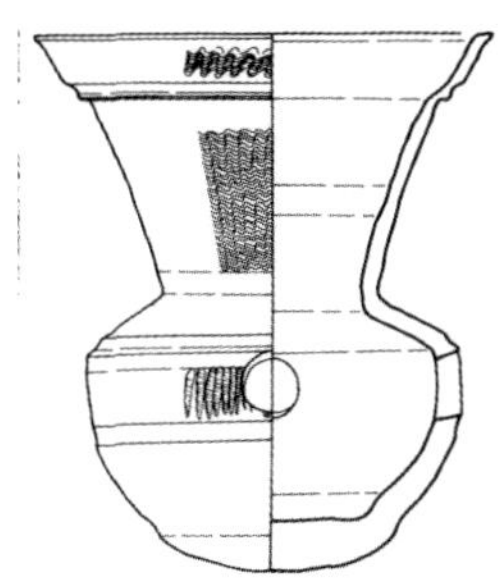

고성 송학동 1B-1 3

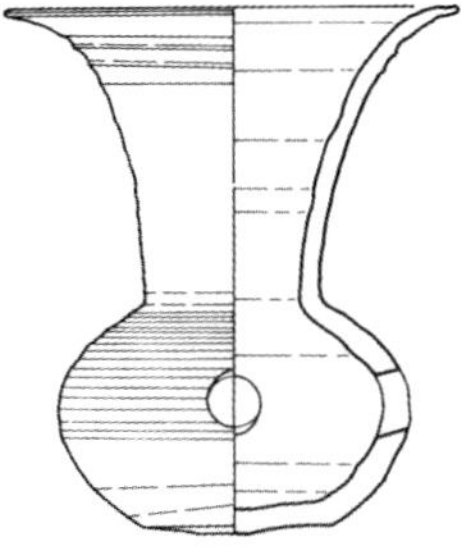

고성 송학동 1B-1 4

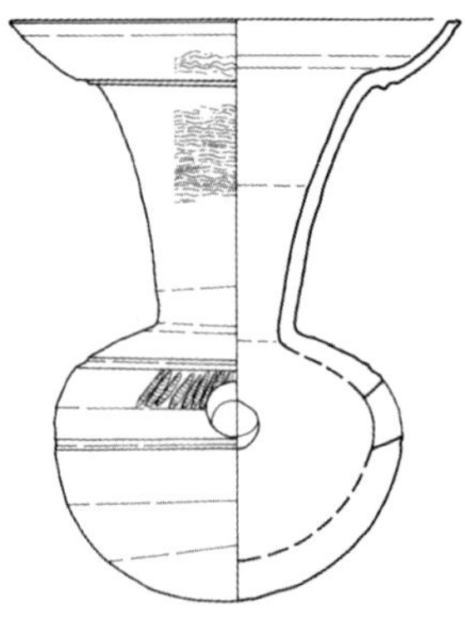

고성 송학동 1B-1 5

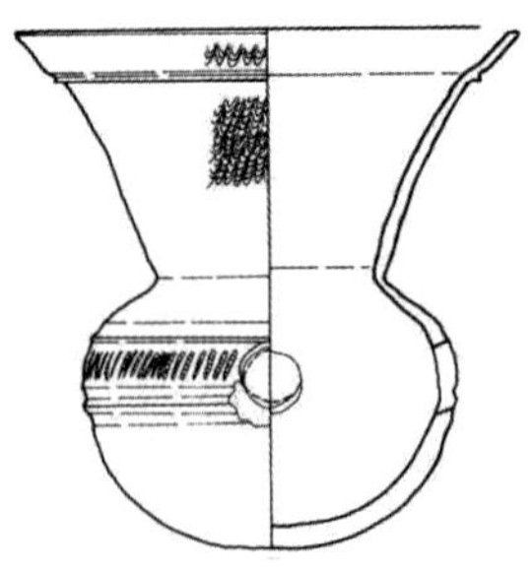

고성 송학동 1B-1

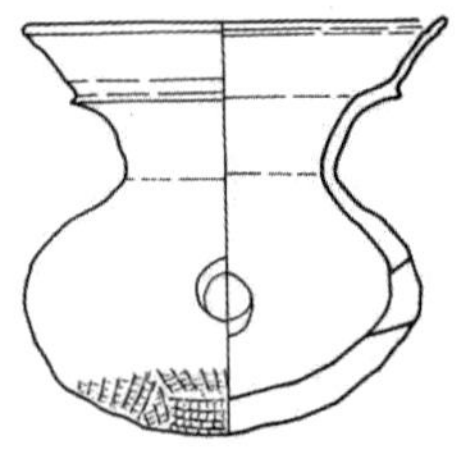

고성 송학동 1A-4

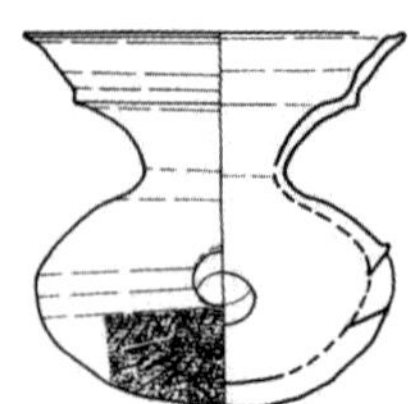

고성 송학동 1A-7

고성 율대리

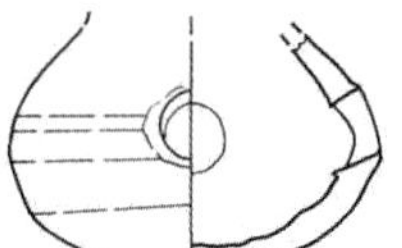

고성 송학동 1A-6

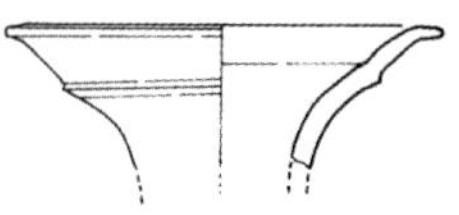

고성 율대리 2호 2곽

부산 복천동

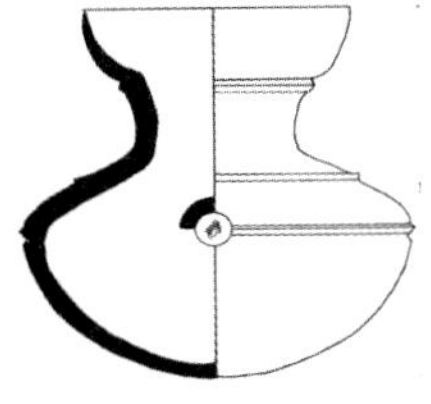

동래 복천동 1호(동)

사천 늑도

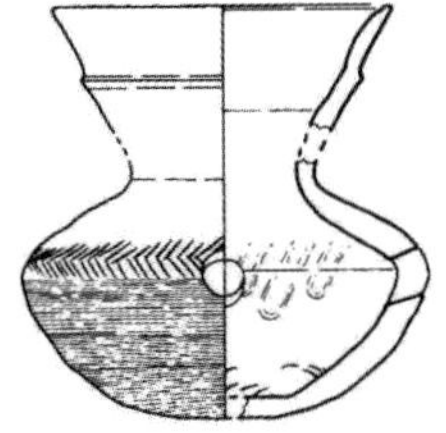

사천 늑도 패총 2층 2

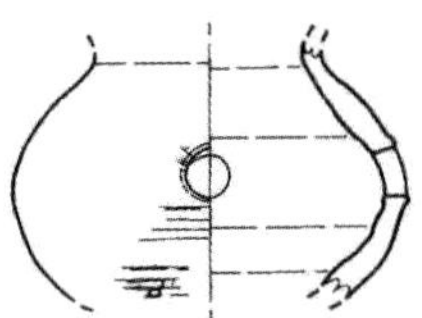

사천 늑도 패총 2층 3

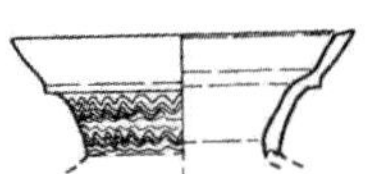

사천 늑도 패총 2층 1

산청 명동

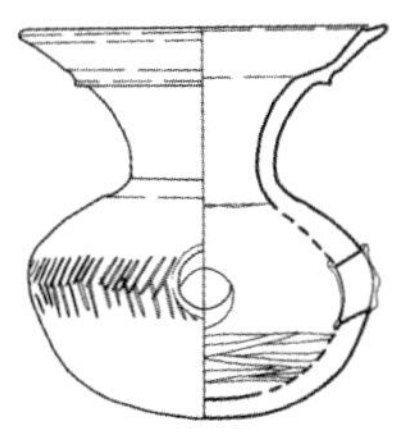

산청 명동 I 7-2호 석곽

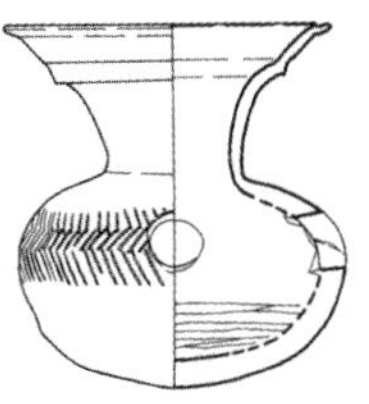

산청 명동 I 25-2호 석곽

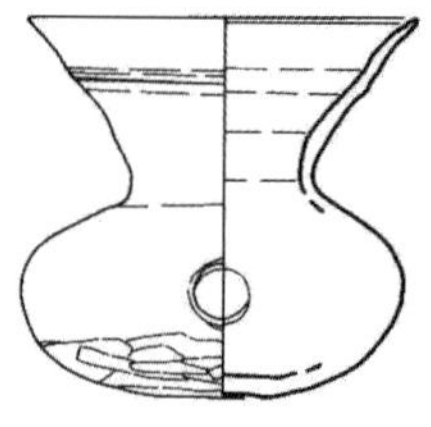

산청 명동 I 78-1호 석곽

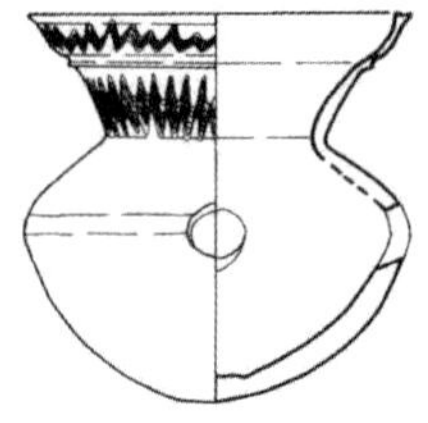

산청 명동 II 14호분 석곽

산청 생초

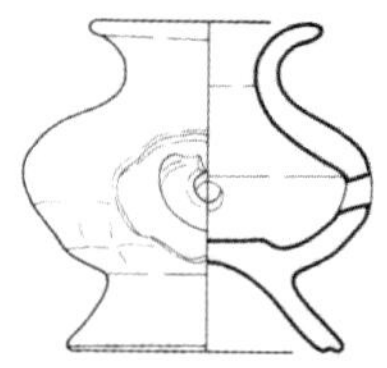

산청 생초 M22-3호 석곽

진주 우수리

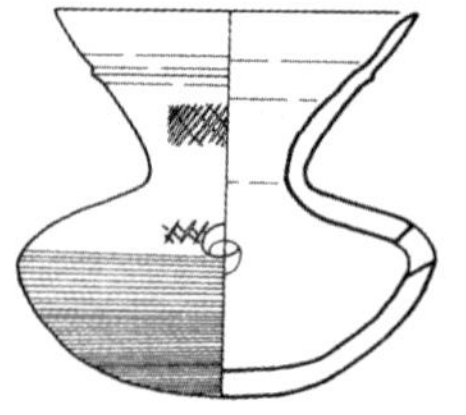

진주 우수리 11호

하동 고이리

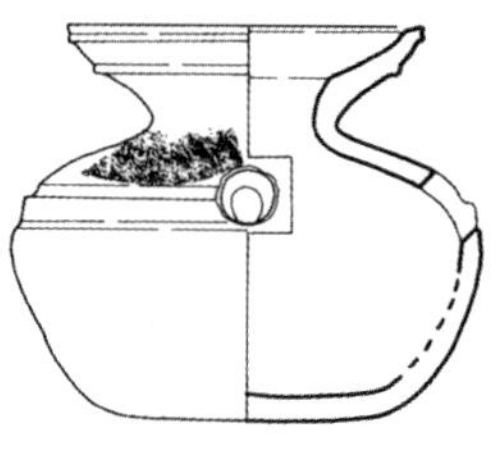

하동 고이리 나-15호 석곽

하동 월운리

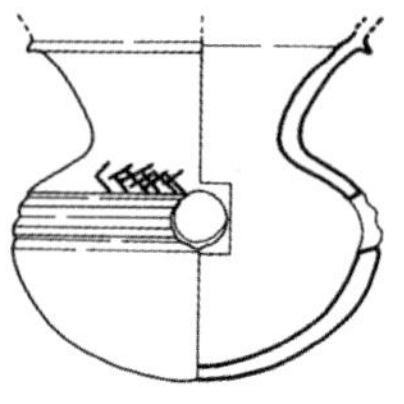

하동 월운리 경318

하동 우복리

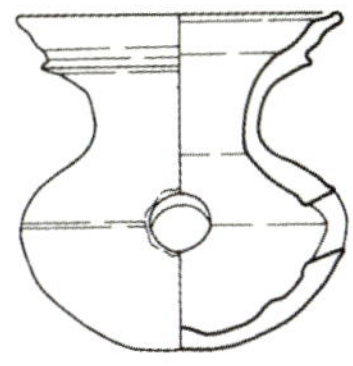

하동 우복리 4호 석곽

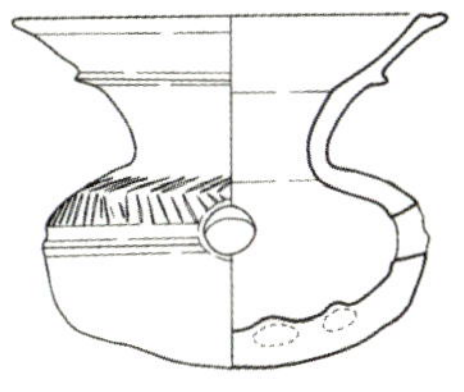

하동 우복리 5호 석곽

함안 도항리

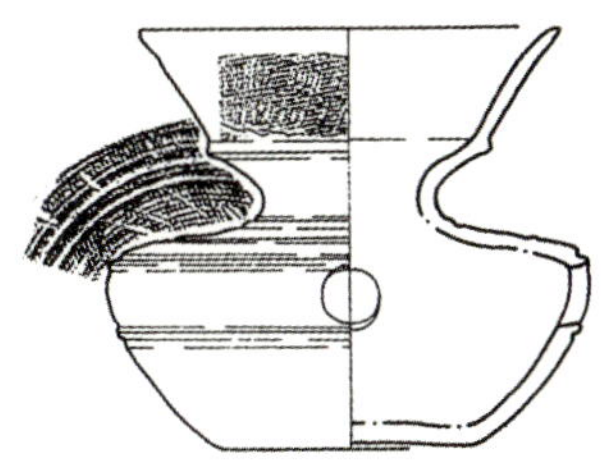

(전)함안 도항리 소장품

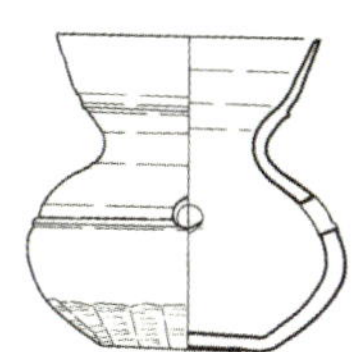

함안 도항리 (경)13호

창원 천선동

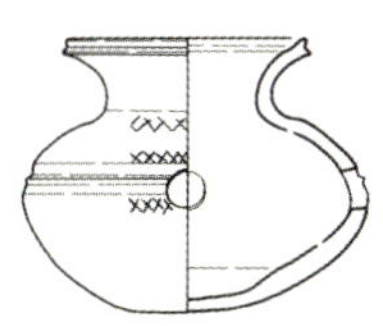

창원 천선동 6009 지표수습

김해 두곡

김해 두곡리 49호 석곽

진주 상촌리

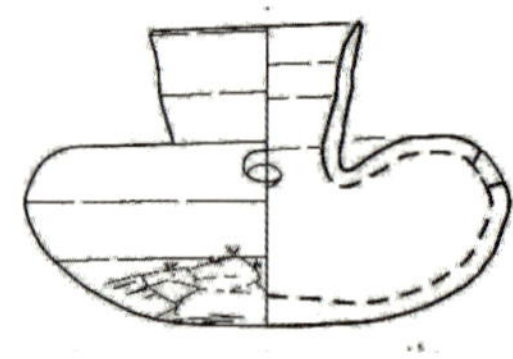

진주 상촌리 37호 수혈

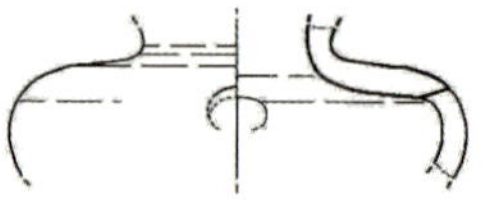

진주 상촌리 65호 토기요

고성 기월리

고성 기월리 1호 석곽

경기 · 충청지역

서울 풍납토성 경당지구 206호 우물

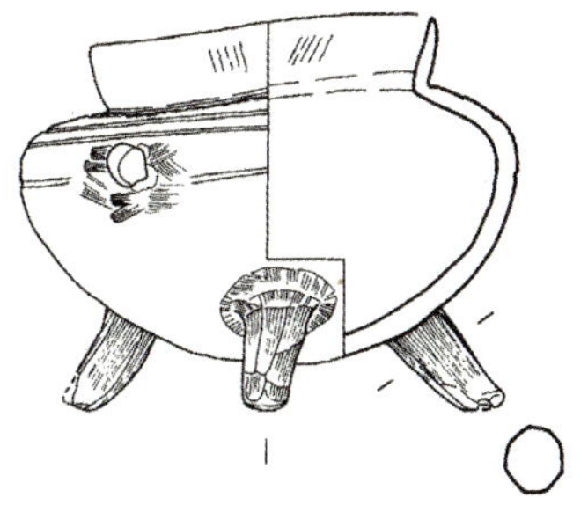

화성 석우리 먹실 16호 주거지

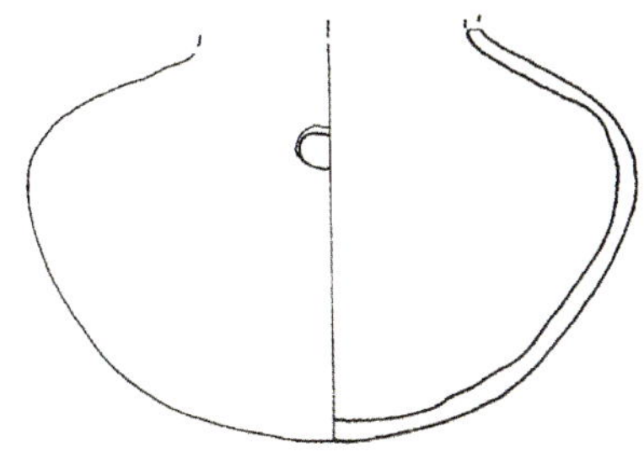

청주 신봉동 고분군 지표

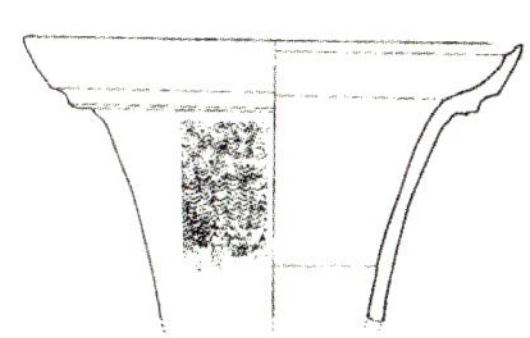

공주 정지산 4호 타원형수혈

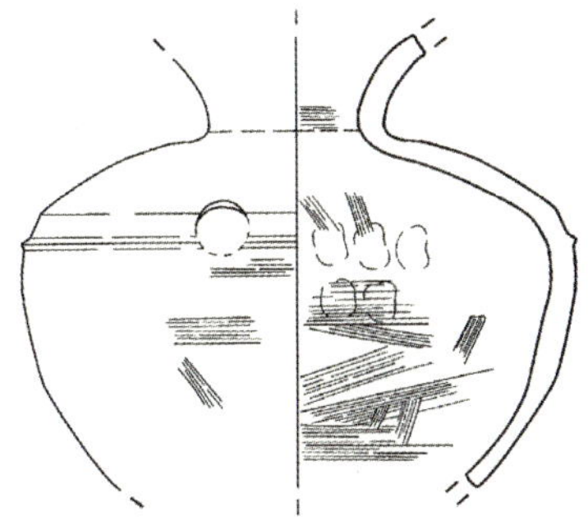

금산 수당리고분군 지표

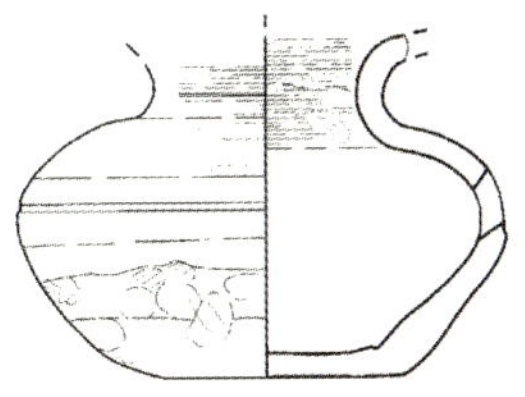

서산 언암리 다−25호묘

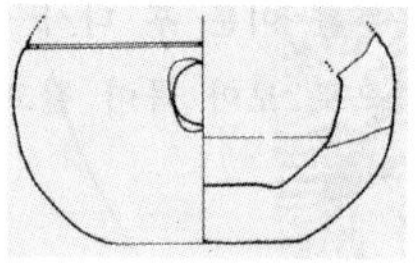

부여 화지산 마지구

논산 연산지역 수습

박물관 및 대학 소장품

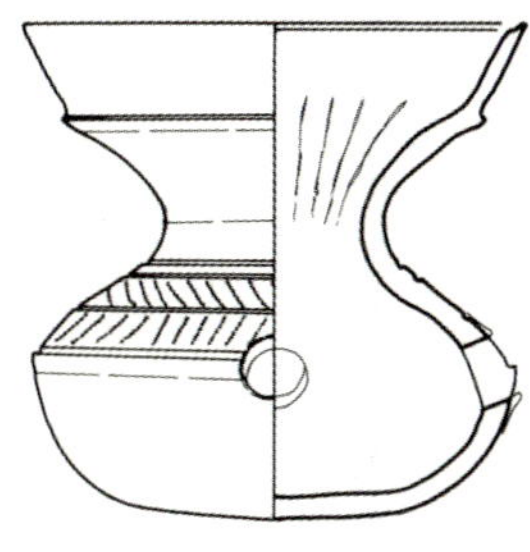

경북대 795

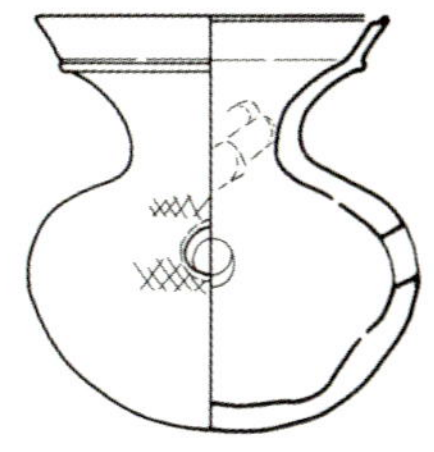

경북대 981

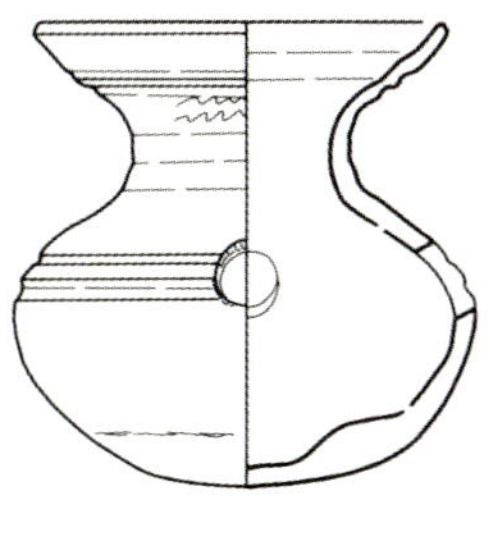

경북대 1110

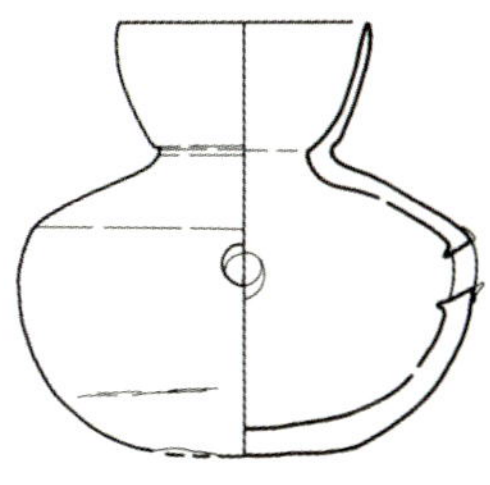

경북대 528

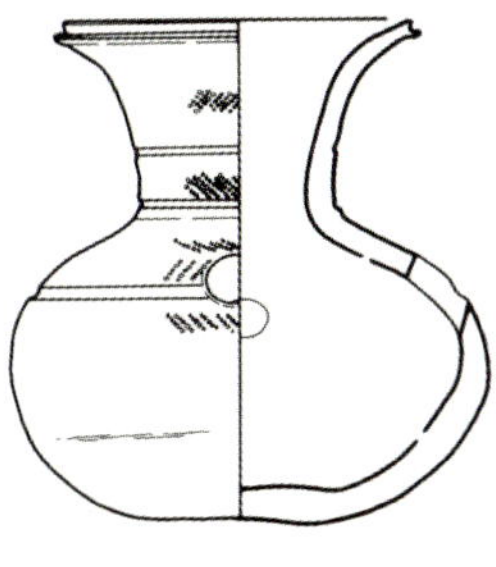

계명대 1136

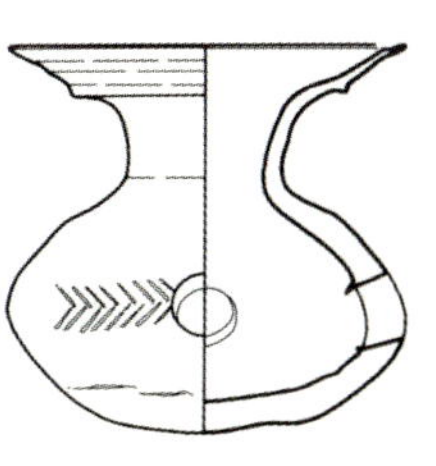

계명대 1137

축척부동

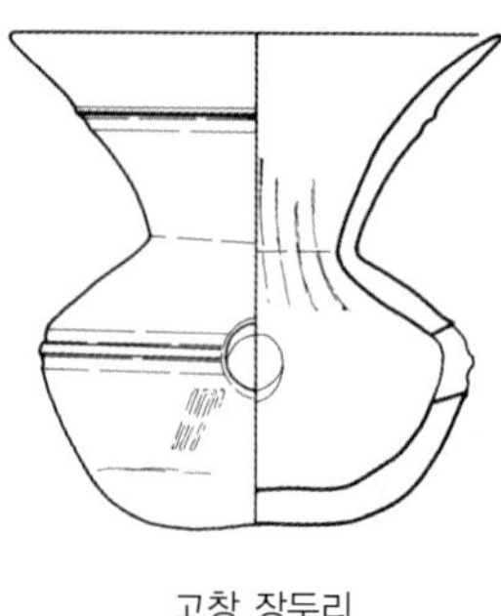

고창 장두리

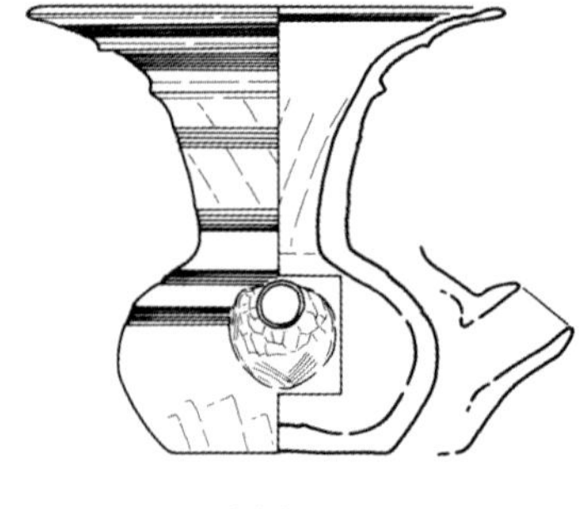

김해박물관

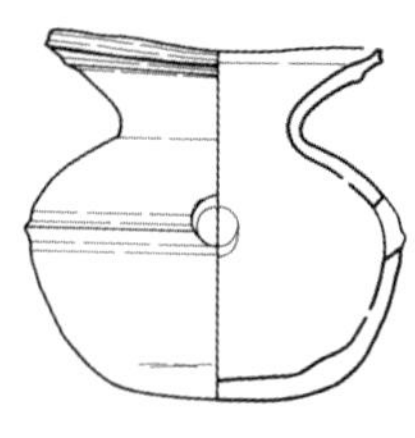

광주박물관 968

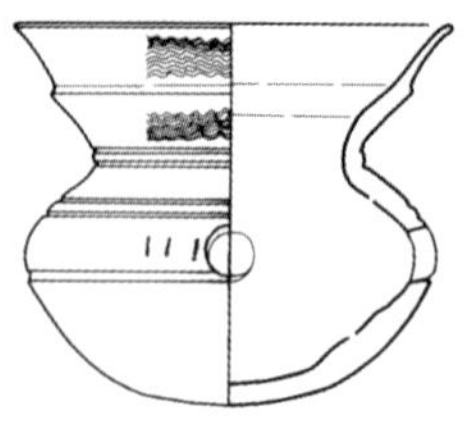

부산대 2447

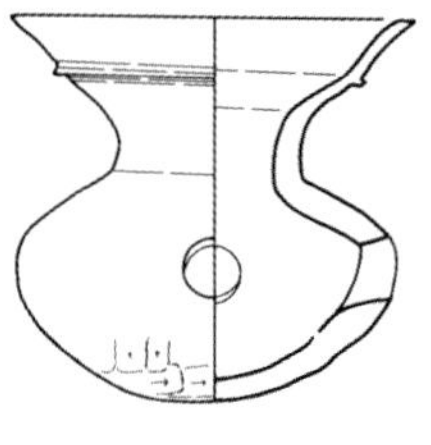

부산대 2540

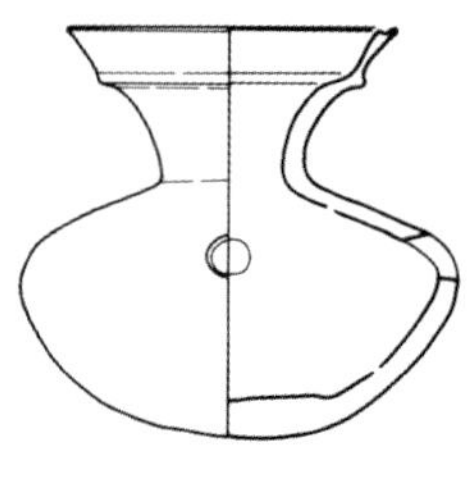

부산대 20315

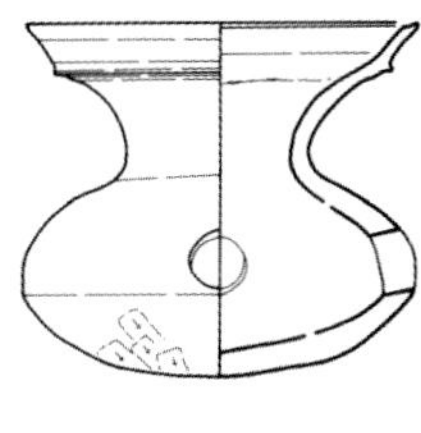

영남대 696

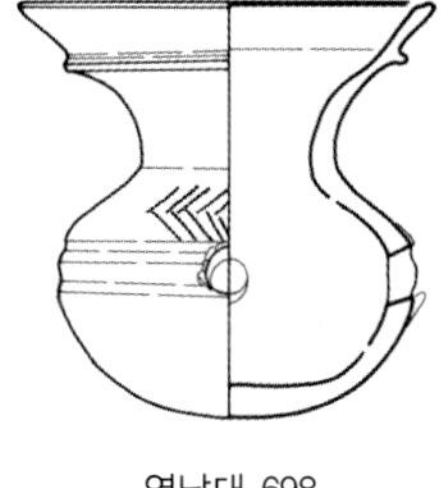

영남대 698

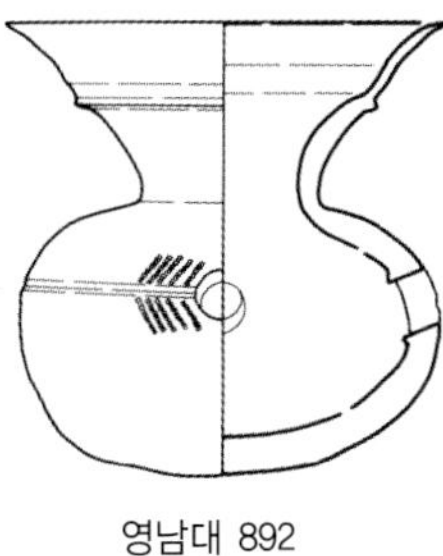

영남대 892

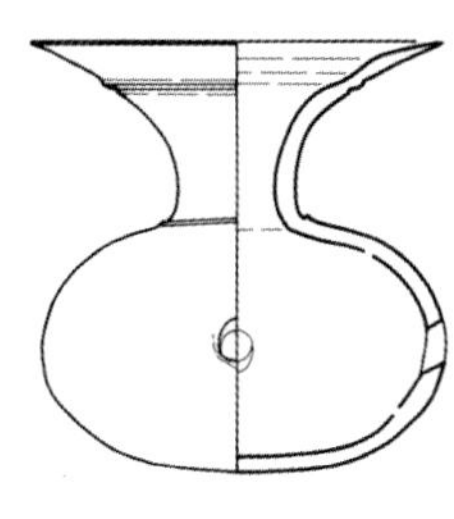

영남대 908

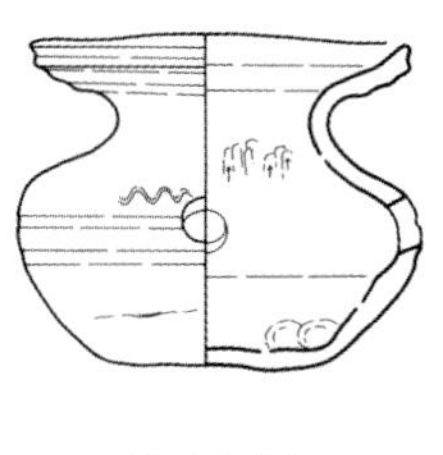

영남대 989

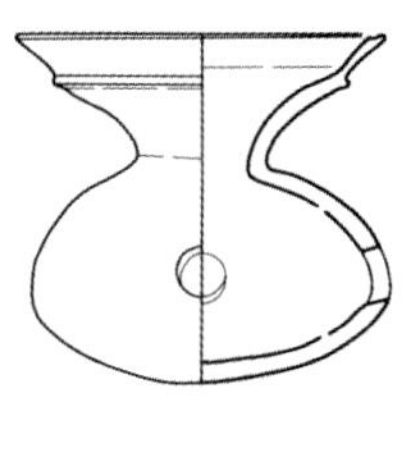

영남대 990

축척부동

축척부동

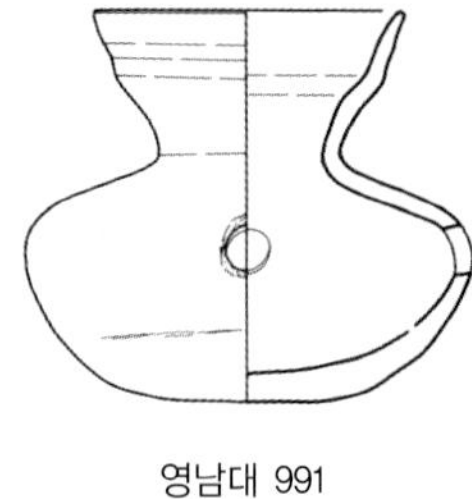

영남대 991

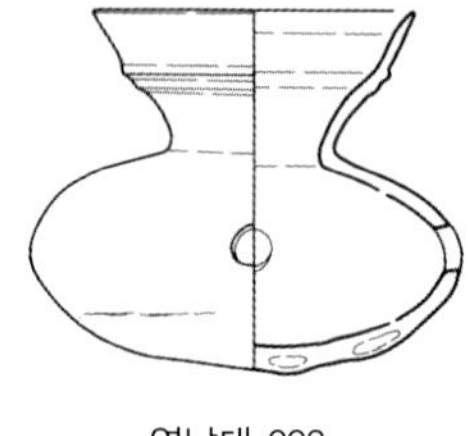

영남대 992

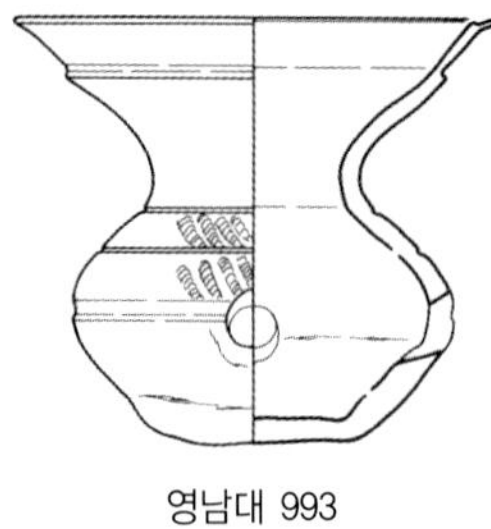

영남대 993

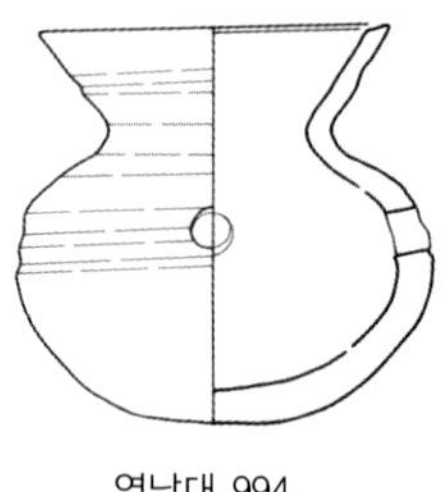

영남대 994

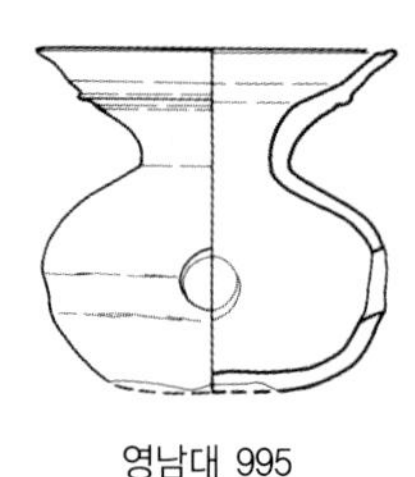

영남대 995

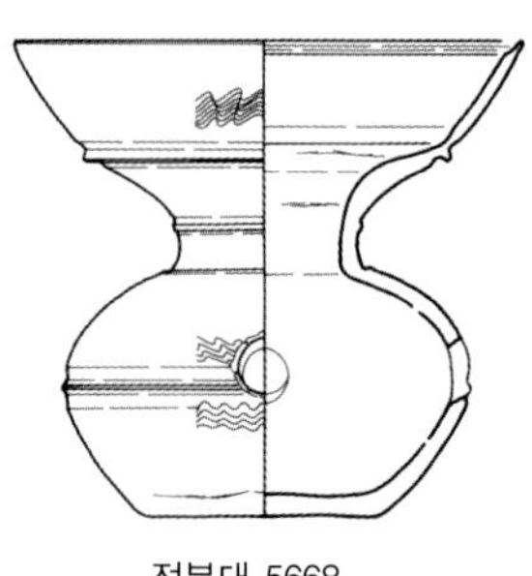

전북대 5668

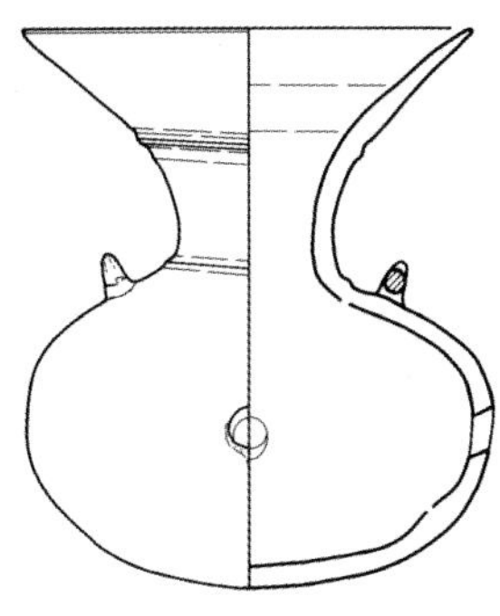

전북대 5724

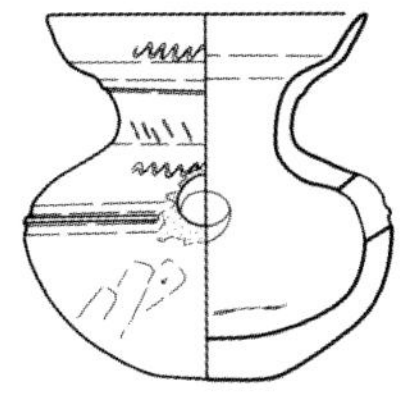

전북대 5765

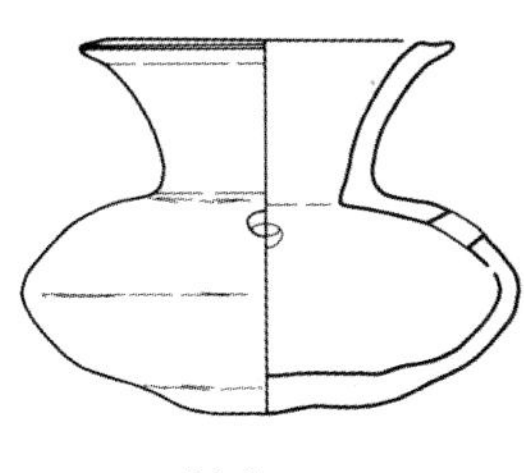

전북대 5766

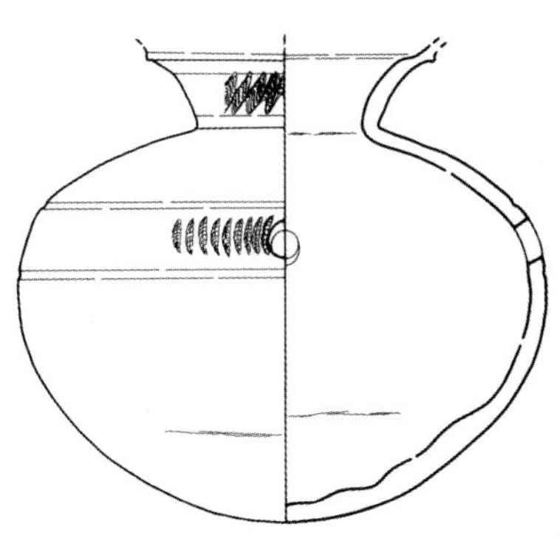

국립광주박물관(화순 월곡리)

축척부동